Droit constitutionnel

Théorie générale

2e édition

Michel **Clapié**

ellipses

« Avoir contribué à former un seul esprit dans le monde est un résultat déjà considérable »

Charles PÉGUY, « Lettre à M. Charles Guieysse »,
Cahiers de la Quinzaine, III, V, 19 décembre 1901,
Œuvres en prose complètes, t. 1,
Bibliothèques de la Pléiade, éd. Gallimard, 1987

ISBN 9782340-027244

32, rue Bargue 75740 Paris cedex 15

www.editions-ellipses.fr

Table des abréviations

AAS	*Acta Apostolicae sedis*
CC	Conseil constitutionnel
D	Recueil Dalloz
CIC	*Codex iuris canonici* (Code de droit canonique)
Gaz. Pal.	Gazette du Palais
LGDJ	Librairie générale de droit et jurisprudence
LPA	Les petites affiches
NRH	Nouvelle Revue d'Histoire
PUAM	Presses universitaires d'Aix-Marseille
PUF	Presses universitaires de France
PUG	Presses universitaires de Grenoble
Q.S.J.	Que-sais-je ?
RDP	Revue du droit public et de la science politique en France et à l'étranger
RFDA	Revue française de droit constitutionnel
RGDIP	Revue générale de droit international public
Rec.	Recueil des décisions du Conseil constitutionnel
TFUE	Traité sur le Fonctionnement de l'Union Européenne
TUE	Traité sur l'Union Européenne (traité de Maëstricht, modifié par les traités d'Amsterdam et de Nice)
TUE *nouveau*	Traité sur l'Union Européenne (traité de Lisbonne du 13 décembre 2007)

Le droit constitutionnel peut être défini comme le droit qui a pour objet « l'ensemble des institutions grâce auxquelles *s'établit, s'exerce* ou *se transmet* le pouvoir politique dans l'État ». Cette définition – institutionnaliste – synthétique, proposée par Marcel Prélot[1] il y a plus d'un demi-siècle, n'a pas pris une ride, même si les développements qu'appelle aujourd'hui l'étude du droit constitutionnel ne sont plus tout à fait ce qu'ils étaient naguère. C'est vrai notamment des conditions dans lesquelles le pouvoir politique *s'exerce* de nos jours, l'accent étant mis désormais – non sans excès peut-être – sur les modalités de sa *limitation* et, plus particulièrement encore, de son *contrôle* par un juge constitutionnel.

Ce qui, en revanche, n'a pas varié, c'est qu'aujourd'hui non plus qu'hier, le droit constitutionnel ne peut être appréhendé comme une simple branche du droit : il est le socle, « la matrice »[2], sinon le fondement du droit *de* l'État et du droit *dans* l'État. Il est *fondamental* au plein sens du terme dès lors qu'il définit et régit le cadre général d'élaboration du droit positif[3], tant interne qu'international. Il se trouve ainsi placé à l'interface de l'ordre juridique interne et de l'ordre juridique international. C'est en effet dans le cadre de l'État, et en vertu des compétences qui sont celles de ses organes, que les règles constitutives des différentes branches du droit interne (droit civil, administratif, pénal, commercial,...) se forment et sont produites. Et c'est pareillement, dans le cadre de l'État ou par l'entremise des États, que celles du droit international s'élaborent (les traités internationaux), sont reconnues (les coutumes internationales), et deviennent applicables[4]. Car aussi bien, de par le monde, du point de vue du droit, de la science politique ou de la géopolitique, la place de l'État demeure centrale : « d'une manière ou d'une autre, par lui, avec lui ou contre lui, tout tourne autour de l'État, tout y revient »[5]. On ne voit pas d'ailleurs que cela puisse cesser de sitôt dès lors que, « l'État fait rêver les peuples qui n'en ont pas, et protège toujours ceux qui en ont bâti un »[6].

---

1. Marcel PRÉLOT, *Précis de droit constitutionnel*, Dalloz, 2e éd., 1952, p 32.
2. Dominique ROUSSEAU et Alexandre VIALA, *Droit constitutionnel*, coll. Pages d'Amphi, Montchrestien, 2004, p. 9.
3. Le droit positif s'entend du droit établi et actuel, *en vigueur dans un moment donné*, (V. Gérard CORNU, *Vocabulaire juridique*, PUF, 8e éd., 2009, p. 695).
4. En France, sous l'empire de la Ve République, c'est l'article 54 de la Constitution du 4 octobre 1958 et l'alinéa 15 du préambule de la Constitution du 27 octobre 1946, qu'elle incorpore, qui fixent les conditions de *l'applicabilité* et de *la primauté* des règles du droit international public (conventionnelles et du *jus cogens*).
5. Aymeric CHAUPRADE, *Géopolitique. Constantes et changements dans l'histoire*, Ellipses, 3e éd., 2007, p. 18-19.
6. Aymeric CHAUPRADE et François THUAL, *Dictionnaire de géopolitique, (États, concepts, auteurs)*, Ellipses, 2e éd., 1999, p. 503.

Ainsi donc, le droit constitutionnel *fonde*-t-il à proprement parler les autres branches du droit puisque c'est sur les principes qu'il pose que repose tout l'édifice institutionnel et normatif, à la fois interne et international. Il est tout à la fois *au sommet* de l'ordonnancement juridique de l'État, et *à la source* des autres branches du droit : le droit interne qu'il sous-tend, le droit international dont l'État devient le sujet, mais seulement dans les conditions et limites qu'il détermine lui-même dans sa propre Constitution. C'est assez dire l'importance de l'enseignement du droit constitutionnel en tant que discipline académique et la nécessité de se familiariser sans trop tarder avec les concepts et les principes de la théorie générale du droit constitutionnel.

I. L'enseignement de la discipline

En France, l'origine de l'enseignement du « droit constitutionnel » en tant que discipline académique ayant sa place dans les facultés de droit, remonte à la Monarchie de Juillet et à la création en 1834, par Guizot, ministre du roi Louis-Philippe, de la première chaire universitaire. À cette époque, c'est l'approche *exégétique* de la Constitution en vigueur qui est privilégiée[1]. L'enseignement consiste alors à seulement présenter *le droit posé* par la *Charte constitutionnelle de 1830* – à l'*exposer* –, afin d'expliquer et de commenter tant les institutions politiques établies que les garanties individuelles reconnues aux gouvernés. C'est la raison pour laquelle l'appellation de *droit constitutionnel* sera consacrée par l'usage, au détriment de celle de *droit politique*[2], *a priori* moins restrictive et plus conforme à son objet actuel.

L'enseignement du droit constitutionnel disparaît du programme des facultés de droit sous le Second Empire, avant d'y être réintroduit en 1889, par la IIIe République. Mais c'est toujours l'approche exégétique qui domine jusqu'au « coup de force » tenté au début de la deuxième moitié du XXe siècle, par la science politique et l'un de ses maîtres : le professeur Maurice Duverger[3]. Cette nouvelle approche, plus sociologique que juridique, vise à reléguer l'étude des textes et de la norme juridiques au second plan pour faire prévaloir l'analyse des faits. La réalité d'un authentique droit constitutionnel *prescriptif* est niée et l'accent est alors mis sur l'observation et l'explication du phénomène politique en privilégiant le caractère *descriptif* propre à la science politique. On s'intéresse alors aux *institutions non pas tant juridiques que politiques* – les *partis* notamment –, et à leur influence dans le jeu du pouvoir. D'où la dénomination officielle de l'enseignement de la matière dès 1954, « droit constitutionnel et institutions *politiques* », qui, cependant, fera long feu.

L'enseignement contemporain du droit constitutionnel, à tout le moins tel que le conçoit la majorité de la doctrine, rompt avec l'approche des politistes. Il reprend les idées et les présupposés qui furent à l'origine d'une véritable révolution juridique : celle qui vit les

---

1. Cette approche exégétique correspond à ce que le Professeur Dominique Turpin appelle avec humour « le premier état du droit constitutionnel, celui des *obsédés textuels* », (D. TURPIN, *Droit constitutionnel*, 4e éd., coll. Quadrige, PUF, 2003, p. 1).
2. Dans le dictionnaire de l'Académie Française, on peut lire : « *Droit politique*, les lois qui règlent les formes de gouvernement, qui déterminent les rapports entre l'autorité et les citoyens ou les sujets » (cité par M. PRÉLOT, *La science politique*, coll. Q.S.J., PUF, 4e éd., 1969, p. 8).
3. Maurice DUVERGER, *Droit constitutionnel et institutions politiques*, coll. Thémis, PUF, 4e éd., 1959, vol. I, p. VII-VIII.

acteurs et les institutions politiques se soumettre au contrôle effectif d'un *juge constitutionnel* doté d'un véritable pouvoir « sanctionnateur » s'imposant aux pouvoirs publics constitués (chef de l'État, gouvernement, parlement,...)[1], c'est-à-dire un pouvoir appelé à valider ou à invalider leurs actes. Cette révolution juridique devait consacrer la percée d'une approche *normativiste* du droit[2], et avec elle celle *la théorie de la hiérarchie des normes* systématisée par le juriste autrichien Hans Kelsen (1881-1973)[3]. En sorte que la Constitution, dans son *acception formelle* tout du moins (V. *infra*), allait devenir *effectivement* – alors qu'elle ne l'était que *théoriquement* – la norme suprême, et le droit constitutionnel, tout à la fois, *surplomber* et *fonder* les autres branches du droit positif.

Toujours est-il qu'à l'aune de la définition du droit constitutionnel proposée par le Recteur Prélot, on doit convenir que le mot « révolution » n'est pas galvaudé. En effet, le droit constitutionnel n'est plus alors défini, *d'abord*, par référence à un « ensemble d'institutions » – des *organismes* ou des *mécanismes* –, mais comme découlant d'une « norme fondamentale »[4]. Cette révolution *normativiste*, qui coïncide en France, depuis les années soixante-dix du XXe siècle, avec l'affirmation du Conseil constitutionnel à la place et dans le rôle qui sont aujourd'hui les siens, emporte deux conséquences.

- La première conséquence de cette révolution normativiste – sur le terrain de la philosophie du droit –, d'ailleurs paradoxale à certains égards, est de favoriser un appauvrissement de la pensée juridique, peut-être même, d'accentuer sa propension à « pétrifier »[5] tout ce dont elle se saisit. Par une sorte de retour de balancier réputé corriger l'approche excessivement factuelle des politistes, elle tend à emprisonner nombre de constitutionnalistes dans le monde clos des idées pures. Tant et si bien que trop rares, aujourd'hui, sont ceux qui savent encore s'extraire de cette *gangue normativiste* « pour aller se promener au grand air des faits », comme le préconisait Léo Hamon dans son *Cours de droit constitutionnel*[6].

  Le *normativisme* n'est rien plus en effet qu'un discours enfermé dans « une logique juridique close »[7], auto-référencé en dehors de toute temporalité – un discours a-historique –, qui, par souci de « pureté théorique »[8] et de « neutralité axiologique », s'interdit toute

1. Le Professeur René Capitant définissait *un pouvoir constitué*, « au sens exact du mot », comme « un pouvoir *institué* et *limité* par la Constitution », (V. *Écrits constitutionnels*, éd. du CNRS, 1982, p. 386).
2. Le normativisme se rattache au courant de pensée positiviste dont le *credo* peut se résumer dans l'idée que la raison s'identifie à la science. Les questions philosophiques sur un au-delà du politique – comme sur les fondements du droit –, sur l'absolu, sur la finalité du politique – et pareillement du droit – sont déclarées *a priori* non pertinentes parce que non scientifiques. Ces questions ne sont pourtant pas hors du champ d'investigation de la *raison*, (Pour une critique de cette posture positiviste fortement marquée par le scientisme, v. Jacques ROLLET, *La tentation relativiste ou la démocratie en danger*, éd. Desclée de Brouwer, 2007, p. 20-27).
3. Hans KELSEN, *Théorie générale des normes*, traduit par O. Beaud et F. Malkani de *Allgemeine Théorie der Normen*, 1929, coll. Léviathan, PUF, Paris, 1996.
4. On se reportera au développement ultérieur sur « l'idée abstraite de l'État », pour apprécier la différence qui sépare ces deux conceptions juridiques de l'État : la première *institutionnaliste*, la seconde *normativiste*.
5. Dans son célèbre discours prononcé à l'Université américaine de Harvard, le 8 juin 1978, Alexandre Soljenitsyne reconnaissait qu'« à partir d'un certain niveau de problèmes, la pensée juridique *pétrifie* : elle empêche de voir, ajoutait-il, les dimensions et le sens des évènements », (A. SOLJENITSYNE, *Le déclin du courage*, Seuil, 1978).
6. Léo HAMON, *Cours de droit constitutionnel*, Les Cours de droit, 1969-1970 Cujas, Paris, p. 18.
7. Jean-Luc CHABOT, *Introduction à la politique*, coll. Droit fondamental, PUF, 1991, p. 12.
8. Hans KELSEN, *Théorie pure du droit*, traduction Française de la 2e éd. par Charles Eisenmann, Dalloz, Paris, 1962.

interrogation tant sur *l'autorité* qui crée la norme, que sur *la finalité* que celle-ci poursuit. Seul compte *la validité* de la norme et non *sa légitimité*[1]. Le normativisme induit ainsi un repli du *Droit* sur lui-même – comme si le droit pouvait *fonder le droit*[2] –, jusqu'à le couper de la *réalité* sociale. Certes, le souci de rigueur scientifique qui l'inspire est louable, mais il a des relents « scientistes » et confine dès lors à l'idéologie. Or, l'idéologie – la *science des idées* qui tend vite à dériver en « logique d'une idée » – peut devenir « la tyrannie de la logique », comme l'avait observé naguère Hannah Arendt, et susciter des savants qui n'ont plus le souci du réel. Avec ce grave inconvénient qui est le propre de toute idéologie, que le critère de la *vérité* est alors censé se trouver dans la cohérence interne du système de pensée que l'idéologie fonde, plus que dans l'adéquation au *réel* des conclusions successives auxquelles elle conduit[3]. Tout système idéologique, en effet, déploie une logique implacable, laissant apparaître une cohérence que l'on confond trop avec la vérité : « le drame de l'idéologie ne consiste donc pas tant à émettre des idées qu'à les isoler de la réalité »[4].

En tenant pour acquis que la science juridique ne peut être autre chose que ce qu'ils en disent, les normativistes n'échappent pas à cette tentation ni à ces excès. Ils en viennent à se persuader qu'eux seuls enseignent la science juridique au motif, il convient de le redire, que la conception qu'ils s'en font est *axiologiquement* neutre – et de ce fait *pure* –, c'est-à-dire débarrassée de tout jugement de valeur parce que, selon eux, les questions de cet ordre échappent à la raison scientifique. C'est là pourtant un postulat fort critiquable. « Cette démarche rompt avec le cours naturel de la réflexion humaine, écrit Philippe Bénéton. Quand Aristote observe et classe les régimes politiques, il n'a d'autre but que de distinguer les bons et les mauvais régimes » car « si la connaissance est indifférente au bien de l'homme pourquoi se consacrer à elle »[5]. Dans son admirable préface à l'ouvrage de Max Weber, *Le savant et le politique*, Raymond Aron était bien mieux inspiré que les normativistes, qui écrivait que c'est précisément *grâce au jugement de valeur* qu'on peut distinguer le *prophète* du *charlatan*[6].

Finalement, en procédant comme ils le font, les normativistes s'interdisent d'appréhender le *Droit* pour ce qu'il est vraiment : une *science sociale*[7]. Il l'est en effet dans la mesure même où « le droit est lié à la sociabilité de l'homme »[8]. Ce qui veut dire qu'il faut penser le droit

1. Christian Atias a pu remarquer cependant – non sans ironie d'ailleurs – qu'il avait suffi à Kelsen d'écrire que « la science du droit n'avait pas à légitimer le droit pour croire qu'en reconnaissant le caractère juridique à une règle, il ne la légitimait nullement », (Ch. ATIAS, *Philosophie du droit*, coll. Thémis, PUF, 3e éd., 2012, p. 243).
2. C'est ce que rappelle le Doyen Bernard Beignier : « Le droit ne peut fonder le droit. Le droit est heuristique : il transmet des valeurs, le juriste est quelqu'un qui défend une cause. Le droit n'est jamais neutre », (Bernard BEIGNIER et Corinne BLERY, *Cours d'introduction au droit*, Montchrestien, 2e éd., 2008, p. 47, n° 36).
3. V. Hannah ARENDT, *Le système totalitaire*, coll. Points, Seuil, 1972, p. 316.
4. Philippe MAXENCE, *Pour le réenchantement du monde. Une introduction à Chesterton*, éd. Ad Solem, 2004, p. 112 (et sur l'idéologie, p. 10 à 112).
5. Philippe BÉNÉTON, *Le dérèglement moral de l'Occident*, éd. du cerf, 2017, p. 50.
6. Max WEBER, *Le savant et le politique*, (*Politik als beruf*, 1919), coll. 10/18, Editions sociales, 1979, p. 32.
7. Le terme « science » est devenu ambigu. « Lorsque la "science du droit" était évoquée au XIXe siècle notamment, écrit Christian Atias, ce n'était nullement pour l'assimiler aux sciences dites alors *naturelles*, et désormais, *dures*. Le terme peut renvoyer à *un savoir organisé*. Il peut aussi être réservé aux savoirs qui font appel aux mathématiques et à la vérification – réfutation – expérimentale », (Christian ATIAS, *Philosophie du droit*, *op. cit.*, p. 396).
8. Christian ATIAS, *Philosophie du droit*, *op. cit.*, p. 7.

comme un ensemble cohérent de règles, de procédures et d'institutions qui trouvent leur raison d'être dans leur vocation à fonder la vie en société et les rapports humains sur *l'idée de justice.* Laquelle suppose de donner à chacun ce qui lui est dû. C'est bien là du reste le seul moyen d'éviter le règne de *l'arbitraire*, qui, par définition, est la négation du droit. On connaît la phrase de saint Augustin (354-430), dans *La cité de Dieu* : « Que sont les royaumes sans justice, sinon de vastes repaires de brigands ». Deux siècles plus tard, l'empereur byzantin Justinien – connu pour son œuvre de codification du droit romain – faisait, quant à lui, cette recommandation : « A qui va s'adonner à l'étude du droit il convient d'abord de savoir d'où vient le nom de droit (*jus*). Or, cette appellation lui vient de la justice »[1], de sorte que le droit est d'abord un art, (*ars boni et aequi*) qui vise à réaliser la justice particulière en donnant à chacun ce qui lui revient, dans le cadre d'une relation sociale.

Ainsi donc, pour les normativistes, cette « science juridique » qui s'intéresse à la seule *norme* et reste indifférente à *l'homme*, à l'humanité de l'homme – quand elle ne nie pas proprement qu'il y ait une *nature* humaine[2] –, devient ainsi une science *désincarnée*, sinon *déshumanisée*. C'est d'ailleurs là le reproche principal que faisait René Capitant à la pensée kelsénienne[3], dans l'entre-deux-guerres. À trop vouloir distinguer le droit de la science juridique, à trop vouloir les séparer même, la science juridique *telle que la conçoivent les normativistes*, en est venue à se désintéresser des hommes en faveur de qui le droit est établi[4]. Or, c'est justement parce que le droit est, et doit rester, l'un des fondements de *l'humanisme*[5], qu'il doit être étudié pour lui-même en tant qu'il est une science sociale et même une *science morale* qui intéresse les mœurs et la moralité comme le pensaient les Anciens : « les sciences de l'homme sont des sciences morales ou alors elles ne sont pas des sciences et ne parlent pas de l'homme »[6]. En tant qu'il est une science éminemment sociale, le droit se rapporte nécessairement à *l'homme*, dans la société, autant qu'à *la norme* qui règle les relations humaines en son sein. Ce n'est pas là d'ailleurs le moindre des paradoxes auquel conduit le *normativisme* parce qu'il est un positivisme et devient vite

---

1. *Digeste*, Livre 1er, I, I.
2. Étant entendu que « la nature inclut en ce qui concerne l'homme, la culture », (Jacques ROLLET, *La tentation relativiste...*, *op. cit.*, p. 169).
3. V. Jacques ROBERT, « L'apport de René Capitant à la théorie générale du droit », *in Apports de René Capitant à la science juridique*, Cahiers Henri Capitant, Litec, Paris, 1992, p. 21.
4. V. Justinien, Livre 1er du *Digeste* : « Le droit (*jus*) est établi en faveur des hommes. Tout le droit est établi, est constitué, pour la cause des hommes ».
5. En s'adressant aux maîtres et aux étudiants de la faculté de droit de Buenos Aires, le 5 octobre 1964, le général de Gaulle évoquait ces « *fondements mêmes de l'humanisme* que sont : la philosophie, les lettres et, ajoutait-il, *le droit* ».
6. Henri HUDE, *La force de la liberté*, coll. Guerres / opinions, Economica, 2013, p. 11.

un scientisme[1]. Le philosophe du droit Michel Villey fut l'un des premiers à comprendre ce qu'il n'hésita pas à appeler : « la fausseté du positivisme »[2]. Derrière sa prétention à une *scientificité immaculée*, le normativisme n'est-il pas finalement qu'une *science de paille*[3] ?

En somme, si l'on veut bien considérer qu'une science est avant tout un discours – *logos* – ordonné au *réel*, à la réalité existante et subsistante, on peut convenir qu'en prenant ses distances avec les faits et la *réalité sociale* – en instaurant même une distance infranchissable entre le droit et les faits –, ce que la *science juridique* telle que la conçoivent les normativistes, gagne en *pureté théorique*, elle le perd en *pertinence scientifique*.

– Cette révolution normativiste devait avoir pour autre conséquence – plus pratique celle-ci – d'engendrer une forme d'hypertrophie du droit constitutionnel dont le champ d'application s'est dilaté au-delà de son objet initial – l'organisation et le fonctionnement des institutions étatiques – pour englober les sources du droit, tant public que privé, et tant national qu'international, ainsi que le droit des libertés publiques[4], avec en filigrane, une tentation difficilement surmontée : celle du *juridisme* qui est au droit ce que le *jansénisme* est à la foi chrétienne, c'est-à-dire non pas un abus de logique humaine dans les choses divines, comme le disait François Mauriac du jansénisme[5], mais *un abus de logique juridique dans le gouvernement des hommes*[6].

---

1. Il s'agit là de « la seconde version du scientisme », comme l'appelle Philippe Bénéton. « Celui du XIXe siècle a vécu : il prétendait disqualifier à jamais la religion, la philosophie, la tradition et substituer à toutes ces formes de pensée préscientifiques un savoir rationnel (...). La science de notre temps n'a plus ces ambitions, elle s'est repliée sur son domaine propre et se déclare étrangère à la question des "valeurs". Mais (...) elle n'a pas rabattu de sa prétention d'être l'unique forme authentique du savoir », avec pour conséquence que « ce qui échappe à la méthode scientifique échappe à la raison », (Ph. BÉNÉTON, *Le dérèglement moral de l'Occident*, *op. cit*, p. 44).
2. « C'est une méthode condamnée, écrit encore Michel Villey, fruit de routine et d'inculture, de vouloir comprendre le droit sans porter ses regards au-delà des textes juridiques écrits ; sans recourir aux philosophes aux sociologues, aux historiens ; sans prendre en considération la réalité sociale, la justice, l'utilité ». Et de s'interroger : « Est-ce là réintroduire le vague et l'incertitude dans les études juridiques ? On n'y peut rien : que ceux-là qui n'en veulent point s'en aillent faire des mathématiques. L'étude du droit n'a pas pour but de procurer aux professeurs des jouissances intellectuelles. D'ailleurs, il reste une science du droit concevable hors du kelsénisme. Sommes-nous si sûrs de cet axiome, trop légèrement pris par Kelsen à la philosophie kantienne, qu'il n'existerait aucun pont entre le *sein* [l'« être »] et le *sollen* [le « devoir être »] ? Aucune science du droit naturel ? Aucun rapport de dépendance entre la nature des choses et leur régime juridique ? Aucune connaissance rationnelle de la justice et des valeurs ? », (M. VILLEY, *Leçons d'histoire de la philosophie du droit*, 1957, nouv. éd. 1962, p. 293).
3. Alain Supiot écrit très justement que « l'étude du droit a besoin de savants et d'érudits capables de comprendre les enjeux moraux, économiques et sociaux qui donnent sens à la technique juridique, et non pas d'émules du docteur Diafoirus aspirant au statut de "vrai scientifique" », ce à quoi prétendent justement les positivistes kelséniens. (A. SUPIOT, *Homo juridicus, Essai sur la fonction anthropologique du droit*, coll. Points-Essais, Le Seuil, 2005, p. 25).
4. V. par exemple, Louis FAVOREU, Patrick GAÏA, Richard GHEVONTIAN, Jean-Louis MESTRE, Otto PFERSMANN, André ROUX et Guy SCOFFONI, *Droit constitutionnel*, coll. Précis, Dalloz, 9e éd., 2006.
5. « L'abus de la logique humaine dans les choses divines, tel est en gros le Jansénisme » écrivait François Mauriac, en 1929, dans *Souffrance et bonheur du Chrétien*, (v. F. MAURIAC, *Œuvres autobiographiques*, coll. La Pléiade, N.R.F. / Gallimard, 1990, p. 140).
6. Michel Guénaire le dit autrement, tout en déplorant que les facultés de droit, de longue date, ont montré leur incapacité à comprendre les règles du jeu de la politique : « Le nouveau constitutionnalisme, écrit-il, a instillé un préjugé de défense contre la nécessité de la politique », qui dévalue la *volonté politique*, au profit de la seule *compétence normative*, dans l'art du gouvernement, (M. GUÉNAIRE, *Le Prince moderne ou les limites de la volonté*, Flammarion, 1998, p. 14). Or, bien au contraire, il devrait s'agir, comme le pensait Georges Burdeau, de « rétablir les institutions dans leur contexte humain » afin de donner au droit constitutionnel un enracinement historique et social qui l'ancre dans la réalité, (*cf.* J.-M. Denquin, « Georges Burdeau, le droit constitutionnel et la science politique », in B. Chantebout [dir.], *Le pouvoir et l'État dans l'œuvre de Georges Burdeau*, Economica / PUAM, 1993, p. 15-22).

Bref, au fil du temps, l'effet le plus pervers de cette orientation nouvelle du droit constitutionnel, qui peine à tenir la balance égale entre les règles qui fondent *l'autorité des gouvernants* et celles qui garantissent *la liberté des gouvernés*, aura été de détourner l'attention des enjeux les plus actuels de la vie publique. Des enjeux qui se sont déplacés, car ce qui fait débat aujourd'hui, ce n'est plus seulement le pouvoir *dans* l'État mais plus sûrement le pouvoir *de* l'État dont on instruit d'ailleurs sans cesse le procès, alors que « l'État n'existe pas sans qu'il y ait en lui du pouvoir »[1]. C'est le principe même d'autorité qui est de nos jours contesté, principe sur lequel est pourtant assise toute société de liberté.

Le paradoxe n'est ici qu'apparent car l'État n'est rien d'autre qu'*un ordre de liberté* et l'on connaît la phrase fameuse de Charles Péguy : « L'ordre et l'ordre seul fait en définitive la liberté. Le désordre fait la servitude »[2]. Si l'État faiblit dans son action, ou s'il faillit à sa mission, ce sont les puissances de fait, à commencer par « le Marché », c'est-à-dire, les puissances d'argent – et celles qui lui sont soumises : presse et médias –, qui prennent le relais et l'ascendant. Mais alors, elles le font sans titre légitime pour exercer *un* pouvoir, dès lors qu'elles ne servent que des intérêts privés, individuels ou catégoriels – et en dernière analyse mercantile et financière –, et non pas, en aucun cas, ce qu'à la suite d'Aristote l'Église appelle toujours « le bien commun »[3], et la République, dans une version sécularisée et appauvrie, « l'intérêt général ». Tout se passe en effet comme si l'on avait oublié que le bien commun ou l'intérêt général – Hobbes parlait du « bien du peuple » au XVIIe siècle, Richelieu de « bien public », et Tocqueville, au XIXe, du « bien du pays » – et le service qui leur est dû, demeure, par définition, la raison d'être de l'autorité politique. Ce qui veut dire aussi que *la* politique a sa propre dimension morale en ce sens qu'elle est ordonnée au bien commun et au gouvernement pour le commun profit de tous. Nier l'existence d'un bien commun ou s'en détourner, c'est priver *le* politique de son objet et tout autant se méprendre sur l'objet propre du droit constitutionnel.

II. L'objet du droit constitutionnel

Quoi qu'il en soit des tendances et des tentations récentes que l'on peut observer, étudier le droit constitutionnel, c'est toujours s'intéresser au pouvoir politique dans une *société humaine*, laquelle est, selon Pascal, un « corps formé de membres pensants »[4] ; c'est toujours

1. Jean-Yves CALVEZ, *Politique. Un introduction*, Alto / Aubier, Paris, 1995, p. 177.
2. V. les développements d'Arnaud TEYSSIER, *Péguy. Une humanité française*, Perrin, 2008, p. 21 et s.
3. Le *bien commun* ne consiste pas dans la simple somme des biens particuliers de chaque membre du corps social. Etant à tous et à chacun, il est et demeure commun, car indivisible et il n'est possible qu'ensemble de l'atteindre, de l'accroître et de le conserver, notamment en vue de l'avenir. Comme l'agir moral de l'individu se réalise en faisant le bien, de même l'agir social parvient à sa plénitude en accomplissant le bien commun. Dès lors, le bien commun peut être compris comme la dimension sociale et communautaire du bien moral, (v. *Compendium* de la Doctrine sociale de l'Église, Bayard/ Cerf/ Fleurus-Mame, 2007, ! 164 ; p/ 92). On comprend ainsi que déjà, en 1947, dans le contexte de la préparation de la nouvelle Constitution italienne – celle de la « première » République –, le pape Pie XII, après Aristote, saint Thomas d'Aquin et Francisco de Vitoria, rappelait que le « *bien commun est la fin et la règle de l'État et de ses organes* ».
4. V. Blaise PASCAL, *Pensées*, coll. La Pléiade, 1954, p. 704-706.

appréhender le pouvoir politique dans une société humaine *politiquement organisée*. Il en résulte que l'étude du droit constitutionnel débouche nécessairement sur l'étude du *régime politique* qui caractérise cette société.

Pour les philosophes grecs de l'Antiquité qui, les premiers, ont pensé la politique en tant qu'activité spécifique, « le régime politique est la forme que prend la vie en commun de la cité, il est une manière de *vivre ensemble* qui configure la manière d'*être ensemble*. Plus précisément le régime politique est le mode d'organisation et d'exercice du pouvoir politique [...], étant entendu que ce mode d'organisation et d'exercice donne en quelque sorte le ton de la société tout entière », écrit Philippe Bénéton[1]. S'il en est ainsi, c'est que l'homme est un « animal politique ». Aristote le disait déjà au IVe siècle avant Jésus-Christ. « Au lieu de vivre en troupeaux, en hordes ou hardes, son caractère spécifique est de vivre au sein de cet organisme collectif que constitue la *Polis*, la Cité ; et celle-ci est pour lui, à la fois, nécessité naturelle et idéal moral »[2]. C'est là aussi l'enseignement du magistère de l'Église universelle : « l'homme est né pour vivre en société, car, ne pouvant dans l'isolement, se procurer ce qui est nécessaire et utile à la vie, ni acquérir la perfection de l'esprit et du cœur, la Providence l'a fait pour s'unir à ses semblables, en une société tant domestique [la famille] que civile [la Cité], seule capable de fournir ce qu'il faut à la perfection de l'existence »[3].

Ce qui a toutefois changé depuis l'Antiquité grecque, c'est le cadre territorial de l'organisation politique, puisque le pouvoir politique, par hypothèse, a besoin d'être enraciné dans un *lieu*. Les Cités grecques sont des micro-sociétés de la taille de nos métropoles régionales : quelques centaines de milliers d'âmes, parfois moins. Il ne faut pas se méprendre cependant. « La *polis* n'est pas la seule ville. La Cité athénienne est beaucoup plus vaste que la ville d'Athènes. Elle comporte non seulement la métropole, mais un territoire agricole : la campagne environnante, parsemée de villages et de fermes ; un port : Le Pirée »[4]. Aujourd'hui le cadre de l'organisation politique, c'est *l'État*. Et ce que l'on désigne du nom d'État appartient désormais à l'univers mental de l'homme contemporain qui reconnaît, précisément, dans l'État le cadre universel de l'organisation politique du monde. Il reste que si le passage de la Cité antique à l'État moderne s'est traduit par un changement d'échelle, tant en termes de dimension que de population, jusqu'à mille fois plus en ordre de grandeur, la question de son agencement et de son gouvernement demeure, quant à elle, inchangée.

---

1. Philippe BÉNÉTON, *Les régimes politiques*, coll. Q.S.J., PUF, n° 289, 1996, p. 9.
2. Marcel PRÉLOT, *La science politique*, *op. cit.*, p. 6.
3. Léon XIII, Encyclique *Immortale Dei*, (La constitution chrétienne de l'État), 1885.
4. Marcel PRÉLOT, *La science politique*, *op. cit.*, p. 7. La ville d'Athènes n'était que le « muscle cardiaque » de la Cité, précisait Maurice Defourny, (*Essai sur la Politique d'Aristote*, Beauchesne, 1932, p. 7).

Cet État, lieu de la politique par excellence, prend son essor en Occident[1] et une signification particulière en France car, à bien des égards, « la France est à soi-seule son propre Occident »[2]. Elle manquerait d'ailleurs à son histoire et se renierait elle-même si elle cessait aujourd'hui de *résister* à l'Occident anglo-saxon, celui du « primat de l'échange à tout prix, y compris celui de l'humanité de l'être humain »[3]. Encore embryonnaire entre le xᵉ et le xIIIᵉ siècle, l'État deviendra pleinement lui-même au xvIᵉ[4]. C'est assez dire que l'étude du droit constitutionnel et des régimes politiques sur laquelle elle débouche, pourra conduire à envisager des catégories juridiques *géographiquement situées et historiquement datées*, même si la délimitation du champ de l'étude conduira à en privilégier certaines par choix pédagogique.

III. Le champ de l'étude

Le parti pris dans cet ouvrage est d'aborder la théorie générale du droit constitutionnel à partir du droit constitutionnel français, de ses fondements et de ses principes, d'hier et d'aujourd'hui, c'est-à-dire sans exclure *a priori* des incursions ponctuelles dans le droit constitutionnel positif de la Vᵉ République[5], et sans ignorer non plus ce que l'on peut appeler le *patrimoine constitutionnel* commun à l'ensemble des États du monde occidental, ou plus exactement – au pluriel –, des « civilisations occidentales »[6]. Ce choix qui privilégie le droit constitutionnel français, s'explique aisément car l'étude des règles juridiques applicables au pouvoir politique en France, à ses détenteurs et à ses manifestations, d'hier et d'aujourd'hui, d'hier à aujourd'hui, est révélatrice d'une *spécificité française*. Cette spécificité française tient autant à l'histoire de notre pays qu'à une conception particulière de l'État qui lui est propre. Les deux sources de cette spécificité française sont d'ailleurs liées, intimement liées par *une relation de cause à effet réversible* : le modèle français de l'État, capétien d'abord, républicain ensuite, est le fruit d'une histoire qu'il a lui-même contribué à façonner. Une spécificité aujourd'hui mise à mal cependant, dès lors que *libéraux* et *libertaires* – qui, dans le débat politique actuel, s'autoproclament « progressistes »[7] – la combattent de concert dans une commune aversion pour *l'État classique*, c'est-à-dire un État voué à la chose publique – la *Res publica* –, soucieux du bien commun, et tout entier au service d'un projet politique qui

---

1. V. Norbert ELIAS, *La dynamique de l'Occident*, Calmann-Lévy, 1990.
2. Philippe de SAINT-ROBERT, « De Gaulle et la tradition historique française », *in Approches de la philosophie politique du général de Gaulle*, éd. Cujas, 1983, p. 51.
3. Daniel TEYSSEIRE, *La France singulière. Essai de politique historique sur la spécificité française*, Bourin éditeur, 2006, p. 96.
4. V. Simone GOYARD-FABRE, *La figure de l'État*, Coll. Cursus / Philosophie, Armand Colin, 1999.
5. Le lecteur est invité à se reporter aux manuels qui traitent spécifiquement – et systématiquement – du droit constitutionnel de la Vᵉ République, et tout particulièrement celui du professeur Frédéric Rouvillois (*Droit constitutionnel*, t. 2, *La Vᵉ République*, coll. Champs-Université, 3ᵉ éd., Flammarion, 2009).
6. V. Bertrand DUTHEIL de la ROCHERE, *Les civilisations occidentales. Une histoire en quête d'avenir*, Economica, 2009.
7. « Pour certains, écrit Bérénice Levet, le mot "progressiste" reste auréolé des prestiges de l'émancipation, mais cet héritage a été trahi. Le progressiste est ce qui reste de l'homme de gauche lorsqu'il ne croit plus qu'en une chose : le culte de la nouveauté, du mouvement, la marche ou plutôt la fuite en avant, car peu importe où l'on va, l'essentiel est d'y aller, d'avancer et d'enterrer le passé. (...). L'émancipation reçoit une définition toute négative, elle se confond avec la déliaison, le déracinement, la désaffiliation », (B. LEVET, *Le crépuscule des idoles progressistes*, coll. Les essais, Stock, p. 28).

transcende les intérêts particuliers comme *les appartenances privées* fondées sur la langue, l'ethnie, la région, la religion, la tranche d'âge – le *jeunisme* –, le sexe ou l'orientation sexuelle,... Autrement dit, des appartenances qui se situent en deçà de la qualité éminente de citoyen et qui s'opposent à *l'universalisme*, pour privilégier le *communautarisme* en même temps qu'un *individualisme* forcené[1].

Sans doute, le propos aurait-il pu être élargi bien au-delà du cadre national et du monde occidental, par l'étude du droit constitutionnel *des régimes marxistes, des anciens régimes marxistes et des régimes tiers-mondistes*, voire des régimes *islamistes*, qui peu ou prou, tant la catégorie est hétérogène, sont des *régimes autoritaires* – mais pas tous forcément totalitaires – en ce sens qu'ils ne vérifient pas les canons des *régimes libéraux* occidentaux. Mais cet élargissement appellerait de longs développements dans une perspective comparatiste ou historique, voire plus spécifiquement de science politique. À ce titre, leur étude *systématique* trouvera plus judicieusement sa place dans d'autres enseignements, complémentaires mais non moins nécessaires.

L'étude des *régimes marxistes*, à l'exception de la Corée du Nord, de Cuba – pour combien de temps ? – et dans une moindre mesure de la Chine populaire – si tant est que l'on puisse vraiment qualifier de nos jours la Chine de régime marxiste[2] – relève bien plus de *l'histoire constitutionnelle étrangère ou comparée* que du droit constitutionnel proprement dit. Ce ne sera donc pas ici le lieu d'en traiter.

L'étude des *anciens régimes marxistes* d'Europe centrale ou orientale[3] présente quant à elle un intérêt second : ces régimes se réfèrent aux modèles de l'Europe occidentale qu'ils imitent ou dont ils s'inspirent, même quand ils s'en écartent (Russie). Ils appellent au mieux une approche de *droit constitutionnel comparé* au-delà de la théorie générale du droit constitutionnel.

L'étude des *régimes pratiqués par les États du « tiers-monde »* présente également un intérêt très relatif dans la mesure où ces régimes sont le plus souvent « décalqués » des modèles occidentaux quant à la lettre de leur Constitution mais obéissent, au moins aussi souvent, à une logique toute différente quant à la pratique observée. Plusieurs auteurs[4] ont d'ailleurs dénoncé « les effets déstabilisateurs de cette importation du modèle étatique occidental

1. « Par individualisme, il faut entendre la conception de l'homme qui affirme que celui-ci est en permanence à la recherche de son seul intérêt individuel propre. Ce qui suppose que, par définition, il ne saurait y avoir de bien commun et que l'homme naturellement n'est pas un être social », (Guilhem GOLFIN, *Souveraineté et désordre politique*, éd. du Cerf, 2017, p. 52).
2. La référence idéologique reste le marxisme-léninisme « complété » par la pensée de Mao Zedong... Le pragmatisme et la volonté des dirigeants chinois contemporains de faire de la Chine une puissance qui compte en termes de développement économique et de capacité militaire, ont cependant relégué l'idéologie au second plan : la *dictature du prolétariat* n'est plus évoquée tandis que la reconnaissance d'un secteur économique privé et l'ouverture au marché mondial sont devenues des priorités. Nonobstant, le Parti communiste chinois contrôle toujours étroitement le pouvoir politique dans le cadre d'une sorte de *capitalisme d'État*.
3. V. Jean-Claude MASSIAS, *Droit constitutionnel des États de l'Europe de l'Est*, coll. Droit fondamental, PUF, 1999.
4. Bertrand BADIE, *L'État importé. L'occidentalisation de l'ordre politique*, Fayard, 1992.

dans des sociétés aux univers de références qui lui sont largement étrangers »[1]. Dès lors, ces États du tiers-monde méritent-ils davantage une étude sous l'angle de la seule *science politique* et non vraiment du droit constitutionnel, c'est-à-dire une étude du pouvoir politique *tel qu'il est* plus que *tel qu'il devrait être*.

L'étude des *régimes islamistes* – qui se réfèrent à l'islam en tant que *système total*, incluant les dimensions religieuses, sociales, politiques et impliquant un État confessionnel musulman –, dans la mesure où ce sont des régimes moins politiques que théocratiques, mérite quant à elle une approche spécifique. La loi religieuse (la *Charia*) a vocation à régir l'État aussi bien que le droit civil – selon l'acception la plus large – dans le cadre d'une confusion du politique et du religieux irréductible à toute idée de laïcité. « Pour l'islam, le sacré englobe le profane. La légitimité de l'État résulte de son action au service de la *Charia* », observe Rémi Brague[2]. « Une idée est présente partout et toujours dans l'Islam, remarque-t-il encore, celle selon laquelle Dieu exerce une activité législatrice *et est seul à avoir le droit de le faire* »[3]. Et de fait, « les tentatives d'acclimatation d'un régime laïque compatible avec l'Islam dans un certain nombre d'États arabes à abouti à un échec relatif »[4] (v. *infra*). Quelques pays musulmans – c'est-à-dire dont la population est musulmane dans son écrasante majorité – ont certes tenté d'instaurer des régimes laïcs, tous calqués au demeurant sur le modèle occidental : la Turquie d'Atatürk après la première guerre mondiale (1923), ou la Tunisie d'Habib Bourguiba au lendemain de la décolonisation (1956)... L'histoire récente, pour ne pas dire l'actualité, montre cependant leur difficulté à s'enraciner et à se pérenniser. Les bouleversements actuels dans le monde arabe comme l'évolution de la Turquie n'invalident pas ce constat. Après ce que les médias occidentaux embrumés d'idéologie *droit-de-l'hommiste* ont appelé le « printemps arabe » (2011), la démocratisation est à la peine tandis que la radicalisation islamique menace partout. Même en Indonésie où la sécularisation jusqu'alors imposée à l'islam par l'État indonésien, a été condamnée en 2005 par le Conseil des *oulémas*[5]. Bref, dès lors que l'islam se veut à la fois *religion*, *État* et *société*[6], l'étude – plus que jamais nécessaire – de ces régimes dits islamistes trouve davantage sa place dans un cours de *systèmes juridiques comparés*.

Il reste qu'indépendamment du choix opéré quant à la délimitation de son champ d'étude, le droit constitutionnel demeure, par définition et avant toute chose, le droit de l'État. Le droit constitutionnel, c'est le droit qui régit les pouvoirs publics, les autorités politiques suprêmes dans leurs relations entre elles et dans leurs relations avec les particuliers, c'est-à-dire les citoyens que nous sommes. C'est le droit qui a trait aux rapports des gouvernants entre eux et entre gouvernants et gouvernés. Ce n'est donc pas s'écarter de l'objet du droit

1. Philippe BRAUD, *Science politique, 2. L'État*, coll. Points / Essais, n° 344, éd. du Seuil, 1997, p. 152.
2. Rémi BRAGUE, *La loi de Dieu*, Gallimard, 2005, p. 197.
3. Rémi BRAGUE, *Modérément moderne*, Flammarion, 2014, p. 158-162, not. p. 159.
4. Philippe ARDANT et Bertrand MATHIEU, *Institutions politiques et droit constitutionnel*, coll. Manuel, LGDJ, 24e éd., 2012, p. 368.
5. Claude SICARD, *L'islam au risque de la démocratie*, éd. François-Xavier de Guibert, 2011, p. 228-239.
6. Tout s'est joué lors de l'Hégire (622), le passage de La Mecque à Médine, au moment où Mahomet cessa d'être simple chef religieux pour devenir chef politique et... chef de guerre.

constitutionnel, ni le réduire, que d'enseigner le droit constitutionnel, qui est le droit de l'État, en faisant une large place à l'étude de la singularité du modèle français de l'État. Mais il faut le faire sans esprit systématique à la différence de ce que tenta – en vain, au demeurant[1] – le grand maître du droit constitutionnel que fut dans le premier quart du XXe siècle, Raymond Carré de Malberg (1861-1935), qui s'était attelé à la tâche d'écrire une « Contribution à la théorie générale de l'État... d'après les données fournies par le [seul] droit constitutionnel français »[2]. Ainsi s'éclaire alors la perspective retenue ici.

IV. La perspective retenue

La perspective retenue sera donc *plus historique que comparative* car contrairement à une mode, au demeurant suspecte, celle du *comparatisme béat*, qui consiste à regarder ce que font les autres sans chercher à savoir ce qu'ils sont – c'est-à-dire ce que l'histoire les a faits –, ni à comprendre le pourquoi de ce qu'ils font à la lumière de ce qu'ils sont, il est préférable de commencer par apprendre à se connaître soi-même, à faire un *retour sur soi* – ce qui est tout le contraire d'un *repli sur soi*.

Ignorer *l'histoire* et se désintéresser des *faits*, c'est choisir de rester myope, c'est se complaire dans une *myopie historique* qui favorise le plus souvent *l'aveuglement idéologique*. Pour se projeter loin dans l'avenir, il faut donc prendre du recul et se replonger dans le passé : « pour savoir où tu vas, regarde d'où tu viens », dit un proverbe africain. C'est d'autant plus indiqué que tant le droit constitutionnel tel qu'on le conçoit dans le monde occidental, que les régimes politiques expérimentés par la France au cours des deux derniers siècles, sont le produit d'une civilisation qui plonge ses racines loin dans le temps : dans l'Antiquité gréco-romaine et dans la Révélation judéo-chrétienne (Jérusalem, Athènes, Rome), mais aussi, pour une part, dans la philosophie dite des Lumières.

– De l'Antiquité gréco-romaine, l'Occident et la France ont hérité d'une manière de penser la politique qu'ont inaugurée en leur temps Socrate, Platon et Aristote, lui-même redécouvert au XIIIe siècle par saint Thomas d'Aquin. Quels sont les bons et les mauvais régimes politiques ? Quel est le meilleur régime en soi, c'est-à-dire celui qui est le plus conforme aux exigences de l'excellence humaine ? À défaut de le trouver, qu'est-ce qu'un régime légitime ?[3] Telles sont les interrogations de la philosophie politique depuis lors car, « de par leur nature, les choses politiques ne sont pas neutres. Le bien et le mal, la justice et l'injustice sont au cœur du vécu politique »[4]. C'est ce qui faisait dire au philosophe Léo Strauss (1899-1973) : « Toute action politique est donc guidée par une certaine pensée de ce qui est meilleur et de ce qui est pire »[5]. Au risque de nous répéter, redisons-le encore une fois : une véritable « science de l'homme » ne peut séparer l'analyse des faits d'une

1. V. Didier MINEUR, *Carré de Malberg. Le positivisme impossible*, coll. Le bien commun, éd. Michalon, 2010, not. p. 18-19.
2. Raymond CARRÉ de MALBERG, *Contribution à la théorie générale de l'État*, Sirey, 1920, Réimpression C.N.R.S., 2 tomes, 1962.
3. V. Philippe BÉNÉTON, *Les régimes politiques*, *op. cit.*, p. 10-12.
4. Jacques ROLLET, La tentation relativiste..., *op. cit.*, p. 58.
5. Léo STRAUSS, *Qu'est-ce que la philosophie politique ?*, PUF (rééd.), 1992, p. 16.

réflexion sur les valeurs, car c'est ainsi seulement que l'on peut concevoir la notion de bien commun. Dès lors, comment pourrait-on penser le droit politique, c'est-à-dire le droit constitutionnel selon l'appellation consacrée, en excluant du champ de la réflexion ces interrogations ?

– Du judéo-christianisme, l'Occident et la France ont hérité d'une conception de la société fondée sur la primauté de la *personne humaine*. Une conception non pas tant *individualiste* que *personnaliste*, donc toute différente des conceptions *holistes* qui privilégient les exigences de la société au détriment de l'homme et de sa liberté[1]. « La fin ultime de la personne n'est pas la société », écrivait ainsi le penseur chrétien Jacques Maritain (1882-1973)[2], mais son accomplissement, étant entendu que « la société, si elle n'est pas la fin de l'homme, constitue tout de même le moyen qui lui permet de s'accomplir »[3]. Une conception, plus encore, qui conçoit le pouvoir comme un *service* – pour les chrétiens, à l'image du Christ, le maître doit se faire *serviteur*[4] –, et non pas comme une fin en soi. Le pape François le rappelait dans sa messe d'intronisation, le 19 mars 2013 : « N'oublions jamais que le vrai pouvoir est le service ». À cet égard, Tony Anatrella est fondé à écrire que « le judéo-christianisme ne fait pas partie du patrimoine culturel de notre société » mais qu'« il est en fait *le fondement* de nos sociétés. Toutes nos valeurs en sont issues, ajoute-t-il, même si la majorité d'entre elles ont pris leur autonomie »[5] en se sécularisant[6] et même en s'émancipant de toute limite. Tant est si bien qu'à l'aube du xxe siècle, l'écrivain britannique Gilbert Keith Chesterton dira du monde moderne qu'il est « rempli d'idées chrétiennes devenues folles »[7]... À moins que l'origine de ces idées ne soit moins dans le christianisme que dans l'une de ses falsifications – gnostique ou millénariste[8].

– Du siècle dit des *Lumières* – mais n'oublions jamais que briller n'est pas forcément éclairer –, l'Occident et la France ont hérité d'une philosophie qui eut l'ambition de réhabiliter *la raison* aux dépens de la *tradition*[9], non sans excès d'ailleurs car on fit alors de la raison un objet de culte *déraisonnable*, à l'instar du progrès[10]. Les Révolutionnaires, en 1793, et Robespierre plus particulièrement, ne sont-ils pas allés jusqu'à « inventer » la *Déesse Raison* ? Et à stigmatiser la religion comme si *la foi* et *la raison* étaient nécessairement

---

1. V. Louis DUMONT, *Homo aequalis*, Gallimard, 1977, et Pierre CHAUNU, *Histoire et décadence*, Librairie académique Perrin, 1981, p. 33.
2. Jacques MARITAIN, *Les droits de l'Homme et la Loi naturelle*, Hartmann, Paris, 1945, p. 23.
3. Gilles LEBRETON, *Libertés publiques et droits de l'Homme*, Dalloz, 7e éd., 2005, p. 31.
4. V. *Évangile* de saint Luc, 22.27.
5. Tony ANATRELLA, *Non à la société dépressive*, Flammarion, 1993.
6. Blandine Kriegel en arrive par d'autres voies à la même conclusion : « le fondement juridique des États de droit ne vient pas du droit romain mais de *la Bible* », (B. KRIEGEL, *L'État et les esclaves*, Petite bibliothèque Payot, 2003, p. 18).
7. Gilbert Keith CHESTERTON, *Orthodoxie*, éd. Climats, 2010, ch. 3, p. 50.
8. V. Jean-Louis HAROUEL, *Les droits de l'homme contre le peuple*, éd. Desclée de brouwer, 2016, p. 47-74.
9. Raymond Aron considérait pour sa part – et nous le suivons – que « la rivalité de l'ancien régime et de la révolution a été confondue à tort avec l'antinomie de la tradition et de la raison », (R. ARON, Préface à l'ouvrage de Max Weber, *Le savant et le politique*, *op. cit.*, p. 37).
10. « Les Lumières n'ont pas inventé le progrès. Elles l'ont divinisé seulement – entraînant des malheurs sans nombre », écrit Chantal Delsol, (Ch. DELSOL, *Les pierres d'Angles*, éd. du Cerf, 2014, p. 163).

antinomiques. En tout cas, dans le christianisme, elles ne le sont pas[1] : « la théologie catholique [...] pense qu'il existe une nature humaine, qui est connaissable par la raison et qui suppose le travail de celle-ci pour son élucidation », en sorte qu'« il y a accord de la raison et de la foi » et qu'« il existe une rationalité du réel »[2]. Car, aussi bien, dans le christianisme, à la différence de l'Islam où l'autonomie de la personne est absente – *Islam* signifie en effet « soumission » –, l'homme créé est libre sous le regard de Dieu[3].

Il faut néanmoins observer que c'est à partir de la philosophie des *Lumières* que certaines des conséquences pratiques et politiques des héritages précédents seront tirées. Mais si l'on a pris l'habitude de dire que l'esprit de tolérance[4] l'emporte alors sur les conceptions théocratiques du pouvoir, c'est toutefois par abus de langage. À dire vrai, la tolérance proclamée par les *Lumières* est très *sélective* car si la plupart des philosophes de ces *Lumières* sont *déistes* (dévots du « grand architecte de l'univers » ou du « grand horloger »), et si quelques-uns sont *matérialistes* (Diderot, d'Holbach, La Mettrie), en revanche, tous, sans exception, sont hostiles à l'Église catholique et manifestent plus que de l'intolérance à son égard[5]. Si l'on a pareillement pris l'habitude de dire que c'est la philosophie des *Lumières* qui favorisa le règne sans partage de la démocratie, pour le meilleur mais aussi pour le pire, il faut s'empresser d'ajouter que c'est d'une certaine manière à son corps défendant : croire que les philosophes des *Lumières* étaient acquis à la démocratie, serait en effet une grave erreur. Tous ou presque, aristocrates et bourgeois, n'ont que méfiance pour le *peuple réel* ; ils ne s'adressent pas aux hommes tels qu'ils sont mais à un être idéal, rêvé, qu'ils imaginent éclairé et vertueux, un « Homme » (abstrait) qui n'a jamais existé[6]...

1. V. l'Encyclique *Fides et ratio*, du pape Jean-Paul II, (Jean-Paul II, *La foi et la raison*, éd. Centurion/Cerf /Mame, 1998). Ce fut aussi « la grande affaire » du pontificat du pape Benoît XVI, que d'adosser la foi à la raison, (v. not. son discours prononcé à l'Université de Ratisbonne, le 12 septembre 2006, *AAS* 98, 2006, p. 728-739).
2. Jacques ROLLET, *La tentation relativiste...*, *op. cit.*, p. 210.
3. « Car Dieu a voulu le [l'homme] laisser à son propre conseil pour qu'il puisse de lui-même chercher son Créateur et, en adhérant librement à Lui, s'achever ainsi dans une bienheureuse plénitude. La dignité de l'homme exige donc de lui qu'il agisse selon un choix conscient et libre, mû et déterminé par une conviction personnelle et non sous le seul effet de poussées instinctives *ou d'une contrainte extérieure* », (Concile Vatican II, Constitution pastorale *Gaudium et spes* [La Joie et l'espérance] du 7 décembre 1965, § 17).
4. *Tolérer*, c'est ne pas empêcher par la force ; en somme, c'est permettre. En deux siècles, le mot n'en a pas moins changé de sens. À l'origine, ce que l'on tolérait était perçu comme un mal, dénoncé comme tel. Le tolérer, cela voulait dire ne pas l'empêcher, de ne pas s'y opposer par la force, mais ce mal toléré n'en restait pas moins un mal. Désormais, note Philippe Bénéton, la tolérance implique ceci : il est mal de parler des actes des hommes modernes en termes de *Bien* et de *Mal*. Juger le comportement d'autrui, c'est offenser sa liberté ». Autrement dit, ce n'est *pas bien* : *c'est mal* ! Et Philippe Bénéton de conclure fort logiquement : « La morale, expulsée par la porte, rentre par la fenêtre sous de nouveaux habits », (Ph. BÉNÉTON, *Le dérèglement moral de l'Occident*, *op. cit.*, p. 21).
5. Rousseau, par exemple, comme le relève la Professeur Xavier Martin, l'expliquait candidement à son contemporain Bernardin de Saint-Pierre (1737-1814) qui l'en approuvait : « les philosophes crient beaucoup contre l'intolérance théologique, mais [...] ils en ont *au moins autant* que leurs ennemis ». Et Xavier Martin d'en conclure : « Au moins autant : donc davantage, probablement », (Xavier MARTIN, *Voltaire méconnu. Aspects cachés de l'humanisme des Lumières (1750-1800)*, éd. Dominique Martin Morin, Poitiers, 2015, p. 130 et 152.
6. Il est recommandé de lire à ce propos les pages que Jean Sévillia consacre à ce que furent vraiment les *Lumières* – citations à l'appui –, tant il est vrai que « les historiens se montrent d'une étonnante discrétion quant à l'immense mépris des classes populaires exprimé par certaines figures du XVIIIe siècle ». Et non des moindres !, (J. SEVILLIA, *Historiquement correct*, coll. Tempus, Perrin, 2006, p. 160 à 165). V. égal. dans le même sens, l'ouvrage de Xavier MARTIN, *Voltaire méconnu. Aspects cachés de l'humanisme des Lumières (1750-1800)*, *op. cit*.

Deux siècles plus tard, on peut encore constater que ce qui a finalement triomphé, c'est moins le règne de la démocratie proprement dite que celui de *l'idéologie démocratique*, qui, à l'âge postmoderne – le nôtre –, fait non sans contradiction le lit du *relativisme*, lequel proscrit tout jugement de valeur, et du *nihilisme*, lequel récuse toute idée de vérité. Non sans contradiction en effet, car *si tout se vaut*, comment poser comme *absolu* le primat de la démocratie ? Au nom de quoi, sinon en recourant à un jugement de valeur précisément, soutenir que le système démocratique est supérieur à tous les autres[1] ? Et si rien n'est vrai, s'il n'y a pas de vérités, seulement des interprétations, comme l'a écrit Nietzsche, il faut alors en conclure imparablement ceci : « soit ce que dit Nietzsche est vrai – auquel cas ce n'est pas vrai, puisqu'il n'y a pas de vérités –, soit cela est faux »[2]... Toujours est-il que deux siècles après « l'illumination » des Lumières, il apparaît de plus en plus – et les signes ne manquent pas – que l'idéal démocratique n'est plus que l'ombre de lui-même[3], tandis que *l'intolérance* a trouvé une nouvelle vigueur dans ce que certains observateurs ou acteurs de la vie politique – parfois les plus inattendus – n'hésitent plus à qualifier de « totalitarisme tranquille »[4].

En définitive, cette civilisation triplement enracinée va *engendrer* une certaine conception de la fonction assignée au pouvoir politique. Une fonction double en réalité : celle, d'abord, *d'organiser la société*, autrement dit de promouvoir *une manière de vivre ensemble*[5] – sinon *celle d'être ensemble* – puisqu'il est dans la nature de l'homme de vivre en société ; celle ensuite de *diriger la société*, autrement dit de favoriser semblablement la manière *de bien vivre* puisqu'il est aussi dans la nature de l'homme d'aspirer à une vie heureuse – sinon toujours meilleure. Toutes choses dont Aristote avait eu l'intuition. De là découle le plan du développement, qui sera suivi.

---

1 Comme s'emploie à le montrer Henri Hude, la question ne se pose pas que pour la démocratie : « Si toutes les opinions se valent [c'est précisément ce que prône le *relativisme*], si toutes les valeurs sont admissibles, par quel miracle la paix vaudrait mieux que la guerre ? La tolérance plus que l'intolérance ? Et pourquoi, avec intolérance, dénoncer comme intolérants ceux qui soutiennent des opinions qui ne sont pas, par définition, plus vraies que les nôtres ? », (H. HUDE, *Préparer l'avenir. Nouvelle philosophie du décideur*, coll. Guerres / opinions, Economica, 2012, p. 112).

2 Roger SCRUTON, De *l'urgence d'être conservateur* (traduit de l'anglais par Laetitia Strauch-Bonnart), éd. L'artilleur, 2016, p. 137.

3. V. Pierre-André TAGUIEFF, *Résister au bougisme (démocratie forte contre mondialisation techno-marchande)*, éd. Fondation du 2 mars / Mille et une nuits, 2001, not., p. 124 à 137.

4. V. André BELLON et Anne-Cécile ROBERT, *Un totalitarisme tranquille, (La démocratie confisquée)*, coll. Arguments et mouvements, éd. Syllepse, Paris, 2001, (André Bellon fut député [socialiste] et Anne-Cécile Robert collabore au mensuel *Le Monde diplomatique*... La lucidité et l'objectivité – par définition – n'ont pas de « couleur politique »).

5. Le bon usage de la langue française recommande de ne pas céder à cette mode qui consiste à substantiver des groupes de mots formés d'un *infinitif et d'un adverbe*. Ainsi dira-t-on l'art *de* vivre ensemble et non pas l'art *du* vivre ensemble, en évitant de faire de ce groupe verbal une locution nominale. Du reste, dans l'emploi abusif qui en est fait de nos jours dans le débat politique, ce « vivre-ensemble » fait figure de solution, sinon de panacée, alors qu'il n'est au contraire que l'énoncé de *la* question politique par excellence : comment faire vivre ensemble les hommes au sein d'une même société ?, (v. Commission du dictionnaire de l'Académie Française, *Dire, ne pas dire. Du bon usage de la langue française*, éd. Philippe Rey, 2014, p. 176).

V. Le plan de l'ouvrage

À partir de *la théorie juridique*, on pourra montrer que pour *organiser la société* et lui donner les bases sur lesquelles elle se constitue et se perpétue, est apparu l'État ou, plus exactement, *l'État constitutionnel*. Bien qu'il ne fût pas juriste – il est surtout connu pour être l'un des pères de la sociologie moderne –, c'est ainsi que le nommait Max Weber : « l'Occident [...] est la terre des États constitutionnels », écrivait-il[1]. Il va donc s'agir, dans un premier temps, de rendre compte de *l'avènement de l'État constitutionnel* (PREMIÈRE PARTIE).

Grâce à *la philosophie politique* appelée en renfort, on pourra mieux comprendre que pour *diriger la société* et lui donner un gouvernement, il ne suffit pas d'asseoir ce dernier sur une simple relation de commandement et d'obéissance entre gouvernants et gouvernés. Pour être et demeurer légitime – c'est-à-dire digne de s'exercer et d'être obéi et respecté – il faut que le pouvoir politique que manifeste cette relation de commandement et d'obéissance, reste conforme à sa raison d'être qui est de servir et de promouvoir le bien commun – ou l'intérêt général – car c'est là un préalable si l'on considère son objet, dans l'ordre de l'action. Mais encore faut-il, si l'on considère *les institutions* qui le font agir – celles auxquelles s'intéresse le droit constitutionnel –, qu'il ne soit pas sans bornes ni limites, et aussi bien qu'il soit fondé sur le *consentement* des gouvernés, non sur la seule *force* des gouvernants. Jean-Jacques Rousseau exprimait cela à sa manière – celle d'un truisme –, en convenant que « force ne fait pas droit et qu'on n'est obligé d'obéir qu'aux puissances légitimes »[2], et pour autant qu'elles demeurent légitimes. Étant entendu que si elles cessent de l'être, se pose la question sempiternelle de *l'objection de conscience*[3]... Il va donc s'agir, dans un deuxième temps, du seul point de vue institutionnel, d'explorer les voies retenues depuis le XVIIIe siècle[4], dans la recherche du *gouvernement légitime* (DEUXIÈME PARTIE).

---

1. Max WEBER, *Le savant et le politique*, *op. cit.*, p. 104.
2. Jean-Jacques ROUSSEAU, *Du contrat social*, Livre I, Chap. III.
3. « Tout être humain, écrit Chantal Delsol, est doté d'une conscience capable d'objecter : d'un for intérieur apte à s'opposer – au pouvoir, à la loi positive, à l'opinion [...]. En Chine, le lettré confucéen, humain supérieur, connaît les principes supérieurs au nom desquels il doit, à ses risques et périls, s'opposer s'il le faut au prince : autrement dit être Antigone. En Occident, la conscience personnelle n'est pas aristocratique, une plus-value sociale, mais une capacité proprement humaine, donc présente chez tous les individus pour peu qu'ils veuillent bien s'en rendre compte. Ce qui correspond naturellement avec le présupposé de maturité universelle de tous les individus adultes », que présuppose *aussi* la démocratie (Ch. DELSOL, *Les pierres d'Angle*, *op. cit.*, p. 88). Sur la question, v. Gregor PUPPINCK, *Objection de conscience et droits de l'homme. Essai d'analyse systématique*, coll. Société, Droit et Religion, éd. du CNRS, 2016.
4. La période antérieure est étudiée dans le cadre de l'enseignement d'*introduction historique aux institutions* et d'*introduction historique au droit*. V. not. à ce sujet, François SAINT-BONNET, « Un droit constitutionnel avant le droit constitutionnel ? », revue *Droits*, n° 32, 2000, p. 7-20.

PREMIÈRE PARTIE

L'avènement de l'État constitutionnel

Au regard de l'histoire, l'État constitutionnel est cette forme particulière du pouvoir politique organisé qui émerge dans l'aire culturelle européo-occidentale[1], qui se veut rationnelle, même si parfois sa naissance ne fut qu'accidentelle, et qui sera désignée du nom d'État dès le XVIe siècle. Le mot lui-même dérive du latin *Status* qui signifie « ce qui est debout », ou mieux, « ce qui est établi »[2] ; c'est ce qui est pérenne, demeure stable et permanent. Il s'impose simultanément dans les différentes langues européennes : *Estado* en espagnol, *Staat* en allemand, *State* en anglais, *Stato* en italien[3].

Le tournant historique et symbolique, c'est la chute de Constantinople et de l'Empire romain d'Orient, le 29 mai 1453, autrement dit la fin du vieux rêve d'unité impériale, déjà ébranlé par le partage de l'empire de Charlemagne entre ses petits-fils lors du traité de Verdun de 843. L'émergence du mot accompagne aussi ce que l'on appellera la sécularisation du pouvoir politique[4], qui marque son émancipation par rapport aux autorités et aux croyances religieuses. Elle ouvre la voie à la *modernité* dont elle est l'un des principes fondamentaux. Qu'est-ce que la modernité sinon précisément l'émancipation de la raison. La *Réforme* dans le monde germanique et en Europe du Nord, mais aussi le *Gallicanisme* en France, en sont comme des révélateurs. Et les deux premiers théoriciens de l'État seront contemporains de cette période : l'Italien (Florentin) Nicolas Machiavel (1469-1527) qui écrit « Le Prince » en 1513, et popularise le mot, le Français (Angevin) Jean Bodin (1530-1596) qui publie « Les six livres de la République », en 1576, et systématise le concept de souveraineté, « inséparable » de l'État comme le précisera Charles Loyseau quelques années plus tard[5].

Si la Renaissance est donc bien l'époque de l'éclosion de l'État, d'un point de vue historique et politique, ce n'est toutefois qu'au XVIIIe siècle que, d'un point de vue juridique cette fois-ci, l'État sera pensé et appréhendé à travers son statut : ce que l'on appelle sa constitution. Une constitution le plus souvent fixée dans un texte parce que seul l'écrit, pense-t-on alors, permet de faire œuvre rationnelle tout en garantissant la clarté et la pérennité.

De ce constat, on peut déduire que le *cadre étatique* qui organise autant qu'il structure la société politique, est logiquement – sinon chronologiquement – antérieur à son *encadrement constitutionnel* grâce auquel, théoriquement du moins, le pouvoir politique reste soumis au droit. C'est en respectant cette chronologie conceptuelle qui détermine l'appellation

1. Jean-Luc CHABOT, *Introduction à la science politique*, *op. cit.*, p. 10.
2. Le terme désignait originellement des personnes qui partagent une même condition sociale. On retrouve d'ailleurs ce sens dans une expression propre au droit privé : « l'état des personnes ». La réunion de ces groupes de personnes constituera, à la fin du Moyen Âge, les « états généraux » et, parmi ceux-ci, subsistera jusqu'à la Révolution de 1789, le « tiers état », (v. Jean-Pierre BRANCOURT, « Des estats à l'État. Evolution d'un mot », *in Archives de philosophie de droit*, n° 21, 1976, Sirey, p. 39 et s.).
3. Jacques BAGUENARD, *L'État, une aventure incertaine*, coll. Mise au point, Ellipses, 1998, p. 8.
4. « La sécularisation est essentiellement l'affirmation de la consistance et de l'autonomie de l'ordre profane, par rapport à la sphère religieuse. Cela se vérifie dans trois domaines : la science, la philosophie, la politique », (Jacques ROLLET, *La tentation relativiste…*, *op. cit.*, p. 122).
5. Charles LOYSEAU écrivait : « La souveraineté est du tout *inséparable* de l'État, duquel si elle était ôtée, ce ne serait plus l'État, car enfin la souveraineté est la forme qui donne *l'être* à l'État » (V. Suzanne BASDEVANT-GAUDEMET, *Aux origines de l'État moderne, Charles Loyseau*, Economica, Paris, 1977, p. 119).

d'*État constitutionnel*, que l'on étudiera successivement *l'État*, puis la *constitution*. L'État d'abord, parce que le phénomène étatique n'est pas seulement chose juridique, objet d'étude réservé aux seuls juristes. La constitution ensuite, parce qu'ici le terme renvoie à une notion juridique et même plus précisément à une norme juridique. On commencera donc par une approche non exclusivement juridique – politique, historique, sociologique,... – en traitant de l'État (Chapitre 1), pour recentrer le propos sur des considérations beaucoup plus juridiques, en envisageant dans une perspective néanmoins historique la notion juridique de constitution (Chapitre 2).

CHAPITRE 1

L'État

« L'État, écrit Pierre Pactet, est un phénomène historique, politique et juridique »[1]. Cette ébauche de définition « réaliste » a le mérite de souligner à quel point la dimension juridique n'est pas première même si elle est essentielle. En ce domaine, le droit, en effet, ne fait que couronner l'œuvre du temps – ou de l'histoire –, et consacrer, en lui donnant stabilité et pérennité, la prégnance d'une *réalité* politique antérieure. Comme souvent, le fait a précédé le droit même s'il ne l'a pas créé. La création, ce sera l'œuvre d'une volonté. « Un État, écrivait ainsi Edith Stein, n'est pas un simple effet d'actes juridiques relevant du droit positif (bien que ce ne soit qu'avec la constitution juridique qu'il devient un État au plein sens du terme), mais se rattache au développement antérieur d'une communauté »[2], d'une communauté *humaine* s'entend.

C'est ce qu'il ne faut pas perdre de vue lorsqu'on se propose d'appréhender le phénomène étatique, même s'il s'agit de privilégier le point de vue juridique, qu'il s'agisse d'examiner les conditions de la formation de l'État (Section 1), ou la forme qu'il peut revêtir une fois formé (Section 2).

1. Pierre PACTET, *Droit constitutionnel et institutions politiques*, coll. U, Armand Colin, 21e éd., p. 40.
2. Edith STEIN, *De l'État* [1925], Cerf, 1989, p. 115.

Section 1 – **La formation de l'État**

En schématisant à peine, on peut dire que l'État n'existe que parce qu'il est pensé. Il n'est qu'un « artifice » comme l'a écrit Georges Burdeau, « en ce sens qu'il n'est pas donné comme un phénomène naturel, mais doit être construit par l'intelligence humaine »[1].

L'État est donc d'abord une *idée* intelligible. Mais l'État est aussi une *réalité* sensible, une réalité perceptible par les sens parce que l'État se manifeste concrètement à travers le phénomène du pouvoir et par le truchement de ceux qui l'exercent en son nom.

Bref, l'État apparaît d'abord comme une idée intelligible mais abstraite (§ 1) ; il se manifeste ensuite comme une réalité sensible et concrète (§ 2).

§1. L'idée abstraite de l'État

En tant qu'idée, qu'abstraction pure, l'étude de l'État relève de la spéculation théorique. Et les juristes ne sont ni les seuls ni les premiers à l'avoir pensé sous cet angle. Les philosophes les ont accompagnés – sinon précédés – avant que la sociologie ne s'en mêle aussi. Ce n'est pas ici le lieu de faire une recension exhaustive des différents discours scientifiques sur l'État. Ce qui n'interdit pas évidemment des mises en perspective ponctuelles, ni davantage de se priver des apports utiles des autres disciplines. L'objet du propos qui va suivre n'en est pas moins de rendre compte, du point de vue du droit, des conceptions théoriques de l'État dominantes dans la doctrine juridique contemporaine et d'en faire la critique (A), avant de proposer une définition juridique de l'État somme toute très classique (B).

A. Les conceptions théoriques de l'État

Les représentations conceptuelles de l'État sont multiples. La conception des philosophes (ceux des XVIIe et XVIIIe siècles) consiste à le regarder comme un *phénomène contractuel*. La faiblesse de cette conception est de tenir l'État pour le résultat d'un *contrat social* originel marquant le passage de l'état de nature à l'état de société. Ce *pacte fondateur* n'est cependant qu'un simple postulat philosophique sans réalité historique et sans fondement anthropologique : *l'état de nature*, réputé antérieur à ce *pacte fondateur*, est un mythe[2]. C'est là le reproche commun que l'on peut faire aux conceptions de Thomas Hobbes (1588-1679), John Locke (1632-1704) ou Jean-Jacques Rousseau (1712-1778) en dépit de tout ce qui les sépare quant à la cause de ce *pacte* originel[3].

---

1. Georges BURDEAU, *L'État*, coll. Points / Essais, n° 244, éd. du Seuil, 1970, p. 55.
2. L'état édénique – dans le jardin d'Eden – dont parle *la Bible*, n'est pas un état de nature, mais un *état surnaturel*, dont l'état de nature idyllique de certains penseurs du XVIIIe siècle ou encore le mythe du bon sauvage semblent être des sécularisations insatisfaisantes, aussi bien conceptuellement qu'empiriquement, (V. Henri HUDE, *La force de la liberté*, *op. cit.*, p. 72, note 1).
3. V. Georges LESCUYER, *Histoire des idées politiques*, Précis Dalloz, 14e éd., 2001.

La conception des sociologues n'est pas plus satisfaisante. Elle réduit l'État à un *phénomène conflictuel* et ne voit en lui que le produit d'un rapport de forces qui s'établit au profit d'un petit nombre de gouvernants opposés à un grand nombre de gouvernés. Cette thèse soutenue par le Doyen Duguit (1859-1928)[1] fonde aussi à sa manière l'explication de l'État développée par Karl Marx (1818-1883) et Friedrich Engels (1820-1895) qui ne voient dans l'État que le résultat de la lutte des classes et la domination de l'une d'elle – la bourgeoisie – sur l'autre – le prolétariat[2]. Le reproche qu'elle encourt, est de nier que puisse exister un intérêt général – une *Res publica* – surplombant l'intérêt particulier des gouvernants – ou de la classe dominante –, dont la sauvegarde et la promotion sont précisément confiées à l'État et dont il s'acquitte tant bien que mal.

Quant aux juristes, ils restent divisés sur l'idée qu'ils se font de l'État. Deux conceptions s'affrontent aujourd'hui et elles sont irréductibles. À *l'approche normativiste*, très idéaliste et qui bénéficie d'un certain effet de mode, s'oppose *l'approche institutionnaliste*, plus classique et beaucoup plus réaliste.

1. L'approche normativiste

Cette approche consiste à identifier le droit à l'État ou plus exactement à regarder l'État comme un ordre juridique. Hans Kelsen affirmait ainsi que « l'État est un ordre juridique »[3] et seulement cela. Autrement dit, un ensemble structuré et hiérarchisé de normes, ayant la Constitution à son sommet, et couvrant un territoire et une population donnés, eux-mêmes définis par des normes juridiques. « État et droit coïncident »[4], écrivait-il encore pour en conclure que l'État n'est rien d'autre que « la personnification d'un ordre juridique ». Ce que cet ordre juridique a de particulier, c'est qu'il institue la contrainte ; il est un ordre de contrainte. Ce qui revient à dire que l'État n'a pas d'existence en tant qu'entité distincte du droit et extérieure à lui. Ainsi conçu, l'État n'est que le point d'imputation des actes dont ses organes sont les auteurs. Dès lors, il n'appartient qu'au monde des idées d'où le reproche que faisait Maurice Hauriou à la définition kelsénienne de l'État, jugée « exclusivement idéaliste »[5].

L'État, tel que le définit Kelsen, apparaît ainsi comme un système de normes et de procédures duquel ont disparu les acteurs politiques – les « être réels » disait Hauriou –, sinon la politique elle-même.

1. Léon DUGUIT, *Traité de droit constitutionnel*. De Brocard, 3e éd., 1927-1930, 5 volumes, rééd., 1972.
2. Marx a reçu d'écrivains bourgeois, tel François Guizot, l'idée de « la lutte des classes ». Mais la tension et la concurrence entre les classes n'impliquent pas nécessairement l'idée d'une véritable guerre entre elles, (V. Henri HUDE, *La force de la liberté*, *op. cit.*, p. 15, note 1).
3. Hans KELSEN, *Théorie pure du droit*, (traduit de l'Allemand par Charles Eisenmann), Dalloz, 1962, p. 378.
4. Hans KELSEN, « Aperçu d'une théorie générale de l'État », *RDP*, 1926, p. 572.
5. Maurice HAURIOU, *Précis de droit constitutionnel*, Sirey, 2e éd., Paris, 1929, p. 9.

La théorie normativiste décrit donc un État « idéel » destiné à le rester, mais n'explique pas l'État réel tel qu'on peut l'appréhender à partir de l'idée, celui qui fait une place aux *hommes* et à la *politique*, c'est-à-dire à la *volonté* et au *pouvoir*. Car il y a du pouvoir dans l'État, pas seulement des normes ; de la *volonté* aussi et pas seulement des compétences attribuées. Par dessus tout, ce que la théorie normativiste n'admet pas, c'est « que ce soit le pouvoir politique qui crée le droit, qu'il soit ou non pouvoir d'État », comme l'écrivait encore le Doyen Hauriou dès la première édition de son Précis de droit constitutionnel[1]. Ce que disait d'une autre manière Carl Schmitt en affirmant que « tout ordre repose sur une *décision* »[2] qui est la manifestation d'une *volonté* créatrice initiale, une décision *souveraine*, qui « jaillit d'un néant normatif et d'un désordre concret », toujours pour le citer[3]. Ce qui revient à dire que « même l'ordre juridique repose, à l'instar de tout ordre, sur une décision et non sur une norme »[4]. Bref, l'État de Kelsen est un État immergé dans une sorte de présent perpétuel, la question de son *apparition* et de sa *formation* ne recevant aucune réponse, au point que sa *réalité historique* s'en trouve niée. La thèse normativiste postule en effet l'auto-fondation de l'ordre juridique sur une norme hypothétique fondamentale (*Grundnorm*) dont le principe même est « d'éluder le geste qui institue la normativité »[5].

Qui plus est, même une fois formé, l'État ne se réduit pas à un simple « ordonnancement de règles »[6]. L'État reste une *réalité politique*, jamais à l'abri d'une crise qui peut lui être fatale (guerre) ou compromettre l'ordre juridique établi (révolution ou coup d'État), ce qui implique que « des décisions puissent être prises, lorsque la situation l'impose, en dehors de toute habilitation juridique formelle ; le propre de la décision politique étant, en effet, d'assurer le salut public »[7] jusque dans une *situation d'exception*, en dehors de la situation normale, la seule envisagée par la théorie normativiste parce qu'elle est seule de nature à fonder la *validité* normative.

On touche là à ce que l'on peut appeler *l'aporie*[8] du normativisme, ou, si l'on préfère, *l'impasse historique et politique* de cette théorie. Par l'introduction d'une distance infranchissable entre le fait et le droit, entre l'être (*sein*) et le devoir être (*sollen*)[9], la théorie normativiste « ne se sent pas tenue par l'obligation de coller aux faits sociaux »[10]. Conformément à sa logique propre auto-référencée, « elle attribue au droit la seule fonction de prescrire des

1. Maurice HAURIOU, *Précis de droit constitutionnel*, 1re éd., Sirey, Paris, 1923, p. 285, n° 1.
2. Carl SCHMITT, *Théologie politique*, rééd., Gallimard, 1988, p. 20.
3. Carl SCHMITT, *Über die drei Arten des rechtswissenschaftlichen Denkens*, Hanseatische Verlagsanstalt, 1934, p. 28.
4. Carl SCHMITT, *Théologie politique*, *op. cit.*, p. 20.
5. Jean-François KERVÉGAN, « La critique schmittienne du normativisme kelsénien », *in* Carlos-Miguel HERRERA (sous la dir.), *Le droit, la politique autour de Max Weber, Hans Kelsen, Carl Schmitt*, éd., L'harmattan, Paris, 1995, p. 241.
6. Maurice HAURIOU, *Précis de droit constitutionnel*, *op. cit.*, p. 9.
7. Frédéric ROUVILLOIS, *Droit constitutionnel, Fondements et pratiques*, coll. Champs/Université, Flammarion, 2002, p. 24.
8. *Aporie* : « question embarrassante, impasse (dans le raisonnement) ; difficulté paraissant insoluble », (v. Gérard CORNU, *Vocabulaire juridique*, *op. cit.*, p. 62).
9. Dans la pensée de Kelsen, le fait ou l'être (*sein*) n'acquiert une dimension ou une valeur juridique qu'à la seule condition d'être lu ou interprété au travers de la norme (*sollen*).
10. Olivier BEAUD, *La puissance de l'État*, coll. Leviathan, PUF, Paris, 1994, p. 120.

comportements humains sans nécessairement prendre en considération les déterminations sociologiques ou physiques de la vérité *naturelle* »[1]. C'est en cela qu'elle reste discutable, et c'est à cause de cela qu'elle peut entraîner, malgré eux, sur la pente qui descend des hauteurs théoriques aux bas-fonds idéologiques[2], ceux qui en font *l'alpha* et *l'oméga* – la source et le principe – de la pensée juridique...

Tout autre est l'approche institutionnaliste qui « exprime la volonté du juriste d'appuyer son interprétation du droit positif sur des faits sociaux et historiques déterminés »[3].

2. L'approche institutionnaliste

Selon cette approche, l'État est une institution, c'est-à-dire le résultat d'un processus d'institutionnalisation du pouvoir, qui s'inscrit dans le temps. Cette institutionnalisation est rendue possible par ce que l'on observe au sein des sociétés humaines qui ont atteint un certain degré de développement de la sociabilité[4] : d'une part, une différenciation, et donc une spécialisation des fonctions de chacun de ses membres, d'autre part, la perception par chacun de ceux-ci, d'une distinction à faire entre le titulaire du pouvoir et le pouvoir lui-même en tant que fonction spécifique. Cette différenciation fonctionnelle, d'abord, et cette distinction opérée entre la fonction et son titulaire, ensuite, sont la condition de possibilité de l'institutionnalisation du pouvoir.

L'histoire comme l'anthropologie et l'ethnologie – en somme, l'expérience et la science – enseigne, en effet, qu'il est dans la nature de l'homme de vivre en société. Or, lorsque s'instaure une vie sociale, apparaissent tout à la fois, une répartition des tâches et une spécialisation des fonctions, en même temps qu'un phénomène de pouvoir. Un pouvoir de nature politique, parce qu'il a pour objet et pour finalité de « contribuer à satisfaire les besoins élémentaires de survie du groupe concerné et des individus qui le composent »[5].

Il est vrai, cependant, qu'ont pu exister – ou qu'existent –, des formes de socialisation, fondées sur d'autres bases. Les anthropologues parlent à leur propos de communautés primitives[6]. Ces communautés primitives ne connaissent pas de fonctions politiques spécifiques, déterminées à partir de la différenciation organique entre gouvernants et gouvernés, et reposant sur le pouvoir de contraindre. Autrement dit, ce sont des « sociétés sans État »[7].

1. *Ibidem*.
2. Christian Atias n'hésite pas à l'écrire : « le positivisme est une idéologie qui contribue à dissimuler les composantes réelles du raisonnement juridique », (Ch. ATIAS, *Philosophie politique*, *op. cit.*, p. 28).
3. Olivier BEAUD, *La puissance de l'État*, *op. cit.*, p. 120.
4. Les niveaux de sociabilité peuvent être variables. Le degré le plus intermittent est celui des « sociétés à régulation immédiate et pouvoir politique indifférencié », (V. Jacques BAGUENARD, *L'État, une aventure incertaine*, *op. cit.*, p. 9).
5. Jacques BAGUENARD, *op. cit.*, p. 15.
6. « Les communautés primitives ne connaissent pas de rôle politique spécifique : il s'agit en effet de petites communautés, soudées et homogènes, dans lesquelles n'existent pas de réelles position de pouvoir », (Jacques CHEVALLIER, *Institutions politiques*, coll. Systèmes, LGDJ, 1996, p. 42).
7. V. Pierre CLASTRES, *La société contre l'État*, coll. Critique, Les éditions de Minuit, 1974, p. 161.

À l'inverse, dans les sociétés où la sociabilité est la plus développée, c'est-à-dire celles où cette spécialisation est la plus grande (agriculteurs, commerçants, guerriers,...ou producteurs et prestataires de services), apparaît un pouvoir politique organisé et institutionnalisé, destiné à mettre de l'ordre et de la hiérarchie au sein de ladite société.

C'est ainsi que certains, par la force ou la ruse, grâce à leur savoir faire ou leur habileté, par l'effet de leur charisme ou de leur autorité naturelle, prennent l'ascendant sur les autres, le plus grand nombre. Ceux qui arrivent ainsi à s'imposer à leurs semblables en se rendant utiles, voire indispensables en raison des services rendus, se voient confier, bon gré mal gré, la fonction de vouloir et d'agir au nom de tous et dans le sens de l'intérêt commun. Ils se voient investis de la charge du gouvernement de la société ainsi constituée. Le pouvoir qui leur est alors reconnu, parce qu'il apparaît aux yeux de tous comme une nécessité sociale – sinon vitale – est ce qu'on appelle, précisément, le pouvoir politique.

Ce type de pouvoir instauré de la sorte n'en demeure pas moins précaire dans la mesure où il reste lié à la personne de son titulaire. Que celui-ci vienne à disparaître – et il disparaîtra fatalement le jour où il mourra –, et le gouvernement des hommes vivant dans la société considérée, ne sera plus assuré. Cette disparition créera donc un vide, ce que l'on appelle une vacance du pouvoir, et induira une solution de continuité – c'est-à-dire une interruption – dans son exercice, avec le risque subséquent de voir le chaos s'établir, provisoirement ou durablement.

Dans les sociétés complexes qui connaissent la spécialisation des fonctions, les hommes ont compris que leur intérêt était de remédier à une telle situation et d'abord de conjurer ce risque. Ils ont cherché le moyen d'éviter cette vacance du pouvoir politique – ou du gouvernement –, et l'ont trouvé dans ce que l'on appelle l'institutionnalisation du pouvoir, autrement dit en pensant le pouvoir à travers une institution. L'État est précisément cette institution et, à cet égard, l'Europe occidentale fut un laboratoire.

Cette institutionnalisation postule ainsi la substitution d'un pouvoir abstrait permanent à un pouvoir individualisé qui passe. C'est, pour le dire autrement, *la substitution du droit de gouverner au fait de gouverner*. Au fait de gouverner attaché à un individu précis – ou à un groupe d'individus –, nominalement désigné, se substitue alors le droit de gouverner conféré à une institution qui dure au-delà de la vie humaine du ou des titulaires momentanés qui l'incarnent et qui exercent le pouvoir en son nom à un moment donné. C'est comme l'écrit Georges Burdeau, « la substitution du règne du droit à l'empire de la puissance personnelle ». Autrement dit, et toujours pour citer Georges Burdeau, l'institutionnalisation du pouvoir est « l'opération juridique par laquelle le pouvoir politique est transféré de la personne des gouvernants à une entité abstraite : l'État »[1], c'est-à-dire une entité pensée abstraitement

1. Georges BURDEAU, *Traité de science politique*, t. 2, LGDJ, 1950, p. 149 et 188.

mais qui se manifeste concrètement à travers les organes par lesquels le pouvoir se rend *sensible*, c'est-à-dire perceptible par *les sens* (le coup de sifflet de l'agent de police ou le coup de matraque du garde mobile).

L'effet juridique de cette opération qu'est l'institutionnalisation du pouvoir, est donc la création de l'État en tant que *support* permanent du pouvoir, indépendant de la personne éphémère des gouvernants. Pour le dire autrement, *le résultat* de l'institutionnalisation du pouvoir est la création d'une *institution*, l'État, qui n'est rien d'autre que le pouvoir institutionnalisé. Une institution, c'est-à-dire une création explicite de la volonté des hommes – elle n'est pas un phénomène naturel –, qui a vocation à durer au-delà d'une vie d'homme, et qui se caractérise d'abord par sa permanence. L'institution est donc bien cette forme stable d'organisation sociale qui a vocation à durer, donc à survivre aux hommes qui l'incarnent et la font agir dans la vie concrète. C'est en ce sens que Georges Burdeau a pu écrire que « les hommes ont inventé l'État pour ne pas obéir aux hommes »[1].

Cette opération d'institutionnalisation est parfaitement réussie lorsque l'institution créée, l'État en l'occurrence, non seulement se révèle stable dans le temps, mais en outre, suscite l'adhésion des gouvernés. L'État est alors – intellectuellement – perçu comme une authentique personne juridique, distincte de la personne physique des gouvernants. C'en est même sa première caractéristique juridique.

B. La définition juridique de l'État

Abstraitement, on vient de le voir, l'État est pensé à la fois comme un pouvoir institutionnalisé et comme le résultat de l'institutionnalisation du pouvoir. Cela signifie que dans une société donnée, du point de vue de la représentation mentale qu'ils en ont, ses membres sont parvenus à dissocier le pouvoir en tant que tel, de la personne physique qui l'exerce à l'instant présent. Ils se représentent le pouvoir non comme un attribut de celui – individu ou groupe d'individus – qui l'exerce pour un temps, mais comme appartenant à une entité abstraite permanente, distincte des êtres concrets qui, tour à tour, sont appelés à l'exercer pour son compte. L'institutionnalisation du pouvoir s'analyse donc comme une opération juridique qui, d'un point de vue conceptuel, par l'effet d'un raisonnement intellectuel, dissocie *le pouvoir* en tant que fonction permanente et nécessaire, *des gouvernants* en tant que personnes physiques éphémères, dépositaires momentanés de celui-ci. Il s'ensuit que le pouvoir exercé par les gouvernants n'est pas le leur mais celui de l'État. Ceux qui sont les relais des gouvernants – l'administration *lato sensu* – assistent moins le pouvoir en raison d'une fidélité à la personne de son titulaire que d'une loyauté à la fonction qu'il exerce.

Par cette opération, au regard du droit, l'État devient cette *entité* distincte de la personne physique des gouvernants, *pensée et voulue* comme telle, qui leur préexiste et leur survie, et qui, ce faisant, a les caractéristiques d'une institution. Mais, comme par ailleurs cette

1. Georges BURDEAU, L'État, *op. cit.*, p. 15.

institution est elle-même dotée de la plénitude des attributs reconnus par le droit à toute *personne juridique*, on en est venu à regarder cette institution elle-même comme une nouvelle personne juridique – un « être de droit » disait Carré de Malberg –, distincte de celle des gouvernants. Tant et si bien qu'on pourrait être tenté de dire qu'il fallait que le pouvoir « se dépersonnalise » en s'institutionnalisant pour que l'institution étatique accède à la personnalité juridique.

Cette nouvelle personne juridique, dans laquelle on reconnaît l'État, est, certes, « fictive » en ce sens qu'elle n'a pas d'existence physique, mais c'est le propre du droit que de reposer sur des concepts qui sont le plus souvent de pures fictions. Des fictions fécondes néanmoins, dont l'expérience montre l'utilité et la nécessité pour régler les rapports entre les hommes sur des bases autres que la force.

L'État n'est pas, cependant, la seule institution à qui est reconnue la personnalité juridique. Ce qui le spécifie parmi toutes les autres personnes, c'est une *qualité* qui lui est propre : la souveraineté.

1. La personnalité de l'État

La personnalité juridique reconnue à l'État est d'une nature particulière : l'État est une *personne morale* et une *personne morale de droit public*.

Dans le langage du droit, une personne juridique est *un sujet de droits et d'obligations*. En tant que telles, les personnes juridiques sont les *acteurs* de la vie juridique, qui se déterminent *librement*[1]. Elles se caractérisent par une *volonté propre* qui les fait agir – l'acte est toujours une manifestation de volonté – et grâce à laquelle elles peuvent défendre leurs *intérêts spécifiques*. La *personne juridique* est donc un « être juridique » original, qui a un nom qui lui est propre, une volonté qui lui est propre et des intérêts qui lui sont propres. À la différence des *choses*, objets et non sujets, qui n'ont pas de volonté et ne peuvent donc *agir*, ni être des *acteurs* de la vie juridique.

Parmi les personnes juridiques, on distingue les personnes morales des personnes physiques[2]. La personne physique n'a pas à proprement parler de définition spécifique : la personne physique est une réalité qui s'impose à la raison humaine. Tout être humain, en sa qualité d'être humain, est une personne physique. Le droit le constate, en prend acte et en tire les conséquences. En revanche, la personne morale est un concept juridique, une construction

1. Cette notion de *personne* (être doté d'intelligence et de *liberté*, capable par conséquent de penser l'ensemble du réel et de s'y orienter par des décisions relevant de sa volonté), que connaissait le droit romain, et surtout l'importance qu'on lui accorde en Occident, sont incompréhensibles sans le christianisme. Elle vient de la réflexion théologique sur les *personnes* divines : le Père, le Fils et le Saint Esprit. La personne est un être relationnel ; l'individu est un être clos sur lui-même, (V. Jacques ROLLET, *La tentation relativiste...*, *op. cit.*, p. 212-213).
2. L'emploi du vocabulaire juridique exige précision et souvent érudition. En droit canonique (*CIC* de 1983), la distinction est faite entre *personne physique* et *personne juridique* ; cette dernière correspond à ce que l'on appelle en droit profane – et à ce qu'appelait l'ancien *CIC* de 1915 – une *personne morale*.

intellectuelle, un produit de la raison. C'est pour cela qu'on en parle comme d'une fiction : elle a une existence juridique dans le monde des idées, mais pas de consistance physique dans l'ordre des réalités.

Cette personnalité morale est reconnue à certains groupements humains (une société civile ou commerciale, une association, un syndicat, un parti politique,...)[1] afin de leur attribuer une volonté propre et des intérêts spécifiques distincts de celle et de ceux de ses membres – personnes physiques –, distincts aussi des personnes physiques qui veulent et agissent pour le compte desdits groupements en tant qu'ils n'en sont que des organes. Sa raison d'être est alors la sauvegarde et la promotion de l'intérêt propre du groupement en question, qui ne se confond pas avec celui de ses membres.

De ce point de vue, l'État apparaît donc comme une construction juridique destinée à prendre en charge de façon permanente les intérêts communs à une population, par-delà les intérêts individuels de chacune des personnes physiques composant cette population, et indépendamment des personnes physiques (les gouvernants) qui veulent et agissent en son nom[2]. La personnalité morale reconnue à l'État en tant que groupement humain ayant des intérêts propres, distincts de ceux de chacun des individus qui le composent ou agissent en son nom, permet ainsi de bien dissocier la personnalité de l'État de la personne physique des gouvernants qui « sont la figure visible d'une réalité invisible », dit Philippe Braud[3]. C'est au nom de l'État qui a une existence juridique grâce à sa personnalité juridique propre, que les gouvernants en tant qu'organes de l'État, reçoivent leurs compétences, c'est-à-dire leur titre juridique pour agir en son nom. Et le pouvoir que ces gouvernants détiennent est attaché à leur fonction et non à leur être individuel. De la sorte, la reconnaissance de la personnalité morale de l'État en tant qu'institution, se présente comme la conséquence la plus aboutie du processus d'institutionnalisation. Car si les personnes morales sont d'abord des institutions, en revanche, toutes les institutions n'ont pas nécessairement la personnalité juridique.

L'État reste néanmoins une personne morale particulière. À la différence d'une société, d'une association, d'un syndicat ou d'un parti politique, qui sont des personnes morales de droit privé, l'État est une personne morale de droit public. Lui seul est en charge de l'intérêt général, de la *res publica – la chose commune à tous* – qui s'oppose à la *res privatae*. Il n'est toutefois pas la seule personne morale en charge d'un intérêt collectif distinct des intérêts particuliers des personnes physiques qui en sont membres. Les collectivités territoriales (Communes, départements, régions) ou les établissements publics (Hôpitaux, Lycées, Universités,...) dont l'étude relève de l'enseignement de droit administratif, sont

1. Il peut aussi s'agir d'un groupement de *biens* comme c'est le cas des fondations (la Fondation de France par exemple).
2. « Ce fait indéniable et essentiel de l'unité de l'État, écrivait Raymond Carré de Malberg, ne peut être exprimé par la science du droit qu'à l'aide de la notion de personnalité ; il implique en effet que la collectivité des nationaux ne se réduit pas à une simple société d'individus, mais qu'elle forme en son ensemble indivisible, un sujet unique de droits, donc une personne juridique », (Raymond CARRE de MALBERG, *Contribution à la théorie générale de l'État...*, t. 1, *op. cit.*, p. 40).
3. Philippe BRAUD, *Science politique, 2. L'État, op. cit.*, p. 28.

aussi en charge d'*un* intérêt général. Mais il s'agit alors d'*un* intérêt général subordonné parce qu'il a un objet plus restreint, autrement dit, un intérêt local ou un intérêt public, qui doit s'effacer devant l'intérêt général que l'État a pour mission de promouvoir et de faire valoir. Cet intérêt général supérieur devient l'intérêt national lorsque la population de l'État constitue une nation (V. *infra*). C'est ce qui explique que ces autres catégories de personnes morales de droit public sont *créées et contrôlées* par l'État qui est, de ce fait, la personne publique *initiale*. Ces autres personnes morales de droit public n'existent que par *la volonté* de l'État à laquelle elles restent subordonnées. C'est cette particularité qui fait de l'État une personne publique différente des autres, et qui confère son deuxième caractère juridique à l'État : la souveraineté.

2. La souveraineté de l'État

Si l'on devait exprimer par un raccourci ce qu'est la souveraineté, on pourrait dire qu'elle est à l'État, personne morale, ce que la liberté est à l'individu, personne physique. Parce que le souverain « a le *pouvoir de vouloir* de façon absolument *libre* », comme l'a écrit Carré de Malberg[1]. Ce qui signifie que la souveraineté est d'abord synonyme de *liberté* et seulement ensuite de puissance. La souveraineté c'est la capacité concrète de décider face à une situation, et face à une situation d'exception[2], parce que, par hypothèse, l'exception ne peut être codifiée à l'avance et qu'il est donc vain de croire qu'on puisse par avance déterminer les moyens qui permettront d'y répondre. Pour aller à l'essentiel, cette capacité concrète de décider quand il se trouve qu'une norme ou une procédure préétablie est concrètement inapplicable – et l'expérience historique montre qu'il en est parfois ainsi –, c'est cela la souveraineté, rien que cela. Ce n'est pas la toute puissance de créer *ex nihilo* – à partir du néant – en s'affranchissant des limites de la finitude humaine. Autrement dit, la souveraineté de l'État ne peut se confondre avec la souveraineté transcendante de Dieu, avec sa toute puissance créatrice[3].

Il faut donc d'abord penser la souveraineté comme une liberté, et la souveraineté en tant qu'elle est d'abord une liberté, s'analyse aussi comme « un ensemble indivis de droits imputés à l'État », pour reprendre une formule d'Olivier Beaud[4]. Ces « droits indivis » ne

1. Raymond CARRÉ de MALBERG, *Contribution à la théorie générale de l'État*, *op. cit.*, t. 1, p. 87.
2. V. Carl SCHMITT, *Théologie politique* (1922), rééd. Gallimard, 1988. Pour une présentation de cet auteur « controversé » qu'est Carl Schmitt (1888-1985), v. Alain de BENOIST, *Ce que penser veut dire*, éd. du Rocher, 2017, p. 99-108.
3. Il ne faut pas en effet se méprendre sur le sens et l'étendue de cette *liberté-puissance* dans laquelle se reconnaît la souveraineté de l'État. Ce serait idolâtrer l'État et faire le lit du totalitarisme, que de le confondre avec le *souverain parfait* qu'est Dieu. « Aux yeux d'une saine philosophie politique, écrivait Jacques Maritain, il n'y a pas de souveraineté, c'est-à-dire de droit naturel et inaliénable à un pouvoir suprême *transcendant* ou séparé, *dans* la société politique. Ni le Prince, ni le Roi, ni l'Empereur n'étaient réellement souverains, bien qu'ils portassent le glaive et les attributs de la souveraineté. L'État non plus n'est pas souverain ; ni même le peuple. Dieu seul est souverain », en ce sens qu'il est transcendant à toute chose créée, (J. Maritain, *L'Homme et l'État* [1951], rééd. Desclée de Brouwer, 2009).
4. Olivier BEAUD, *La puissance de l'État*, *op. cit.*, p. 21.

sont rien d'autre que les *droits régaliens*[1], dans lesquels Jean Bodin voyait les « marques de souveraineté », ou pour le dire dans une langue plus contemporaine, des *compétences de souveraineté* : le pouvoir de donner et de casser la loi, de lever l'impôt, d'émettre la monnaie, de déclarer la guerre ou de conclure la paix, de juger en dernier ressort (pouvoir de dernier mot) ceux qui sont accusés d'avoir transgressé la loi[2].

Qu'une seule de « ces marques de souveraineté » vienne à manquer et la souveraineté n'est plus. « Comme la couronne ne peut être si son cercle n'est pas entier, la souveraineté n'est point si quelque chose y fait défaut », écrivait pour sa part, en 1608, Charles Loyseau dans son *Traité des seigneuries* (Chapitre II, n° 8). C'était dire, déjà, que la souveraineté n'est pas ou n'est plus, si on la divise, la fractionne ou la partage. Ce qui conduit de nos jours à s'interroger sur la pertinence de la notion de « souveraineté partagée »[3] dont on a fait en 1998 la pièce maîtresse de l'Accord de Nouméa relatif au statut transitoire du Territoire de Nouvelle-Calédonie.

« Cette souveraineté en quoi consiste la puissance de l'État [...] a un double aspect : la souveraineté externe, c'est-à-dire *l'absence de toute subordination* vis-à-vis des gouvernants étrangers [...] et la souveraineté interne, consistant en ce que par rapport aux groupements ou aux individus établis sur son territoire, l'État possède une autorité *libre* qu'aucune autre puissance ne restreint ou ne conditionne »[4].

La *souveraineté interne*, c'est donc le fait pour l'État d'exercer un pouvoir qui n'est pas concurrencé à l'intérieur du territoire sur lequel il est assis par des puissances de fait qui lui disputeraient son autorité. C'est bien ainsi que l'État monarchique s'est affirmé en France ; l'autorité de l'État *incarnée* – physiquement – dans la personne du roi s'imposant aux féodaux. Quant à la *souveraineté externe*, c'est l'autre mot de *l'indépendance*[5]. Il s'agit, bien sûr d'une *indépendance juridique*, en d'autres termes, de l'absence de toute subordination

1. L'adjectif « régalien » renvoie aux *regalia*, dans lesquelles, en 1154, à la *Diète* (Parlement) de Roncaglia, l'empereur allemand Frédéric Barberousse avait énoncé ses prérogatives souveraines. Or, comme le roi de France était considéré comme « *rex imperator in regno suo* » (« empereur en son royaume »), il disposait de ces mêmes pouvoirs souverains, et avec lui, l'État lui-même, selon l'image suggérée, en 1419, par Jean de Terrevermeille, avocat du roi à Nîmes, dans les *Tractatus* : le roi est à l'État ce que, dans un être humain, la tête est au corps, (v. Marcel MORABITO, *Le Chef de l'État en France*, coll. Clefs, Montchrestien, 1995, p. 14). Cette métaphore, encore une fois s'enracine dans le christianisme. Elle vient de la théorie du corps mystique : l'Église (le corps) unie au Christ (la tête), qui se trouve chez saint Paul, (v. not. J. SEVILLIA, *Historiquement correct*, *op. cit.*, p. 134).
2. Jean BODIN, *Les six livres de la République*, (Abrégé du texte de l'édition de 1583, présenté par Gérard Mairet), Le Livre de poche, 1993, p. 151 à 178.
3. V. André MOYRAND, « Théorie de la souveraineté partagée », *in* Jean-Yves FABERON et Guy AGNIEL, (Sous la dir.), *La souveraineté partagée en Nouvelle-Calédonie et en droit comparé*, Les études de la Documentation française, 2000, p. 29-40.
4. Julien LAFERRIERE, *Manuel de droit constitutionnel*, coll. Domat, Montchrestien, 1947, p. 359.
5. « Dans un sens originaire, il [le mot souveraineté] désigne le caractère suprême d'une puissance pleinement *indépendante* », (R. CARRÉ de MALBERG, *Contribution à la théorie générale de l'État*, t. 1, *op. cit.*, p. 85). C'est-à-dire et c'est bien dire *libre*.

(organique, formelle ou fonctionnelle), et d'une *indépendance politique*, ce qui permet à l'État d'être maître chez soi, et au peuple de l'État de garder la maîtrise de son destin, l'État étant l'instrument de cette maîtrise pour la collectivité humaine qu'est le peuple[1].

Encore faut-il préciser que *l'indépendance juridique et politique* n'exclut pas *une interdépendance d'ordre économique*. Les premières et la seconde ne se situent pas sur le même plan. Aussi bien, le contraire de l'indépendance, c'est la dépendance, c'est à dire l'aliénation qui est le contraire de la liberté ; ce n'est pas l'interdépendance qui peut naître du développement maîtrisé des relations internationales, chaque État choisissant alors librement – souverainement –, tout à la fois, ceux avec lesquels il entend se lier – éventuellement par traité – dans le cadre de la *coopération*, et les termes mêmes de cette coopération. C'est cette conception de l'indépendance nationale – souveraineté externe – que défendait le général de Gaulle quand, le 13 décembre 1959, il déclarait à Saint-Louis du Sénégal : « L'indépendance signifie un désir, une attitude, une intention. Mais le monde étant ce qu'il est, si petit, si étroit, si interférent avec lui-même, que l'indépendance réelle, l'indépendance totale, n'appartient en vérité à personne. Il n'y a pas (...) d'État si grand, si puissant qu'il soit, qui puisse se passer des autres. Dès lors qu'il n'est pas d'État qui puisse se passer des autres, il n'y a pas de politique possible sans la coopération ». Mais précisément, la *coopération internationale* est exclusive de toute idée de subordination, à la différence de *l'intégration supranationale* qui est devenue le paradigme de ce que l'on appelle la construction européenne[2], laquelle obère la souveraineté des États aujourd'hui membres de l'Union européenne[3].

Il reste que c'est sans aucun doute la philosophe allemande Edith Stein qui a livré l'analyse la plus pénétrante de ce qu'est la souveraineté en tant qu'elle caractérise l'État. Elle écrivait ainsi en 1925 : « Dans la construction de l'État, la souveraineté joue un rôle analogue à la liberté dans la structure de la personne individuelle. Une personne – physique – peut être libre dans la mesure où elle est le sujet d'actes spontanés, et qu'elle se gouverne elle-même ». Et d'ajouter : « lorsqu'un État est privé de sa souveraineté et soumis aux volontés d'un autre État, il est dépouillé de sa qualité d'État, de même qu'un individu perd sa *personnalité* lorsque, privé de sa spontanéité, il est enchaîné à la volonté d'un autre »[4]. Tout est dit.

---

1. V. Michel CLAPIE, « Le Président de la République garant de l'indépendance nationale. Enquête sur les raisons d'être d'une disposition constitutionnelle tombée en déshérence en remontant aux sources du gaullisme gaullien et de l'histoire de France », *in* Michel CLAPIE, Sébastien DENAJA et Pascale IDOUX (dir.), *Indépendance(s). Etudes offertes au Professeur Jean-Louis Autin*, Faculté de droit et de science politique de Montpellier, t. 2, 2012, p. 793-829.
2. V. Michel CLAPIÉ, *Manuel d'institutions européennes*, coll. Champ-Université, Flammarion, 3e éd., 2010, p. 12-42.
3. Michel CLAPIE, « Indisponibilité des compétences et transferts de compétences. Discussion autour d'une disposition constitutionnelle *aporétique* : "la République participe à l'Union européenne" », *in* (Recherche collective), *Cahiers du Centre de recherches et d'études administratives de Montpellier (CREAM)*, éd. Presses de la Faculté de droit et de science politique de Montpellier, automne 2013, p. 25-86.
4. Edith STEIN, *De l'État*, *op. cit.*, p. 83-84.

Ceux qui de, nos jours, appellent de leur vœu un « monde sans souveraineté »[1], ne font rien d'autre, inconsciemment sans doute, que de souhaiter un monde sans liberté, ou plus exactement, un monde asservi à la puissance du plus fort, le seul à être vraiment libre : un État hégémonique aspirant à l'*imperium mundi* (l'empire du monde). Un monde sans souveraineté, c'est-à-dire un monde dans lequel la force serait devenue le *criterium* du droit, ou pour mieux dire aurait été substituée au droit. Tel est le véritable enjeu qui s'attache à la notion abstraite de souveraineté, car « la souveraineté, écrit Philippe de Saint-Robert, est le seul moyen connu de tenir pour égales des puissances inégales »[2].

Aussi bien, le respect de la souveraineté des États, c'est-à-dire de leur indépendance, permet seul de garantir, en droit, *la liberté des plus faibles contre la puissance des plus forts*. Faute de quoi, l'immixtion du plus fort dans les affaires de plus faibles que lui, ne connaîtrait aucune limite. C'est là le seul fondement possible d'un authentique ordre international, non pas *mondial* mais bien *international*, qui respecte l'égalité souveraine des États. C'est aussi la position défendue par le Siège Apostolique qui rappelle que le droit international « repose sur le principe de l'égal respect des États, du droit à l'autodétermination de chaque peuple et leur libre coopération en vue du bien commun supérieur de l'humanité »[3], et qui inclut ce faisant le respect du « droit à l'indépendance »[4].

Quant au soi-disant *principe de l'ingérence humanitaire* qui lui est opposé et dont se pare de nos jours l'impérialisme en faisant violence au « droit des peuples à disposer d'eux-mêmes »[5], il sert avant tout à légitimer auprès des opinions publiques – qu'une habile propagande saura au besoin émouvoir[6] – « la loi du plus fort ». Il faut bien voir en effet que ce soi-disant principe de l'ingérence humanitaire procède d'une logique opposée à celle qui sous-tend le principe classique de *non intervention* – on y revient – qui vise, quant à lui, à protéger « les États les plus faibles contre les *interventions* impériales »[7]. Car que recouvre en définitive ce supposé « droit d'ingérence » sinon la prétention du fort à s'ingérer dans les affaires de plus faible que lui – parce qu'il sait ne rien craindre de lui[8]. Dès 1992, pourtant, l'ambassadeur de France Gilbert Pérol avait montré la vraie nature de ce prétendu « droit d'ingérence » : « une analyse plus serrée, en termes politiques et diplomatiques, écrivait-il alors, montre les limites et pour tout dire l'inanité de ce fameux droit d'ingérence. À moins

---

1. V. Bertrand BADIE, *Un monde sans souveraineté, (Les États entre ruse et politique)*, Fayard, 1999.
2. Philippe de SAINT-ROBERT, *Le secret des jours. Une chronique sous la Ve République*, J.-C. Lattès, 1995, p. 514.
3. Jean-Paul II, Lettre à l'occasion du cinquantième anniversaire du commencement de la deuxième guerre mondiale, *L'Osservatore Romano*, édition française, 5 septembre 1989, p. 5.
4. Jean-Paul II, Discours au Corps diplomatique (9 janvier 1988), AAS, 80 (1988), p. 1139.
5. V. L'article 1er § 2 de la Charte des *Nations Unies* et la résolution n° 1514 (XV) du 14 décembre 1960 de son assemblée générale.
6. Serge HALIMI et Dominique VIDAL, *Une opinion çà se travaille, (Les médias, l'OTAN et la guerre du Kosovo)*, coll. Contre-feux, éd. Argone-Comeau et Nadeau, 2000.
7. Charles ZORGBIBE, *Le droit d'ingérence*, coll. Q.S.J. ?, PUF, 1994, p. 6.
8. Pour une illustration « allégorique », v. Michel CLAPIÉ, « L'ordre international vu par Jean-Michel Charlier à travers les aventures de *Buck Danny* et de *Tanguy et Laverdure* », *in* Catherine RIBOT (dir.), *Droit et bande dessinée. L'univers juridique et politique de la bande dessinée*, PUG, 1998, p. 119-128.

qu'on ne veuille habiller d'oripeaux nouveaux l'éternel droit du plus fort »[1], car « le droit d'ingérence (...) apparaît comme le déguisement le plus bien-pensant du machiavélisme et de la politique du « gros bâton » (*big stick*) chère à Théodore Roosevelt »[2] . Et d'ajouter : « cette philosophie de l'interventionnisme au nom des Droits de l'homme est d'autant plus gênante qu'elle s'entoure d'une insupportable arrogance »[3]. Ce à quoi, plus récemment, devait faire écho Hubert Védrine[4] qui voit dans ce « droit d'ingérence autoproclamé », une tentative de « réhabilitation, après une éclipse de quelques décennies seulement, du « devoir de civilisation » invoqué autrefois par les colonisateurs, puis brièvement oublié au moment de la décolonisation »[5]...

En définitive, il ne peut donc y avoir d'État que souverain, c'est-à-dire tel, que les organes par lesquels il exprime sa volonté et par lesquels sont défendus ses intérêts, ont un pouvoir initial et inconditionné. Car l'État a bien une volonté propre et des intérêts spécifiques à faire valoir puisqu'il s'analyse comme une *personne juridique* et qu'une personne se caractérise précisément par une volonté propre et des intérêts spécifiques. C'est là, en tout cas, la conclusion à laquelle parvient l'analyse juridique classique de l'État, lorsqu'on cherche à saisir l'idée d'État. Cependant, au-delà de *l'idée abstraite*, l'État est aussi une *réalité concrète*. Il se *réalise* au sens propre du terme, lorsque ses conditions d'existence « physique » sont réunies.

§2. La réalité concrète de l'État

Dans ses manifestations concrètes, l'État se rend en quelque sorte visible et tangible. C'est alors par les sens que tout homme, dans sa vie quotidienne, en a une perception qui n'est plus seulement de l'ordre de la pensée.

---

1. Gilbert PEROL, *La grandeur de la France*, Albin Michel, 1992, p. 48. En bon diplomate aguerri par l'expérience, l'auteur percevait en outre l'arbitraire qui ne peut manquer d'accompagner la mise en œuvre d'un tel droit : « Pour s'en tenir aux plus évidentes difficultés, qui décidera qu'il y a lieu ou non d'intervenir ? Selon quels critères ? Qui fixera le seul de l'inacceptable ? Qui assumera les responsabilités de l'intervention dans un contexte par définition compliqué et aux conséquences imprévisibles ? Qui en supportera la charge financière ? Qui aura autorité pour conduire sur le terrain l'opération ? Qui appréciera ses résultats ? Qui jugera qu'il y a lieu de l'arrêter ? La liste est longue et aucune de ces questions ne trouve en vérité de réponse satisfaisante. Au-delà d'un couplet facile dans un discours démagogique, il n'y a rien. Que du vent – ou des risques, si par malheur, on s'engageait dans l'aventure », (p. 49).
2. Théodore Roosevelt, successeur de William Mac Kinley, fut Président des États-Unis d'Amérique de 1901 à 1909, au moment où Les États-Unis, ayant achevé leur unité continentale, entreprirent de devenir une puissance mondiale, conformément à la théorie du *Sea power* (la domination sur les mers par la suprématie navale) de l'amiral Alfred Mahan, ami personnel de Theodore Roosevelt. Cette politique sera étendue par la suite au contrôle des rivages et des terres du *Rimland*, c'est-à-dire des « terres du bord », à la fois continentales et baignées par la mer, celles qui ont une façade maritime, où Nicholas John Spykman devait situer plus tard (1943) le « Pivot du monde ».
3. Gilbert PÉROL, *La grandeur de la France*, *op. cit*, p. 51.
4. Hubert Védrine fut secrétaire général de l'Elysée de 1988 à 1993, puis ministre français des Affaires étrangères de 1997 à 2002. Il préside aujourd'hui la Fondation François Mitterrand.
5. Hubert VÉDRINE, *Continuer l'histoire*, Fayard, 2007, p. 21.

L'État est donc bien, si on peut le dire ainsi, une *réalité* observable et palpable. « Si l'on examine *les faits*, écrivait Raymond Carré de Malberg, c'est-à-dire les diverses formations politiques auxquelles l'usage s'est établi de donner le nom d'État, on constate que les éléments constitutifs dont chaque État est *formé*, se ramènent essentiellement à trois ».

Ces éléments constitutifs qui, tout à la fois, *forment* ce *tout* pensé à travers l'idée abstraite de personne juridique et fondent les conditions d'existence concrète de l'État, sont : un territoire circonscrit (A), une population sédentarisée (B), et une puissance publique (C)[1].

A. Un territoire circonscrit

« Le territoire est le lieu d'existence de l'État »[2]. Il en est donc une condition concrète d'existence de l'État. L'État n'existe toutefois qu'à partir du moment où le territoire sur lequel sa population s'est fixée, échappe à toute appropriation patrimoniale. On remarque ainsi que l'apparition de l'État, non pas d'un point de vue théorique mais dans le temps historique, coïncide avec l'abandon de la conception domaniale du territoire et la consécration concomitante d'une conception fonctionnelle de l'aire géographique constitutive de *son* territoire.

1. L'abandon de la conception domaniale du territoire

Cette conception prévalut longtemps après la chute de l'Empire romain d'Occident (476) qui, pourtant, connaissait déjà la notion moderne de territoire et par extension, celle de *frontières*, même si c'était à travers la notion moins précise, il est vrai, de *limes*. Les Francs étaient ainsi un peuple « garde-frontières » qui protégeait l'empire romain des barbares.

Après l'écroulement de l'ordre romain et surtout à la suite du partage de l'empire carolingien, dans « la broussaille féodale »[3] qui se répand alors, émerge une forme embryonnaire d'organisation politique qui repose sur un réseau d'allégeances personnelles, fondé sur les liens vassaliques.

C'est sur cette base précaire que l'État se formera en Europe occidentale et en France tout particulièrement. L'histoire de cette formation permet en tout cas de saisir l'évolution qui conduira à l'abandon de la conception domaniale du territoire. Le roi franc, mérovingien d'abord, même si le règne de Clovis fait exception à bien des égards, carolingien ensuite, est un chef de guerre devenu propriétaire des territoires qu'il a conquis ou qu'il a soumis. Son royaume est conçu comme un domaine (*dominicum*) et le territoire sur lequel son pouvoir se déploie, comme un bien sinon comme un butin. La notion de propriété l'emporte donc sur celle de souveraineté qui n'apparaîtra qu'avec l'institutionnalisation du pouvoir. Le

1. C'est le juriste allemand Jellinek, au XIXe siècle, dans sa *Théorie générale de l'État*, qui a rendu classique cette division de la notion d'État en trois éléments constitutifs : la population, le territoire et la puissance publique, (v. Olivier BEAUD, *La puissance de l'État*, *op. cit.*, p. 117).
2. Geneviève KOUBI et Raphaël ROMI, *État, Constitution, Loi*, Litec, Paris, 1993, p. 29.
3. Charles de GAULLE, *La France et son armée*, Plon, Paris, 1938, p. 1.

pouvoir se trouve donc assis sur un territoire conçu comme une « chose » possédée, dans le même temps qu'il repose sur la relation personnelle, *intuitu personae* (« en considération de la personne »), celle du vassal et de son suzerain.

La conséquence en est qu'à la mort du roi, ses héritiers se partagent le domaine royal comme le feraient les héritiers d'un domaine foncier. Ce domaine royal n'est pas encore le territoire de l'État : le pouvoir n'est pas perçu comme une *fonction* exercée par l'institution royale mais comme un attribut de la personne du roi. Il n'a d'autre fondement que réel (une chose) et personnel (l'allégeance).

Ce que feront les petits-fils de Charlemagne est à cet égard éloquent. Par le Traité de Verdun du 13 août 843, Louis le Germanique entre en possession de la rive orientale du Rhin, Charles le Chauve obtient la *Francie occidentalis*, et Lothaire, qui hérite de la dignité impériale, se voit octroyée une bande de terre enchâssée entre les royaumes de ces frères. Bref, ils se partagent ainsi ce qui fut l'assise territoriale de l'empire de Charlemagne dont, à sa mort en 814, l'unité n'avait été conservée qu'à titre éphémère par le seul fils qui lui avait survécu : Louis le Débonnaire.

Un siècle et demi plus tard, à l'avènement des Capétiens – Hugues Capet devient roi de France le 3 juillet 987 –, le domaine royal n'est pas encore devenu l'assise territoriale de l'État qui naîtra de l'œuvre patiente de ses descendants, ces « quarante rois qui ont fait la France », comme l'écrira l'historien Pierre Gaxotte. La dignité royale ne confère qu'une sorte de magistère moral dans un système qui reste dominé par le droit féodal. Le roi est suzerain ; il n'est pas encore souverain.

Des principes nouveaux vont toutefois être progressivement dégagés par les légistes qui entourent le roi. L'inaliénabilité du domaine royal consacré bien plus tard par *l'édit de Moulin* de 1566 est l'un d'eux, et il revêt ici une signification particulière. La possibilité d'aliéner le domaine royal (partition, cession, donation,...) traduisait le caractère patrimonial du territoire. L'inaliénabilité entérine au contraire la disparition du titre de propriété qu'avait le roi sur son domaine : il n'en est plus que l'usufruitier et en même temps l'intendant. Le roi est considéré comme dépositaire – et non propriétaire – d'un pouvoir qu'il est certes seul à exercer mais qui dépasse sa personne éphémère. Ce que l'on appelle *la Couronne* désigne le pouvoir royal : le terme *corona*, dans ce sens abstrait, s'impose en effet dès la fin du XIIe siècle[1]. C'est ce qu'illustre le rituel de la cérémonie du sacre du Roi à Reims : le nouveau Roi se place très significativement *sous* la couronne, au service de laquelle il se place précisément.

Cette inflexion du vocabulaire est annonciatrice d'une profonde mutation. La Couronne apparaît ainsi comme l'ancien mot de l'État qu'elle préfigure déjà. Elle accompagnera la reconnaissance de l'autorité du roi au-delà de son fief, c'est-à-dire le domaine féodal

1. V. Jean-Marie CARBASSE, *Manuel d'introduction historique au droit*, coll. Droit fondamental, PUF, 2e éd, 2003, p. 221-222.

appartenant en propre au seul *Comte de Paris* qu'il est aussi et d'abord dans le cadre de l'ancien système féodal. Son autorité sur le royaume est alors perçue comme une *fonction* qui s'étend aux domaines de ses vassaux d'autant qu'il porte aussi le titre de *dux francorum*[1]. Dès lors, l'autorité du roi ne relève plus du *dominium* qui est l'attribut du propriétaire mais de *l'impérium* qui est le pouvoir de commander.

C'est ainsi que l'État émergera en même temps que le système féodal disparaîtra. Et, avec lui, c'est le caractère domanial et patrimonial du territoire qui fera place à une conception fonctionnelle du territoire. Une conception liée à la fonction de commandement reconnue à *l'institution royale* et détachée de la personne physique du roi. Ce qui donne aussi au territoire un caractère objectif et non plus subjectif : à la conception subjective du *dominium*, succède la conception objective de *l'imperium*. Le territoire n'est plus alors pensé comme la propriété attachée à la personne du titulaire du pouvoir (conception subjective) mais comme l'espace à l'intérieur duquel – et dans les limites duquel –, le pouvoir s'exerce comme une fonction (conception objective).

2. La consécration d'une conception fonctionnelle du territoire

« Le territoire n'est rien de plus, mais c'est fondamental, que l'espace à l'intérieur duquel s'exercent les compétences étatiques »[2], c'est-à-dire les compétences de puissance publique.

On peut dès lors considérer que le territoire est tout à la fois un titre juridique essentiel de la compétence étatique et la limite spatiale du pouvoir de l'État et de ses organes. Le territoire confère ainsi à l'État un titre pour agir à travers les organes qui exercent concrètement, en son nom, le pouvoir étatique, en même temps qu'il limite *ratione loci* – par rapport au lieu – le pouvoir de commandement – *l'imperium* – de ces organes. Ainsi défini, le territoire doit être précisément délimité par des frontières[3]. Et le territoire de l'État délimité par des frontières est parfois comparé au corps de l'être humain auquel ce dernier ne saurait pour autant être réduit. On parle alors par métaphore de *l'intégrité territoriale* et de *l'inviolabilité des frontières* à l'instar de ce que l'on dit de l'intégrité physique du corps humain.

En délimitant l'assise territoriale de l'État, les frontières limitent aussi le pouvoir étatique. Elles le *bornent*. C'est ce qu'avaient bien compris Louis IX (XIIIe siècle) qui est à l'origine de la théorie de « la puissance bornée », déclinée plus tard, au temps de Richelieu (XVIIe), dans ce que l'on appellera le « pré carré ». Dès lors, « retrouver ses frontières, comme l'écrit Philippe de Saint-Robert, ce serait retrouver ses limites et non se limiter, peut-être reconquérir son

---

1. Hugues le Grand, mort en 956, père d'Hugues Capet, reçut le titre de duc des Francs (*dux francorum*). Cet *honor* lui permit de se dire second après le roi, d'avoir préséance sur tous les autres seigneurs du royaume car la charge dont il est investi, semble englober tous les Francs, et de devenir ainsi le suzerain des grands seigneurs provinciaux, dès lors ses vassaux, (*cf.* S. Soleil, *Introduction historique aux institutions*, coll. Champs-Université, Flammarion, 2001, p. 65-66).
2. Pierre-Marie DUPUY, *Droit international*, Précis Dalloz, 2e éd., Paris, 1993, p. 24.
3. C'est sous le règne de François 1er (XVIe siècle), et sur son ordre, que l'humaniste Oronce Fine établit la première carte de France.

territoire mais certainement pas pour s'y enfermer en refusant l'appel du grand large »[1]. Reconquérir son territoire, c'est aussi une manière de résister à la tentation d'en conquérir d'autres, une manière de ne pas succomber à la tentation impériale, car, par définition, l'Empire n'a pas de frontières : il s'étend indéfiniment, jusqu'au moment où, devenu trop vaste, il ne maîtrise plus rien – ni le territoire conquis, ni la population qui l'habite – et finalement reflue ou s'effondre. L'évêque de Lisieux, Nicolas Oresme, conseiller du roi de France Charles V le Sage à la fin du XIVe siècle, l'avait parfaitement compris : « Il serait hors nature qu'un homme règne sur des gens qui n'entendent pas son maternel langage. Mieux vaut un royaume composé [et non pas *composite*], bien fait, qu'un grand ensemble *démesuré* qui ne se pourrait ainsi gouverner que par violence et tyrannie. Les grands empires sont *chose violente*, c'est pourquoi ils sont condamnés à mourir »[2]. À quoi fait écho de nos jours Philippe Moreau Defarges dans un langage plus moderne quand il écrit : « Cosmopolite, l'empire se dissout dans l'anarchie »[3].

Autrement dit, s'obliger à respecter les frontières est le meilleur moyen de se prémunir contre les velléités de conquêtes et de domination, bref, contre les aventures de la démesure (*l'hybris*) que les Grecs, jadis, regardaient comme le pire dérèglement de la raison. Car si la frontière est une *ligne de séparation matérialisée*, dont le franchissement est réglementé – moins qu'à une *barrière*, comme on le dit souvent à tort, c'est à une *porte* qu'il faudrait comparer la frontière –, elle est aussi le *lieu de la coopération organisée* et des échanges maîtrisés avec ses voisins à qui l'on reconnaît le même droit à l'existence étatique. Bien plus, écrit le Suisse Oskar Freysinger, « la frontière définit, clarifie, délimite une identité, qu'elle soit personnelle, culturelle, régionale ou nationale. En cela, elle garantit la différence et permet aux autres d'exister au-delà »[4]. Abolir les frontières, revient finalement à sacrifier la diversité et à nier l'altérité.

A cette aune, et soit dit en passant, la revendication – très actuelle – de ressortissants étrangers ayant pénétré illégalement sur le territoire français, qui réclament des « papiers » leur donnant un titre régulier à séjourner, a ainsi quelque chose de paradoxal : « les sans-papiers [...] ne veulent plus de frontières mais [...] veulent des papiers »[5]. Comme si on pouvait vouloir tout et son contraire. Pour obtenir des papiers délivrés en bonne et due forme par les autorités d'un État, quel qu'il soit au demeurant, encore faut-il admettre, comme préalable, le droit au dit État d'exister. Or il ne peut exister que sur un territoire maîtrisé et délimité par des frontières reconnues qu'il est en droit de faire respecter. Contester la frontière dans son principe et souhaiter « un monde sans frontières » revient à refuser à l'État le droit d'exister. Il y a donc beaucoup d'incohérence à exiger quelque chose d'un État que l'on condamne par ailleurs, et dans le même temps, à ne pas être ! Il en

1. Philippe de SAINT-ROBERT, *Le secret des jours*, *op. cit.*, p. 514.
2. Cité par Paul-Marie COUTEAUX, *Être et parler français*, Perrin, 2006, p. 278-279.
3. Philippe MOREAU DEFARGES, *L'ordre mondial*, éd. Armand Colin, 3e éd., 2003, p. 36.
4. Oskar FREYSINGER, *De la frontière*, éd. Xenia, Sion (Suisse), 2013, p. 14.
5. V. Paul-Marie COUTEAUX, *Traité de savoir disparaître à l'usage d'une vieille génération*, *op. cit.*, p. 38.

va de même pour « le droit d'asile (qui) n'a de sens que parce qu'il existe des frontières »[1]. En somme, comme l'écrit Shmuel Trigano, « sans chez soi, on se demande comment on pourrait offrir l'hospitalité, tant exalté. Mais l'invité doit accepter les règles de l'invitant. C'est une règle immémoriale »[2]. Et inversement, « si l'étranger est de plain pied "chez lui" chez l'invitant, c'est que celui qui lui accorde l'hospitalité n'a plus de "chez soi" »[3]. Il faut alors en déduire la conséquence : « il n'y a plus d'étranger, à moins que tous deviennent étrangers, y compris l'habitant »[4].

L'existence des frontières conditionne donc l'existence de l'État lui-même[5]. Si cette conclusion ne saurait être contestée, en revanche, on peut discuter du tracé de ces frontières : frontières naturelles (rivage, fleuve, ligne de crête) ou frontière artificielle, parfois tracée avec une règle et une équerre. Mais c'est là une autre question, qui intéresse aussi, sinon d'abord, le droit international public et que l'on aborde déjà dans un enseignement de relations internationales. Ce n'est donc pas ici le lieu d'en traiter plus avant. Il n'en va pas de même de la population fixée sur le territoire de l'État, à l'intérieur de ses frontières.

B. Une population sédentarisée

L'existence d'une population sédentarisée est la condition de possibilité d'un État ; ce qui veut dire qu'une population nomade, non fixée sur un territoire délimité ne saurait se doter d'un État. Au-delà de la sédentarisation qui est un préalable, se pose la question de la population proprement dite, non pas tant celle de son *étendue* – on peut rencontrer des micro-États – que celle de son *contenu*[6].

La population d'un État englobe l'ensemble des hommes et des femmes qui vivent sur le territoire de l'État (V. *supra*) et qui sont soumis à la puissance publique qui s'exerce sur ce territoire (V. *infra*). Doivent donc être compris dans la population, d'une part les ressortissants de l'État, ce que le droit international appelle « ses nationaux », qui ont donc la nationalité de cet État[7], et d'autre part, les étrangers résidant – régulièrement – sur le territoire de l'État, et de ce seul fait, soumis à la puissance publique de l'État, car il appartient à chaque État de définir librement les conditions de séjour des ressortissants étrangers sur son territoire. A ce titre, il délivre des autorisations de séjour dont la durée est variable Ces résidents étrangers sont ainsi tenus d'en respecter les lois – pour le meilleur et pour

1. François DEVOUCOUX du BUYSSON, *Une histoire d'amour. Essai sur la République française*, coll. Manifeste, éd. de l'écart, 2001, p. 153.
2. Shmuel TRIGANO, La *nouvelle idéologie dominante. Le post-modernisme*, éd. Hermann, 2012, p. 129.
3. *Ibidem*.
4. *Idem.*, p. 130.
5. V. Thierry BAUDET, *Indispensables frontières. Pourquoi le supranationalisme et le multiculturalisme détruisent la démocratie*, Editions du Toucan, 2015.
6. V. Olivier BEAUD, *La puissance de l'État*, *op. cit.*, p. 116-129.
7. Certains nationaux sont installés et vivent à l'étranger, c'est-à-dire hors du territoire de l'État. Ce sont des nationaux expatriés. D'un autre point de vue, démocratique celui-là, ces nationaux, sont des citoyens membres du corps électoral, qui correspond à ce que l'on appelle le « peuple juridique ».

le pire – et susceptibles d'être sanctionnés en cas de transgression de celles-ci : l'étranger reconnu coupable d'une infraction pénale sera ainsi sanctionné conformément au droit applicable sur le territoire de l'État où il a commis son forfait. En toute logique, rien ne devrait donc s'opposer à ce que l'État d'accueil procède à son expulsion une fois la peine purgée, dès lors que, par ses agissements et *de son seul fait*, il s'est montré indésirable[1].

Il n'en reste pas moins que, pour l'essentiel, la population de l'État est constituée par l'ensemble de ses ressortissants. Ceux-ci représentent, selon les États, un ensemble plus ou moins homogène. On est ainsi conduit à distinguer les États dont la population est homogène de ceux dont elle est hétérogène.

1. Une population homogène : la coïncidence de l'État et d'une nation

On parle de population homogène lorsque celle-ci constitue ce que l'on appelle une nation. Mais qu'est-ce qu'une nation ?[2] Deux conceptions, inconciliables, s'affrontent pour rendre compte de « la chose » ainsi nommée. Elles ont été clairement exposées à la fin du XIXe siècle, après la guerre franco-prussienne de 1870, et au lendemain de l'annexion de l'Alsace-Lorraine au IIe *Reich* allemand, contre le vœu des populations concernées.

La conception allemande, qui se veut « objective », est celle de la *nation ethnique*. Elle valorise les liens du sang et met en avant la langue commune[3]. C'est celle que défendaient David Frédéric Strauss et Théodor Mommsen, dans le but de servir la cause du *pangermanisme*, c'est-à-dire un projet politique visant au rassemblement de la « race allemande »[4] dans un cadre politique commun : le *Reich*. Faire coïncider le *Reich* et le *Volk*. Déterministe et exclusive à la fois, elle rend l'homme prisonnier de son appartenance nationale dès lors que celle-ci est inscrite dans ses *gènes* : elle ne lui permet pas d'échapper à son destin, et elle ne permet pas davantage d'agréger « celui qui frappe à la porte » en demandant sa *naturalisation*. Elle fait ainsi le lit du *nationalisme* qui n'est rien d'autre qu'une pathologie du *sentiment national*. Car le sentiment national n'est rien d'autre que ce sentiment naturel qui porte tout homme à l'amour de sa patrie[5] – « le fait humain par excellence » disait Clemenceau –, ce que l'on

1. C'est par abus de langage – sinon par « excès » de xénophilie ou de démagogie – que certains, dociles aux prescripteurs d'opinion, parlent à ce propos de « double peine ».
2. V. Ernest RENAN, *Qu'est-ce qu'une nation ?*, (conférence faite en Sorbonne le 11 mars 1882), rééd. Coll. Quadrige, Calmann-Lévy, 1982.
3. Le critère de la langue n'est pourtant pas décisif. « Serbes et Croates s'expriment avec les mêmes mots mais ils ne peuvent pas s'entendre », note justement Michel Pinton, (M. PINTON, *L'Europe de Bruxelles où la tentation impériale*, coll. Combats pour la liberté de l'esprit, éd. F.-X. de Guibert, 1998, p. 59).
4. Alfred Grosser remarquait très justement que « l'ethnisme est un racisme » (V. *Le Figaro* du 13 septembre 1993) : il n'y a pas loin en effet entre les critères prétendument *biologiques* (race) et les critères supposés *génétiques* (ethnie), dans la mesure où l'ethnie se définit comme une communauté humaine se reproduisant, à titre principal, par croisements internes avec peu d'apports extérieurs.
5. Saint-Just parlait de la Patrie en ces termes : « La patrie n'est point le sol, elle est la communauté des affections ». C'est donc bien de *sentiments* qu'il s'agit. Le cœur et non le sang !

nomme, précisément, le *patriotisme*[1]. Le nationalisme[2] qui à l'inverse conduit à croire sa nation meilleure, voire supérieure à toutes les autres, débouche sur *l'impérialisme* : le sentiment de sa supériorité nourrit alors l'ambition de dominer les autres nations, à tout le moins d'exercer sur elles une hégémonie ou un *leadership* – le Président Kennedy employa le mot en 1961 pour justifier la mission des États-Unis dans le monde –, et suscite tout autant la tentation d'exporter sa vision du monde dans un élan messianique qui n'est jamais que l'alibi d'une politique de puissance.

Ce fut l'ambition de la Prusse au début du XIXe siècle. Fichte qui fut l'élève de Kant à Kœnigsberg, s'en fera l'avocat dans ses quatorze *Discours à la Nation allemande* prononcés à Berlin en 1807 et 1808. Il soutenait alors que « Dieu avait réservé la mission de civiliser et de guider le reste de l'humanité »[3] à la nation allemande : « C'est vous, déclarait-il à ses compatriotes, qui parmi les peuples modernes possédez le plus nettement *le germe de la perfection humaine* et à qui revient la *préséance* dans le développement de l'humanité » (*sic*)[4]. Telle est aujourd'hui, depuis la disparition de l'URSS, et au motif de répandre partout dans le monde la démocratie, la tentation à laquelle succombent les États-Unis d'Amérique.

La conception française, sur laquelle se fonde la République – mais qui en réalité lui préexiste –, est celle de la *nation civique*. Elle est illustrée par les écrits de Numa Fustel de Coulanges (1830-1889)[5] et surtout d'Ernest Renan (1823-1892), qui, en réaction aux thèses allemandes, proposa, non pas tant une définition de la nation qu'une « tentative de réponse » à la question que pose sa définition[6]. Elle fait primer des liens plus subjectifs sans nier qu'existent des

1. Le *patriotisme*, c'est l'amour naturel pour la communauté *politique* au sein de laquelle, chaque homme naît, vit et reçoit son héritage culturel complexe. Dans l'histoire de l'Europe, les patries ont pris la forme nationale, (V. Jean-Luc CHABOT, *Le nationalisme*, coll. Q.S.J., n° 2280, PUF, 1993). Le patriotisme se distingue encore du *chauvinisme* qui est la préférence aveugle et exclusive pour sa nation. C'est une disposition d'esprit qui porte certaines gens à toujours approuver ce qu'elle fait ou a fait sans aucune distance critique. Mais en tant que tel le chauvinisme n'a aucune conséquence politique.
2. Alain LARCAN rappelle ces propos du général de Gaulle prononcés une première fois alors qu'il était jeune lieutenant, à l'occasion d'une conférence faite en 1913 puis dans un entretien avec l'écrivain Romain Gary, *Compagnon de la Libération* : « Voilà ce qu'est le *patriotisme*, c'est lorsque *l'amour* du peuple auquel vous appartenez passe en premier ; le *nationalisme* c'est lorsque *la haine* des autres peuples l'emporte sur tout », (Fondation Charles de Gaulle, Actes du colloque *Charles de Gaulle et la Nation*, éd. F.-X. de Guibert, 2002, p. 107). Le pape Jean-Paul II, d'origine polonaise, devait tenir, à peu de choses près, le même discours : « La caractéristique du nationalisme est en effet de ne reconnaître et de ne rechercher que le bien de sa propre nation, sans tenir compte des droits des autres. À l'inverse, le patriotisme, en tant qu'amour pour sa patrie, reconnaît à toutes les autres nations des droits égaux à ceux qui sont revendiqués pour sa patrie et il constitue donc la voie vers un amour social ordonné », (Jean-Paul II, *Mémoire et identité. Conversations au passage entre deux millénaires*, Flammarion, 2005, p. 85). Dans le discours qu'il prononça à l'UNESCO, en 1980, rappelant qu'il était « fils d'une Nation qui a vécu les plus grandes expériences de l'histoire, que ses voisins [Russie, Prusse et Autriche] ont condamnée à mort à plusieurs reprises, mais qui a survécu et qui est restée elle-même », il précisait : « la nation existe par la culture et pour la culture, et elle est donc la grande éducatrice des hommes pour qu'ils puissent être davantage dans la communauté », (*idem*, p. 104).
3. Albert MALET et Jules ISAAC, *Histoire (Les révolutions, 1789-1848)*, t. 3, coll. Pluriel, Hachette, rééd. 2002, p. 196.
4. Cité par Charles SAINT-PROT, *La pensée française. Pour une nouvelle résistance*, L'Âge d'homme, 2002, p. 119.
5. « Ce qui distingue les nations ce n'est ni la race ni la langue », écrit Fustel de Coulanges. « Les hommes sentent qu'ils sont dans leur *cœur* un même peuple lorsqu'ils ont une communauté d'idées, d'intérêts, d'affections, de souvenirs et d'espérances. Voilà ce qui fait la patrie. Voilà pourquoi les hommes veulent marcher ensemble, ensemble combattre. Vivre et mourir les uns pour les autres. La patrie, c'est ce qu'on aime », (cité par Jean-Marc VARAUT, *Pour la Nation*, Plon, 1999, p. 99).
6. V. pour une analyse du texte de la conférence d'Ernest Renan du 11 mars 1882, François DEVOUCOUX du BUYSSON, *Une histoire d'amour. Essai sur la République française*, *op. cit.*, p. 89-97.

liens objectifs : ces derniers concourent alors à *fonder* l'appartenance nationale sans la *déterminer* à proprement parler. Cette conception est *volontariste* et non déterministe dès lors que priment *le consentement*, le désir et la volonté de *vivre ensemble*. C'est donc une conception non plus exclusive mais *agrégative*[1].

« Une nation est une âme ; un principe spirituel, écrivait ainsi Ernest Renan. Deux choses qui, à vrai dire, n'en font qu'une constituent cette âme, ce principe spirituel. L'une est dans le passé, l'autre dans le présent. L'une est la possession en commun d'un riche legs de souvenirs ; l'autre est le *consentement* actuel, le désir de vivre ensemble, la volonté de continuer à faire valoir l'héritage *indivis* [...]. Une nation est donc une *grande solidarité*, constituée par le sentiment des *sacrifices* qu'on a faits et de ceux qu'on est disposé à faire encore. Elle suppose un passé ; elle se résume pourtant dans le présent par un *fait* intangible : le consentement, le désir clairement exprimé de continuer la vie commune. L'existence d'une nation est un plébiscite de tous les jours comme l'existence d'un individu est une affirmation perpétuelle de vie »[2].

Ainsi conçue, la nation, c'est « la communauté des citoyens » comme la définit d'un trait Dominique Schnapper[3] : elle « n'a de sens que tant qu'elle soude une communauté de citoyens autour de valeurs qu'ils partagent »[4]. Elle peut devenir pluriethnique mais à la condition de demeurer mono-culturelle. C'est l'approche de la nation que privilégiait le pape Jean-Paul II : « Par le terme de nation on entend désigner une communauté qui réside dans un territoire déterminé et qui se distingue des autres nations par *une culture propre* »[5]. C'est aussi celle que valide Paul Valéry au sujet de la France : « La France n'existe que dans la mesure où elle se distingue ; elle n'est pas une formation naturelle à base ethnique où purement géographique ; *elle est une œuvre*, une sorte de construction consciente d'elle-même, poursuivie d'âge en âge... »[6]. Quant à l'historien monarchiste Jacques Bainville, son contemporain, il ne la concevait pas autrement : « Le peuple français est un composé ; c'est mieux qu'une race, c'est une nation »[7].

On ne saurait donc nier qu'entre ces deux conceptions, allemande et française, il y a un abyme. Le sentiment national, dans la conception française, correspond à une solidarité ouverte et accueillante, certes, mais sans naïveté ; faite de générosité, mais non de sensiblerie. C'est pour cette raison que l'on en parle comme d'une conception universaliste, conforme en cela à la vocation de la France.

---

1. V. Alain FINKIELKRAUT, *La défaite de la pensée*, coll. Folio, Gallimard, 1987, p. 40 et s.
2. Ernest RENAN, *op. cit.*, p. 25-28.
3. Dominique SCHNAPPER, *La communauté des citoyens. Sur la conception moderne de la nation*, NRF, Gallimard, 1994.
4. François DEVOUCOUX du BUYSSON, *Une histoire d'amour. Essai sur la république française*, *op. cit.*, p. 154.
5. Jean-Paul II, *Mémoire et identité*, *op. cit.*, p. 87.
6. Paul VALÉRY, *Vues*, éd. de la Table Ronde, 1948.
7. Jacques BAINVILLE, *Histoire de France*, (1924), rééd. Godefroy de Bouillon, 1996, p. 21.

Nous serons encore amené à revenir sur ces conceptions de la nation lorsque nous étudierons *le modèle unitaire* de l'État (V. *infra*), qui a pris racine en France et qui reste le prototype et l'archétype de l'État-Nation : *Fa guo* (le « Pays modèle »), disent d'ailleurs les Chinois pour désigner la France[1]. À ce stade, retenons simplement que dès lors qu'il y a coïncidence entre un État et une (seule) nation, on est en présence de la forme la plus cohérente et la plus achevée des organisations politiques. Dans de tels États dits « isomorphes », la cohésion politique de la société est fondée sur *l'égalité civique*. Et dans la mesure où la démocratie postule l'égalité civique, ils sont le seul cadre possible pour qu'existe une démocratie authentique et viable, c'est-à-dire un système de gouvernement tel que la minorité politique accepte la loi de la majorité politique sans la ressentir comme le résultat arithmétique d'un rapport de domination insupportable, fondé sur la seule loi du nombre : la minorité consent au pouvoir de la majorité sans avoir le sentiment de le subir. Frédéric Rouvillois en déduit logiquement que « l'homogénéité de la population s'avère *pratiquement* indispensable au bon fonctionnement de l'État »[2].

C'est aussi la raison pour laquelle les auteurs classiques parlaient de l'État comme de la « personnification juridique de la Nation »[3], dont il est, pour ainsi dire, l'instrument juridique[4]. Ce disant, ces auteurs classiques raisonnaient comme Jean-Jacques Rousseau dans *le Contrat social*, à partir d'un modèle d'État, sinon de l'État-modèle, qu'est celui qui s'est constitué en France dès la monarchie capétienne. Car « l'État et la Nation en France, sont totalement indissociables », écrit l'historien Pierre Chaunu, et « il n'y a de nation et de patrie en France, si lourdement chargées de contenu *affectif* que parce qu'il y a eu un État », de sorte que « la France constitue en Europe, l'exemple unique à cette dimension d'un Royaume, d'un État qui façonne lentement mais sûrement une nation »[5].

Il convient néanmoins de noter que la coïncidence d'un État et d'une Nation n'est pas un fait définitivement acquis, une fois cette coïncidence devenue effective. Les vicissitudes de l'histoire et les aléas de la guerre peuvent compromettre cette harmonie politique, et des exemples existent ou ont existé de situations telles, qu'une même Nation se trouve « partagée » entre deux États, chacun ayant d'ailleurs l'ambition, la prétention ou la vocation de la *réunifier* sous son égide : hier l'Allemagne ou le Vietnam, aujourd'hui encore, la Corée.

Tout autre, en revanche, est la configuration des États dont la population est hétérogène.

---

1. V. Paul-Marie COUTEAUX, *Clovis. Cinq leçons de politique française*, J.-C. Lattès, 1996, p. 72.
2. Frédéric ROUVILLOIS, *Droit constitutionnel. Fondements et pratiques*, *op. cit.*, p. 43.
3. Adhémar ESMEIN, *Eléments de droit constitutionnel français et comparé*, 5e éd., 1909, et Editions Panthéon-Assas / LGDJ, 2001, p. 1 ; Raymond CARRÉ de MALBERG, *Contribution à la théorie générale de l'État*, t. 1, *op. cit.*, p. 69.
4. Sieyès disait de l'État qu'il est « l'instrument temporel des volontés de la Nation ».
5. Pierre CHAUNU, La France, *coll. Les hommes et l'histoire*, Robert Laffont, 1982, p. 187.

2. Une population hétérogène : la non-coïncidence de l'État et d'une nation

La population de l'État est hétérogène lorsque fait défaut l'homogénéité que procure l'existence d'un sentiment d'appartenance nationale. Il s'agit là de types d'États dans lesquels il n'y a pas de coïncidence entre l'État et une Nation. Ces États n'en existent pas moins comme le résultat d'un phénomène d'institutionnalisation du pouvoir sur un territoire donné, à cette différence près toutefois, que la population vivant sur ce territoire n'a pas les caractéristiques – quels que soient les critères retenus – d'une nation, l'institutionnalisation du pouvoir ne s'étant pas faite *au sein* d'une communauté nationale.

De tels États ne peuvent plus être alors la personnification juridique d'une nation ; ils se présentent comme une « structure plaquée », comme une « pièce rapportée » qui a vocation à englober, sur un territoire donné, des populations que tout distingue : langue, histoire, mode de vie, religion, usages,… Ces États-là sont en quelque sorte *artificiels*. On les qualifie aussi parfois de *quasi-États* ou plus justement d'*États juridiques* – il faut comprendre *seulement* juridiques –, parce qu'ils sont dépourvus d'enracinement *historique* et qu'au plan politique, leur unité est contrainte ou forcée[1]. Il en résulte que le pouvoir qui a vocation à s'exercer dans l'intérêt de tous et pour le commun profit de tous, finit par ne trouver sa justification et sa raison d'être que dans le service d'un groupe particulier, mais de fait dominant.

À cet égard, deux situations diamétralement opposées peuvent être rencontrées. On peut en effet observer une « non-coïncidence » de l'État et de la Nation, soit *par défaut*, soit *par excès*. Ce qui correspond, respectivement, aux hypothèses de *l'État non national* et de *l'État pluri-national*.

L'État non national est un type d'État que l'on trouve souvent en Afrique, où la persistance des rivalités ethniques, voire *tribales*[2], empêche la formation d'une nation[3]. André Hauriou, parlait à ce propos d'un « archaïsme des structures sociales » qui se reconnaît dans le fait que « la forme spontanée du pouvoir est purement locale, tribale ou villageoise »[4]. Il ajoutait que si un nationalisme s'y est manifesté, notamment au moment de la revendication de l'indépendance, c'est seulement en tant qu'opposition formelle à la puissance coloniale : ce nationalisme a semblé précéder la formation d'une véritable nation, mais il n'a pas permis, l'indépendance acquise, de souder les divers éléments de la population pour en faire une véritable nation[5]. La prégnance des appartenances ethniques est alors un obstacle à la naissance d'une nation civique qui transcende ces appartenances claniques

1. V. Jean-Denis MOUTON, « L'État selon le droit international : diversité et unité », *in L'État souverain à l'aube du xxe siècle*, éd. Pédone, 1993, p. 89.
2. Michel Pinton définit la tribu, comme « un groupe humain qui n'a pas d'autre base que matérielle ; un partage de tâches économiques, par exemple, dans lequel chacun trouve ou espère trouver son intérêt », (M. PINTON, *L'Europe de Bruxelles ou la tentation impériale*, éd. François-Xavier de Guibert, 1998, p. 60).
3. « Le jour où commence son aventure politique, écrit Michel Pinton, le peuple forme alors une nation », (M. PINTON, *op. cit.*, p. 63).
4. André HAURIOU, *Droit constitutionnel et institutions politiques*, Montchrestien, 3e éd., 1968, p. 96-97.
5. *Idem.*, p. 97.

et favorise la mise en place de la démocratie : en Afrique, bien souvent, les élections se transforment malheureusement en simples recensements ethniques. Il y manque alors ce projet politique partagé et une histoire commune[1], seuls à même de permettre à des individus isolés de participer collectivement à l'histoire universelle, sans être condamnés à vivre le destin des membres d'une termitière. Mais le monde moderne n'est-il pas lui aussi une forme d'« accommodement progressif de l'homme à la termitière », comme le dit un jour le général de Gaulle[2] ?

L'État pluri-national, quant à lui, est le plus souvent constitué à la suite d'une conquête impériale, l'impérialisme n'étant que l'expression de l'hégémonie qu'exerce une nation sur celles qu'elle a soumises. On dit alors de lui qu'il est composé de plusieurs *nationalités*[3]. Des nationalités juxtaposées qui coexistent tant bien que mal, sans parvenir à fusionner pour se fondre dans un creuset commun, ni fonder une nouvelle nation. Un tel État est alors en proie à des forces centrifuges, sous l'action desquelles il peut périr. On observe d'ailleurs qu'« aucun empire dans l'histoire (...) n'a échappé à une crise violente des nationalités »[4] et que nul empire ne fut jamais démocratique. Et « ce n'est pas un hasard si l'humanité d'Europe de l'Est, sitôt libérée de l'esclavage soviétique, s'est précipitée à la recherche de racines nationales »[5]. C'est dire à quel point la population de l'État, selon qu'elle est homogène ou non, est une condition de sa stabilité et de sa pérennité.

Reste enfin, à envisager le troisième élément entrant dans la définition de l'État quand on cherche à l'appréhender comme une réalité tangible : une puissance publique.

C. Une puissance publique

« L'État n'est perceptible en droit que dans la mesure où il exerce sa puissance »[6]. Autrement dit, un État qui ne parvient pas ou qui ne parvient plus à exercer et au besoin à imposer sa puissance à tous, dont l'autorité n'est pas respectée par tous, n'est plus un État. Car en exerçant sa puissance, l'État rend les *arbitrages* nécessaires pour faire prévaloir l'intérêt général dont il est en charge, au-dessus et parfois à l'encontre des intérêts individuels ou catégoriels. Cette puissance qui s'exerce dans l'intérêt général, c'est précisément ce que l'on appelle la *puissance publique* sans laquelle l'État serait privé de *gouvernement*, et la société de *direction* (V. *supra*, l'introduction).

1. V. à ce sujet l'analyse faite par Jean Ping, diplomate gabonais, (J. PING, *Eclipse sur l'Afrique. Fallait-il tuer Kadhafi ?*, éd. Michalon, 2014).
2. Charles de Gaulle, Discours du 25 octobre 1948.
3. Une nationalité peut être regardée comme l'embryon d'une nation qui n'a pas accédée à l'existence étatique. « Dans l'Europe du XIXe siècle, où plusieurs empires [...] tenaient sous leur coupe de nombreuses nations, celles-ci étaient désignées officiellement non par le terme de *nation*, qui posait trop le problème de l'indépendance, mais par celui de ***nationalité***, qui évoquait plutôt des aspects culturels et religieux », (Yves LACOSTE, *Vive la nation. Destin d'une idée géopolitique*, Fayard, 1997, p. 40).
4. Aymeric CHAUPRADE, *Géopolitique, Constantes et changements dans l'histoire*, éd. Ellipses, 3e éd., 2007, p. 252.
5. Michel PINTON, *op. cit.*, p. 49.
6. Geneviève KOUBI et Raphaël ROMI, *État, Constitution, Loi*, *op. cit.*, p. 27.

Cette puissance s'exprime dans sa plénitude, étant libre et non assujettie à aucune autre, ce par quoi se reconnaît la souveraineté. Le Doyen Hauriou regardait cette puissance comme « le véritable critérium de l'État » et disait qu'« on est en présence d'un État lorsque la formation envisagée possède en propre les principaux droits régaliens dont l'ensemble constitue la souveraineté comme *Puissance publique* »[1].

Cette puissance s'exprime enfin comme « faiseuse de normes » assorties de contraintes. Elle est donc d'abord une puissance normative et coercitive. Mais elle n'est pleinement cela que pour autant qu'elle demeure exclusive et effective.

1. Une puissance normative et coercitive

L'État est seul – doit être le seul – à posséder le pouvoir d'édicter les règles ou normes *générales et initiales* qui commandent la vie en société et que l'on désigne du nom de lois, c'est-à-dire, des normes ni conditionnées ni subordonnées, sinon par la loi suprême et à la loi suprême que l'État s'est lui-même donné et que l'on nomme Constitution ou loi constitutionnelle. Le droit positif émane ainsi de l'État. C'est à cela que l'on reconnaît l'État, à ce pouvoir normatif *général* et *initial*. Et c'est à ce pouvoir que l'on reconnaît *la puissance de l'État*[2] qui se décline elle-même dans ce que l'on appelle les *compétences de souveraineté*, qui n'en sont finalement que ses attributs.

En effet, même si des entités infra-étatiques, comme les collectivités territoriales, disposent aussi d'un pouvoir normatif général, ce pouvoir normatif n'est pas initial : il n'est exercé que *par délégation*, en restant subordonnée et contrôlée, c'est-à-dire, en vertu d'une compétence donnée par l'État et toujours dans le respect des règles édictées par l'État.

De la même manière, si existent d'autres formes d'organisations dotées d'autorités normatives propres, celles-ci n'ont qu'une sphère de compétence limitée : les Églises et autres communautés religieuses, la famille, l'entreprise,... Leur pouvoir normatif n'est pas général et il n'est pas davantage initial. Il ne servirait toutefois à rien à l'État d'édicter des règles si celles-ci devaient être méconnues et bafouées. Il faut donc que cette puissance publique par laquelle le gouvernement se rend effectif soit aussi une puissance coercitive.

En effet, l'État ne serait pas l'État, s'il ne disposait pas du pouvoir de contraindre, par la force si besoin, ceux qui refusent de respecter les règles par lui édictées. C'est dans ce sens que Max Weber disait de l'État qu'« il revendique avec succès pour son propre compte *le monopole de la violence physique légitime* »[3], et que c'est essentiellement cela qui le définit.

1. Maurice HAURIOU, *Précis de droit constitutionnel*, Sirey, 2e éd, Paris, 1929, p. 121.
2. V. Olivier BEAUD, *La puissance de l'État*, *op. cit.*
3. Max WEBER, *Le savant et le politique*, *op. cit.*, p. 104.

Source du droit positif et des différentes règles qui régissent la société politique, l'État a donc aussi les moyens de punir ceux qui se sont rendus coupables de les avoir transgressées ou qui voudraient les ignorer. La forme ultime que revêt l'expression de la puissance publique coercitive, c'est le recours à la force publique (la police) et ce que l'on appelle *la contrainte par corps*, pour désigner les mesures privatives de liberté. La gamme est large, qui va du sifflet du policier jusqu'aux portes du pénitencier.

Pour que cette puissance publique normative et coercitive qui est un rempart contre *l'anomie*[1], ne reste pas seulement nominale, elle doit être ni contestée dans son principe ni concurrencée dans les faits – ce qui serait la nier. Il faut donc encore qu'elle soit exclusive et effective. Et qu'elle le demeure.

2. Une puissance exclusive et effective

L'ordre des termes est ici indifférent : la puissance publique par laquelle l'État se rend sensible à tous, et notamment à ceux qui cherchent à se soustraire à son autorité, doit être exclusive en même temps qu'elle est effective.

Cette puissance doit être exclusive sans quoi on ne saurait reconnaître un État digne de ce nom parce que régnerait alors l'anarchie, c'est-à-dire la négation même de l'idée d'État. L'État n'est en effet véritablement constitué que si la puissance publique qui le caractérise, s'impose sans être contestée par des puissances concurrentes. Car si cette puissance publique entre en concurrence avec des pouvoirs rivaux qui lui disputent « le monopole de la violence légitime », l'ordre étatique s'effondre pour laisser la place au désordre féodal, qui est une forme d'anarchie.

Telle était par exemple la situation du Liban de 1975 à 1991, en proie à une guerre civile dans laquelle s'opposaient militairement des factions armées, jusqu'à ce que la Syrie n'impose de l'extérieur son ordre tutélaire. Telle est, depuis 2011, la situation de la Syrie et celle de l'Irak confrontés à l'État islamique autoproclamé *Daech* selon l'acronyme arabe qui désigne l'organisation de l'État islamique[2]. Tel est aussi le sort des États occidentaux et de la France particulièrement, lorsque se créent des zones dites de « non droit ». C'est ce que l'on constate dans certaines banlieues urbaines dans lesquelles se développe le phénomène du « caïdat » et où règne « la loi » de bandes rivales, qui se nourrissent de toutes sortes de trafics illicites, et qui imposent leur volonté à une population désemparée – et parfois terrorisée –, victime de la démission de l'État. À la puissance publique qui a capitulé, se substituent alors des pouvoirs de fait.

1. L'anomie est l'état d'une société caractérisée par une désagrégation des normes qui règlent la conduite des hommes et assurent l'ordre social, une société privée de structures, sans organisation naturelle ou légale.
2. *Daech* ne signifie rien plus que « État islamique en Irak et dans le pays de Cham », autrement dit la Grande Syrie, (Antoine Sfeir, « Des printemps arabes aux hivers islamistes », *in* [collectif], *Vers un nouveau Moyen-Orient. La fin des chrétiens*, éd. de l'AED, septembre, 2015, p. 37).

Cette puissance publique qui doit être exclusive, doit pareillement être effective car, on le voit bien, tout se tient. Pour que l'État existe pleinement et pas seulement dans l'ordre du discours, il faut que la condition d'effectivité soit vérifiée.

La question se pose notamment en cas d'invasion ou d'annexion du territoire de l'État. Ainsi, un gouvernement en exil se trouve-t-il dans l'impossibilité d'exercer *effectivement* la puissance publique sans laquelle il ne saurait être : le territoire et la population qui l'habite échappent alors *de fait* à son autorité. La situation ainsi créée n'est pas toutefois juridiquement fondée ; elle résulte d'*un fait de plus grande force* : une défaite militaire le plus souvent. Se pose alors la question de savoir jusqu'à quand la fiction de l'existence de l'État est concevable dès lors que le territoire envahi et la population soumise à l'ennemi, échappent *de facto* à l'emprise de la puissance publique. Car, par hypothèse, un gouvernement en exil ne possède pas l'effective maîtrise des *compétences de souveraineté*, notamment la puissance normative et coercitive. On considère cependant que tant que dure *l'état de belligérance*, l'existence de l'État n'est pas remise en cause en dépit des apparences : « force ne fait pas droit », dit-on. C'est la solution qui prévalut durant la Deuxième guerre mondiale après que les armées allemandes eurent déferlé en Europe, occupant nombre d'États de ce continent.

Il n'en demeure pas moins que tous ces éléments et raisonnements qui fondent *en droit* et *en fait* l'existence de l'État, et dont on vient de rendre compte, qui éclairent aussi les conditions de sa formation, n'épuisent pas à eux seuls la réalité du phénomène étatique. Cette réalité, du point de vue juridique, s'exprime aussi et tout autant à travers la forme que revêt l'État.

Section 2 – **La forme de l'État**

La formation de l'État a résulté d'un processus d'institutionnalisation du pouvoir, mettant en relation le pouvoir et *le temps*. La forme de l'État est quant à elle une affaire de répartition territoriale du pouvoir et d'organisation du pouvoir au sein de *l'espace* dans lequel il s'exerce et sur lequel il s'est institutionnalisé.

Sous cet angle, il existe pour l'État plusieurs « manières d'être », plusieurs manières d'articuler le pouvoir entre un *centre* et une *périphérie*[1] : celle qui correspond originellement à l'État-Nation et que traduit cette forme achevée qu'est, d'un certain point de vue, le modèle unitaire dont la France fut l'archétype (§ 1), celle qui correspond à une autre forme, plus récente, qui s'explique par des contingences historiques, dérivée et différente à la fois, l'État régional (§ 2), celle, enfin, qui comporte plusieurs variantes et qui, dans le cadre du phénomène fédératif, inaugure selon certains auteurs une forme institutionnelle originale irréductible à l'État[2] (§ 3).

§1. Le modèle unitaire

Ce modèle de l'État unitaire, c'est, par excellence, le modèle français de l'État. Il faut donc partir de l'étude des conditions dans lesquelles il s'est construit, pour s'en faire une idée exacte. Ce qui confère à ce modèle français de l'État son exceptionnelle singularité, c'est le fondement de son caractère unitaire, qui ne lui est pas spécifique, sur une conception exigeante du principe d'indivisibilité qui, elle, en revanche, lui est propre. Ce principe d'indivisibilité est même devenu en France la base constitutionnelle de l'État unitaire[3], à telle enseigne que l'article 1er de la Constitution du 4 octobre 1958 consacre la seule indivisibilité sans même mentionner l'unité[4].

C'est donc sur ce principe d'indivisibilité que repose l'unité de l'État. Plusieurs implications constitutionnelles en ont été logiquement dégagées[5], de sorte que l'État unitaire, tel qu'il s'est construit en France, devait rester caractérisé – avant de récentes réformes – par une triple unité : du pouvoir législatif (A), du peuple (B), du territoire (C).

1. Il est impossible de gouverner les hommes à partir d'un seul lieu, hormis l'hypothèse rare d'un micro-État comme peut l'être, par exemple, celui de Monaco. Mais on en est là dans l'anecdotique.
2. V. Olivier BEAUD, *Théorie de la fédération*, coll. Léviathan, PUF, 2e éd., 2009.
3. Gérard MARCOU, « Le principe d'indivisibilité de la République », Revue *Pouvoirs*, n° 100, Seuil, 2001, p. 46.
4. C'est le 25 septembre 1792 que la Convention proclame le « principe de l'unité et de l'indivisibilité de la République », reprenant les termes appliqués au Royaume par la Constitution du 3 septembre 1791. Sur la question, v. Roland DEBBASCH, *Le principe révolutionnaire d'unité et d'indivisibilité de la République*, Economica / PUAM, 1988.
5. V. André ROUX, *Droit constitutionnel local*, coll. Droit poche, Economica, 1995, p. 61-109.

A. L'unité du pouvoir législatif

L'État unitaire est tel que sur son territoire n'existe qu'une seule organisation juridique et politique dotée des attributs de la souveraineté, notamment, le premier d'entre eux, comme l'avait bien compris Jean Bodin, le pouvoir de « donner et de casser la loi ».

L'unité du pouvoir normatif appelle ainsi une forme de centralisme normatif – un seul organe de l'État « fait la loi » – doublée d'un contrôle administratif exercé par ce « centre » sur toutes les autorités agissant à la périphérie, dans le cadre d'un ressort territorial infranational, donc plus restreint[1].

1. Un centralisme législatif exclusif de tout pouvoir normatif autonome infranational

Ce centralisme normatif est destiné à garantir la « prééminence normative »[2] des *autorités de l'État*, à la fois politiques ou constitutionnelles (gouvernement, parlement, juridictions) et administratives. Cette prééminence, par hypothèse, est exclusive pour ce qui est de la fonction législative. En revanche, elle n'exclut pas l'exercice de certaines compétences normatives aux différents niveaux infranationaux, notamment celui des collectivités territoriales, mais *par délégation* et sur le fondement d'une loi précisément. Elle implique seulement, mais c'est fondamental, que ce pouvoir normatif infranational ou local est toujours subordonné. Aussi large qu'il puisse être *ratione materiae*, ce pouvoir normatif local ne peut donc être que *d'application* et *réglementaire*, autrement dit, effectivement subordonné à la loi de l'État, expression de la souveraineté nationale qui, par définition, est elle-même indivisible. Sauf à ne pas être.

C'est dire autrement que selon ce modèle, un pouvoir normatif *autonome* infranational ou local n'est pas concevable, ni davantage la reconnaissance à ce niveau infranational ou local, du pouvoir d'écarter certaines dispositions législatives nationales en y dérogeant localement, fût-ce seulement à titre expérimental, car cela reviendrait, en définitive, à octroyer un pouvoir législatif local propre à tenir en échec la volonté de la représentation nationale. C'est là pourtant l'objet du nouvel article 72 (alinéas 3 et 4) de la Constitution de la Ve République, tel qu'il résulte de la révision constitutionnelle du 28 mars 2003.

En d'autres termes encore, le centralisme normatif, en tant qu'il garantit « la prééminence normative » de l'État, s'accommode très bien – c'est un euphémisme – de la *décentralisation*, laquelle consiste en la reconnaissance de collectivité territoriales distinctes de l'État et dotées de la personnalité juridique, qui *s'administrent* librement par des organes élus dans leur ressort territorial. En revanche, il exclut que puisse exister un pouvoir normatif *autonome* local – un gouvernement local autonome en quelque sorte –, comme on le rencontre dans un État qualifié, précisément, d'autonomique – ou d'État régional –, à l'instar de l'Espagne

1. Les développements qu'appelle cette question relèvent pour le détail de l'enseignement du Droit des institutions administratives, un Droit « accablé » d'incessants changements depuis une trentaine d'années.
2. Gérard MARCOU, *op. cit.*, p. 52.

ou de l'Italie, c'est-à-dire tel que l'échelon régional dispose d'un pouvoir normatif non subordonné à la loi de l'État, qui s'exerce de manière exclusive dans des domaines qui, en vertu de la Constitution, sont soustraits à la compétence du législateur national (V. *infra*).

Ainsi s'explique, dans le modèle unitaire français, le besoin de veiller avant tout à ce que ce pouvoir infranational ou local demeure *effectivement* subordonné, et plus encore, celui d'empêcher qu'il ne « s'autonomise » dans les faits. D'où l'existence d'un contrôle administratif et/ou juridictionnel national exercé à l'échelon local.

2. Un contrôle administratif et/ou juridictionnel effectif exercé par le pouvoir central

Les modalités de ce contrôle administratif sur les autorités infranationales exerçant un pouvoir normatif local, peuvent varier. S'il reste toujours administratif par son *objet*, il peut être exercé soit par une autorité administrative, soit par une autorité juridictionnelle, l'une est l'autre agissant au nom de l'État. Pendant longtemps, en France, l'autorité qui en fut chargée, était une autorité administrative : l'intendant du roi sous l'Ancien régime, le préfet de la République ultérieurement. Il s'agissait toujours d'un *délégué de l'État* – une autorité *déconcentrée* –, agissant au nom et pour le compte du pouvoir central. Ce délégué, qui n'était autre que le représentant de l'État dans la circonscription territoriale infranationale concernée (province hier, département aujourd'hui), était précisément chargé de veiller à ce que la loi nationale d'application générale sur l'ensemble du territoire et qui s'impose à tous, soit respectée.

En France, la loi dite de décentralisation du 2 mars 1982 a toutefois substitué le juge administratif – *Tribunal administratif* et *Conseil d'État* – au préfet, dans ce rôle. De sorte que ce que l'on appelait naguère, la « tutelle administrative » du préfet, qui consistait en un contrôle de *légalité* mais aussi d'*opportunité* sur les actes des collectivités locales, s'est muée en un « simple » contrôle juridictionnel. Certes, ce contrôle est toujours *enclenché* de manière privilégiée sur saisine du préfet par la voie du *déféré préfectoral* mais son étendue est limitée puisque, désormais, le juge veille au seul respect de la légalité, au seul respect de la loi.

Ce contrôle n'en reste pas moins de nos jours encore, la condition et la *garantie de l'égalité* de tous les citoyens devant la loi, que prolonge, en droit positif, *le principe de légalité* en vertu duquel l'administration, à tous les niveaux – administration centrale, déconcentrée ou décentralisée –, est tenue d'agir dans le seul cadre autorisé par la loi. Plus largement, ce principe de légalité, comme devait le préciser le Conseil constitutionnel, « exige à la fois le respect des attributions du législateur et celui des règles supérieures de droit par lesquelles la Constitution a proclamé l'indivisibilité de la République, affirmé l'intégrité du territoire et fixé l'organisation des pouvoirs publics »[1].

1. CC. déc. n° 82-137 DC du 25 février 1982, Rec., 38.

Un tel contrôle a aussi pour finalité de contenir la tentation des autorités locales et celle des corps intermédiaires d'étendre indéfiniment leurs pouvoirs, ainsi que leur propension à augmenter inconsidérément leurs dépenses et donc les prélèvements obligatoires sur les contribuables. Mais encore faut-il pour que ce contrôle soit efficace, que l'État s'acquitte de cette mission sans faiblir – et sans « états d'âme » –, qu'il joue vraiment ce « rôle irremplaçable de protection des individus, des familles et des entreprises »[1], qu'il s'oppose vraiment aux prétentions d'une nouvelle race de potentats locaux qui, pendant longtemps[2], ont eu la particularité d'être aussi des élus nationaux en raison de la pratique répandue du cumul des mandats électoraux[3]. C'est là le résultat d'une décentralisation effrénée et, dans les faits, mal contrôlée, mais dont s'accommodent tous les partis politiques dès lors qu'elle est une source de rentes et de prébendes. Il n'en demeure pas moins, et c'est navrant, que l'on se trompe souvent sur la signification et la nécessité de ce contrôle. On a tendance à l'oublier, mais, en France, historiquement, « ce souci de protéger les faibles fut le vrai moteur de la centralisation monarchique »[4]. C'en est même la justification ultime.

L'unité de l'État ainsi conçue et aménagée, a pour corollaire le respect du principe subséquent de l'unité du peuple qui est toujours, directement ou indirectement, à l'origine de la loi nationale, expression supérieure de l'unité du pouvoir normatif.

B. L'unité du peuple

L'unité du peuple, dans la tradition du droit public français, repose sur son indivisibilité organique, notamment lorsqu'il s'agit de le représenter. Une indivisibilité dont rend compte aussi la laïcité qui en est le complément – sinon l'adjuvant – nécessaire. Une indivisibilité par ailleurs clairement explicitée par le Conseil constitutionnel en 1999, puisqu'il en a déduit l'existence d'un principe dérivé, qui en est le prolongement logique, celui de *l'unicité du peuple français*, afin de bien montrer que son unité ne souffre ni fractionnement, ni division.

1. L'indivisibilité du peuple et son complément nécessaire : la laïcité

Cette indivisibilité procède d'une conception universaliste de la société politique qui ne connaît que des citoyens libres et égaux en droit, « sans distinction d'origine, de religion ou de race », comme le proclame, aujourd'hui, l'article 1er de la Constitution de la République Française. C'est aussi la raison pour laquelle la République est aussi qualifiée de laïque par ce même article qui ajoute qu'elle « respecte toutes les croyances » et que donc, elle ne saurait les combattre d'une manière ou d'une autre. En France, l'État est laïque – ou laïc –,

1. Roland HUREAUX, *Les nouveaux féodaux. Le contresens de la décentralisation*, Gallimard, 2004, p. 243.
2. La loi organique du 14 février 2014 interdit désormais le cumul des mandats de maire et de député.
3. Le député *et* maire d'une grande ville, chef lieu d'un département ou d'une région, politiquement proche du gouvernement et de la majorité parlementaire qui le soutient, pouvait ainsi « compliquer » le rôle du préfet dans son département ou sa région dès lors que ce dernier est par définition « aux ordres » du gouvernement qui l'a nommé et qui peut le révoquer.
4. Roland HUREAUX, *Les nouveaux féodaux. Le contresens de la décentralisation*, *op. cit.*, p. 242.

ce qui signifie qu'il n'est pas confessionnel[1], qu'il n'accorde pas une valeur officielle à une ou plusieurs confessions ni qu'il prive de certains droits ou soumet à certaines obligations les citoyens d'autres confessions, ou sans religion. C'est un État dans lequel le peuple n'est pas perçu comme divisé ou fractionné en une mosaïque d'appartenances religieuses : le peuple français est constitué, indistinctement, de la multitude nationale, de l'universalité des citoyens français.

Un État laïque, c'est un État dans lequel n'existe pas une religion d'État, avec son corollaire, l'obligation pour les citoyens de faire leur ladite religion ; un État au sein duquel il n'y a pas *confusion* du temporel et du spirituel ; un État au sein duquel il est fait une distinction entre le politique et le religieux, une *distinction* plus qu'une *séparation* d'ailleurs[2]. Un État au sein duquel une religion n'impose ni à l'État ni à la société un droit révélé, un système juridique procédant d'une révélation divine. Or, ce point est très important, le grand historien français de l'antiquité, Numa Fustel de Coulanges, au XIXe siècle, relevait déjà que « le christianisme était la première religion qui n'ait pas prétendu que le droit dépendît d'elle, qu'il s'était occupé des devoirs des hommes, non de leurs intérêts »[3]. Le pape Benoît XVI le redisait encore en 2011 : « Contrairement aux autres grandes religions, le christianisme n'a jamais imposé à l'État et à la *société un droit révélé, ni un système juridique découlant d'une révélation*. Il a, au contraire, renvoyé *à la nature et à la raison comme vraies sources du droit* – il a renvoyé à l'harmonie entre raison objective et subjective, une harmonie qui toutefois suppose le fait d'être tous deux les sphères fondées dans la Raison créatrice de Dieu »[4].

Encore faut-il bien comprendre que c'est l'État qui est laïc, non la société qui, elle, est ce qu'elle est, c'est-à-dire *plurielle*, ni neutre, ni laïcisée, « même si cela désole les partisans de la laïcité conçue comme une (non)-religion officielle », observe Jean-Luc Marion[5]. S'agissant de la France, certains auteurs vont même jusqu'à dire – et, au regard de l'histoire, ils n'ont peut-être pas tort – que c'est la République qui est laïque, non pas la France, en tant que *personne*[6]. Camille Pascal ose ainsi écrire : « La République reste laïque, la France catholique »[7]. Quant au général de Gaulle, il n'en pensait pas moins. Il n'est que de se reporter à la déclaration qu'il fit en 1959, tout juste installé dans sa fonction de président de la République, au journaliste américain David Schoenbrun : « Pour moi, l'histoire de France

---

1. Lorsque le cardinal Grente, archevêque du Mans, se plaignit auprès du général de Gaulle de ce que la nouvelle Constitution consacrât le principe de laïcité de l'État, ce dernier par une lettre du 17 septembre 1958, lui répondit ceci : « A moins que l'État ne soit ecclésiastique, je ne vois pas [...] qu'il puisse être autre chose que laïque ». Mais ajoutait-il : « Toute la question est de savoir comment, dans quel esprit, il le sera », (Ch. de GAULLE, *Lettres, notes et carnets*, [juin 1958-décembre 1960], Plon, 1984, p. 85-86). Et telle est bien toujours la question...
2. Appliqué aux rapports devant s'établir entre le temporel et le spirituel, le terme de « séparation » est aussi *inapproprié* que lorsqu'on l'emploie pour rendre compte des rapports devant régir les relations entre le pouvoir exécutif et le pouvoir législatif, selon la théorie dite, précisément, de la *séparation des pouvoirs* (v. *infra*).
3. Elisabeth ZOLLER, *Introduction au droit public*, coll. Précis, Dalloz, 2006, p. 6-7, § 7.
4. Benoît XVI, Discours devant le Bundestag, Berlin, 22 septembre 2011, *AAS* 103, 2011, p. 663-669, ici, p. 665.
5. Jean-Luc MARION, *Brève apologie pour un moment catholique*, Grasset, 2017, p. 43.
6. L'historien – républicain – Jules Michelet, au XIXe siècle, appréhendait la France comme une *personne*.
7. Camille PASCAL, *Ainsi, Dieu choisit la France. La véritable histoire de la fille aînée de l'Église*, Presses de la renaissance, 2016, p. 348.

commence avec Clovis, choisi comme roi de France par la tribu des Francs qui donnèrent leur nom à la France. Avant Clovis, nous avons la préhistoire gallo-romaine et gauloise. L'élément décisif pour moi, c'est que Clovis fut le premier roi à être baptisé chrétien. Mon pays est un pays chrétien et je commence à conter l'histoire de France à partir de l'accession d'un roi chrétien qui porte le nom des Francs »[1].

Voilà ce qu'il faut entendre par *État laïque* mais la notion de laïcité doit être bien comprise et elle ne peut l'être sans remonter à ses sources qui sont chrétiennes. Un peu de culture religieuse n'est d'ailleurs pas inutile pour essayer de comprendre ce concept de laïcité.

La « légitime et saine laïcité », comme la qualifiait déjà le pape Pie XII[2], procède en effet des paroles du Christ lui-même, déjà citées, paroles célèbres s'il en est : « Rendez à César ce qui est à César et à Dieu ce qui est à Dieu »[3]. Ainsi devait-t-il répondre aux Pharisiens qui, pour le mettre en difficulté, lui demandaient s'il fallait payer l'impôt à l'empereur, c'est-à-dire à un pouvoir temporel – celui de l'occupant romain qui plus est – qui n'avait pas pour fondement la loi de Moïse. C'est dans la fidélité à cet enseignement[4], que la Constitution pastorale *Gaudium et spes* indique que « sur le terrain qui leur est propre, la communauté politique et l'Église sont indépendantes l'une de l'autre et autonomes »[5]. À l'inverse, ce serait se voiler la face que de sous estimer les difficultés qui peuvent naître avec les autres religions, et pareillement, de feindre d'ignorer que dans la conception islamique, et à un moindre degré hébraïque, il y a au mieux *subordination* du politique au religieux, sinon *confusion* entre la loi de l'État et celle de Dieu (la *Tora* – ou *Torah* – pour les juifs et surtout la *Charia* pour les musulmans)[6].

Ce rappel étant fait, il faut par-dessus tout se garder de confondre, comme c'est souvent le cas, la laïcité avec le *laïcisme* qui est « une doctrine de combat » et dont le but, avoué ou non, est effectivement de combattre le fait religieux en général et, dans le contexte historique français, le catholicisme en particulier[7], voire, pour certains, de faire de la laïcité le substitut athée à toute religion.

---

1. V. Gérard BARDY, *Charles le Catholique. De Gaulle et l'Église*, Plon, 2011, p. 13.
2. Pie XII, *Discours* du 23 mars 1958.
3. *Évangile* de Mt 22,15-22, Mc 12, 13-17, et Lc 20, 20-26.
4. Il importe de ne pas confondre la conception chrétienne de l'État (fidèle à l'enseignement du Christ) et la pratique qu'ont pu en avoir *des* chrétiens au cours des âges, fût-ce l'Église institutionnelle elle-même. Mais il faut aussi se garder de tout anachronisme, en ce domaine comme dans tous les autres au demeurant, et ne pas juger hier selon les critères d'aujourd'hui : tout fait historique s'inscrit dans un contexte, des structures sociales et mentales notamment, qu'il faut connaître et comprendre avant de s'autoriser à juger.
5. *Gaudium et spes* (« Joie et espérance »), *Constitution pastorale sur l'Église dans le monde de ce temps*, du 7 décembre 1965, *Concile œcuménique Vatican II*, éd. du centurion, 1967, § 76, p. 322.
6. Saint Thomas d'Aquin, au XIIIe siècle, distinguait déjà nettement l'ordre politique *fondé sur la raison* et l'ordre religieux surnaturel *fondé sur la grâce et la révélation*. Il s'opposait ainsi aux philosophes musulmans et juifs médiévaux qui attribuaient à la révélation religieuse un rôle essentiellement politique, (v. *Quaestiones disputae de veritate*, q. 12, a. 3, ad. 11).
7. La laïcité se transforme en *laïcisme*, écrivait le pape Jean-Paul II, si elle ne fait que maintenir la liberté du culte, « reléguant du même coup le fait religieux dans la sphère du privé et ne reconnaissant pas à la vie religieuse et à l'institution ecclésiale une place au sein de la société », (Jean-Paul II, *Lettre aux évêques de France*, 11 février 2005, *AAS* 97, 2005, n° 2, p. 306).

Cette doctrine de combat qu'est le laïcisme, apparue en France avec la Révolution de 1789, et qui connut un essor particulier sous la IIIe République au tournant du XXe siècle, a toujours ses zélateurs[1]. Il est néanmoins piquant de remarquer qu'au tout début de la IIIe République, conformément à ce que prévoyait expressément la loi constitutionnelle du 16 juillet 1875, on célébrait par des prières publiques chaque rentrée parlementaire. L'article 1er de cette loi disposait en effet : « le dimanche qui suivra la rentrée, des prières publiques seront adressées à Dieu dans les églises et dans les temples pour appeler son secours sur les travaux de l'Assemblée ». Cet article sera abrogé lors de la révision constitutionnelle de 1884[2]. Il n'est pas moins piquant de relever ce que déclarait en 1905 le très républicain Aristide Briand dans son rapport sur le projet de loi de séparation des Églises et de l'État : il assurait alors que l'on discerne les racines de « l'esprit laïque dans l'opposition des rois de France aux pontifes romains »[3].

Reste encore à dissiper un malentendu. Il faut s'arrêter un instant sur l'étymologie du mot lui-même. Le mot « laïc » vient du grec *laïkos*, lui-même dérivé du substantif *laos* désignant le peuple, le peuple indistinct, la foule non encore organisée. Autrement dit, « dans le grec classique, le *laos* se distingue nettement du *demos*, peuple constitué dans un cadre politique et qui peut parfois se gouverner lui-même (par *démocratie*) »[4].

Ceci étant, il ne suffit pas de dire à la manière d'Henri Pena-Ruiz que « la démocratie, comme pouvoir du *demos*, s'enracine alors dans le respect du *laos*, entendu comme multitude humaine indivise, dont l'unité se fonde sur l'égalité de ses membres, reconnus comme majeurs et libres »[5]. Encore faut-il préciser dans la foulée que cela présuppose le respect des consciences et de la liberté religieuse. Une liberté que ne récuse d'ailleurs pas en tant que telle, en France, la loi de séparation *des* Églises et de l'État du 9 décembre 1905 – dans laquelle il n'est fait aucune mention du mot laïcité ou de l'adjectif laïque[6] –, mais encore une fois, une liberté qui ne doit pas se limiter au fait de pouvoir exercer son culte dans son

1. Au cours de l'hiver 2013, M. Vincent Peillon, alors ministre de l'Education nationale, expliquait ce que devait être l'objet de la « morale républicaine » qu'il entendait promouvoir et faire enseigner à l'école sous cette forme et appellation. Il insistait sur le but de cette « morale républicaine » : « arracher » (*sic*) les enfants confiés à l'école de la République aux « déterminismes familiaux et sociaux », y compris donc – sans le dire – religieux, afin de dépouiller chacun de « toutes ses attaches pré-républicaines ». C'était là, quoi qu'on dise, un programme aux allures totalitaires, que le gouvernement de la Corée du Nord aurait pu faire sien dans son principe ! Selon ces vues, en effet, il devrait s'agir, ni plus ni moins, de confier à l'État – via l'idéologie dominante qui l'instrumentaliserait – la mission de « formater les consciences » et de régner sur elles ! Au temps de Jules Ferry (1882), il ne faudrait pas l'oublier, l'école enseignait *la morale* : le terme se suffisant à lui-même. Jules Ferry précisait du reste que cette morale était « celle de nos pères », avant que la République fût…
2. V. Frédéric ROUVILLOIS, *Être (ou ne pas être) républicain*, éd. du cerf, 2015, p. 92.
3. Jean-Pierre MACHELON, *La laïcité demain*, CNRS éditions, 2012, p. 15.
4. Jean-Luc MARION, *Brève apologie pour un moment catholique*, *op. cit.*, p. 49.
5. Henri PENA-RUIZ, *Dieu et Marianne. Philosophie de la laïcité*, PUF, 1999, p. 24.
6. Ce n'est qu'après la Deuxième guerre mondiale et donc la disparition de la IIIe République que le principe de laïcité est introduit dans la Constitution, celle du 27 octobre 1946 à l'origine de la IVe République. Et il faut souligner qu'à l'époque, les auteurs de l'amendement qui introduit le qualificatif *laïque* à l'article 1er de la Constitution, MM. Hervé et Fajon – ce dernier étant « l'un des chantres du stalinisme officiel » – au nom du groupe communiste, « ne sont pas exactement, comme le note Frédéric Rouvillois, ce que l'on pourrait appeler des défenseurs de la neutralité religieuse », (F. ROUVILLOIS, *Être (ou ne pas être) républicain*, *op. cit.*, p. 96).

coin, parce qu'il ne s'agit pas de réduire la dimension religieuse au domaine strictement privé. La liberté religieuse postule en outre la libre expression de sa foi – de même que sa transmission[1] – et de ses convictions dans l'espace public, de sorte que les interventions des autorités religieuses dans le débat public afin d'éclairer les grands choix de société ne sont pas condamnables. Bien au contraire, ces prises de positions argumentées sont éminemment souhaitables puisqu'elles s'adressent à la *conscience morale* de tous les hommes de bonne volonté, croyants ou non croyants. C'est exactement le discours tenu par le pape François peu après son élection à un groupe de parlementaires français reçus en audience privée en juin 2013 : « Le principe de laïcité qui gouverne les relations entre l'État français et les différentes confessions religieuses ne doit pas signifier en soi une hostilité à la réalité religieuse, ou une exclusion des religions du champ social et des débats qui l'animent »[2]. La limite à cela, c'est le cléricalisme : l'immixtion du clergé dans le gouvernement de la cité. On connaît à ce propos la phrase de Bernanos : « Quand l'Église fait trop de politique, c'est qu'elle ne fait pas assez de saints »[3].

Tout bien pesé, ce qui importe donc, c'est de maintenir *l'indépendance* du pouvoir temporel et du pouvoir spirituel, non d'imposer *le silence* au second[4]. Les seules limites à la liberté religieuse ne trouvent alors de justification que dans la sauvegarde de l'ordre public, ou plus exactement, d'un ordre public *juste*[5], faute de quoi n'importe quel régime totalitaire – déclaré ou sournois –, au nom d'une vision pervertie du bien commun et de l'ordre public, pourrait alors en profiter pour bafouer ladite liberté religieuse.

Cela ne va certes pas sans difficulté, il faut le concéder, d'autant que beaucoup ne perçoivent pas l'ambiguïté de cette « laïcité à la française » depuis ses origines. Indéniablement, elle s'est constituée en réaction contre le catholicisme mais dans le même temps elle se présente comme une laïcité *issue* du catholicisme et *adaptée* à lui. Ce serait commettre un déni de réalité que de ne pas voir que nombres d'idées devenues emblématiques de la modernité antichrétienne à partir des *Lumières* ont une origine catholique et même ecclésiastique, comme c'est précisément le cas de la laïcité dont notre culture a pu opérer l'intégration en

1. La liberté religieuse consiste pour les croyants à *pratiquer* leur religion et avoir la possibilité de la *transmettre*. C'est bien ainsi que la loi de 1882 entendait la laïcité, comme du reste les règlements ou instructions ultérieurs, notamment celle du 9 mars 1903 – au moment où la tension entre la République et l'Église était la plus forte –, qui précise que « l'État a *le devoir* d'assurer le libre exercice de la religion des enfants qui lui sont confiés », (v. Jean RIVERO, « La notion juridique de laïcité », *Recueil Dalloz*, 1949, Chr., p. 137). C'est aussi la raison pour laquelle a été institué dès 1882 un *jour de vacation scolaire hebdomadaire en outre du dimanche* – le jeudi à l'origine, puis le mercredi à partir de 1972 – afin de permettre aux parents qui le désirent de faire donner un enseignement religieux à leurs enfants, mais hors les murs de l'école, (v. Michel CLAPIE, « Le principe de la vacation scolaire hebdomadaire, dernier avatar de la guerre scolaire ? », note sous T.A. de Poitiers, 25 mai 1988, *Evêque d'Angoulême c/. Min. éducation nationale* et T.A. d'Orléans, 9 juin 1988, *Archevêque de Bourges c/. Min. éducation nationale*, *Recueil Dalloz.*, 1989, jur., p. 603-608).
2. V. Francesco BRANCACCIO, *La laïcité, une notion chrétienne*, éd. du Cerf, 2017, p. 118.
3. Georges BERNANOS, *Lettres aux Anglais*, *in* Essais et écrits de combat, coll. La Pléiade, Galliamrd, t. 2, 1995, p. 126.
4. C'est, semble-t-il, le sens du discours du Président. Emmanuel Macron devant les évêques de France réunis au Collège des Bernardins, le 9 avril 2018.
5. V. à ce sujet, la déclaration *Dignitatis Humanae* sur la liberté religieuse, du 7 décembre 1965 [Concile Vatican II], n° 2, 3 et 4.

occultant cette paternité[1]. En d'autres termes, l'idée de neutralité religieuse qui sous-tend la laïcité est non pas antérieure à tout choix religieux possible mais *postérieure au christianisme*. La neutralité, c'est-à-dire le développement de la vie sociale et politique indépendamment de toute référence religieuse, suppose en effet une conception de l'autonomie de la liberté humaine qui, dans les conditions culturelles qui sont les siennes, sont – il faut le redire – les fruits du judéo-christianisme. Ainsi s'explique que la laïcité ne réussit jamais aussi bien que dans les pays – originellement – chrétiens ou de tradition chrétienne. Les défenseurs contemporains de la laïcité qui l'assimilent par ignorance ou malveillance au laïcisme se fourvoient souvent parce qu'ils n'ont pas conscience que la laïcité relève de ces valeurs qu'un Occidental croit volontiers universelles pour la simple raison qu'elles viennent de lui. Et d'avoir sous-estimées les conséquences culturelles de cette réalité, chacun peut constater aujourd'hui les difficultés de tous ordres qui en découlent[2].

Plus systématiquement, au-delà de la seule question religieuse, pourvu que l'on se souvienne de l'étymologie du mot – le *laos* qui désigne le peuple indistinct ou la foule inorganisée –, l'unité indivise du peuple est alors le fruit d'une conception de la citoyenneté fondée sur la liberté politique, sur le consentement et la *volonté*, non sur des *propriétés* ou des *spécificités* qui seraient des caractéristiques intrinsèques d'un groupe infra-national, « qu'il s'agisse de la langue, de la religion, de la tradition, de la terre ou de tout autre facteur »[3]. Faute de quoi, on en reviendrait à la conception allemande de la nation, fondée sur la race ou l'ethnie (V. *supra*)[4].

Le peuple français est ainsi un *laos* qui, une fois politiquement organisé devient un *demos*. Mais il n'est pas un *ethnos*, et c'est bien là ce qui caractérise une république au sens où l'entendait Aristote, comme le souligne Blandine Kriegel[5] : la république est une société d'hommes [également] libres, qui vit sous une loi commune. C'est donc le lien civique, exprimé par la loi, qui fonde la société politique que forme la république, non l'appartenance ethnique. Dans une république, « la société politique repose sur ce que ses membres ont en commun, c'est-à-dire, leur qualité de citoyen »[6]. Elle n'est pas un assemblage de groupes identitaires qui mettent en avant ce qui les différencie pour s'en prévaloir en toute occasion[7].

---

1. Ce n'est pas forcer le trait mais aller au fond des choses que d'ajouter qu'il en va de même pour l'athéisme que professent les laïcistes. Entendu comme phénomène social – et non comme opinion individuelle –, l'athéisme n'existe en effet que dans des pays de tradition chrétienne ou influencés par l'Occident. Il s'appuie sans daigner sans souvenir sur une théologie de la providence où Dieu confère aux créatures leur autonomie – sans exiger d'elles une « soumission » –, les laissant libres de croire ou de ne pas croire, c'est-à-dire libres de rejeter l'« hypothèse » d'un Dieu provident.
2. Pour de plus amples développements, v. Francesco BRANCACCIO, *La laïcité, une notion chrétienne*, *op. cit*.
3. Gérard MARCOU, *op. cit.*, p. 58.
4. Cette conception ethnolinguistique n'en est pas moins imprudemment promue de nos jours par différentes chartes ou conventions élaborées dans le cadre du Conseil de l'Europe, (v. Michel CLAPIÉ, *Manuel d'institutions européennes*, coll. Champs-Université, Flammarion, 3e éd., 2010, p. 99-101).
5. Blandine KRIEGEL, *Philosophie de la République*, Plon, 1998, p. 32.
6. Gérard MARCOU, *op. cit.*, p. 58.
7. V. Anne-Marie LE POURHIET, « Droit à la différence et revendication égalitaire : les paradoxes du postmodernisme », *in* Norbert ROULAND (sous la dir.), *Le droit à la différence*, PUAM, 2002, p. 253.

Ce n'est pas dire que les différences ou les particularités disparaissent, mais qu'« elles restent étrangères au pacte social »[1]. Elles sont dépassées ou transcendées par la conception universaliste de la citoyenneté : la liberté l'emporte sur les particularités qui relèvent de la sphère privée et non publique, et, avec elle, l'égalité politique. C'est, du reste, ce que devaient admettre aussi bien Sieyès que Rousseau, par delà tout ce qui les oppose (V. *infra*). « Le droit à se faire représenter n'appartient aux citoyens qu'*à cause des qualités qui leur sont communes et non de celles qui les différencient* »[2] affirmait le premier. Ce qui, soit dit en passant, s'inscrit dans une logique différente de celle qui a (récemment) conduit à promouvoir le principe de parité entre hommes et femmes dans la représentation politique[3]. Quant au second, il soutenait que « le pacte social établit entre *tous les citoyens* une telle égalité qu'ils s'engagent tous sous les mêmes conditions et doivent jouir des mêmes droits »[4]. Mais Rousseau était trop idéaliste – ou trop aveuglé par son *intolérance* à l'égard de la religion catholique – pour percevoir que cela ne se peut, dans l'ordre des réalités, que dans une société façonnée par le judéo-christianisme, dans une société où l'égalité au sens paulinien[5] du terme, est le corollaire de la fraternité, puisque, aussi bien, « pour devenir des frères, il faut provenir d'un père, d'un père commun qui précède universellement chaque fils »[6]...

C'est donc tout naturellement qu'en 1991, le Conseil constitutionnel devait déclarer que la Constitution « ne connaît que le peuple français composé de tous les citoyens français sans distinction d'origine, de race ou de religion »[7]. Il fit même plus en parlant ultérieurement du *principe d'unicité du peuple français*.

2. L'indivisibilité du peuple et son prolongement logique : l'unicité

Évoquer *l'unicité* et non plus seulement l'unité du peuple français comme le fit le Conseil constitutionnel en 1999[8], c'est, au-delà de l'hyperbole, souligner l'un des traits spécifiques de la conception républicaine de l'unité de l'État en France.

Cette conception apparaît ainsi comme l'antithèse de conceptions étrangères – mais à la mode – qui considèrent la société politique comme une juxtaposition de minorités multiples et non comme l'universalité des citoyens associés et unis par le seul lien civique. Car dans la République une et indivisible, il n'y a pas de minorités desquelles les individus seraient à jamais prisonniers ; il n'y a que des citoyens libres et égaux en droit, et qui ne se

1. Jacqueline COSTA-LASCOUX, (sous la dir.), « République et particularismes », *Problèmes politiques et sociaux*, n° 909, La Documentation française, 2005, p. 59.
2. Emmanuel SIEYES, *Qu'est-ce que le tiers-état ?*, (1789), coll. Quadrige, PUF, 1982, p. 88.
3. V. Michel CLAPIÉ, « Parité constitutionnelle et égalité républicaine », *La revue administrative*, n° 314, mars-avril 2000, p. 149-153.
4. Jean-Jacques ROUSSEAU, *Du contrat social*, (1762), éd. Garnier-Flammarion, 2001, p. 72.
5. Dans son *Épître aux Galates* (3, 26-28), saint Paul écrit « vous êtes *tous* fils de Dieu », donc fils d'un même Père et par conséquent frères. Et d'ajouter : « il n'y a ni Juif ni Grec, il n'y a ni esclave ni homme libre, il n'y a ni homme ni femme » dès lors que « Dieu ne fait pas acception des personnes » (2, 6).
6. Jean-Luc MARION, *Brève apologie pour un moment catholique*, *op. cit.*, p. 40.
7. CC. déc. n° 91-290 DC, du 9 mai 1991, *Statut de la Corse*, Rec., p. 50.
8. CC. déc. n° 99-412 DC du 15 juin 1999, *Charte européenne des langues régionales ou minoritaires*, Rec., p.

différencient les uns des autres qu'à raison de leurs mérites respectifs (V. l'article 6 de la Déclaration des droits de l'Homme et du Citoyen de 1789). Renoncer à cette « conception qui a permis le développement des États démocratiques modernes »[1], n'aurait d'autre effet que d'« imposer à tout individu une identité de groupe, déterminée par sa naissance, définie par ses origines »[2].

Regarder les êtres humains, non en tant que citoyens mais en tant qu'individus « seulement qualifiés par des appartenances particulières »[3], est finalement une approche *régressive* et *liberticide*, puisqu'elle conduit à les enfermer dans des groupes d'appartenance clos, voire rivaux, dont ils demeurent captifs. « L'exaltation des identités incarcère chacun dans sa prétendue culture », comme l'écrit en d'autres termes Bérénice Levet[4]. La promouvoir ce serait renoncer à la nation, « communauté de citoyens », pour ressusciter la tribu, bande d'individus.

Voilà donc pourquoi, en se référant à ce principe de l'unicité du peuple français, le Conseil constitutionnel a entendu consacrer non seulement un *principe constitutionnel de droit positif*, mais, tout autant sinon plus, un *principe constitutif de la République*[5]. L'unicité du peuple français s'oppose ainsi à ce que soit reconnu en tant que tel « quelque groupe que ce soit », dit-il, défini selon des critères que la République réprouve parce que cela la conduirait à se renier elle-même si elle s'en accommodait pour complaire à ses adversaires. Ce principe d'unicité s'oppose pareillement et logiquement à ce que soient reconnus des droits collectifs à un groupe de citoyens, quel qu'il soit, sauf si ce groupe s'est *librement* formé par l'effet de la rencontre de la volonté de ses membres, et, dès lors, avec leur *consentement*. Ce qui est précisément et seulement le cas d'un parti politique, d'un syndicat professionnel ou de n'importe quelle association au sens de la loi du 1er juillet 1901. Ces groupes-là, en effet, auquel la République va jusqu'à reconnaître la personnalité juridique – de droit privé – ne rassemblent alors que des hommes libres, affranchis de tout déterminisme fondé sur des appartenances figées[6], voire sur des attaches territoriales locales, car l'unité de l'État commande aussi celle du territoire national.

1. Gérard MARCOU, *op. cit.*, p. 60.
2. Pierre-André TAGUIEFF, *Résister au bougisme. Démocratie forte contre mondialisation techno-marchande*, éd. Fondation du 2 mars-Mille et une nuits, 2001, p. 48.
3. Paul-Marie COUTEAUX, *La puissance et la honte, (Trois lettres françaises)*, éd. Michalon, 1999, p. 134.
4. Bérénice LEVET, *Le crépuscule des idoles progressistes*, *op. cit.*, p. 198.
5. Jean-Marie Pontier y voit l'un des « traits congénitaux de la République », (J.-M. PONTIER, *La République en France*, coll. Connaissance du droit, Dalloz, 1998, p. 116).
6. V. Michel CLAPIÉ, « Le français restera la langue de la République », (Commentaire de la déc. n° 99-412 DC du Conseil constitutionnel, relative à la *Charte européenne des langues régionales ou minoritaires*), *LPA*, n° 3, 5 janvier 2000, p. 14-18.

C. L'unité du territoire

Le caractère unitaire de l'État a vocation à préserver son intégrité territoriale à l'intérieur de frontières sûres et reconnues, qui, le cas échéant, doivent être défendues. Il implique également une certaine uniformité, tant de ses structures territoriales, que du droit applicable qui le régit. Il se concilie toutefois avec une certaine souplesse qui s'est affinée au fil du temps.

1. L'uniformité des structures territoriales

À l'exception des territoires d'outre-mer, qualifiés de tels d'un point de vue géographique, c'est-à-dire *situés* outre-mer, les structures territoriales, qu'il s'agisse des circonscriptions administratives, simples découpages administratifs, dans le cadre de la déconcentration, ou des collectivités territoriales dotées de la personnalité juridique, dans le cadre de la décentralisation, sont *a priori* soumises au respect du principe de « l'identité institutionnelle ».

À l'origine, on considérait en effet que, pour chaque catégorie définie par la Constitution, ou créée par la loi, il existait des caractéristiques communes auxquelles on ne pouvait déroger afin de doter certaines d'entre elles d'une organisation particulière. Cette identité institutionnelle impliquait ainsi que, dans une même catégorie, les mêmes organes exerçaient les mêmes compétences.

Au fil du temps, on devait admettre cependant que des différenciations limitées pouvaient être concevables, sans pour autant compromettre l'unité du territoire, ni porter atteinte au principe d'indivisibilité. C'est ce que devait confirmer le Conseil constitutionnel dont la jurisprudence a accompagné l'évolution tout en la favorisant[1].

L'uniformité institutionnelle censée garantir le respect de l'unité du territoire, allait effectivement s'atténuer dès lors que l'on admettait que l'intangibilité du principe pouvait très bien s'accommoder de modalités de mise en œuvre diversifiées. La solution fut trouvée lorsqu'il parut possible de doter une collectivité territoriale existante d'un statut spécifique mais à condition de l'extraire de la catégorie à laquelle elle appartenait originellement, pour l'ériger en nouvelle catégorie. Mais une catégorie créée et organisée par la loi[2], c'est-à-dire par les représentants de la nation et non pas, justement, par ceux de la collectivité concernées ; l'essentiel étant que cette *collectivité à statut spécial* demeure soumise au contrôle du représentant de l'État en charge de l'intérêt national et du respect de la loi votée par le seul parlement national, de sorte que « la prééminence normative » de ce dernier ne soit en rien compromise.

1. V. CC. déc. n° 91-290 DC du 9 mai 1991, (*Statut de la Corse*), *RFDC*, n° 7, 1991, p. 475 et s.
2. V. André ROUX, *Droit constitutionnel local*, *op. cit.*, p. 89.

Cette évolution devait toutefois accentuer une tendance antérieure, qui avait déjà su concilier le respect de l'unité du territoire avec la différenciation du droit applicable eu égard aux particularités locales.

2. L'uniformité du droit applicable

Comme le remarque André Roux, « le caractère unitaire de l'État a toujours été tempéré par la multiplicité des régimes applicables »[1]. Ce qui préserve cependant l'indivisibilité de la République, reste, au premier chef, comme on l'a noté (V. *supra*), l'unité du pouvoir normatif national exercé, selon la répartition des compétences résultant de la Constitution, soit par le Parlement (pouvoir législatif), soit par le Gouvernement (pouvoir réglementaire)[2].

Pour autant, et s'agissant du législateur national statuant au nom du peuple français composé de l'universalité des citoyens, qui en est le seul titulaire, rien ne s'oppose à ce que des règles différentes s'appliquent dans différentes parties du territoire. Cette multiplicité des régimes législatifs applicables a d'ailleurs conduit la doctrine à qualifier le modèle français de l'État unitaire, d'« État pluri-législatif »[3]. L'expression devait tout d'abord rendre compte des particularités du droit applicable outre-mer, mais elle se justifie aussi au regard de ce qu'il est convenu d'appeler le *droit local* par référence au régime législatif appliqué aux départements d'Alsace-Moselle. Après avoir réintégrés la République lors du traité de Versailles du 28 juin 1919, ces départements n'en ont pas moins conservés de larges pans du droit qui leur était applicable antérieurement[4], avant leur annexion par le *Reich* allemand, lors du traité de Francfort du 10 mai 1871[5].

Cette entorse à la règle de l'uniformité du droit applicable sur le territoire national reste toutefois accidentelle. Elle s'explique par les aléas de l'histoire et ne remet pas fondamentalement en cause la construction de l'unité de l'État. En tout cas, elle ne saurait s'analyser comme une contestation de l'indivisibilité de l'État que manifestent en ce début de siècle, certaines réformes récentes qui se parent des habits de la « modernité », mais ne sont que soumission à une « mode ». Ainsi de celle qui entend promouvoir, sous couvert de

1. *Idem*, p. 93.
2. Pour une illustration dans le cadre contemporain de la Ve République, v. Michel CLAPIÉ, « De quelques griefs d'inconstitutionnalité relatifs aux "propositions du Gouvernement soumises aux représentants des élus de la Corse" », *LPA*, n° 30, 12 février 2001, p. 5-9.
3. V. Pierre LAMPUÉ, *Droit d'outre-mer*, Dalloz, 1969, p. 4, et Louis FAVOREU, « Les bases constitutionnelles du droit des collectivités locales », *in La nouvelle décentralisation*, Sirey, 1983, p. 20.
4. L'application toujours actuelle du concordat signé entre Napoléon Bonaparte et le pape Pie VII en 1801 en est un exemple. En 2023, le maire de Strasbourg, Rolland Ries, rappelait que lorsque, en 1925, Edouard Herriot, Président du Conseil (*Cartel des gauches*), voulut le dénoncer, il s'est heurté à l'opposition des populations locales – les Alsaciens –, attachées au maintien de leur statut.
5. Sur la question, v. Jean-François FLAUSS, « Droit local alsacien-mosellan et Constitution », *RDP*, 1992.

décentralisation, une régionalisation telle, qu'est remise en cause, comme jamais auparavant, la triple unité du pouvoir normatif, du peuple et du territoire[1]. Sa justification à partir de deux maîtres-mots, *proximité* et *subsidiarité*, peine du reste à convaincre.

Le premier argument avancé, celui de la *proximité*, se fonde sur la prétendue nécessité de rapprocher le pouvoir des citoyens, autrement dit le cadre territorial au niveau duquel la décision est prise, du lieu où elle a vocation à produire ses effets, au motif, précisément, que l'État unitaire éloigne les citoyens du pouvoir. C'est faire là un faux procès à l'État unitaire qui tend effectivement à centraliser la décision, car de nos jours, paradoxalement, le principal obstacle à ladite *proximité*, n'est pas à chercher dans une organisation trop centralisée de l'État, ou réputée telle, mais bien dans la systématisation du transfert des compétences étatiques essentielles à des instances toujours plus éloignées des citoyens et échappant toujours davantage à leur contrôle[2]. « Désormais, remarque le sénateur Jean-Yves Autexier, notre politique économique se décide à Bruxelles [Union européenne], notre politique monétaire à Francfort [Banque centrale européenne], notre politique de défense souvent à Washington [OTAN], notre politique commerciale à Genève [Organisation mondiale du commerce] ». Et d'en conclure, avec beaucoup de bon sens, que « laisser partir loin les centres de décisions et prétendre rétablir la fameuse proximité par une régionalisation échevelée est une imposture »[3].

Quant à l'argument fondé sur le besoin d'organiser la *subsidiarité* aux fins de donner aux collectivités locales infra-nationales une compétence de principe pour ne réserver au niveau étatique qu'une compétence résiduelle, c'est, ni plus ni moins, nier le rôle de l'État en charge de l'intérêt général, et donc national. Un rôle qui consiste « à stimuler les grandes actions et les grandes ambitions »[4], et à devenir l'instrument de la solidarité nationale. L'émiettement politique, en raison de la fragmentation du territoire[5], est en effet de nature à rendre plus difficile voire impossible, la conduite de grandes politiques nationales, et de réduire d'autant les capacités collectives d'action[6]. Pareillement, la concurrence entre les différentes régions, inégalement pourvues de richesses, est appelée à se substituer à la solidarité dans le cadre unitaire de l'État. Bref, c'est le tissu national qui risque alors de

1. V. la loi constitutionnelle n° 2003-276 du 28 mars 2003, modifiant substantiellement le titre XII de la Constitution du 4 octobre 1958, intitulé : « Des collectivités territoriales ».
2. V. John FONTE, « Souveraineté démocratique ou gouvernance globale ? », *Le Figaro* du 9 août 2004, p. 8.
3. Jean-Yves AUTEXIER, (entretien avec Vanessa IKONOMOFF), « La centrifugeuse est en marche », *Bastille-République-Nations*, n° 16, novembre 2002, p. 3.
4. Thierry MARIANI, « Faut-il en finir avec le gaullisme ? », Revue *Libres*, n° 1, printemps 2003, éd. L'âge d'Homme, p. 41.
5. Une mode est apparue récemment, très révélatrice au demeurant de la difficulté à penser l'unité du territoire dans le cadre de la République indivisible, qu'affectionnent les « rentiers de la décentralisation » échevelée contemporaine : celle qui consiste à parler « des » territoires – au pluriel – comme si l'État n'était plus qu'une mosaïque de territoires, peut-être même une « mosaïque disjointe », selon l'expression du Prince Von Bülow, chancelier du *Reich* allemand de 1900 à 1909, pour rendre compte de ce qu'était devenu le Saint *Empire romain germanique* après les traités de Westphalie (1648).
6. Pierre-André TAGUIEFF, *Résister au bougisme. Démocratie forte contre mondialisation techno-marchande*, *op. cit.*, p. 70.

se défaire sous l'effet de tendances centrifuges ainsi encouragées. Toutes choses qui ne peuvent que favoriser la résurgence de nouvelles féodalités locales ou provinciales, qui, « comme toujours dans notre histoire, font de l'État le bouc émissaire de leurs insuffisances »[1].

Bref, il est donc à peine exagéré d'affirmer, comme l'écrit Joseph Macé-Scaron, que « la République une et indivisible est, aujourd'hui, un mythe en miette »[2]. *Le modèle unitaire français n'est plus la forme actuelle de l'État en France.* Depuis la révision constitutionnelle du 28 mars 2003, sa nouvelle configuration le rapproche à maints égards de ce que l'on appelle un « État régional ».

§2. L'État régional

L'État régional, également appelé *État autonomique* ou *État des autonomies territoriales* – *Estado autonomico*, en Espagne –, est parfois présenté comme une forme intermédiaire entre le modèle unitaire français et l'État fédéral (V. *infra*). Il l'est aussi parfois comme une « forme transitoire assimilable à une quasi-fédération »[3].

C'est donc, non comme un modèle qu'il faut envisager l'État régional, mais comme une forme hybride dans laquelle des forces centrifuges plus ou moins bien maîtrisées, œuvrent à l'érosion, sinon à la désagrégation d'un ordre étatique originellement unitaire.

Cet État est dit régional parce qu'il organise la territorialisation du pouvoir, non pas selon le principe de la *régionalisation administrative* qui n'instaure aucune compétence normative *autonome* au profit des régions, mais selon celui de la *régionalisation politique*, qui permet l'existence d'un pouvoir législatif autonome propre à chaque région. Cette régionalisation politique, à la différence du modèle unitaire français originel, fondé sur *l'unité du pouvoir normatif*, « débouche (donc) sur une dualité de sources normatives ». Ainsi, c'est à travers les conditions de l'autonomie régionale acceptées (A) que l'on peut mesurer l'étendue de cette régionalisation politique qui trouve cependant ses limites dans les garanties de l'unité nationale instituées (B).

A. Les conditions de l'autonomie régionale

L'État régional apparaissant très divers dans ses applications, c'est à partir des deux exemples illustrant cette forme originale d'État, qu'il faut étudier les conditions concrètes de cette autonomie. Le système italien mis en place en 1947 devait inaugurer la formule, dupliquée, en 1978, moyennant de notables adaptations, par le système espagnol.

1. Jean-Yves AUTEXIER, *op. cit.*, p. 3.
2. Joseph MACÉ-SCARON, *La tentation communautaire*, Plon, 2001, p. 4 de couverture.
3. Frédéric ROUVILLOIS, *Droit constitutionnel, Fondements et pratiques*, *op. cit.*, p. 58.

1. Le système italien

C'est en réaction à l'autoritarisme fasciste, et pour éviter un retour au centralisme du XIXe siècle, que les Constituants italiens de 1947 eurent recours à cette forme d'organisation de l'État. Elle traduit la volonté d'organiser l'État italien en tenant compte de la spécificité transalpine. L'unité italienne est en effet récente puisqu'elle date de 1860 : jusque-là, des siècles durant, la péninsule avait été morcelée et occupée – par l'Autriche notamment. Il s'ensuit que l'appartenance nationale obéit à une logique qui fait une large place aux spécificités régionales.

Aux termes de la Constitution du 27 décembre 1947, les régions ont la faculté d'adopter des normes législatives, sous réserve, précise l'article 117, qu'elles ne soient contraires ni à l'intérêt national, ni à celui des autres régions.

Cette règle générale est d'application variable, selon le type de région concerné. Il faut en effet distinguer entre les régions à statut spécial, au nombre de cinq, et les régions à statut ordinaire, au nombre de quinze.

Les régions à statut spécial disposent d'un pouvoir législatif plus étendu : leur compétence législative est dite ainsi *primaire et exclusive*. Elle est *primaire* en ce sens que ce pouvoir législatif n'est pas limité par les principes fondamentaux posés par les lois de l'État, et qu'il ne l'est pas davantage par l'énumération des compétences régionales figurant à l'article 117 de la Constitution, de sorte que chaque région à statut spécial peut, de son propre chef, élargir le champ de ses compétences. Mais cette compétence est aussi *exclusive*, ce qui signifie que le pouvoir de ces régions à statut spécial est tel qu'il leur permet de légiférer dans des domaines (agriculture, forêts, tourisme, urbanisme), qui sont totalement soustraits à la compétence du législateur national.

Les régions à statut ordinaire, c'est-à-dire de droit commun, ont un pouvoir législatif *attribué* et *conditionné*. Il s'agit d'abord d'une compétence *attribuée* : les régions à statut ordinaire ne peuvent ainsi intervenir que dans le cadre des matières énumérées à l'article 117 de la Constitution (18). Mais cette compétence est aussi *conditionnée*. Les régions à statut ordinaire ne peuvent exercer les compétences que leur confère l'article 117 de la Constitution qu'une fois validée la consistance précise de ces compétences qui ne sont que vaguement définies par cet article. C'est ce qui explique que pendant de nombreuses années[1], en l'absence de ces lois cadres, les régions italiennes à statut ordinaire n'ont pu exercer leur pouvoir législatif.

1. C'est ainsi qu'en 1997 encore, une loi était votée par le parlement italien afin d'attribuer de nouvelles compétences aux régions.

2. Le système espagnol

Le système espagnol de régionalisation politique aujourd'hui appliqué, s'inscrit dans la filiation de l'éphémère République espagnole du 7 décembre 1931. Le système alors inauguré et dont le fonctionnement fut chaotique, ne devait cependant pas survivre à la guerre civile de 1936-1939.

Ce n'est qu'après la mort du général Franco, en 1975, que la Constitution du (nouveau) Royaume d'Espagne, promulguée le 29 décembre 1978, ressuscita le principe de l'ancienne République, en s'inspirant de l'expérience italienne, sans pour autant reproduire à l'identique le système transalpin. En effet, le système espagnol n'institue pas d'emblée une régionalisation unique et généralisée à tout le royaume. Aux termes de l'article 146 de la Constitution, il reconnaît un droit spécifique à accéder à l'autonomie régionale. Ce droit spécifique s'explique, comme pour l'Italie, par l'histoire propre de l'Espagne. Son unité politique s'est faite en 1469, certes bien avant l'unité italienne (1860), mais sans véritablement effacer les forts particularismes locaux hérités de la division de la péninsule ibérique en plusieurs royaumes distincts (Andalousie, Aragon, Asturies, Catalogne, Castille,...)[1].

Ainsi donc, la Constitution (article 2) « reconnaît et garantit le droit à l'autonomie des nationalités et des régions », les communautés autonomes se constituant à leur propre initiative selon différentes procédures, toutes prévues par la Constitution. Des procédures différentes qui débouchent logiquement sur des statuts autonomiques différents.

On distingue ainsi trois communautés dites historiques (Catalogne, Galice, Pays basque) déjà bénéficiaires, sous la République, avant la guerre civile, d'un statut d'autonomie dont elles s'étaient pourvues par référendum. Une quatrième (l'Andalousie), les a rejoints au terme d'une procédure plus contraignante (article 151-1 de la Constitution). L'organisation institutionnelle de ces communautés autonomes est prévue par la Constitution selon un schéma type qui « associe une assemblée législative et un conseil de gouvernement » politiquement responsable devant cette assemblée.

À côté de ces communautés, dites de premier rang, se sont constituées d'autres communautés, dites de second rang, dotées d'une autonomie moins accentuées, mais dont l'organisation institutionnelle, non pré-établie par la Constitution, a été calquée sur celle des premières. Au total, existent donc dix-sept communautés autonomes couvrant désormais l'intégralité du territoire du royaume.

La répartition des compétences législatives entre l'État d'une part et les communautés autonomes d'autre part, se fait d'une manière originale : certaines d'entre elles (32) sont *réservées en propre* à l'État, tandis que d'autres (22) sont *attribuées* aux communautés autonomes, pour autant, néanmoins, que leur statut l'ait expressément prévu. Une « clause

1. V. Olivia KHAYAT et Christelle TOUFFET, « L'autonomie des Communautés espagnoles », *Les Cahiers du CRAPS*, juin 1995, p. 88-109.

résiduelle » (article 149-3) postule par ailleurs que les matières non énumérées par la Constitution mais *revendiquées* par le statut dont s'est doté la communauté autonome, lui sont attribuées. Il s'agit là d'une sorte de compétence résiduelle de principe, par défaut. Pareillement, les communautés autonomes peuvent se voir transférer par l'État telle ou telle compétence (article 150-1) exercée originellement par le législateur national : par exemple les règles nécessaires à la mise en œuvre des compétences étatiques, l'État se réservant une compétence principale pour en fixer les principes généraux.

À l'inverse, lorsque l'intérêt général l'exige, l'État est autorisé à légiférer sans tenir compte des compétences *attribuées* aux communautés autonomes, ou *revendiquées* par elles. Les lois du royaume votées à cette occasion, doivent l'être alors à la majorité absolue des deux chambres (*Cortes generales* et Sénat). De telles lois sont parfois justifiées par la nécessité d'harmoniser un tant soit peu les législations des différentes communautés, afin de garantir l'unité nationale.

B. Les garanties de l'unité nationale

Cette unité nationale est formellement proclamée par les Constitutions italienne et espagnole : « La République une et indivisible, reconnaît et favorise les autonomies locales », affirme l'article 5 de la Constitution italienne de 1947, tandis que l'article 2 de la constitution du Royaume d'Espagne de 1978 dispose que « la Constitution est fondée sur l'unité indissoluble de la nation espagnole, patrie commune et indivisible de tous les Espagnols ».

Cette unité associée à l'indivisibilité ne s'entend pas toutefois comme devant garantir l'égalité devant la loi des Italiens et des Espagnols, à la différence de ce qu'elle signifie en France, notamment à travers l'unité du pouvoir normatif, et de ce qui caractérise historiquement le modèle français républicain de l'État unitaire (V. *supra*). L'affirmation redondante de cette unité coexiste avec la reconnaissance concomitante d'une large autonomie des régions ; sa sauvegarde nécessite donc l'organisation d'un arbitrage lorsque surgissent des conflits d'intérêts entre le niveau régional et le niveau national. Les modalités en sont toutefois différentes en Italie et en Espagne.

1. Le système italien

Le système italien (article 127 de la Constitution) privilégie un *contrôle administratif*, en tout cas au stade du déclenchement de la procédure. Exercé par l'intermédiaire d'un Commissaire du gouvernement, autorité nationale déconcentrée en charge des intérêts de l'État, il demeure identique quelle que soit la catégorie à laquelle appartient la région autonome (V. *supra*).

La procédure est alors la suivante. Toute loi régionale, sitôt adoptée, est communiquée à ce commissaire qui peut la renvoyer aux organes régionaux aux fins d'une nouvelle délibération, s'il estime qu'elle excède les compétences régionales telles que définies par la Constitution. Si, à la suite de cette nouvelle délibération et d'un deuxième vote, une majorité absolue confirme la loi litigieuse, le Gouvernement peut alors, soit saisir la cour constitutionnelle, s'il s'agit d'un problème de répartition de compétences, soit le Parlement italien, s'il s'agit d'un conflit d'intérêts entre, d'une part, la région concernée et, d'autre part, l'État ou les autres régions. Dans la pratique, les différents se règlent le plus souvent par la voie de la négociation et de la transaction.

Le modèle espagnol, quant à lui, obéit à une logique à certains égards comparable, mais non identique.

2. Le système espagnol

Dans le système espagnol, le rôle du Tribunal constitutionnel est prépondérant. Compétent pour statuer sur les litiges pouvant survenir entre l'État et les communautés autonomes, ce tribunal joue un rôle assimilable à celui d'une Cour suprême dans le cadre d'un État fédéral (V. *infra*). Il est ainsi conduit à se prononcer à la suite de différents recours : des recours directs dirigés contre des lois, ou des recours indirects sur saisine des juridictions ordinaires à l'occasion de litiges dont elles ont à connaître à leur niveau, à l'occasion de l'application du texte litigieux. Le nombre de ces recours est en diminution : de l'ordre d'une centaine par an dans les années quatre-vingt, il ne dépasse pas la vingtaine et parfois moins depuis les années quatre vingt-dix.

La jurisprudence du Tribunal constitutionnel espagnol, nuancée et équilibrée, a joué un rôle « pacificateur », incitant l'État et les communautés autonomes à développer une collaboration institutionnelle et normative de nature à prévenir les conflits de compétences. Le Tribunal constitutionnel se montre toutefois vigilant chaque fois qu'il s'agit d'assurer le respect de « l'égalité de tous les Espagnols dans l'exercice de leurs droits et l'accomplissement de leurs devoirs constitutionnels », comme l'y invite l'article 149-1 de la constitution du royaume.

Il reste qu'après quarante ans de « pratique autonomique », et contrairement aux espoirs mis dans ce système pour panser les blessures de la féroce répression franquiste contre les séparatismes catalan et basque notamment, l'unité du Royaume d'Espagne reste incertaine. Nul n'ignore d'ailleurs que cette harmonie précaire dut beaucoup pendant longtemps au charisme et à l'intelligence politique du roi Juan-Carlos 1er, qui, son règne durant, a su incarner dans sa personne, indépendamment des dispositions constitutionnelles, l'unité espagnole[1].

L'Espagne unie, qui date de 1469, est en effet toujours en proie aux démons de la désunion, comme le montrent *les indépendantistes* catalans et basques, ces derniers ne reculant pas devant la violence – verbale voire physique – pour affirmer leur différence, dans le cadre

1. De nombreux observateurs de la vie politique espagnole sont convaincus que les Espagnols étaient alors moins attachés à la monarchie constitutionnelle qu'à la personne même de leur ancien roi : ils auraient été plus *juan-carlistes* que monarchistes.

d'une Espagne pourtant devenue démocratique et libérale. Ce qui incite à penser que le développement de l'autonomie régionale est, qu'on le veuille ou non, un puissant facteur de « désagrégation nationale ». Il y a là une leçon que les « décentralisateurs régionalistes » français seraient bien avisés de méditer.

Quoi qu'il en soit, il apparaît aux termes de ces développements que l'État régional est une forme d'État qui tente une sorte de synthèse entre le modèle français de l'État unitaire et le fédéralisme : s'il conserve, en effet, l'apparence *formelle* du modèle unitaire, il développe par ailleurs la logique *fonctionnelle* fédérale. S'il reste unitaire du point de vue du droit constitutionnel, il semble assimilable à l'État fédéral du point de vue de la science politique, qui, d'ailleurs, pour en rendre compte, recourt parfois à l'expression de « fédéralisme souple ».

Pour le dire autrement, l'État régional combine les principes de *l'unitarisme constitutionnel* et du *fédéralisme législatif*, en ce sens que dans le cadre d'une constitution unique, celle de l'État « central », il organise et favorise des foyers distincts de production législative, à la manière de *l'État fédéral* dans lequel, en vertu du *principe d'autonomie*, coexistent des pouvoirs législatifs propres à chacune des entités fédérées. Mais évoquer l'État fédéral, c'est déjà se placer dans une perspective plus large, celle du phénomène fédératif dont les formes institutionnelles qui s'y rapportent demeurent très diverses.

§3. Le phénomène fédératif

Le phénomène fédératif renvoie à diverses applications concrètes, ce qui a conduit une partie de la doctrine à les ranger sous l'appellation générique d'*États composés*. Il y a là une simplification qui ne rend pas toujours compte de l'extrême diversité des formes établies. Toutes trouvent cependant leur inspiration commune dans le fédéralisme qui s'entend comme un « système ou doctrine de gouvernement fédératif »[1]. Or par fédératif, il faut comprendre « *l'association de plusieurs États unis par une alliance générale et soumis en certains cas à des délibérations communes, mais dont chacun est régi par des lois particulières* »[2]. Cette union se conçoit selon différentes modalités qui marquent une sorte de modulation de l'intensité du lien fédératif (le *fœdus* : alliance).

À la distinction classique entre fédéralisme inter-étatique (A) et fédéralisme intra-étatique (B), on ajoutera une catégorie incertaine, le fédéralisme supra-étatique (C), qui, selon certains auteurs, correspondrait à l'orientation que prend de nos jours l'Union européenne.

1. Jean-Louis CLERGERIE et Véronique FAURE-TRONCHE, *Le système juridique de l'Union européenne*, coll. Mise au point, Ellipses, 2004, p. 66.
2. V. le Dictionnaire de l'Académie Française, cité par Olivier BEAUD, « fédéralisme et fédération en France. Histoire d'un concept impensable », *Annales de la faculté de droit de Strasbourg*, n° 3, 1999, p. 15.

A. Le fédéralisme inter-étatique : la confédération et les unions d'États

Proches, et à la fois différentes, de la confédération d'États, sont les unions d'États qui, rétrospectivement, apparaissent comme des formes anciennes d'associations d'États, à l'origine distincts.

1. Les unions d'États

L'union d'États se présente comme une forme ancienne d'État composé ou complexe. On désigne de cette expression l'association de plusieurs États, deux le plus souvent, placés sous l'autorité politique de la même tête couronnée, ou, pour le dire autrement, du même souverain. Cette forme particulière et rare, aujourd'hui tombée en désuétude, se décline selon deux modalités : l'union personnelle et l'union réelle.

L'union personnelle consiste en la réunion de deux États qui, au hasard des lois successorales et en application d'un principe dynastique, se sont trouvés réunis sous l'autorité d'un même monarque. Ce monarque étant d'ailleurs le seul organe commun aux deux États associés puisque ceux-ci conservent par ailleurs leur indépendance et leur propre gouvernement.

C'est ainsi que se trouvèrent réunies l'Angleterre et la province germanique de Hanovre après l'accession au trône d'Angleterre de Georges 1er, prince de Hanovre (1714), et ce, jusqu'à l'avènement de la reine Victoria (1837). Pareillement le Royaume des Pays-Bas et le Grand Duché de Luxembourg formèrent une union personnelle de 1815 à 1890.

L'union réelle se présente quant à elle comme une forme d'État composé plus élaborée puisqu'elle correspond à la réunion volontaire, et non plus accidentelle, de deux États sous l'autorité d'un souverain unique. À la différence de l'union personnelle, elle est dotée d'institutions communes, notamment pour la conduite des affaires étrangères et en matière militaire. Il convient toutefois d'ajouter que la plupart du temps, ce type d'union n'a été qu'un habillage juridique permettant de camoufler une réalité politique que l'on souhaite masquer : l'emprise de l'État le plus puissant sur le plus faible. On parlera aussi à leur propos de « confédérations bilatérales ».

L'exemple le plus typique fut l'union austro-hongroise de 1867 à 1918 – aussi qualifiée de « Double monarchie » –, dans laquelle l'Autriche de l'empereur François-Joseph était en position de force. Pareillement, l'union de la Pologne et de la Lituanie de 1568 à 1799, l'union de la Norvège et de la Suède maintenue de 1815 à 1905, ou encore l'union de l'Islande et du Danemark de 1918 à 1944, fonctionnèrent selon ce type de schéma institutionnel.

Ces formes d'États ont aujourd'hui disparu. A la fois plus contemporaines et plus anciennes, sont en revanche les confédérations d'États.

2. La confédération d'États

La confédération est une organisation de coopération internationale particulière au sein de la catégorie générique des organisations internationales permanentes : « ce n'est qu'une société entre États qui se sont unis pour gérer en commun certaines affaires auxquelles ils se sont intéressés d'une façon commune »[1].

Il est d'usage de dire que ce qui distingue la confédération des autres « formules » de coopération internationale institutionnalisée comme l'ONU par exemple, c'est-à-dire, stable dans le temps et organiquement structurées, c'est une différence de degré, tant dans l'intensité du lien qui fait s'associer les États, que dans les manifestations organiques de ce lien.

À la vérité, ce qui spécifie la confédération parmi les autres organisations internationales de coopération, c'est bien plus une différence de perception : *les confédérations* sont en effet perçues comme des organisations développant une dynamique propre qui laisse espérer – sans toutefois l'impliquer – une intensification sans cesse accrue de la coopération, au point de ne pas exclure la perspective d'une transformation de la confédération en État fédéral.

Mais la confédération n'en relève pas moins *formellement* de la catégorie des organisations internationales. À ce titre, elle se distingue fondamentalement de l'État, même si son évolution hypothétique vers un État fédéral peut la faire regarder comme une forme transitoire. Ainsi la confédération, comme toute organisation internationale permanente, est-elle fondée sur un *traité international*. « Groupement conventionnel d'États, qui ne possède pas de souveraineté »[2], elle se contente de *juxtaposer des États*, en donnant à leur coopération une forme stable, grâce à des organes communs. Elle reste donc une structure de coopération qui ne se superpose pas aux États associés, ni ne les intègre dans une sorte de super-État. Elle est donc bien « une association d'États qui demeurent souverains mais ont par traité délégué l'exercice de certaines compétences à un organe commun »[3].

Si des organismes propres à la confédération sont institués, c'est pour remplir des fonctions essentiellement techniques, de *préparation* de *gestion* ou d'*évaluation* des activités communes, en amont ou en aval de la décision, qui, elle, reste toujours l'affaire des États, au sein de l'organe commun qui réunit les représentants de chacun d'eux. Ce qui signifie que dans une confédération, chaque État garde la maîtrise de ses compétences propres et donc qu'un État membre ne peut se voir rien imposer contre son gré : il reste souverain au plein sens du terme. En effet, au sein de cet organe politique commun, qui réunit les représentants de chacun des États membres, la prise de décision qui engage l'ensemble des États, suppose l'accord unanime, à moins que dans la pratique, ces États aient recours

1. Raymond CARRÉ de MALBERG, *Contribution à la théorie générale de l'État*, t. 1, *op. cit.*, p. 92.
2. Jean-Louis CLERGERIE et Véronique FAURE-TRONCHE, *Le système juridique de l'Union européenne*, *op. cit.*, p. 78.
3. Claude LECLERCQ, *L'État fédéral*, coll. Connaissance du droit, Dalloz, 1997, p. 29.

à la technique moins contraignante du *consensus*[1]. Quand bien même l'État consent à une *limitation de souveraineté* en renonçant à sa faculté de décider seul en certains domaines, cela ne signifie pas qu'il accepte un *abandon de souveraineté*. Quand bien même il renonce à exercer seul et pour son propre compte l'une de ses compétences, il n'est pas pour autant condamné à souscrire à une décision qu'il désapprouve, parce qu'il la juge contraire à ses intérêts. Il conserve une « *faculté d'empêcher* » même s'il s'est volontairement privé de la « *faculté de statuer* » seul. Simplement, il renonce à la faculté de décider seul – c'est en cela qu'il accepte une limitation de souveraineté –, il accepte que la décision soit prise *en commun*, mais, et ceci est déterminant, il peut toujours empêcher qu'on décide *sans lui* voire *contre lui*.

En résumé, comme l'explique Carré de Malberg, « dans la confédération d'États, les États confédérés, n'étant subordonnés à aucune puissance supérieure à leurs volontés propres, et ne faisant qu'exercer en commun leur volonté individuelle, gardent par là même leur pleine souveraineté : quant à la confédération, elle n'est point souveraine ; bien plus, elle n'a point de puissance étatique propre et n'est point un État »[2].

Il n'en reste pas moins qu'une confédération apparaît quelquefois comme la forme d'organisation transitoire qui aboutit, au terme d'une sorte de période probatoire, à un authentique État fédéral ; le fédéralisme inter-étatique se muant en fédéralisme intra-étatique. C'est dans ce cas, mais rétrospectivement, que la confédération s'analyse alors comme une étape qui précède la constitution d'un nouvel État. Mais ce n'est pas si fréquent[3]. L'expérience montre en tout cas qu'il y faut du temps. La durée nécessaire se compte alors en siècles comme en témoignent les exemples suisses et néerlandais. La confédération des trois premiers cantons suisses au XIIIe siècle ne s'élargira à treize qu'en 1648, lors des traités de Westphalie, puis à vingt-deux en 1815[4], et ne débouchera sur un État fédéral, qu'en 1848. De la même manière, la confédération des Provinces Unies des Pays-Bas qui naît en 1580, ne se transformera en État fédéral qu'en 1785. Quant aux États-Unis d'Amérique, ils ne font exception qu'en apparence. En effet, si de 1781 à 1787, n'existe qu'une confédération des treize colonies britanniques ayant proclamé leur indépendance, ce n'est qu'à titre de *solution d'attente*, tant que dure la Guerre d'indépendance, c'est-à-dire jusqu'à la conclusion du traité de Paris de 1783. La question de la forme institutionnelle définitive à donner à leur union fera l'objet d'un débat jusqu'en 1787.

---

1. *Consensus* ne signifie pas « accord général » mais simplement « absence d'opposition déclarée », (V. Bernard CHANTEBOUT, *Droit constitutionnel et science politique*, coll. U, Armand Colin, 20e éd., 2003, p. 37, note 1).
2. Raymond CARRÉ de MALBERG, *Contribution à la théorie générale de l'État*, t. 1, *op. cit.*, p. 94.
3. En février 1958, à l'initiative du *Raïs* égyptien, le colonel Gamal Abdel Nasser, une confédération réunissant l'Égypte et la Syrie voit le jour : la République Arabe Unie (R.A.U.). Trois ans plus la tard cette Union est rompue.
4. L'article 1 du pacte fédéral suisse de 1815 indiquait : « Les vingt deux cantons *souverains* de la Suisse s'unissent par *l'alliance* présente pour le maintien de leur liberté, de leur indépendance et de leur sécurité contre toute attaque des puissances étrangères ».

Le passage de la confédération d'États à l'État fédéral implique en tout cas une transformation de la nature de la structure d'association dans laquelle les différents États membres se trouvent regroupés : le fédéralisme inter-étatique se métamorphose alors en fédéralisme intra-étatique. Ce qui suppose la naissance d'un État nouveau *intégrant* les États originellement indépendants et se *superposant* à eux.

B. Le fédéralisme intra-étatique : la notion d'État fédéral

À la différence du fédéralisme inter-étatique et donc de la confédération, le fédéralisme intra-étatique correspond à une forme particulière d'État. On parle alors d'État fédéral. L'État fédéral est la forme institutionnelle la plus aboutie du phénomène fédératif.

Cet État fédéral est en quelque sorte un super-État, fondé sur une Constitution fédérale et non plus sur un traité international, qui *intègre* en son sein des États dits fédérés, mais qui, par conséquent, ne sont plus *tout à fait* des États au sens retenu jusqu'ici dès lors qu'ils sont dépossédés de leur qualité de sujet du droit international public. Ils ne gardent de l'État que l'apparence et le nom et seul existe sur la scène internationale, l'État fédéral.

Voilà donc une forme particulière d'État, l'État fédéral, qui se présente comme un État composé d'autres États, lesquels de ce fait n'en sont plus vraiment au regard de la définition précédemment donnée de l'État. Comment surmonter alors cette contradiction et trouver une justification à l'appellation inchangée d'État alors qu'il s'agit de désigner de ce terme « quelque chose » qui n'a plus de l'État que l'apparence et le nom ? La solution fut de reconsidérer la notion d'État et donc la définition jusqu'ici retenue ; en substituant à la définition *essentialiste* de l'État qui fait de la souveraineté le critère *essentiel* de l'État[1], une définition que l'on pourrait qualifier d'*existentialiste* qui ne tient plus la souveraineté comme son *criterium* décisif. C'est précisément ce que devait faire la doctrine allemande à la fin du XIXe siècle, lorsqu'il s'est agi pour elle de rendre compte de la nouvelle architecture politique et juridique de l'Allemagne, dans le cadre du nouveau *Reich* (1871), pensé et réalisé par le chancelier Bismarck.

La doctrine allemande fut ainsi amenée à distinguer la souveraineté (*souveränität*), c'est-à-dire la qualité suprême du pouvoir des États souverains, c'est-à-dire indépendants au sens de la doctrine française, de la seule *puissance étatique* (*Staatsgewalt*) qui désigne l'ensemble

1. La définition de l'État qui fait de la souveraineté le critère *essentiel* de sa définition n'en reste pas moins la seule possible lorsqu'on considère l'État en France. La France n'a pu être et ne peut être en tant qu'État et en tant que nation, en tant qu'État-Nation, parce qu'elle est une construction toute politique et nullement ethnique, que si elle est indépendante. Et Raymond Carré de Malberg n'avait pas tort d'écrire : « Dans son sens *originaire* le mot [souveraineté] désigne précisément le caractère suprême d'une puissance *pleinement indépendante* » (Raymond CARRE de MALBERG, *Contribution à la théorie générale de l'État*, t. 1, *op. cit.*, p. 85). La France, à la différence de l'Allemagne dont l'unité est moins politique qu'ethnoculturelle, ne peut être que si elle échappe à toute réunion ou intégration à un plus vaste ensemble, impérial, fédéral ou supranational. D'où cette sentence du général de Gaulle, s'exprimant en qualité de chef de l'État : « Il n'y a eu de France que grâce à l'État », (Charles de GAULLE, Allocution radiodiffusée et télévisée du 28 février 1960). Mais, justement, pas n'importe quel État.

des pouvoirs constitutifs de la puissance publique, cette puissance dût-elle cependant s'exercer de manière conditionnée et subordonnées, c'est-à-dire dans la dépendance d'un *autre* État – l'État fédéral – seul à demeurer indépendant et donc souverain au premier sens du terme (*souveränität*). Selon cette distinction, il y aurait donc des États souverains mais aussi des États non souverains en ce sens qu'ils ne seraient plus indépendants.

« Cette distinction, dans la doctrine allemande, explique Didier Mineur, devait servir à rendre raison de la reconnaissance de la qualité d'État aux entités fédérées de l'Empire [*Reich*] allemand ». Si un État souverain se caractérise et par la puissance et par l'indépendance, de sorte que seul l'État allemand, c'est-à-dire le *Reich*, devait être considéré comme souverain, en revanche, la puissance seule suffit à définir un État non souverain. « Les États de l'empire sont donc bien des États, puisqu'ils disposent d'une pleine puissance de commandement sur leur territoire, mais ils ne sont pas souverains car cette puissance n'a pas sa source en eux-mêmes, mais dans le droit public fédéral, c'est-à-dire la Constitution de l'Empire »[1].

Tout ceci n'est pas simple[2], d'autant que cette distinction entre *puissance* et *indépendance* est difficilement concevable pour un esprit français qui ne pense l'État qu'à travers la souveraineté et qui, par elle, ne le conçoit qu'indépendant. Aussi, pour mieux comprendre tout à la fois, la spécificité de l'État fédéral et la situation faite aux États fédérés en son sein, il faut s'attarder sur les principes juridiques de l'organisation de l'État fédéral, et plus encore, sur la condition politique de sa réalisation.

1. Les principes juridiques de l'organisation de l'État fédéral

Ces principes ont été exposés lors de la formation des États-Unis d'Amérique, en 1787, c'est-à-dire lors de la naissance du premier État fédéral – le premier du *genre* et peut-être aussi, le seul de son *espèce* – par ceux que l'on appelle les *Founding fathers*, surtout Alexander Hamilton, John Jay et James Madison : ce fédéralisme intra-étatique, souvent qualifié de « fédéralisme hamiltonien »[3], devait réaliser « *a more perfect union* ».

1. Didier MINEUR, *Carré de Malberg. Le positivisme impossible*, *op. cit.*, p. 22.
2. À ce sujet, l'histoire et la politique expliquent cette construction politique complexe qu'est le *Reich* bismarckien en 1871 et le besoin subséquent d'une redéfinition de l'État. L'unification allemande dans un cadre impérial (le *Reich*) sous la houlette de la Prusse et des Hohenzolern, ne pouvait s'établir et réussir qu'en tenant compte des réalités politiques allemandes : l'existence de multiples États allemands (343) depuis les traités de Westphalie de 1648 dont le regroupement n'avait commencé qu'au début du XIXe siècle dans un cadre assez souple (la *Confédération du Rhin* en 1806 puis la *Confédération germanique* en 1815). Il s'agissait donc de ménager les susceptibilités et d'unifier le tout sans effacer les spécificités, c'est-à-dire en préservant pour chaque État une certaine autonomie, une fois son indépendance abolie. Ainsi s'explique que le roi Guillaume 1er de Prusse, pour ne pas éclipser totalement les autres princes allemands, prend le vieux titre historique d'« Empereur allemand » (*Deutscher Kaiser*), et non celui d'« Empereur d'Allemagne » (*Kaiser von Deutschland*), et que les États préexistants demeurent des « États » – ainsi nommés – bien que désormais incorporés à un État qui les surplombe (le *Reich*), seul à détenir la plénitude des attributs de la souveraineté.
3. V. Alexander HAMILTON, John JAY, James MADISON, *The federalist* (1788), Traduction en français, *Le Fédéraliste*, LGDJ, Paris, 1957, rééd., Economica, 1988.

Dans cet État fédéral, sont appelés à coexister, à deux niveaux différents, des entités également qualifiées d'États. Cette superposition emporte une conséquence immédiate : la *domination* de l'État fédéral – le *seul à être souverain* selon la doctrine allemande – sur les États fédérés – États *non souverains*, toujours selon la doctrine allemande, disposant néanmoins de la puissance de commandement sur leur territoire mais non des attributs de la souveraineté. Ce qui manifeste alors le plus visiblement la domination de l'État fédéral, c'est que lui seul a la maîtrise de la détermination de l'étendue de ses attributions, et c'est la constitution fédérale qui le lui confère : il détient ce que la doctrine constitutionnelle allemande appellera la *kompetenzkompetenz* (la compétence de *sa* compétence), à telle enseigne que lui seul, en définitive, est effectivement souverain.

En s'inspirant de cet « exemple » américain des États-Unis à la fois prototype et archétype de l'État fédéral, il est courant de présenter l'articulation des deux niveaux autour de deux principes : le principe d'autonomie et le principe de participation.

a) Le principe d'autonomie

Le principe d'*autonomie* est, en effet, particulièrement révélateur du sort fait à l'État fédéré au regard du concept de souveraineté. Il signifie, on ne peut plus clairement, qu'il a cessé d'être *indépendant* – littéralement, de ne dépendre de rien ni de personne d'autre que lui. Car l'autonomie n'est pas une qualité intrinsèque de l'État fédéré ; elle lui est octroyée par l'État fédéral : elle vient *d'en haut*, d'un niveau supérieur, de sorte que « l'ensemble des attributions des États fédérés et la manière dont ils en font usage sont soumis aux exigences d'un ordre juridique supérieur »[1].

Cette autonomie concédée, s'exprime de deux manières : une autonomie constitutionnelle permettant à l'État fédéré de jouir d'une certaine liberté d'auto-organisation et une autonomie législative lui permettant de disposer d'une législation propre.

D'abord, une autonomie constitutionnelle garantie par la Constitution de l'État fédéré. Chaque État fédéré possède ses propres pouvoirs constitués qui rappellent ceux d'un État : un pouvoir exécutif (aux États-Unis, un *Gouverneur*), des représentants siégeant dans un parlement, des juridictions. Parfois s'y ajoute une force publique : une police propre à l'État fédéré, comme aux États-Unis, dont les membres sont recrutés selon des procédures différentes selon les États (concours, élection,...), qui coexiste avec une police fédérale (le fameux *FBI*), voire, comme aux États-Unis encore, une Garde nationale, sorte d'armée territoriale supplétive, qui compte de nos jours environ 360 000 hommes (auxquels s'en ajoutent plus de 100 000 pour *l'Air National Guard*) et dont l'entretien absorbe environ 10 % du budget militaire des États-Unis.

1. A. AUER, G. MALINVERNI, M. HOTTELIER, *Droit constitutionnel suisse*, Staempfli, Berne, 2000, t. 1, p. 299-300.

Ensuite, une autonomie législative garantie par une clé de répartition des compétences, définie par la Constitution fédérale, selon deux modalités alternatives. Dans certains cas, les États fédérés sont investis d'une compétence de principe, tandis que l'État fédéral ne se voit conférer que des compétences d'attribution, limitativement énumérées dans le texte de la Constitution fédérale. Ces compétences d'attribution n'en demeurent pas moins capitales politiquement parlant (diplomatie, défense, monnaie, commerce international...). C'est la répartition prévue aux États-Unis d'Amérique et c'est aussi la plus répandue. Dans d'autres cas, plus rares, l'État fédéral jouit d'une compétence de principe, tandis que les États fédérés obtiennent des compétences d'attributions (mais la liste peut-être longue, ce qui dans la pratique revient à limiter considérablement la compétence législative de principe de l'État fédéral).

De plus en plus souvent, toutefois, dans les États fédéraux contemporains, une forme de *coopération intergouvernementale* est recherchée et mise en œuvre. Celle-ci reste toutefois fondée sur de simples pratiques politiques qui sont sans conséquences sur le statut juridique des composantes : fédérales et fédérées. Cette coopération *informelle* se développe entre le niveau fédéral et le niveau fédéré, indépendamment, voire en marge, de la grille constitutionnelle de répartition des compétences, afin d'atteindre des buts communs auxquels les deux niveaux sont également intéressées. La plupart du temps, il s'agit de mettre en place des programmes de financements conjoints[1]. Cet élément de souplesse dans le fonctionnement de l'État fédéral n'affecte cependant en rien son organisation ni la réalité de la subordination du niveau fédéré au niveau fédéral. Au contraire, on constate qu'elle tend plutôt à asseoir, sinon à produire, une « recentralisation » au niveau fédéral.

Il reste que ce qui spécifie l'État fédéré n'est pas tant cette autonomie que la participation. Car, comme le « remarquent très justement Jean-Louis Clergerie et Véronique Faure-Tronche, il est tout à fait possible qu'une entité fédérée soit moins autonome qu'une collectivité décentralisée », dans le cadre d'un État dit régional ou autonomique (Espagne, Italie). Tant et si bien que « le seul critère de la participation peut fonder la distinction entre l'État fédéral et l'État unitaire décentralisé en offrant une spécificité à la collectivité décentralisée »[2].

b) Le principe de participation

Ce principe de participation, à l'instar du principe d'autonomie, joue aux niveaux constitutionnel et législatif : l'État fédéré participe en tant que tel au processus législatif fédéral, mais aussi au processus constitutionnel fédéral.

1. V. Maurice CROISAT, *Le fédéralisme dans les démocraties contemporaines*, coll. Clefs-politiques, Paris, Montchrestien, 1995, p. 89 et s.
2. Jean-Louis CLERGERIE et Véronique FAURE-TRONCHE, *Le système juridique de l'Union européenne*, *op. cit.*, p. 75-76.

D'abord, une participation des États fédérés au pouvoir législatif fédéral. Le principe de participation postule ainsi une organisation constitutionnelle de l'État fédéral telle que les États fédérés en tant que tels, soient représentés. Cela se réalise le plus souvent dans le cadre d'un parlement fédéral bicaméral. Une chambre représente au *pro-rata* la population de chaque État fédéré (la chambre des Représentants aux États-Unis), tandis que l'autre, sur une base égalitaire, représente les États fédérés en tant que tels (aux États-Unis, siègent ainsi deux sénateurs par État fédéré quelle que soit la population de ceux-ci).

Ensuite, donc, une participation des États fédérés au pouvoir constituant fédéral, ou plus exactement au pouvoir de révision de la Constitution fédérale. Ainsi, pour réviser la Constitution fédérale faut-il l'accord des États fédérés, de tous ou, le plus souvent, d'une majorité d'entre eux, et non pas seulement celle des représentants de la nation. Ainsi, aux États-Unis, l'initiative de la révision doit émaner du Congrès (Chambre des Représentants de la nation et Sénat représentant les États fédérés) se prononçant par un vote à la majorité des deux tiers, et la ratification doit être votée à la majorité des trois quarts des États membres.

Mais au-delà de ces subtils dosages, cette *participation* signifie bien, en définitive, que l'État fédéré prend part *es qualité*, par une représentation appropriée, c'est-à-dire, une deuxième chambre parlementaire – le *Sénat* aux États-Unis d'Amérique, le *Bundesrat* en Allemagne –, à l'exercice de la souveraineté fédérale, souveraineté qui, par hypothèse, n'est plus la sienne.

Le principe de participation entérine donc le transfert du titre même de souveraineté à l'État fédéral, de l'État fédéré vers l'État fédéral. En échange de quoi l'État fédéré obtient, précisément, ce droit de participer, au même titre que les autres collectivités fédérées, à l'exercice de la souveraineté dont l'État fédéral est devenu le seul et unique *titulaire*. C'est en ce sens seulement que l'on peut dire que les États fédérés *exercent en commun la souveraineté fédérale*, comme on peut le dire des parlementaires nationaux qui *exercent en commun la souveraineté nationale*. Dans les deux cas, la souveraineté *exercée en commun* n'appartient pas – ou n'appartient plus –, à ceux qui l'exercent. Ils n'en *disposent* plus.

C'est bien la preuve que *la logique de superposition* induit *une logique subséquente et corrélative de subordination*. Étant dépossédé de sa souveraineté qui est en quelque sorte captée par l'État fédéral, l'État dit fédéré se retrouve bel et bien dans une situation de subordination. Il n'est plus qu'un État diminué, sinon dénaturé. *Subordonné à l'État fédéral*, un État fédéré se trouve en outre dans une situation de *dépendance par rapport aux autres États fédérés*, dès lors qu'il n'a plus le pouvoir de refuser que lui soit imposée une décision prise contre son gré par d'autres que lui, en vertu de la règle majoritaire toujours en vigueur au sein d'un État fédéral. Car, seule la règle de l'unanimité permet de préserver le pouvoir de dire non, autrement dit un droit de veto.

Cette architecture institutionnelle qui couronne un processus d'intégration, n'est toutefois historiquement viable et juridiquement pertinente, comme le montre l'expérience, à commencer par celle des États-Unis d'Amérique – la référence historique et théorique en la matière –, que si la condition politique de sa réalisation et de sa réussite, est vérifiée.

2. La condition politique de la réalisation de l'État fédéral

L'exemple des États-Unis d'Amérique que prennent d'ordinaire pour modèle les partisans d'une organisation fédérale de l'Europe, jusqu'à évoquer parfois les « États-Unis d'Europe », est ici fort éclairant. Il l'est d'autant plus qu'il apparaît paradoxalement comme le contre-modèle de ce que seraient des « États-Unis d'Europe », dans l'hypothèse où l'unité européenne se donnerait pour cadre institutionnel un État fédéral.

Le fédéralisme américain est un fédéralisme national, comme du reste celui de l'Allemagne ou de la Suisse. Ces fédéralismes-là sont nationaux et non pas supranationaux comme devrait l'être celui que l'on a en vue à l'échelle de toute l'Europe. Dans ces exemples connus d'État fédéral, il ne s'agissait pas à l'origine d'unir des nations différentes dans un État fédéral superposé à elles, mais, au contraire, d'organiser dans une forme fédérale une nation pré-existante. Vus d'Europe, les États-Unis sont donc bien plus un contre-modèle qu'un modèle.

Aux États-Unis, en effet, pays d'immigrants et de pionniers, on a fait du neuf avec du neuf. On constate d'ailleurs plus largement, à l'expérience, que les formes fédérales d'organisation politique qui « ont réussi », c'est-à-dire celles dans lesquelles un sentiment d'appartenance commune s'est formé au niveau fédéral, correspondent toutes à des États nouveaux apparus à la suite d'une vague d'immigration sur des terres originellement non peuplées ou peu peuplées. Le plus souvent, à la suite d'une conquête qui, directement ou indirectement, eut pour effet de décimer les populations autochtones, comme ce fut le cas avec les aborigènes en Australie et les Indiens d'Amérique aux États-Unis.

Qui plus est, et ce fut bien le cas des États-Unis et de l'Australie, ce qui a favorisé le choix de la structure de l'État fédéral, c'est l'immensité du territoire à maîtriser : la forme retenue étant adaptée à l'étendue de l'espace à couvrir et tout autant commandée par elle. L'évolution du modèle américain se fait du reste dans le sens de toujours plus de centralisation.

Autrement dit, si l'on veut faire des comparaisons, il faut les faire avec des choses comparables. Les identités nationales suisse, allemande, ou Nord-américaine peuvent se comparer, aux identités nationales d'Europe telles que l'Angleterre, la France, l'Italie, non point à celle d'une hypothétique nation européenne. On ne saurait donc comparer *l'archétype du modèle fédéral national* (les États-Unis d'Amérique) avec *le prototype d'un État fédéral supranational* que certains voudraient expérimenter en Europe.

En tout cas, écrit très justement Christophe Réveillard, « l'histoire ne connaît pas d'exemple de fédération supranationale comme celle que les *européistes*[1] veulent construire (…). D'une part, les seuls systèmes fédéraux connus sont nationaux, et d'autre part, les seuls régimes supranationaux observés ont tous été impériaux et n'ont pas la réputation d'avoir sauvegardé les identités nationales »[2].

On objecte cependant, et très souvent il est vrai, qu'« au Nouveau Monde, au XVIIIe siècle, la Constitution [celle de l'État fédéral] a précédé la Nation américaine »[3]. Cette objection ne résiste pas à l'analyse. Et elle ne correspond pas à la perception que les « États-Uniens » se font de leurs origines.

On en trouve d'ailleurs l'indice dans le fait que l'affirmation d'une identité et d'une conscience nationales qui a conduit les *Insurgents* à refuser le statut de colonie britannique, a bel et bien précédé la Constitution des États-Unis. La nation américaine s'est d'abord soulevée. Il est d'ailleurs significatif que la fête nationale des États-Unis n'est pas le *Constitution-Day* (17 septembre 1787) mais l'*Independance-Day* (4 juillet 1776) ; le jour où la nation a pris conscience d'elle-même en s'émancipant, et non le jour où l'État fédéral a été « constitué ».

Ce qui montre bien que l'argument qui consiste à dire que la *transposition* à l'Europe du modèle américain n'appellerait qu'une simple *adaptation*, est erroné : cette « nécessaire adaptation (…) changerait en fait, complètement, la nature du système constitutionnel et politique proposé en exemple, ce qui, à l'examen rend absurde la comparaison »[4].

On comprend ainsi l'intérêt que suscite de nos jours cette « fausse nouveauté » qu'est la forme institutionnelle qualifiée de « fédération ». Théorisée par la doctrine d'outre-Rhin, dans la première moitié du XXe siècle, elle se présente comme le dernier avatar du phénomène fédératif : celui qui peut être qualifié, par analogie avec les précédents, de fédéralisme supra-étatique.

C. Le fédéralisme supra-étatique : la *fédération* comme alternative à l'État ?

La doctrine classique française, fortement influencée depuis 1896 par la thèse de Louis Le Fur[5], n'a pensé le phénomène fédératif qu'à partir des deux formes institutionnelles du fédéralisme que sont la confédération (fédéralisme inter-étatique) et l'État fédéral (fédéralisme intra-étatique). À l'inverse de cette doctrine classique, le théoricien allemand Carl

1. Ce néologisme a été inventé en 1915 par l'écrivain Jules Romains.
2. Christophe RÉVEILLARD, *Sur quelques mythes de l'Europe communautaire. Plaidoyer pour un retour au réel*, F.-X. de Guibert, 1998, p. 99.
3. Régis DEBRAY, *Le code et le glaive. Après l'Europe, la Nation ?*, Albin Michel / Fondation Marc-Bloch, 1999, p. 112.
4. Christophe RÉVEILLARD, *op. cit.*, p. 184.
5. Louis LE FUR, *État fédéral et confédération d'États*, (1896), réimpression Université Paris II-Panthéon Assas / LGDJ, 2 000.

Schmitt, à travers la notion de fédération[1], proposait quant à lui, de penser le phénomène fédératif autrement, dans une perspective dynamique, c'est-à-dire hors des catégories figées de la présentation classique.

Cette fédération *schmittienne* est conçue comme une « union durable d'États » dans un cadre institutionnel qui n'est pas lui-même un État, à la différence du fédéralisme intra-étatique ; ce cadre institutionnel n'en dispose pas moins d'organes propres superposés à ceux des États associés, et dont la volonté s'impose à eux dans l'exercice de certaines compétences, à la différence du fédéralisme inter-étatique. Ainsi présentée, la fédération apparaît bien comme une forme de fédéralisme supra-étatique[2].

Pour bien comprendre l'originalité de cette approche et les ambiguïtés qui y sont attachées, il faut revenir sur la définition théorique qu'en donnait Carl Schmitt, et sur ce qu'il regardait comme la « condition préalable capitale » permettant à cette fédération d'exister.

1. La définition *schmittienne* de la fédération

Cette fédération, selon Carl Schmitt, ne repose ni sur un traité classique, comme on en rencontre à l'origine de n'importe quelle confédération, ni tout à fait sur une constitution, au sens où les États en ont une, mais sur un *pacte fédératif*[3] qu'il qualifie tantôt de « pacte statutaire inter-étatique »[4], et tantôt, plus significativement, de « pacte constitutionnel »[5]. En adhérant librement à ce pacte, les États qui s'associent, s'incorporent à un « système politique » qui les surplombe, et duquel ils ne peuvent se retirer, car l'engagement volontairement contracté doit être irrévocable. La fédération a donc un effet intégrateur dont on peut mesurer l'ampleur et la portée réelle aux conséquences plus précises que tire Carl Schmitt, lui-même, de la définition qu'il en donne.

Carl Schmitt explique d'abord que le pacte fédératif fondateur est conclu à la manière d'un traité mais qu'il est d'un genre inédit dès lors qu'il s'analyse comme un acte du pouvoir constituant des États : les États qui le concluent sont ainsi contraints de mentionner dans leur propre Constitution, leur « appartenance » à la fédération. Ce faisant, ce pacte, *conventionnel par sa forme*, devient en quelque sorte *constitutionnel par ses effets* ; il ne saurait s'agir *simultanément* d'un traité *et* d'une Constitution mais on peut le concevoir comme étant *successivement* un traité *puis* une constitution, au moment de son entrée en vigueur[6]. À la différence d'un traité classique qui n'affecte pas la constitution des États qui y sont

---

1. Carl SCHMITT, *Théorie de la Constitution*, rééd. 1993, coll. Léviathan, PUF, p. 511 et s.
2. Carl Schmitt distinguait la fédération (bund) de l'État fédéral (*bundestaat*) et de la confédération d'États (*staatenbund*).
3. V. Michel CLAPIÉ, « Le pacte fédératif : un contrat public qui s'ignore. Contribution à l'étude du traité établissant une Constitution pour l'Europe », *Contrats publics. Mélanges en l'honneur du Professeur Michel Guibal*, Presses de la Faculté de droit de Montpellier, t. 2, 2006, p. 403-416.
4. Carl SCHMITT, *Théorie de la Constitution*, *op. cit.*, p. 513.
5. *Idem*, p. 514.
6. V. Michel CLAPIE, « Traité ou Constitution ? À propos du projet de Constitution européenne », Recueil *Dalloz*, 2004, Chr., p. 1176-1178.

parties, celui-ci, au contraire, « modifie le statut politique global de chaque membre de la fédération en fonction des buts communs »[1], et donc leur constitution, à l'instar de ce qui se passe dans la relation qui s'établit dans un État fédéral, entre la Constitution fédérale et la constitution des États fédérés[2]. C'est la raison pour laquelle ce pacte est justement qualifié de « pacte constitutionnel ».

Cette fédération ainsi constituée « subvertit la distinction entre traité et constitution, et par là-même l'opposition entre fédération et confédération »[3]. Elle ne devient pas pour autant un État, mais elle a la qualité de sujet de droit international, et détient, pour le compte des États associés, ce que Schmitt nomme le *jus belli* : littéralement le droit de guerre. Ce qui, de fait comme en droit, a pour résultat de substituer la fédération à chacun des États membres, dans la conduite des relations internationales avec le reste du monde. Ce qui fait que de ce point de vue là, le plus important dès lors que la politique étrangère commande les choix de politique intérieure, les États associés dans le cadre de la fédération sont dans la condition des États fédérés au sein d'un État fédéral. À une différence près toutefois, relative au titulaire de la souveraineté. Dans un État fédéral, en effet, seul celui-ci est souverain ; dans la fédération, en revanche, une ambiguïté demeure car la question n'est pas clairement tranchée : elle reste pendante (*offen*), aussi longtemps que la fédération en tant que telle, coexiste avec les États membres en tant que tels, précise Carl Schmitt[4]. Ce qui laisse penser que cette coexistence reste provisoire et transitoire, les États membres étant appelés à « se fondre » dans la fédération comme l'implique logiquement sa substitution aux États membres, sur la scène internationale.

Enfin, s'agissant de l'organisation interne de la fédération, celle-ci se trouve investie de ce que Carl Schmitt n'hésite pas à appeler « un droit de tutelle »[5] lui permettant « d'interférer dans les affaires internes des États »[6] : par le pacte fédératif, les États lui *transfèrent* en effet des compétences propres[7] qu'ils détenaient originellement. On se retrouve donc, là encore, dans une situation comparable à celle qui prévaut dans un État fédéral. Ce qui l'en distingue cependant, c'est que lorsque surgit un conflit au sujet de la répartition des compétences, l'arbitrage n'est pas rendue par une juridiction du type d'une cour suprême fédérale. Le conflit ne pouvant être « juridictionnalisé », il restera de nature politique et ne pourra donc trouver de solution que par un arrangement politique au sein de la fédération.

---

1. Carl SCHMITT, *Théorie de la Constitution*, *op. cit.*, p. 511.
2. Ainsi, la ratification du traité sur *l'Union européenne* signé à Maastricht le 7 février 1992, a-t-elle été précédée d'une révision de la Constitution française. Celle-ci mentionne depuis lors, sinon « l'appartenance » de la République Française à l'Union européenne, en tout cas sa « participation » (article 88-1 de la Constitution du 4 octobre 1958 modifiée).
3. Jean-Louis CLERGERIE et Véronique FAURE-TRONCHE, *Le système juridique de l'Union européenne*, *op. cit.*, p. 97.
4. Carl SCHMITT, *op. cit.*, p. 519 et 525.
5. *Idem*, p. 517.
6. Jean-Louis CLERGERIE et Véronique FAURE-TRONCHE, *op. cit.*, p. 96.
7. Il s'agit bien d'un *transfert irréversible* de compétences étatiques et non pas d'une *délégation contrôlable et révocable*. Sur la distinction entre ces deux notions, v. Michel CLAPIÉ, *Manuel d'institutions européennes*, *op. cit.*, p. 21-25 et p. 31-38.

L'hypothèse d'un tel conflit politique semble toutefois, sinon peu probable, en tout cas, surmontable quand il surgit, pourvu que la condition préalable à l'établissement de la fédération soit effectivement réalisée.

2. La condition *schmittienne* de la fédération

Ce serait déformer la pensée de Carl Schmitt que de sous-estimer la condition qui, selon lui, doit être vérifiée au moment de la conclusion du « pacte fédératif » à l'origine de la fédération : l'homogénéité de tous les États membres est, disait-il, une « condition préalable capitale » à toute fédération[1]. Pour lui, cette homogénéité consiste dans « une similitude substantielle qui fonde un accord [...] concret » entre les États qui s'unissent. Et de préciser que cette similitude doit recouvrir, au-delà d'une nécessaire convergence sur les questions politiques fondamentales, « une similitude nationale de la population »[2]. Ce qui conduit à penser que la fédération ne peut être une union, non seulement durable, mais encore viable, que si préexiste « une parenté » proche entre les peuples des États parties prenantes à la fédération.

Cette conclusion est de nature à lever bien des incertitudes quant à la nature de la fédération *schmittienne*, et quant à sa condition de possibilité. Elle accrédite la thèse selon laquelle la notion *schmittienne* de fédération, contrairement à son allure de théorie générale et universalisable, n'est rien d'autre qu'une solution allemande à un problème spécifiquement allemand. Pour le dire autrement, elle est *la solution institutionnelle à la question existentielle de l'unité allemande*, telle qu'elle se pose de manière récurrente au fil des siècles, depuis le relèvement de l'empire romain d'Occident par le Saxon Othon 1er le Grand en 962. On en veut pour preuve le fait que, s'agissant du monde germanique, « la notion d'État n'est pas un facteur d'unité nationale parce qu'elle ne représente aucune réalité dans l'histoire de l'Allemagne »[3]. La nation allemande, en effet, ne fut jamais unifiée par un État-nation, construction toute politique, circonscrit dans des frontières *stables* : « le nationalisme allemand n'a jamais réussi à s'identifier avec le concept défini territorialement de l'État-nation »[4], et c'est toujours dans le cadre d'un empire (*Reich*) que la nation allemande a été unifiée. Ainsi, peut se comprendre la référence implicite de Carl Schmitt à la Constitution du *Reich* allemand du 16 avril 1871, dont il fut d'ailleurs le théoricien, avant d'être, ensuite, celui du IIIe.

C'est dire, pour terminer, à quel point est antinomique la notion de « fédération d'États-nations », censée caractériser ce qu'est en train de devenir *l'Union européenne*. Cette expression a fait son apparition pour la première fois, en novembre 1994, dans une déclaration de Jacques Delors, alors président de la Commission européenne, au quotidien allemand

1. Carl SCHMITT, *op. cit.*, p. 522.
2. *Ibidem.*
3. John LAUGHLAND, *La liberté des nations. Essai sur les fondements de la société politique et sur leur destruction par l'Europe*, (Traduit de l'anglais par Edouard Husson), éd. F.-X. de Guibert, 2001, p. 178.
4. *Idem*, p. 179.

Der Spiegel[1]. Antérieurement, il parlait de l'Union européenne comme d'un «OPNI» (un *Objet Politique Non Identifié*). Or, regarder l'Union européenne comme une «fédération d'États-nations», est pour le moins paradoxal dès lors que l'existence d'identités nationales distinctes et multiples, d'ailleurs censées devoir être préservées *dans* et *par* cette «fédération d'États-nations», est précisément ce qui fait obstacle, par hypothèse, à l'émergence d'une fédération, laquelle suppose une «similitude nationale» de sa population[2]. Ce qui donne à penser que *la chose* ainsi nommée semble condamnée à demeurer une vue de l'esprit. N'est-ce pas d'ailleurs le sens ultime de la conclusion par laquelle Carl Schmitt clôt son chapitre consacré aux «Notions fondamentales d'une théorie de la fédération»[3] ? C'est lui qui écrit en effet : «Là où elle [l'homogénéité substantielle] fait défaut, des accords pour créer une *fédération* sont une opération de faux-semblant qui ne fait qu'induire en erreur»[4]. Bref, l'expression «fédération d'États-Nations» s'apparente à un *oxymore*[5], c'est-à-dire à cette figure de rhétorique qui consiste à désigner une chose et son contraire afin de donner à croire que, par la magie des mots, la juxtaposition de deux termes qui s'excluent logiquement[6] peut réaliser à elle seule un improbable dépassement dialectique.

Il est vrai néanmoins que cette tentation n'a jamais été aussi grande que lorsqu'il fut question de doter l'Union européenne d'une Constitution. À cet égard, il n'est pas indifférent de remarquer que le «traité établissant une Constitution pour l'Europe», signé à Rome le 29 octobre 2004, n'est pas sans rappeler ce «pacte constitutionnel» dont parlait naguère Carl Schmitt. Quoi qu'on puisse en penser, la controverse que suscite ce texte mort-né en raison du refus des peuples français (référendum du 29 mai 2005) et néerlandais (référendum du 1er juin 2005) d'en autoriser la ratification, ne peut être vraiment comprise que si l'on a une idée précise de ce qu'est, pour un État, sa *constitution*.

1. V. *Le Monde*, du 2 décembre 1994.
2. Le *traité établissant une Constitution pour l'Europe*, dans son préambule, continue à parler *des* peuples de l'Union *au pluriel*. L'évidence prend ici la forme d'un aveu.
3. Carl SCHMITT, *op. cit.*, chapitre 29.
4. *Idem*, p. 525.
5. C'est Jean-Pierre CHEVENEMENT qui, le premier a qualifié d'*oxymore* l'expression «fédération d'États-Nations» («La démocratie en péril à Laeken», *Le Monde* du 17 décembre 2001, p. 1).
6. Comme par exemple un «*feu froid*» et de l'«*Eau sèche*» ou «qui ne mouille pas» !

CHAPITRE 2

La constitution

Dès lors que l'État peut être pensé comme une personne morale, il n'existe pleinement en tant que personne de droit qu'à travers l'acte juridique qui l'institue et qui décrit tant son organisation que son fonctionnement, ce que l'on appelle son *statut*[1]. Ce statut doit être compris ici comme l'ensemble cohérent des règles régissant l'organisation de l'État et les conditions d'exercice du pouvoir politique en son sein. Le statut détermine ainsi les organes sans lesquels l'État ne pourrait exprimer la volonté qui est la sienne ni défendre les intérêts qui sont les siens, de sorte que ces organes, selon l'heureuse métaphore de Bernard Chantebout, lui tiennent lieu *de cerveau, de voix et de mains*[2].

Appréhender la Constitution comme le statut de l'État permet ainsi de faire le lien avec ce l'on entendait aussi par *statut* dans *l'ancien droit* – au temps de la monarchie capétienne – et au moment où apparaissaient les lois fondamentales du royaume. En effet, par *statut*, on entendait alors une règle permanente, sinon immuable, en tout cas, pérenne[3] : ce qu'a vocation à être précisément une Constitution.

Pareillement, dès lors que l'État existe comme un pouvoir politique institutionnalisé qui ne s'exerce pas dans l'intérêt de ses détenteurs mais dans l'intérêt de la collectivité humaine qu'il est appelé à régir et à servir, ce pouvoir ne peut s'exercer que conformément à un corps de règles de droit. Il a besoin d'être juridiquement encadré. Faute de quoi, il ne serait qu'un pouvoir arbitraire – ou tyrannique – qui n'obéirait qu'aux caprices de ses titulaires[4].

Ce que l'on appelle constitution, c'est donc tout à la fois le *statut de l'État* et *la norme juridique* qui encadre le pouvoir dans l'État. Si la Constitution est donc *descriptive*, en tant qu'elle est le statut de l'État, elle est aussi *prescriptive* ou normative[5] en tant qu'elle se présente comme un corps de règles fondatrices de l'ordre étatique, *prescriptive* ou normative aussi en tant qu'elle pose des règles qui s'imposent aux gouvernés comme

---

1. Le terme est aussi bien employé au pluriel (statuts : *statuta*). Le droit canonique, par exemple, le définit ainsi : « Dispositions établies selon le droit pour un ensemble de personnes ou de choses, par lesquelles sont définis leurs objet, structure, gouvernement et mode d'action », (*CIC* de 1983, canon 94).
2. Bernard CHANTEBOUT, *Droit constitutionnel*, Armand Colin, 18e éd., 2001, p. 22.
3. V. Jean-Marie CARBASSE, *Manuel d'introduction historique au droit*, *op. cit.*, p. 227.
4. Il n'est pas rare de confondre *arbitraire* et *absolu*. Un *pouvoir arbitraire* est un pouvoir qui dans son exercice n'est soumis à aucune règle ; il s'exerce indépendamment de toute règle. Un *pouvoir absolu* obéit quant à lui, à des règles codifiées, mais il s'exerce pour ainsi dire « indépendamment des personnes », *il n'est pas lié* – il est *délié* –, il ne dépend d'aucune approbation ou autorisation d'un tiers (personne ou organe).
5. Sur cette distinction et sur cette évolution, v. Jean-Marie DENQUIN, *La monarchie aléatoire*, *op. cit.*, p. 101.

aux gouvernants. C'est à ce dernier titre, en tant que norme donc, qu'il convient d'abord de l'étudier (Section 1). Mais le terme constitution désigne encore, dans de nombreux États, le document écrit, autrement dit le texte, qui est le support de la norme elle-même : c'est à ce texte intitulé Constitution qu'il importera ensuite et plus précisément de s'intéresser (Section 2).

Section 1 – La norme dénommée constitution

Raymond Carré de Malberg écrivait qu'« il est de *l'essence* d'une Constitution d'être fondée sur la volonté et la puissance propre, sur la force intrinsèque d'une collectivité autonome »[1], autrement dit, d'une collectivité qui se donne ses propres *normes* quant à son organisation et son fonctionnement, à commencer par sa *norme suprême*, sans être assujetti à la volonté – bienveillante ou contraignante – d'une puissance extérieure à elle. C'était signifier là que seul un État, par essence souverain, c'est-à-dire libre parce que non assujetti à quiconque, peut avoir une Constitution[2].

Il y a cependant deux manières d'envisager la norme constitutionnelle, et deux acceptions possibles du terme, de sorte que le même mot peut désigner deux choses très différentes. La première acception, très extensive, permet de se faire une plus juste idée de l'ensemble des tenants et aboutissants juridiques du pouvoir politique dans l'État. Elle met l'accent sur *l'objet* de la norme, indépendamment de sa *forme*, de sa *valeur* et de son *auteur*. La seconde acception privilégie quant à elle la seule *forme* de la norme constitutionnelle : elle prend en considération sa *valeur* et souvent – c'est-à-dire pas nécessairement – son *auteur*. Ces deux conceptions recoupent la distinction qu'il convient d'opérer entre d'une part, la constitution matérielle (§ 1) et, d'autre part, la constitution formelle (§ 2).

§1. La constitution matérielle

C'est là l'acception la plus large du terme. Elle n'englobe pas pour autant les significations qui n'ont plus cours et que l'on rencontre en étudiant l'histoire du droit, ni celles, toujours actuelles, mais propres à des systèmes juridiques spécifiques non étatiques.

À l'origine, en effet, le mot constitution – *constitutio* en latin – signifiait autre chose que ce dont on parle ici. Dans l'Antiquité romaine, le mot désignait un texte législatif solennel émanant de l'autorité suprême, c'est-à-dire en droit romain, de l'empereur ; dans le Code de l'empereur byzantin Justinien, plus précisément le *Digeste*, au VIe siècle, il désignait une compilation des juristes romains plus anciens. Dans le droit canonique de l'Église catholique romaine, aujourd'hui encore, la Constitution s'entend d'un texte législatif solennel émanant du pape (*Constitution apostolique*), parfois en conclusion d'un Concile

1. Raymond CARRÉ de MALBERG, « La condition juridique de l'Alsace-Lorraine », *RDP*, 1914, p. 6.
2. L'évocation par Carré de Malberg d'une collectivité *autonome* et non pas *indépendante*, permet de réserver, non sans quelque ambiguïté comme on l'a vu, l'hypothèse de l'État fédéré au sein d'un État fédéral : celui-ci étant *indépendant* alors que celui-là, seulement *autonome*, n'a plus de l'État que l'apparence et le nom. Il n'en conserve pas moins *formellement* une Constitution propre, (R. CARRE de MALBERG, « La condition juridique de l'Alsace-Lorraine », *RDP*, 1914, p. 6).

(*Constitution conciliaire*), promulgué pour préciser la doctrine de l'Église[1]. Le mot désigne aussi des textes législatifs internes aux instituts religieux (Constitution religieuse), qui leur tiennent lieu de statuts, en complément de la Règle qui régit la vie monacale.

Ce n'est toutefois qu'avec le juriste suisse Emeric de Vattel, en 1758, que le mot revêtira un sens qui annonce celui qu'on lui reconnaît de nos jours, quand on parle de constitution au sens matériel du terme : l'objet de la constitution étant de déterminer tout à la fois « par qui le peuple doit être gouverné » et « quels sont les droits et les devoirs de ceux qui gouvernent »[2].

En définitive, au sens matériel, le terme constitution renvoie à un ensemble de normes non formalisé – écrites ou coutumières, figurant ou non dans un document appelé Constitution –, au sein duquel on trouve aussi bien – et d'abord – les règles fondant l'autorité des gouvernants[3] (A), que celles qui garantissent les droits et libertés des gouvernés (B).

A. L'ensemble des règles fondant l'autorité des gouvernants

Ces règles dont le dénominateur commun est qu'elles ont un *objet* constitutionnel, qui sont donc pour cette raison matériellement constitutionnelles, encadrent *le* pouvoir *dans* l'État, autant qu'elles spécifient *les* pouvoirs *de* l'État.

1. Le pouvoir *dans* l'État

Ce pouvoir est celui qui naît des nécessités d'organisation et de hiérarchie de tout groupe constitué ; il a une « fonction créatrice d'ordre »[4]. Dans *le fil de l'épée*, le futur général de Gaulle exprimera cette même idée en des termes simples : « Les hommes sont des animaux politiques qui ne se passent point au fond d'être dirigés, non plus que de manger, boire et dormir et qui ont besoin d'organisation, d'ordre et de chefs »[5]. Aussi bien, « si le pouvoir n'existait pas au centre de l'État, comme la reine dans la ruche, l'État ne serait plus qu'une machine aussi imposante qu'impuissante »[6]. Le pouvoir n'est pas un mal nécessaire de la vie en société mais une nécessité qui répond à un besoin d'ordre sans lequel la liberté est

---

1. Ainsi, par exemple, le 21e concile œcuménique, celui de Vatican II (1962-1965) a donné lieu à la promulgation – entre autres textes – de quatre constitutions : *Sacrosanctum Concilium* (« Le Très Saint concile ») du 4 décembre 1963, *Lumen gentium* (« Lumière du monde ») du 21 novembre 1964, *Dei Verbum* (« Le Verbe de Dieu ») du 18 novembre 1965 et *Gaudium et spes* (« Joie et espérance ») du 7 décembre 1965.
2. Quant à l'idée désormais largement admise, selon laquelle la constitution se situe au sommet d'une hiérarchie des normes, elle n'a été systématisée et vulgarisée qu'au XXe siècle par Hans Kelsen. Sur toutes ces questions, v. les explications de Jean-Louis MESTRE *in* Louis FAVOREU, Patrick GAÏA, Richard GHEVONTIAN, Jean-Louis MESTRE, Otto PFERSMANN, André ROUX, Guy SCOFFONI, *Droit constitutionnel*, coll. Précis Dalloz, *op. cit.*, p. 19 à 30.
3. Le Professeur Pierre Avril rappelait naguère cette évidence dont on s'étonne à peine qu'on en ait perdu jusqu'au souvenir : une Constitution est d'abord un instrument de *gouvernement*, (P. Avril, « La Constitution : Lazare ou Janus ? », *RDP*, 1990, p. 949).
4. Jean-Luc CHABOT, *Introduction à la politique*, *op. cit.*, p. 39.
5. Charles de GAULLE, *Le fil de l'épée*, (éd. Berger-Levrault, 1932), p. 64.
6. Henri HUDE, *La force de la liberté*, *op. cit.*, p. 18.

illusoire. Bref, « l'État n'existe pas sans qu'il y ait en lui du pouvoir »[1]. Bien plus, la « capacité de contraindre, d'agir éventuellement contre ceux sur lesquels le pouvoir s'exerce »[2], est inhérente au fait de gouverner de sorte que, il ne faut pas avoir peur de le dire : « le pouvoir a un caractère moral »[3].

« Le pouvoir, écrivait André Hauriou, est une énergie de la volonté qui se manifeste chez ceux qui assument l'entreprise du gouvernement d'un groupe humain – quel qu'il soit – et qui leur permet de s'imposer, grâce au double ascendant de la force et de la compétence. Lorsqu'il n'est soutenu que par la force, il a le caractère d'un pouvoir de fait et devient pouvoir de droit avec le consentement des gouvernés »[4]. Cette définition trouve un écho dans la double signification du mot pouvoir : le droit romain distinguait en effet jadis *potestas* et *auctoritas*.

La *potestas* est le pouvoir qui à l'origine repose sur la seule force ; il correspond à l'aptitude du plus fort à imposer sa volonté aux plus faibles. Il se manifeste par le recours à la contrainte et l'emploi de moyens coercitifs. La *potestas* s'analyse comme la capacité d'action ; encadré par le droit, c'est la puissance publique s'exerçant par des moyens légaux.

L'*auctoritas* est un pouvoir qui s'affranchit de la force. Il est d'une autre essence. C'est un pouvoir qui est obéi spontanément, sans qu'il y ait lieu de recourir à une quelconque forme de contrainte. C'est ce que l'on traduit souvent par le terme d'autorité. On dit ainsi de quelqu'un qu'il a de l'autorité ou qu'il fait autorité, c'est-à-dire qu'il a un ascendant naturel sur les autres, que l'autorité rayonne de sa personne. Avoir de l'autorité ne signifie pas être autoritaire. Bien au contraire. Bertrand de Jouvenel notait que *le pouvoir dit autoritaire est précisément celui qui manque d'autorité*[5] : il doit recourir à l'intimidation, à la contrainte ou à la violence pour se faire obéir. Il convient du reste de remarquer que parler d'un *pouvoir autoritaire* ou de *pouvoir qui a de l'autorité* – ou qui en manque –, c'est parler du pouvoir dans un sens organique et non plus fonctionnel : le pouvoir, en effet, c'est aussi bien *la fonction* qui satisfait aux nécessités d'organisation et de hiérarchie de tout groupe constitué, comme on l'a dit, que *l'organe* détenteur du pouvoir qui remplit cette fonction. On parle à ce propos des *pouvoirs constitués*, des *pouvoirs publics* ou encore du *Pouvoir* pour désigner, par un procédé métonymique, les gouvernants en place, l'organe étant alors désigné par sa fonction.

Ce pouvoir est politique par son objet, au double sens du terme, ce que les Anglo-saxons expriment mieux que nous ne le faisons nous-mêmes, en usant de deux mots distincts : *politics* et *policy*. Au sens de *politics*, la politique est une activité déployée pour conquérir le pouvoir dans la Cité et le conserver une fois conquis. On dira ainsi de quelqu'un qu'« il fait de la politique ». Au sens de *policy*, la politique est une activité destinée à conduire les

1. Jean-Yves CALVEZ, *Politique. Une introduction*, Alto / Aubier, Paris, 1995, p. 177.
2. *Idem*, p. 56.
3. *Ibidem*.
4. André HAURIOU, *Droit constitutionnel et institutions politiques*, Montchrestien, 3e éd., Paris, 1968, p. 99.
5. Bertrand de JOUVENEL, *De la souveraineté*, Paris, 1955, p. 45.

hommes au sein d'un groupe socialement organisé, en les unissant autour d'un destin partagé et d'un projet commun, afin de désamorcer les conflits[1]. Elle s'analyse alors, soit comme *une stratégie* d'ensemble qui consiste à *rendre possible ce qui est souhaitable*, car aussi bien, disait Raymond Aron, « le choix en politique n'est pas entre le Bien et le Mal mais entre le préférable et le détestable ». Or, dans le monde occidental, de nos jours, gouvernants et médias confondent allègrement la politique avec les bons sentiments. En paraphrasant André Gide qui, avec une pointe de provocation, disait à l'adresse de François Mauriac qu'« on ne fait pas de bonne littérature avec de bons sentiments », on pourrait dire que les seuls bons sentiments n'ont jamais fait une bonne politique. C'est ainsi, et en éprouver quelque chagrin serait aussi vain que de regretter que la pluie mouille ou que le feu brûle... En somme donc, au sens de *policy*, la politique se définit comme « une action pour un idéal à travers des réalités »[2] – c'est là ce qui fait la noblesse de la politique –, et, plus prosaïquement, mais il s'agit plus alors d'administrer que de gouverner – comme *la gestion* au quotidien des besoins des hommes au sein de la société dans laquelle ils vivent.

La finalité de ce pouvoir est d'assurer la paix civile à l'intérieur de la société et de la préserver des menaces venant de l'extérieur, sans quoi l'exercice des autres activités humaines serait compromis. La mission de ce pouvoir est donc de protéger la société et plus encore sans doute de la *conserver*. Et c'est en cela que l'on peut dire que « le pouvoir politique conditionne les autres activités »[3] humaines. Il le fait à travers les manifestations qui spécifient les pouvoirs irréductibles de l'État.

2. Les pouvoirs *de* l'État

Ces pouvoirs de l'État sont ceux que l'on qualifie classiquement de *régaliens*. On les a déjà rencontrés lorsqu'il s'est agi de rendre compte des attributs de la souveraineté, dont ils sont aussi la garantie. Ce sont ceux qui apparaissent indispensables à tout État. On le comprend aisément dès lors que la souveraineté est précisément ce qui spécifie l'État, ce qui le fait être ce qu'il est.

Ces pouvoirs régaliens ont pour objet et pour effet de « produire » un certain ordre politique ou, comme le disait Georges Burdeau, « un ordre social désirable »[4]. Un ordre qui résulte des pouvoirs normatifs et coercitifs : faire la loi, rendre la justice, et « maintenir

1. On peut encore définir la politique, *a minima*, comme « l'art de réduire la violence », de sorte que « la guerre, la plus grande des violences, est aussi le plus grand échec de toute politique », à moins de la considérer comme la poursuite de la politique par d'autres moyens, selon la définition qu'en donnait le général et théoricien militaire prussien Carl von Clausewitz, (V. Paul-Marie COUTEAUX, *L'Europe vers la guerre*, éd. Michalon, 1997, p. 28). Mais une juste cause (repousser un injuste agresseur ou exercer la légitime défense) autorise, *sous certaines conditions*, le recours à la guerre, (V. Michel CLAPIÉ, « Les chrétiens de Méditerranée occidentale face au djihadisme radical. Retour sur les critères et conditions de la guerre juste dans la doctrine de l'Église », *in* Jacques BOUINEAU (dir.), *Hommage à Marie-Luce Pavia : l'homme méditerranéen face à son destin*, Textes réunis par Burt Kasparian, éd. L'Harmattan, 2016, p. 71-84).
2. Charles de GAULLE, Conférence de presse du 30 juin 1955.
3. Philippe BÉNÉTON, *Les régimes politiques*, *op. cit.*, p. 73.
4. Georges BURDEAU, *L'État*, coll. Points, Seuil, 1970, p. 24.

la tranquillité publique entre tous les hommes (...) en employant même la force et les peines selon les besoins »[1], ce qui correspond aux pouvoirs de police au sens le plus large du terme[2]. Un ordre politique et social qui revêt également une dimension économique dans la mesure même où c'est à l'État qu'il incombe classiquement d'émettre la monnaie et de déterminer la politique monétaire[3].

Cet ordre politique et social, c'est à l'État de le préserver comme c'est encore à lui qu'il incombe de le protéger contre les menaces extérieures car l'État doit assurer la survie de la nation, ce qui suppose de garantir sa sécurité. C'est ce qui explique que relève des pouvoirs régaliens, l'action extérieure de l'État, afin de prévenir la guerre et de garantir la paix (Affaires étrangères et Défense). Ce que l'on appelle communément la *Haute politique*.

Mais au-delà de cette mission générale de *conservation* de l'ordre politique et social, s'impose à l'État une fonction de *régulation* et de *prestation*, destinée à promouvoir l'harmonie dans la société, ou pour mieux dire le « développement de la prospérité morale et matérielle de la nation »[4]. Il le fait – ou le faisait[5] – en exerçant son pouvoir à des fins économiques et sociales, en tenant la bride au cou aux acteurs privés – sans « laisser faire » n'importe quoi ni tout « laisser passer » –, mais aussi par l'organisation et la gestion des *services publics* dont le but est la satisfaction des besoins d'intérêt général, qui, en tant que tels, ne sauraient être régis par la seule loi du marché et de la rentabilité, c'est-à-dire du profit immédiat qu'en attendent d'éventuels actionnaires privés dont les intérêts, aussi légitimes qu'ils puissent être, ne se confondent jamais avec, précisément, l'intérêt général.

Aux pouvoirs régaliens indispensables, et qui correspondent à ce que l'on a appelé *l'État gendarme*, se sont ainsi ajoutées des fonctions de prestation dans lesquelles on reconnaît *l'État providence*. C'est ce qu'illustre depuis la fin de la Première guerre mondiale, un peu partout dans le monde occidental, mais significativement en France, la multiplication des services publics. Leur développement et leur financement justifiant de nos jours le pouvoir reconnu à l'État de lever l'impôt et d'augmenter les prélèvements, dont la raison d'être originelle était seulement de couvrir les dépenses liées aux missions de préservation et de conservation de l'ordre social. On ne saurait toutefois écarter une remise en cause radicale de ce rôle de l'État, dans le cadre de « l'approfondissement » de la construction européenne au sein de l'Union européenne, dont le droit propre assimile tout service public à un *monopole d'État*, par là-même contraire au principe de « la concurrence libre et non faussée » sur lequel repose l'ordre juridique de l'Union. L'article I-3 du

1. Jean DOMAT, *Traité des lois* [1697], Durand, 1777, t. 1, p. XII-XIII.
2. V. Bertrand SEILLER, *Droit administratif*, coll. Champs-Université, Flammarion, t. 2, 2001, p. 78-81.
3. L'ordre juridique de l'Union européenne fait ici exception puisque, par traité, les États membres ont transféré cette compétence *essentielle* de l'État à une institution politiquement indépendante, échappant, qui plus est, à tout contrôle démocratique : la *Banque centrale européenne*. Ce qui est sans précédent dans l'histoire et sans équivalent dans le reste du monde, (v. Michel CLAPIÉ, *Manuel d'institutions européennes*, *op. cit.*, p. 257-265 et p. 414-419).
4. Raymond CARRÉ de MALBERG, *op. cit.*, t. 1, p. 260-261.
5. La notion de *service public* et les principes qui le régissent sont désormais battus en brèche par le droit de l'Union européenne (*cf. infra*).

traité – mort-né – établissant une Constitution pour l'Europe du 29 octobre 2004 faisait de ce principe un objectif « constitutionnel » de l'Union européenne. Le traité de Lisbonne du 13 décembre 2007 fait de même quoique *furtivement* : la mention de « la concurrence libre et non faussée » ne figure plus au titre des objectifs de l'Union exposé à l'article 3 TUE (nouveau) mais on la retrouve à l'article 120 TFUE[1] et dans le protocole annexé « sur le marché intérieur et la concurrence ».

Quoi qu'il en soit des développements futurs – sinon probables – de la « construction européenne » qui pourrait restreindre la mission sociale de l'État en même temps qu'elle entraverait sa fonction de stratège en matière économique, ce qui est admis de nos jours, c'est ce que l'on englobe dans la constitution matérielle, les règles inhérentes à la garantie des droits reconnus aux gouvernés, dont certains sont des créances sur l'État, ainsi que celles qui ont pour objet de limiter les pouvoirs de l'État, mais grâce auxquelles il assure néanmoins les fonctions nécessaires que nul – ou presque – ne lui conteste.

B. L'ensemble des règles garantissant les droits et libertés des gouvernés

Les droits et libertés garantis ont des sources d'inspiration variées (1). Au fil du temps, la liste de ces droits et libertés s'est étoffée. Une présentation classique consiste à les distinguer en fonction de la génération à laquelle ils appartiennent (2).

1. Les sources d'inspiration des droits et libertés garantis

Ces règles s'inspirent de principes de philosophie politique. Si elles se rapportent invariablement à la nature, au nombre et aux compétences respectives des différents organes que l'on désigne du nom de *pouvoirs constitués*, elles ont pour objet le plus souvent de les *borner* en indiquant quels sont les droits et libertés des gouvernés. Des droits et libertés qui doivent rester hors d'atteinte des gouvernants, et sur lesquels les pouvoirs constitués ne sauraient avoir prise. Elles ont même parfois vocation à prescrire aux-dits gouvernants un type de comportement déterminé.

Ces règles fondent ainsi un type de régime politique, au sens large, c'est-à-dire, une conception particulière de la manière de vivre au sein d'une société donnée, qui détermine ce faisant le type de société désirée (libérale, démocratique, collectiviste...). En définissant l'étendue des pouvoirs exercés par les organes d'État créés, et la nature des relations établies entre gouvernants et gouvernés, ces règles constitutionnelles posent aussi les bases sociales de la vie en commun et précisent la nature aussi bien que la « qualité » des rapports entretenus entre l'État et les composantes de la population.

---

1. « Les États membres agissent *dans le respect du principe* d'une économie de marché ouverte où la concurrence est libre et non faussée ».

C'est précisément en cela que ces règles sont le reflet d'une certaine philosophie politique. Et c'est la raison pour laquelle, parmi les règles matériellement constitutionnelles, on inclut *les droits et libertés civils et politiques*, de même que *les droits économiques et sociaux*. C'est d'ailleurs ce qui a conduit naturellement certains auteurs, à la suite du Doyen Hauriou, à faire une distinction entre *constitution politique* et *constitution sociale*[1]. Le « catalogue » de ces droits et libertés s'est enrichi au fil du temps, depuis le XVIIIe siècle. Il faut y voir la conséquence de la prise en compte progressive de revendications sans fin. Des revendications ou des *désirs* égoïstes qui finissent par être érigés en droits subjectifs sous l'effet de groupes de pression minoritaires. Tant et si bien que nos jours, il devient même de plus en plus difficile de concilier entre eux ces différents droits et libertés, au point que leur satisfaction simultanée apparaît parfois impossible et le devient souvent dans les faits. C'est là un constat qui rejoint la critique qui faisait dire à Michel Villey que « chacun des prétendus droits de l'homme est la négation des autres droits et, pratiqué séparément, générateurs d'injustices »[2].

Le phénomène est même aggravé par l'intrusion dans les années 1970 de la notion de *droits fondamentaux* censés bénéficier non seulement aux nationaux – jusqu'alors les droits de l'homme n'avaient acquis pour ces derniers de portée effective qu'à travers les *libertés publiques*[3] –, mais à tout homme sans discrimination, à commencer par les non-nationaux. Et de fait, les principaux bénéficiaires de cette mutation vont être les étrangers, y compris ceux qui décident d'entrer et de séjourner sur le territoire d'un État en violation de ses lois, de sorte que, comme le montre pertinemment Jean-Louis Harouel, les droits de l'homme allaient se retourner contre le peuple[4] alors qu'ils avaient été conçus pour le protéger contre les abus de pouvoir de ses gouvernants. La conséquence tangible de cette mutation fut l'apparition d'un nouveau principe : le *principe de non discrimination* qui ne devait pas tarder à devenir invasif ; on pourrait même dire, comme d'un gaz de combat du même nom, incapacitant – politiquement incapacitant[5] –, en ce sens qu'il paralyse désormais tout choix politique. Or, « gouverner, c'est choisir » selon le mot fameux de Pierre-Mendes France, et choisir, c'est qu'on le veuille ou non, discriminer. Et, pour peu que l'on fasse l'effort de réfléchir un instant, une discrimination n'est pas nécessairement constitutive d'une injustice comme l'observait le grand politologue italien Norberto Bobbio. Une discrimination ne sera injuste qu'à cause de « l'inexistence de raisons valables pour un traitement inégal »[6].

---

1. Maurice HAURIOU, *Précis de droit constitutionnel*, (1929,) rééd. CNRS, 1965, p. 611-615.
2. Pour une présentation synthétique de la pensée de Michel Villey et sa critique de « l'idéologie des droits de l'homme », v. Alain de BENOIST, « Michel Villey (1914-1988). La généalogie du droit », in *Ce que penser veut dire*, *op. cit.*, p. 251-258.
3. V. Jean MORANGE, *Droits de l'homme et libertés publiques*, PUF, 2003.
4. V. l'essai particulièrement stimulant du Professeur Jean-Louis HAROUEL, *Les droits de l'homme contre le peuple*, éd. Desclée de Brouwer, 2016.
5. À l'aube des Années 1980, Marcel Gauchet avait déjà compris que les droits de l'homme ne font pas une politique et que ne pas le comprendre, c'était « se promettre à l'impuissance collective », (M. GAUCHET, « Quand les droits de l'homme deviennent une politique », revue *Le Débat*, 1980/3 n° 3, p. 260).
6. Norberto BOBBIO, *Droite et gauche*, éd. du Seuil, 1998, p. 108-109 et 133.

Ceci étant, si l'on porte un regard rétrospectif, on est amené à distinguer trois générations successives de droits et libertés.

2. Les différentes générations de droits et libertés garantis

La première génération correspond aux libertés personnelles, civiles et politiques. Ce sont celles qui reflètent l'esprit du XVIIIe siècle, et que l'on retrouve dans la *Déclaration des droits de l'Homme et du citoyen* de 1789, qui énonce en son article 2 que ces droits sont : la liberté, la sûreté[1], la propriété et la résistance à l'oppression. Ces libertés personnelles, civiles et politiques, ont été enrichies par la prise en compte de libertés collectives. En France, ce sont celles que reconnut la IIIe République[2] et que, bien plus tard, sous la Ve République, le Conseil constitutionnel éleva au rang de libertés fondamentales garanties par la Constitution.

On inclut dans la deuxième génération, ce que l'on nomme souvent les droits économiques et sociaux, dont certains s'analysent comme des *droits-créances* ou des « droits à » que l'on oppose aux *droits-libertés* ou « droits de » rencontrés précédemment. Il s'agit donc de droits, souvent à caractère *programmatique*, dont la pleine réalisation exige une *prestation* de la collectivité, à la différence de ceux de la première génération qui impliquent, quant à eux, (seulement) une *abstention* de la puissance publique. Cette présentation n'en est pas moins très schématique car, parmi les droits économiques et sociaux, il en est qui conservent le caractère de droits-libertés. C'est le cas notamment de la liberté syndicale et du droit de grève. En France, ces droits ont fait leur apparition avec le préambule de la Constitution du 27 octobre 1946, plus précisément au sein de la catégorie nouvelle des *principes politiques économiques et sociaux particulièrement nécessaires à notre temps*[3], dont le juge fut lent à reconnaître tout à la fois la *juridicité* et *l'effectivité*[4].

Enfin, la troisième génération, dont on parle depuis une quarantaine d'années, renvoie à de vagues droits de solidarité : droits à la paix, au développement – on ajoute désormais « durable » –, à un environnement sain, à la sauvegarde du patrimoine commun de l'humanité. Ils s'analysent comme des *droits-créances* sur « la société internationale ». Ils sont prisés par les institutions tiers-mondistes comme la *Charte africaine des droits de l'homme et des peuples*, du 28 juin 1981. Même si certains auteurs en célèbrent l'audace et le modernisme, ils n'en demeurent pas moins très aléatoires, difficilement opposables et, à bien

---

1. Garantir la *sûreté*, c'est protéger l'homme de l'arbitraire. Cette garantie trouve un terrain d'application privilégié en matière pénale : principe de la légalité des peines, de non rétroactivité, présomption d'innocence,...
2. La *liberté de réunion* (loi du 30 juin 1881), la *liberté de la presse* (loi du 29 juillet 1881), la *liberté syndicale* (loi du 21 mars 1886), la *liberté d'association* (loi du 1er juillet 1901).
3. V. Gérard CONAC, Xavier PRÉTOT et Gérard TEBOUL, (sous la dir.), *Le Préambule de la Constitution de 1946. Histoire, analyse et commentaires*, coll. Etudes, Thèmes et Commentaires, Dalloz, 2001.
4. Michel CLAPIÉ, « Le Conseil d'État et le Préambule de la Constitution de 1946 », *La Revue administrative*, n° 297, mai-juin 1997, p. 278-289.

des égards, seulement incantatoires. Il est rare en tout cas que les constitutions écrites en fassent mention. On doit néanmoins signaler l'adjonction récente à la Constitution française de 1958 d'une *Charte de l'environnement* qui recense de tels principes[1].

Cette inflation des droits et libertés considérés comme matériellement constitutionnels, n'est pas sans danger car, dans ces conditions, « si l'État lui-même devient essentiellement débiteur [de droits et libertés], ne perd-il pas toute autorité ? »[2]. On remarque même qu'il est de plus en plus tenté de se défausser sur ce terrain, car « il est infiniment moins coûteux pour des gouvernements (...) de produire et de distribuer de nouveaux droits que de produire et de distribuer de nouvelles richesses aux classes les moins favorisées, ou plus largement aux laissés pour compte de la croissance »[3]. Et aussi, peut-on craindre, aux victimes méprisées de la « mondialisation heureuse », à « ceux qui ne sont rien » comme eut l'insigne maladresse de les appeler plusieurs fois l'actuel Président de la République Française.

Quoi qu'il en soit de ces réserves ou de ces craintes, on doit admettre que, dans l'idée que l'on s'en fait aujourd'hui, la constitution est, au sens matériel, tout à la fois l'ensemble des règles qui fondent l'autorité des gouvernants et celles qui garantissent les droits et libertés des gouvernés, sinon l'ensemble de celles qui leur reconnaissent des droits en forme de créances opposables à l'État. C'est ce qui explique d'ailleurs que les constitutions écrites contemporaines contiennent, à côté des règles régissant l'organisation et le fonctionnement des pouvoirs publics, des règles ou principes définissant les droits et libertés des citoyens, souvent exposés dans une déclaration des droits ou un préambule (V. *Infra*, Deuxième partie, Chap. 1, La garantie des droits).

Ainsi définie matériellement, la notion de constitution est très extensive ; elle s'éloigne de ce que recouvre le terme de constitution lorsqu'on envisage celle-ci dans son acception formelle.

§2. La constitution formelle

Ainsi entendue, la Constitution, alors orthographiée de préférence avec un « C » majuscule, est formée de « l'ensemble des règles, quel que soit leur objet, qui sont énoncées *dans la forme* constitutionnelle »[4], c'est-à-dire auxquelles est reconnue une valeur suprême. Autrement dit, pour reprendre la théorie kelsenienne, celles qui se situent au « sommet de la hiérarchie des normes », au sommet de l'ordre juridique étatique. Ce qui signifie que toutes les autres normes (lois, règlements voire traités) doivent s'y conformer, pour être *valides*.

1. La loi constitutionnelle n° 2005-205 du 1er mars 2005 révisant la Constitution du 4 octobre 1958, « adosse » (!) à la Constitution de la République ladite charte.
2. Simone GOYARD-FABRE, *L'État, figure moderne de la politique*, *op. cit.*, p. 95.
3. Joseph MACÉ-SCARON, *La tentation communautaire*, *op. cit.*, p. 22.
4. Georges BURDEAU, Francis HAMON et Michel TROPER, *Droit constitutionnel*, LGDJ, 26e éd., 1999, p. 50.

Deux définitions de la Constitution formelle n'en sont pas moins possibles, qui ont en commun ce critère de la *suprématie normative* : une définition *lato sensu* et une définition *stricto sensu*. Définie largement, la Constitution formelle réunit l'ensemble des règles de valeur suprême formalisées ou non dans un document (A), ce qui veut dire éventuellement des règles non écrites et donc coutumières. Définie restrictivement, c'est l'hypothèse retenue le plus souvent par la doctrine contemporaine, la Constitution formelle s'entend alors comme l'ensemble des règles de valeur suprême solennellement consacrées par le Constituant, auteur du document précisément intitulé Constitution (B).

A. Des règles de valeur suprême formalisées ou non dans un document

L'élément fondamental de la définition des règles formellement constitutionnelles, c'est ici leur valeur juridique supérieure et seulement cela. En deçà de ce trait caractéristique commun, des différences notables existent selon les États et les époques. Ainsi, ces règles formellement constitutionnelles sont-elles parfois *écrites*, le plus souvent, ou, au contraire, *coutumières*, plus rarement. Mais cette distinction, comme on va le voir, importe peu en définitive car elle demeure très relative. Pareillement, la distinction subséquente, censée recouper la précédente, entre *constitution rigide* – réputée telle parce qu'écrite – et *constitution souple* – réputée telle parce que coutumière –, même si elle est tentante et souvent opérée, est d'une pertinence incertaine.

1. Constitution écrite et constitution coutumière

C'est en schématisant à l'excès que l'on dit souvent que les règles formellement constitutionnelles sont nécessairement celles qui figurent dans une constitution écrite, qui sont codifiées dans un document unique appelé Constitution[1]. Or, à la vérité, une règle formellement constitutionnelle – de valeur juridique suprême donc – peut aussi bien être exprimée par une norme coutumière, puisque dans cette définition *lato sensu* de la constitution formelle, *ce qui est décisif ce n'est pas le caractère écrit mais la valeur suprême*.

Ceci étant posé, encore faut-il préciser que ces constitutions dites coutumières ne sont pas de « pures » coutumes, en tout cas, pas au sens de la définition que l'on en donne en droit civil.

Dans sa signification « civiliste », la coutume se définit comme un « mode de formation du droit par des usages dont la répétition engendre le sentiment de l'obligatoire »[2] : le fait précédant la règle. La définition de la coutume est alors fonction de deux éléments : un élément matériel d'abord (le *corpus*), c'est-à-dire un usage fondé sur un *précédent* qui *se répète* dans la *durée* avec *constance* et dans la *clarté* ; un élément psychologique ensuite (l'*animus*), que l'on décompose parfois en distinguant *l'opinio juris* (la conviction que l'usage établi

1. On le désigne parfois du nom de *Loi fondamentale*, comme c'est aujourd'hui le cas en Allemagne (Loi fondamentale de Bonn du 23 mai 1949), ou de *Charte constitutionnelle*, comme ce fut le cas en France au moment de la Restauration monarchique (Chartes constitutionnelles du 4 juin 1814 et du 14 août 1830).
2. Michel de VILLIERS et Armel Le DIVELLEC, *Dictionnaire de droit constitutionnel*, Sirey, 7e éd., 2009, p. 98-99.

constitue une règle de droit), *l'estimatio communis* (l'existence d'un *consensus*), *l'opinio necessitatis* (le sentiment du caractère obligatoire de la règle dégagée). Cette définition classique de la coutume ne paraît pas cependant transposable, telle quelle, au droit constitutionnel.

A première vue, on peut être tenté de reconnaître ces caractéristiques de la coutume civiliste dans les États qui, par tradition ou « culture politique » ne reposent pas sur un texte unique, appelé Constitution. C'est notamment le cas du Royaume-Uni et par extension de certains États, notamment ceux du *Commonwealth*[1], qui s'inspirent de ce modèle anglo-saxon fondé sur la *Common law*. Autrement dit, sur des pratiques et des manières de faire dont l'expérience séculaire a montré *l'utilité* (pragmatisme) pour le fonctionnement harmonieux des pouvoirs publics, et qui, dès lors, sont considérées comme un précédent, au même titre que celui évoqué plus haut dans la définition classique de la coutume comme source du droit. Cette *Common law* tire ainsi sa force obligatoire non de l'autorité qui l'a établie, qui, dans le cadre d'une Constitution écrite, n'est autre que le *Constituant* (V. *infra*), mais de son application elle-même, et de la conviction partagée de son caractère obligatoire et contraignant. En cas de contestation, s'il en surgit une dans un litige ordinaire, le juge saisi constatera l'existence de la coutume et ce faisant consacrera l'usage en l'érigeant au rang d'une règle de droit obligatoire qu'il convient de respecter[2]. Au besoin, il en sanctionnera la transgression.

À s'en tenir à cela, on pourrait dire que *mutatis mutandis* la constitution de la France sous l'Ancien régime était aussi coutumière : les *Lois fondamentales du Royaume* (succession du roi par primo géniture mâle, continuité de la fonction royale, indisponibilité de la Couronne, loi de catholicité, inaliénabilité du domaine de la Couronne)[3] formaient alors l'ossature juridique de l'État monarchique avant que l'Assemblée nationale constituante ne donne au Royaume sa première constitution écrite le 3 septembre 1791.

Mais une analyse plus poussée montre que les constitutions dites coutumières ne correspondent pas exactement à cette explication très schématique. Il n'existe pas de constitutions « purement » coutumières, et il n'en a jamais existé, ni en Angleterre ni dans la France d'Ancien régime. D'abord, parce que le souci de sécurité juridique auquel répond la norme écrite[4], a incité très tôt les juristes à consigner ces règles coutumières dans des registres. Elles ont ainsi été compilées ou répertoriées, comme ce fut le cas dans la France de l'Ancien régime. Ensuite et plus radicalement, c'est que, même en Angleterre, « la

1. Le *Commonwealth* réunit dans une zone monétaire dominée par la *Livre sterling* : la plupart des anciens dominions et colonies britanniques. Il compte aujourd'hui une cinquantaine d'États.
2. Blackstone définissait la *common law* comme « une coutume générale et immémoriale déclarée telle de temps à autres par les décisions des cours de justice », (cité par Edouard LAMBERT, *Le gouvernement de juges*, éd. Giard, 1921, réimpression Dalloz, 2005, p. 17).
3. V. Jean-Marie CARBASSE, *Manuel d'introduction historique au droit*, *op. cit.*, § 141 à 151, p. 220-233.
4. Comme le note Jean-Luc Chabot, « Même s'il n'est pas écrit, le droit instaure des règles dans le comportement social qui lui confèrent aussi bien la *publicité* que la *précision* et la *stabilité*. Le triomphe du droit écrit dans l'histoire des sociétés humaines est inhérent à ces qualités du droit lui-même car l'écrit conjugue la *visibilité* et la *fixité* », (J.-L. CHABOT, *Introduction à la politique*, *op. cit.*, p. 40).

fidélité à la forme coutumière n'est qu'une façade »[1]. Il existe en effet, au Royaume-Uni, de nombreux textes qui ont un objet constitutionnel, et par un effet de « sédimentation », sont à la base du régime britannique : la Grande Charte de 1215, la Pétition des droits de 1628, l'*Habéas corpus Act* de 1679, le *Bill of rights* de 1689, les *Parliament Acts* de 1911 et 1949,... Ce qui montre bien la relativité de la distinction classiquement faite entre constitution écrite et non écrite. Ce qui demeure vrai, cependant, c'est que dans les États dotés d'une « constitution coutumière », les règles écrites existantes ne sont pas l'œuvre d'une volonté constituante unique, s'exprimant solennellement à un instant donné, mais apparaissent bien plus comme l'œuvre du temps.

En revanche, la distinction communément faite entre *constitution rigide* et *constitution souple*, pourrait sembler *a priori* plus pertinente, au motif, précisément, que la « rigidité constitutionnelle » est une condition de la suprématie de la règle constitutionnelle. Cette nouvelle distinction n'en demeure pas moins très incertaine et subjective.

2. Constitution rigide et constitution souple

Non sans raison, on établit souvent une relation de cause à effet, entre le caractère formel de la constitution et sa *rigidité*. Une constitution est dite rigide lorsque les règles qu'elle contient sont créées, modifiées ou abrogées, selon une procédure spécifique, toujours plus contraignante et plus difficile à mettre en œuvre, que celle prévue pour les règles de rang hiérarchique inférieur, notamment les lois ordinaires qui peuvent être changées ou abolies plus aisément. Le souci est alors d'assurer la stabilité dans la durée de la norme suprême, et de garantir par ce biais cette suprématie. « Si, en effet, écrit Frédéric Rouvillois, la constitution se modifiait de la même manière que la loi ordinaire, on en pourrait plus dire qu'elle se trouve au-dessus de celle-ci, puisqu'une autre loi suffirait à la transformer »[2], en application du principe selon lequel la loi la plus récente l'emporte sur la plus ancienne quand elle lui est contraire. Ainsi s'explique qu'en principe, lorsque la constitution est formalisée dans un document unique, la procédure de révision de celui-ci, est plus contraignante que celle applicable à l'adoption ou à la modification des lois ordinaires. (V. *infra*, section suivante).

Voilà pourquoi on est tenté de regarder les constitutions écrites comme étant des constitutions *rigides*. Cette déduction est toutefois hâtive et très discutable. Pour deux raisons au moins.

La première raison, c'est que certaines constitutions, bien qu'écrites, ne prévoient aucune règle procédurale spéciale de révision, ni davantage, le cas échéant, l'intervention d'organes particuliers pour procéder à la révision : elles peuvent être amendées comme on le fait pour une loi ordinaire. C'était le cas, en France, des chartes constitutionnelles du 4 juin 1814 et

1. Geneviève KOUBI et Raphaël ROMI, *État, Constitution, Loi*, *op. cit.*, p. 103.
2. Frédéric ROUVILLOIS, *Droit constitutionnel. Fondements et pratiques*, *op. cit.*, p. 105.

du 14 août 1830. Il faut donc en conclure que si la rigidité apparaît comme une garantie de *l'effectivité* de la suprématie de la norme constitutionnelle, elle n'est pas pour autant la condition même de sa suprématie.

La deuxième raison, c'est qu'à l'inverse, les constitutions dites coutumières ne sont pas nécessairement des constitutions *souples*, comme on le dit, par exemple et à juste titre, de la constitution britannique. En Angleterre, en effet, comme le remarquait déjà Joseph de Lolme, à la fin du XVIIIe siècle, et d'une façon imagée, « la puissance législative[1] change la constitution comme Dieu crée la lumière ». Il peut néanmoins arriver aussi que les règles que posent les constitutions coutumières soient intangibles. C'était déjà vrai pour partie en Angleterre. Ainsi, dès le milieu du XIIIe siècle, le grand juriste britannique Bracton considérait que « le roi a pour supérieur Dieu et la loi par laquelle il a été fait roi »[2]. C'était plus généralement le cas en France, sous l'Ancien régime, des *Lois fondamentales du Royaume*. « Nous avons, Sire, deux sortes de lois, déclarait en 1586, le premier président du Parlement de Paris [de Harlay] ; les unes sont des *ordonnances des rois* qui se peuvent changer selon la diversité des temps et des affaires ; les autres sont les *ordonnances du royaume* qui sont inviolables et par lesquelles vous êtes monté sur le trône royal »[3].

Il n'en reste pas moins que la volonté de garantir *l'effectivité* de la suprématie de la norme constitutionnelle[4], et en même temps d'en rationaliser l'expression, a conduit la plupart des États à regrouper et à codifier les différentes règles formellement constitutionnelles dans un document écrit unique, dont l'auteur est appelé *Constituant*. La Constitution formelle se définit alors à partir de deux critères : toujours par rapport à sa *valeur* de norme suprême mais aussi par rapport à son *auteur*. La Constitution au sens formel du terme est alors définie comme l'ensemble des règles de valeur suprême consacrées solennellement par le Constituant.

B. Des règles de valeur suprême solennellement consacrées par le Constituant

C'est la définition de la constitution formelle dans son acception *la plus stricte* : elle suppose un auteur formellement identifiée – le Constituant – et un texte. Ce Constituant – ou pouvoir constituant – est alors l'instance qui est à l'origine de la constitution, autrement dit son *auteur*. Ce pouvoir constituant, au plein sens du terme, est dit originaire, et ce n'est donc que par abus de mots que l'on parle, pour l'en distinguer, du pouvoir constituant dérivé.

---

1. C'est-à-dire le Parlement, organe *constitué* et non constituant.
2. V. Jean-Marie CARBASSE, *Manuel d'introduction historique au droit*, *op. cit.*, p. 220.
3. Marcel MARION, *Dictionnaire des institutions de la France* (1923), réimpression, éd. Picard, 1979, p. 341.
4. V. *infra*, les développements consacrés à « la garantie des droits » (2e Partie, chapitre 1).

1. Le Constituant originaire

Le pouvoir constituant – le concept a été forgé par Sieyès en 1789 –, c'est le pouvoir originel qui donne sa Constitution à l'État en toute liberté, sans être ni conditionné par une règle de droit préexistante, ni subordonné à un pouvoir extérieur à l'État. C'est lui qui *décide*[1] de ce qui doit être *formellement* écrit dans le texte de la constitution. C'est lui qui en détermine le contenu parce qu'il est seul juge de ce qui doit être tenu pour fondamental. Le pouvoir constituant est donc, par définition, dans une stricte perspective de droit positif, *souverain*. La souveraineté qui renvoie à la *qualité essentielle* de l'État en tant que personne morale, sert ici à qualifier l'organe qui, en son sein, exprime concrètement la puissance de l'État. *Le mot souveraineté ne désigne plus la même chose mais exprime toujours la même idée*. Carré de Malberg expliquait ainsi que « dans son sens originaire [le mot souveraineté] désigne le caractère suprême de la puissance étatique. Dans une seconde acception, il désigne l'ensemble des pouvoirs compris dans la puissance d'État [*les attributs de la souveraineté* recensés par Jean Bodin[2]]. Enfin, il sert à caractériser la position qu'occupe *dans* l'État le titulaire suprême de la puissance étatique et ici, ajoutait-il, la souveraineté est identifiée avec la puissance de l'organe »[3]. Le Constituant est cet organe.

Ainsi, le Constituant est-il *libre* « d'omettre » d'inscrire dans le texte dont il est l'auteur certaines règles relatives au pouvoir politique, soit qu'il fasse le choix délibéré de ne pas alourdir le document constitutionnel, soit qu'il ait le souci de faire échapper certaines règles ayant un *objet constitutionnel*, c'est-à-dire relatives aux modalités et conditions d'exercice du pouvoir politique, à la procédure d'adoption et de révision spécifique du document appelé Constitution, procédure qui, le plus souvent, sera plus exigeante et plus contraignante que la procédure législative ordinaire. C'est ce qui explique, par exemple, que dans le cadre de la Ve République, les règles relatives à l'élection des parlementaires – le mode de scrutin et la durée du mandat –, ne figurent pas dans le texte constitutionnel[4] mais dans des lois de rang inférieur, ordinaires ou organiques[5]. Nul ne contestera pourtant qu'il s'agit là de règles matériellement constitutionnelles, c'est-à-dire relatives au pouvoir politique puisque ce sont celles qui, précisément, déterminent les conditions de désignation des gouvernants par les gouvernés.

---

1. Carl SCHMITT écrivait ainsi : « Le pouvoir constituant est la volonté *politique* [...] en mesure de prendre la *décision globale concrète* sur le genre et la forme de l'existence politique » (*Théorie de la Constitution*, PUF, coll. Léviathan, 1993, p. 211).
2. Il n'en reste pas moins que les attributs de la souveraineté recensés par Bodin, sont tout à la fois, *l'objet, la condition et l'unique garantie* de la souveraineté de l'État quand on entend dire par là que la souveraineté est la *qualité essentielle* de l'État.
3. Raymond CARRÉ de MALBERG, *Contribution à la théorie générale de l'État*, t. 1, *op. cit.*, p. 79. Dans la langue allemande, on l'a déjà en partie évoqué pour rendre compte de la situation de l'État fédéré au sein de l'État fédéral, ces trois significations complémentaires correspondent à trois termes différents : *Souveränität, Staatsgewalt* et *Herrschaft*, (V. Michel TROPER, « La souveraineté comme principe d'imputation », *in* Olivier GOHIN et Armel PÉCHEUL (sous la dir.), *La nouvelle Union européenne. Approches critiques de la Constitution européenne*, François-Xavier de Guibert, 2005, p. 33 et s.).
4. Les règles applicables à l'élection du Président de la République figurent quant à elles dans la Constitution (v. les articles 6 et 7 de la Constitution du 4 octobre 1958).
5. Une loi organique est une loi fixant, dans le cadre de la Constitution du 4 octobre 1958, les règles relatives aux pouvoirs publics, et soumise pour son adoption à une procédure spéciale – notamment, l'adoption par la *majorité absolue* des membres de l'Assemblée nationale – par l'article 46 de la Constitution.

En tant qu'« acte juridiquement indéterminé » comme la qualifie Louis Favoreu, la constitution apparaît donc comme « le produit d'une volonté extérieure à l'ordre juridique »[1]. Cette « volonté extérieure » qui est celle du Constituant relie ainsi *l'ordre juridique* à son *origine politique* dans le *temps historique*. Ce faisant, elle restitue à l'État sa dimension à la fois historique, politique et juridique et justifie pleinement la définition qu'en donne Pierre Pactet (V. *supra*). Ainsi conçue, la constitution est bien une norme mais une norme *posée* par la personne du Constituant (être politique concret) à un moment donné de l'histoire. Ce qui revient à dire que dans la réalité, cet ordre juridique n'a pas son fondement dans une norme hypothétique seulement *supposée*, sur laquelle reposerait sa validité, ainsi que le soutient la théorie kelsénienne qui évacue la question des origines concrètes de la Constitution pour ne concevoir cette dernière, comme l'écrit sans détour Frédéric Rouvillois, qu'« en dehors de la temporalité, dans l'éternel présent du droit pur »[2].

Ce pouvoir constituant dit originaire se définit, on vient de le voir, comme « un pouvoir existant en dehors de toute habilitation constitutionnelle »[3]. Ce pouvoir, pour ainsi dire *ante-constitutionnel*, *préexiste* au droit constitutionnel et *coexiste* avec la constitution, ou plus exactement, comme l'écrivait Carl Schmitt, « continue d'exister à côté de la constitution et au-dessus d'elle »[4]. C'est le pouvoir d'édicter, d'abroger et de modifier – qui peut le plus peut le moins – les règles constitutives du statut de l'État. Pouvoir prééminent, il est celui qui exprime de la manière la plus élevée et la plus achevée la souveraineté : celle du peuple, directement ou indirectement, dans une démocratie (V. *infra*).

Ce pouvoir constituant originaire est appelé à se manifester *très concrètement* lorsqu'un État nouveau apparaît, lorsqu'il naît et qu'il y a lieu de lui donner une constitution, ou encore lorsqu'il y a lieu « de faire du neuf » dans une situation de « vide constitutionnel » dans le cadre d'un État déjà constitué s'il advient que l'ordre juridique établi est remis en cause – par une révolution ou un coup d'État – et qu'il faille lui en substituer un autre (V. *infra*). Il en va différemment du pouvoir constituant dit dérivé, qu'il serait plus juste de qualifier de *pouvoir de révision*[5].

2. Le Constituant dérivé

Le pouvoir constituant dérivé ou institué se définit quant à lui comme « un pouvoir qui existe *en vertu* d'une constitution et qui a été établi par le Constituant originaire pour venir la modifier le cas échéant »[6]. Qui a été établi pour seulement la *réviser*, c'est-à-dire la retoucher ou *l'amender mais non l'abroger*.

---

1. Jacques CHEVALLIER, *L'État de droit*, coll. Clefs, Montchrestien, 2e éd., Paris, 1994, p. 49.
2. Frédéric ROUVILLOIS, *Droit constitutionnel, Fondements et pratiques*, *op. cit.*, p. 111.
3. Roger BONNARD, *Les actes constitutionnels de 1940*, LGDJ, 1942, p. 36.
4. Carl SCHMITT, *Théorie de la Constitution*, *op. cit.*, p. 212.
5. V. Olivier BEAUD, « La souveraineté de l'État, le pouvoir constituant et le traité de Maastricht. Remarques sur la méconnaissance de la limitation de la révision constitutionnelle », *RFDA*, 1993, p. 1045-1068.
6. Roger BONNARD, *op. cit.*, p. 17.

On conçoit aisément que le pouvoir constituant originaire, lorsqu'il intervient, ne prétend pas édicter des règles intangibles et immuables. Même s'il a la prétention de poser de bonnes règles, il s'abuserait en les croyant perpétuellement valables. Aussi, presque toujours envisage-t-il et organise-t-il la possibilité de les modifier ou de les amender sans qu'il y ait lieu d'avoir recours à une épreuve de force : le coup d'État ou l'action révolutionnaire. Dans ce but, le pouvoir constituant originaire institue une procédure permettant la révision de la Constitution comme il détermine aussi les organes investis de ce pouvoir : le pouvoir constituant dérivé s'exprime alors selon cette *procédure* et à travers ces *organes*. Il n'agit donc que par *délégation* du constituant originaire, sans pouvoir, par hypothèse, *disposer* de la Constitution. À moins que dans la phase finale de la procédure de révision, le Constituant originaire – le peuple dans une démocratie – soit invité à approuver ou ratifier lui-même la révision opérée, de sorte que dans cette hypothèse, le pouvoir de révision – l'organe qui a le dernier mot – et le pouvoir originaire se confondent.

Du coup, sous cette modalité, en tant que pouvoir lui-même *constitué*, le constituant dérivé ne peut exercer qu'une compétence juridiquement conditionnée : il n'a pas la compétence de sa compétence ; il est soumis au cadre strict de la procédure instituée. Il est même contraint le plus souvent de respecter *certaines limites* que sont les dispositions constitutionnelles que le pouvoir constituant originaire a jugées bon de soustraire à une éventuelle révision-abrogation. Bref, le pouvoir constituant dérivé est en quelque sorte *un pouvoir restreint et donc non souverain*. En théorie du moins.

La procédure de révision et les limites dont celle-ci est parfois assortie illustrent ainsi de manière redondante le *formalisme* de la constitution conçue comme un document écrit qualifié de tel. La Constitution formelle est alors « le document considéré comme une loi fondamentale supérieure aux lois ordinaires (celles votées par le Parlement) dont la révision est soumise à des règles procédurales spéciales et dont la méconnaissance doit logiquement entraîner la nullité de l'acte contraire pris en violation de cette loi supérieure »[1].

1. Léo HAMON, *Les juges de la loi*, Fayard, 1987, p. 19-20.

Section 2 – Le texte intitulé Constitution

Si c'est le respect de règles dégagées par la pratique et constatées par un juge, sur la base de la répétition dans le temps d'un précédent, qui prouve l'existence d'une constitution coutumière, il en va autrement pour les constitutions écrites. L'existence du texte constitutionnel est alors conditionnée par un acte de naissance, ce qui conduit à s'intéresser à son élaboration (§ 1). Cette existence est aussi conditionnée par ce qu'il advient du texte, à l'usage, c'est-à-dire dans l'application qui en est faite (§ 2), voire à la suite des révisions dont il peut être l'objet (§ 3).

§1. L'élaboration du texte

Il faut ici distinguer deux temps : celui de la rédaction de la Constitution au regard des circonstances qui la déterminent (A), celui de l'adoption proprement dite par les acteurs politiques qui en sont les véritables auteurs (B).

A. La rédaction de la Constitution

À quel moment entreprend-t-on la rédaction d'une Constitution ? Quel contenu donne-t-on au texte rédigé ? Telles sont les deux questions auxquelles il faut apporter une réponse.

1. Le moment

Deux hypothèses doivent être envisagées, qui correspondent toutes deux à une situation de vide juridique que le pouvoir constituant est appelé à combler en donnant à l'État sa Constitution. La première hypothèse est celle de la fondation d'un nouvel État ; la deuxième, celle de la fondation, dans le cadre d'un État préexistant, d'un nouveau régime politique.

Il y a fondation d'un nouvel État lorsque, sur un territoire déterminé habité par une population donnée, se crée un État alors qu'il n'y en avait pas. C'est ce qui se produisit précisément en Europe à la fin du Moyen-Âge, avec la naissance des États constitutionnels. Il est vrai néanmoins que bien souvent la naissance de ces nouveaux États sur les ruines du système féodal n'a pas immédiatement coïncidé avec l'apparition d'une Constitution écrite, l'ordre étatique émergent s'étant peu à peu mis en place par voie coutumière.

En revanche, au XXe siècle, la situation s'est rencontrée bien plus souvent puisque nombreux furent les États nouveaux qui se formèrent à la suite de l'accession à l'indépendance d'un grand nombre de territoires peuplés, jusque-là colonisés par les « vieux » États européens.

Il y a également fondation d'un nouvel État à la suite de la décision prise par deux ou plusieurs États préexistants de s'associer pour ne plus former qu'un seul État dans un cadre fédéral. C'est ainsi que se formèrent les États-Unis d'Amérique en 1787, premier État fédéral « constitué » comme tel, composé des treize anciennes colonies britanniques qui avaient fait sécession du Royaume-Uni et s'étaient déclarées indépendantes dès 1776, avant d'établir entre elles durant une dizaine d'années une association de type confédéral. Pareillement de la Suisse qui devint État fédéral en se donnant une Constitution fédérale en 1848 (V. *supra* les développements sur le phénomène fédératif).

Mais il peut arriver aussi qu'un État se dote d'une nouvelle Constitution qui viendra se substituer à celle qui jusque-là était la sienne, lorsque des circonstances exceptionnelles provoquent l'établissement d'un nouveau régime. Ce peut être le fait d'une *révolution* qui renverse l'ordre étatique établi, comme ce fut le cas en France en 1789, mais aussi en 1830 ou en 1848, et en Russie en 1917.

Ce peut être aussi le fait d'un *coup d'État*[1] à la suite duquel l'ordre constitutionnel existant est aboli à la faveur d'une prise du pouvoir par la force, le plus souvent à l'initiative d'un homme ou d'un groupe d'hommes s'appuyant sur l'armée.

Ce peut être enfin le fait d'un bouleversement profond survenu après une *guerre* que n'ont pas su gagner le régime politique en place et les hommes qui le servaient. Ce régime et ces hommes sont alors tenus pour responsables du désastre militaire subi. Ce fut le cas en France en 1870 et d'une certaine manière à la fin de la deuxième guerre mondiale.

Cependant, quelle que soit la cause de l'établissement d'une Constitution, son contenu ne varie guère s'agissant de l'objet des normes qui figurent dans le texte élaboré.

2. Le contenu

Définie comme le statut de l'État, la Constitution a toujours eu pour objet de déterminer les différents organes attributaires du pouvoir politique exercé au nom de l'État, personne morale, et de régler les rapports que ces organes entretiennent entre eux et avec les membres de la population de l'État. De ce point de vue le texte contient les règles juridiques relatives à l'organisation et au fonctionnement des pouvoirs publics, à quoi s'ajoute très fréquemment un « catalogue » des droits et libertés reconnus aux gouvernés. Ce qui signifie que la conception formelle de la Constitution recoupe ainsi sa conception matérielle, quand bien même toutes les règles matériellement constitutionnelles ne sont pas érigées au rang de norme suprême et ne figurent donc pas dans le texte appelé Constitution.

---

1. V. Christophe BOUTIN et Frédéric ROUVILLOIS (dir.), *Le coup d'État. Recours à la force ou dernier mot du politique*, éd. François-Xavier de Guibert, 2007.

Ce qui l'en distingue néanmoins, c'est qu'il arrive que ce texte adopté en la forme constitutionnelle, contienne aussi des dispositions sans rapport avec l'organisation et le rôle de l'État, et qui, pour cette raison ne sont que « formellement constitutionnelles ». Elles ne sont insérées dans le texte de la Constitution qu'en raison de la volonté de leur conférer une valeur juridique suprême afin de les mettre à l'abri d'une abrogation par le législateur ordinaire. Autrement dit, ces règles sont formellement constitutionnelles, non pas en raison de leur objet, mais en raison de la volonté souveraine du Constituant, qui par ce biais, en garantit le respect par le législateur futur.

Ainsi, en France, des dispositions contenues dans les Chartes constitutionnelles de 1814 et 1830, dont l'objet n'est pas *matériellement* constitutionnel, proclament-elles l'irrévocabilité de la vente des biens nationaux décidés pendant la Révolution française après leur confiscation à l'Église. De même, la disposition créant une *Caisse autonome d'amortissement* dotée de ressources propres, « constitutionnalisée » par la loi du 10 août 1926 afin de rassurer les créanciers de l'État en leur garantissant le remboursement de leurs créances. Ou encore, aux États-Unis, les 18e et 21e amendements à la Constitution du 17 septembre 1787, relatifs aux boissons alcoolisées : le premier prohibant lesdites boissons, le second, en 1933, abrogeant cette prohibition. Enfin, à ce type de dispositions « formellement constitutionnelles » peuvent encore s'ajouter des éléments non normatifs mais hautement symboliques comme le drapeau ou l'hymne national.

Quoi qu'il en soit de son contenu, le texte une fois rédigé ne deviendra une norme juridique applicable que lorsqu'il aura été adopté.

B. L'adoption de la Constitution

L'adoption du texte qui est appelé à devenir la loi suprême de l'État peut faire intervenir différents protagonistes. Différents protagonistes qui, d'un point de vue juridique, doivent être tenus pour les véritables auteurs de la Constitution. Encore ne faut-il pas confondre les *auteurs* ou *l'auteur* proprement dit du texte constitutionnel avec *ses rédacteurs* qui prennent part, en amont, à son élaboration.

On distingue ainsi classiquement les procédés d'adoption qui excluent le peuple de ceux qui le font participer, donnant alors à la Constitution adoptée un fondement démocratique (V. *infra*).

1. L'exclusion du peuple

Le peuple est exclu de la procédure d'adoption de la Constitution lorsque celle-ci est octroyée unilatéralement ou lorsqu'elle est le résultat d'une négociation qui fait intervenir différents acteurs autres que le peuple lui-même.

Lorsque la Constitution est octroyée, ce sont les gouvernants qui deviennent de fait les détenteurs du pouvoir constituant originaire. C'est là l'hypothèse dans laquelle la Constitution est concédée au peuple par un monarque. Le peuple est alors censé être le bénéficiaire d'un « don gratuit » qui peut s'analyser comme une marque de condescendance du détenteur du pouvoir qui, aussi bien, aurait pu s'en dispenser puisque rien, *en droit*, ne l'y obligeait[1].

C'est ainsi que procéda, en France, Louis XVIII lors de la Restauration monarchique de 1814, après la première abdication de Napoléon 1er. À son retour d'exil et au moment de monter sur le trône, le frère cadet de Louis XVI promulgua ce que l'on appela alors une Charte (4 avril 1814). Son préambule explique mieux qu'une longue définition ce qu'est une Constitution octroyée : « *Nous avons volontairement, et par libre exercice de notre autorité royale, accordé et accordons, fait concession et octroi à nos sujets, tant pour nous que pour nos successeurs, et à toujours, de la Charte constitutionnelle qui suit* ». Le procédé n'était pas rare au cours de la première moitié du XIXe siècle. Ainsi, après la révolution de 1848, Charles-Albert, roi de Piémont-Sardaigne (1831-1849), devait lui aussi octroyer une Constitution – le *Statuto* – qui, une fois l'unité italienne faite en 1860 – elle ne fut achevée qu'en 1870 après l'annexion des États pontificaux –, restera en vigueur jusqu'en 1946.

Le peuple est pareillement exclu de la procédure d'adoption de la Constitution lorsque celle-ci prend l'allure d'un *document contractuel* et non plus unilatéral, que l'on désigne d'ordinaire du nom de pacte constitutionnel, qu'il ne faut surtout pas confondre avec le pacte fédératif également désigné pacte constitutionnel, qui, lui, est à l'origine d'une fédération au sens de Carl Schmitt (v. *supra*). Aussi, pour éviter toute confusion, serait-il sans doute préférable de parler à ce propos de *Constitution négociée* plutôt que de pacte constitutionnel. Le fait est que c'est sur le fondement de ce type de Constitution négociée que Louis-Philippe 1er inaugura son règne : lors de son avènement en 1830, il accepta la Charte constitutionnelle élaborée par la Chambre des députés récemment élue et encore plus récemment dissoute par son prédécesseur (Charles X). Après qu'il eut prêté serment sur son texte, il fut proclamé Roi des Français.

La Charte de 1830, s'agissant de son contenu, ressemble à bien des égards à celle, octroyée, de 1814, mais elle en diffère notablement par l'absence de l'ancien préambule. C'est cette absence qui signifie, quoique de manière implicite, que la Charte n'est plus *octroyée* par le roi mais, à l'inverse, *acceptée* par lui.

---

1. Ces Constitutions octroyées ne « recouvrent la figure juridique de la concession », acte unilatéral, que par l'effet d'une fiction juridique « qui a pour but de sauvegarder le principe de la supériorité du roi, et donc d'assurer la permanence de la forme de gouvernement monarchique, nonobstant la limitation opérée sur les pouvoirs traditionnels du détenteur du pouvoir suprême ». De fait, elles sont bien davantage « le résultat d'un accord bilatéral », (Norberto BOBBIO, *Libéralisme et démocratie*, coll. Humanités, éd. du cerf, 1996, p. 18).

Mais qu'elle soit octroyée ou négociée, une Constitution de ce type, qui est l'affaire des seuls gouvernants en place, n'associe en rien le peuple à son adoption. Le souci de faire participer le peuple à l'adoption de la Constitution qui sera la loi suprême tout à la fois des gouvernants et des gouvernés, a logiquement conduit à la généralisation des modes d'élaboration dans lesquels, directement ou indirectement, le peuple participe *effectivement* à l'adoption *finale* de la Constitution.

2. La participation du peuple

Cette participation peut être directe ou indirecte. Elle est *indirecte* lorsque la Constitution est élaborée par une assemblée constituante. Ses membres sont certes élus par le peuple mais leurs travaux et le résultat de ces travaux – le texte constitutionnel –, ne reçoivent aucune sanction populaire. La Constitution entrera alors en vigueur sans qu'aucun acte ne vienne authentifier *a posteriori* l'assentiment donné par le peuple à la Constitution ainsi élaborée. Cet assentiment sera pour ainsi dire présumé. Ce procédé a été utilisé lors de l'élaboration des Constitutions françaises du 3 septembre 1791, du 4 novembre 1848 (IIe république) et de 1875 (IIIe République).

C'est aussi selon ces modalités que fut adoptée la plus ancienne des Constitutions écrites, celle des États-Unis d'Amérique du 17 septembre 1787. L'assemblée constituante réunie à Philadelphie de mai à septembre 1787 prit le nom de *Convention*. C'est d'ailleurs par une référence abusive à ce modèle – et aussi à celui de la Convention nationale de 1792 qui accoucha de la République en France[1] – qu'un collège de personnalités, présidé par l'ancien Président de la République Française, Valéry Giscard d'Estaing, elles-mêmes désignées tant par les Gouvernements et les Parlements des États membres de l'Union européenne que par les organes propres de cette Union (Le Parlement européen et la Commission européenne), fut chargé d'élaborer entre 2002 et 2004 ce qui deviendra le *traité établissant une Constitution pour l'Europe* du 29 octobre 2004. On peut toutefois discuter la pertinence de cette appellation. Cette « Constitution » n'est pas un acte de droit public interne et cela se comprend aisément puisque telle qu'elle se présente à l'heure actuelle l'Union européenne ne saurait être regardée ni comme un authentique État, ni comme un super-État fédéral[2]. Pour le reste, la solution consistant à parler de « traité constitutionnel » n'est qu'une de ces habiletés de langage à laquelle l'expression – *l'oxymore* – « fédération d'États-Nations » nous a déjà habitués (V. *supra*). Dans un cas comme dans l'autre, il s'agit toujours et encore de désigner une chose et son contraire, pour laisser croire que, la juxtaposition de deux termes qui s'excluent logiquement,

1. Qualifier de « Convention » l'assemblée *ad hoc* présidée par Valéry Giscard d'Estaing, n'en est pas moins abusif : « on utilise abusivement le nom et le souvenir » de « la Convention nationale de 1792 » qui accoucha de la République en France le 21 septembre 1792, pour parler de cette assemblée composée de personnalités « choisies par leurs pairs en raison de leurs compétences supposées mais dont aucune n'a reçu des élections populaires auxquelles elles ont pu, çà et là, participer, le moindre mandat constitutionnel » (E. LEM, « La double imposture », *L'indépendance*, n° 8, juin 2003, p. 3).
2. Sur la question, v. Michel CLAPIÉ, *Manuel d'institutions européennes*, *op. cit.*, p. 178-186 et p. 373-377.

réalise à elle seule, un dépassement dialectique[1]. Toujours est-il que cette appellation de « traité constitutionnel » rappelle celle de « pacte fédératif » qui, selon Carl Schmitt, est l'acte fondateur d'une fédération (V. *supra*)[2].

S'il peut arriver que le peuple adopte lui-même, *directement*, la Constitution et qu'il en soit ainsi juridiquement parlant l'auteur, ce sera toujours au terme d'une procédure, pour ratifier ou approuver un projet de texte constitutionnel à la rédaction duquel il n'a pris aucune part.

Deux options sont alors possibles. Le peuple peut ainsi être appelé à approuver par référendum le projet de Constitution élaboré par une assemblée constituante qui ne fait que proposer ledit projet sans pouvoir disposer, même par délégation populaire, du pouvoir constituant. C'est la procédure qui eut la faveur des révolutionnaires français en 1793 (Constitution de l'An I du 24 juin 1793) et en 1795 (Constitution de l'An III du 22 août 1795). C'est aussi celle à laquelle on eut recours en France à la Libération à l'occasion de la loi constitutionnelle du 2 novembre 1945 qui prévoyait que l'Assemblée constituante élue le même jour pour une durée de sept mois devrait soumettre le projet élaboré à un vote populaire. Ce qu'elle fit puisqu'un projet de Constitution fut soumis au référendum le 5 mai 1946. Mais comme il fut rejeté par le peuple, une nouvelle assemblée constituante dut être élue dans la foulée, le 2 juin, qui élabora à son tour un nouveau projet arrêté le 13 octobre 1946 et soumis à l'approbation du peuple qui l'adopta lors du référendum du 27 octobre suivant.

L'autre option qui fait intervenir directement le peuple par référendum pour approuver un projet à l'élaboration duquel il n'a pas participé, est celle qui consiste à faire voter le peuple sur le texte constitutionnel préparé par un comité restreint qui n'est pas lui-même l'émanation directe du peuple à la différence d'une assemblée constituante élue. Il en fut ainsi en 1799 pour la Constitution instituant le régime du consulat, et, pareillement, en 1852, à propos de la Constitution devant déboucher sur le rétablissement de l'Empire au profit de Louis-Napoléon Bonaparte.

Une variante « plus démocratique » fut retenue en 1958 lorsqu'il s'est agi de préparer le texte de la Constitution actuelle de la Ve République. À cette occasion, c'est le Parlement de la IVe République finissante qui chargea le gouvernement, entouré d'un comité d'experts, dans le respect de certains principes républicains (loi constitutionnelle du 3 juin 1958), d'élaborer une nouvelle Constitution, dont l'adoption définitive était suspendue à une approbation populaire par la voie référendaire (référendum du 28 septembre 1958).

---

1. Michel CLAPIÉ, « Traité ou Constitution ? À propos du projet de Constitution de l'Union européenne », *D.*, 2004, chr., p. 1176-1178.
2. La formulation finalement consacrée par le traité signé à Rome du 29 octobre 2004 est : « traité établissant une Constitution pour l'Europe ». Notons toutefois que pour la Commission européenne, ce traité aurait « pour l'Union la même valeur qu'une Constitution pour un État membre ». C'est en tout cas ce qu'elle a clairement indiqué dans sa communication du 22 mai 2002, à l'occasion des travaux de la *Convention sur l'avenir de l'Europe*.

Ainsi donc, une fois adoptée, et quelles que soient les modalités retenues, la Constitution existe et entre en vigueur. Commence alors le temps de son application.

§2. L'application du texte

L'application de la Constitution peut donner lieu, de la part des acteurs institutionnels, à des pratiques qui infléchissent le sens que l'on croyait devoir être celui du texte promulgué, voire qui s'en écartent (A). Plus encore, c'est l'interprétation qu'en donne éventuellement le juge qui lui fait prendre une tournure qui n'était pas prévue à l'origine par ses auteurs (B).

A. La pratique institutionnelle

L'application de la Constitution dans les situations concrètes de la vie d'un État peut susciter une pratique qui finit par s'imposer comme étant une règle obligatoire que doivent respecter les pouvoirs constitués. C'est ainsi qu'apparaissent, à l'usage, de véritables coutumes constitutionnelles, ou ce que l'on appelle des conventions de la Constitution.

1. Les coutumes constitutionnelles

La coutume constitutionnelle doit être distinguée de la simple pratique même s'il s'agit là de notions voisines. La coutume constitutionnelle n'est autre, en effet, qu'une pratique établie dans le cadre d'une Constitution écrite, mais en marge de l'écrit, qui a acquis force obligatoire par le sentiment général qu'elle inspire et qui la fait regarder comme une règle de droit. Elle se distingue donc bien de la simple pratique qui est un pur fait et qui, en tant que tel, n'inspire aucun sentiment de règle obligatoire. La pratique n'appelle qu'un jugement de fait : elle existe, alors qu'un jugement de valeur conduirait à dire : elle oblige. Ce faisant, une pratique constitutionnelle est le résultat de la lecture qui est faite d'une Constitution écrite ou d'une interprétation particulière qui lui est donnée par les acteurs du pouvoir et non par le juge. C'est souvent le cas lorsque l'écrit, le texte de la Constitution, présente des ambiguïtés, qu'elles soient volontaires – le texte étant le résultat d'un compromis politique bancal – ou non. Ce qui arrive lorsque les rédacteurs du texte n'ont pas pris le soin de polir suffisamment les formules employées en sorte qu'elles sont susceptibles de plusieurs lectures ou d'interprétations différentes. La situation se rencontre également lorsque c'est un rapport de force politique qui inspire telle pratique plutôt que telle autre. Il peut arriver aussi qu'une Constitution écrite finisse par changer de sens du seul fait d'une pratique différente à l'occasion du changement des titulaires du pouvoir.

En revanche, lorsque cette pratique fait naître le sentiment qu'aucune autre pratique n'est concevable quand bien même cette pratique reste fort éloignée de la lettre du texte, on parlera de coutume constitutionnelle. C'est notamment ce qui s'est passé en France, sous la IIIe République, après la crise du 16 mai 1877, qui donnera naissance à ce que l'on a appelé la « Constitution Grévy », du nom du Président de la République qui a inauguré une pratique jamais remise en cause par ses successeurs, celle de ne jamais entrer en conflit avec la Représentation nationale : la Chambre des députés et le Sénat qui, au demeurant, élisent le Président de la République. Il devait en résulter le non usage du droit de dissolution accordé au chef de l'État, et bien plus la conviction partagée et plus jamais contestée par quiconque, que recourir à la dissolution était un acte « antirépublicain » pour cette raison qu'en 1877, le Président Mac Mahon en fit usage contre la majorité républicaine de la Chambre des députés qui était alors hostile à la politique qu'il entendait conduire.

Ces coutumes constitutionnelles prennent parfois une allure un peu différente : on parle alors de conventions de la Constitution.

2. Les conventions de la Constitution

La convention de la Constitution est une forme particulière de coutume constitutionnelle. L'expression a été forgée au Royaume-Uni avant d'être importée en France beaucoup plus récemment. Au Royaume-Uni, on désigne de la sorte les règles non écrites s'analysant comme un accord entre les acteurs constitutionnels, ayant plus spécialement pour objet de faire exercer par le cabinet ministériel ou le Premier ministre lui-même des pouvoirs originellement détenus par le roi. Il en est ainsi du droit de dissolution de la Chambre des communes, certes toujours formellement exercé par le monarque, mais politiquement laissé à la libre appréciation du (seul) Premier ministre puisque la décision d'y procéder est de son seul ressort : le pouvoir du monarque, purement nominal puisqu'il n'est plus maître de la décision, a été transféré « par convention » au Premier ministre.

Plus généralement et par extension, la convention de la Constitution répond aux exigences de la nécessaire collaboration entre pouvoirs constitués quand bien même existe une Constitution écrite, dans l'hypothèse où celle-ci n'apporte aucune solution satisfaisante pour faire face à certaines conjonctures « imprévues », si elles se font jour. C'est ce qui explique la transposition de la notion dans le droit constitutionnel de la Ve République pour rendre compte de la nature des relations qui s'établissent entre le Président de la République et le Premier ministre dans la configuration institutionnelle particulière aujourd'hui connue sous le nom de cohabitation[1]...

Mais les acteurs constitutionnels – les gouvernants – ne sont pas les seuls à infléchir le sens du texte par la pratique qu'ils en ont. Le juge intervient à son tour, de manière tout aussi significative, par l'interprétation qu'il en donne.

---

1. V. Yves MÉNY, « Les conventions de la Constitution », *Pouvoirs*, n° 50, 1989, p. 54.

B. L'interprétation juridictionnelle

De plus en plus souvent, depuis la deuxième moitié du XXe siècle, la Constitution elle-même confie à un juge – unique ou non – la mission de veiller à ce que la loi votée par le parlement, pouvoir constitué, respecte la norme suprême posée par le Constituant, qu'est, par définition, la Constitution (V. *infra*, Partie 2). Ce juge, pour remplir son office, est toujours amené à faire prévaloir *son* interprétation du texte Constitutionnel, car, « tout travail auquel se livre celui qui dit le droit, ne préserve pas son titulaire de l'irrésistible devoir naturel d'interprétation, qui loin d'être une opération cognitive est un acte de volonté »[1]. Ainsi, la volonté du juge prévaut sur celle du Constituant.

Mais ce « devoir naturel » du juge qui est d'interpréter le texte de référence – la Constitution en l'occurrence – sur lequel il fonde son contrôle, emporte une conséquence nécessaire qui le fait apparaître comme un organe créateur de normes. Tant et si bien que le juge constitutionnel en vient nécessairement à se livrer à une interprétation discrétionnaire de la règle de droit, qui le conduit à la création prétorienne de normes juridiques.

1. Une interprétation discrétionnaire de la norme constitutionnelle

À la vérité, ce « travail » d'interprétation est inhérent à l'office du juge, quel qu'il soit. En effet, à l'occasion d'un contentieux, avant d'appliquer la règle de droit, le juge doit en dégager le sens qui s'impose à tous, d'autant que, très souvent, l'objet même du litige dont il a à connaître et qu'il doit trancher, porte précisément sur le sens de la règle à appliquer.

On pourrait penser cependant que seules les règles obscures nécessitent une telle interprétation préalable, parce que pour elles, à la différence des dispositions dépourvues d'ambiguïté, cette interprétation semble inévitable. Or, il n'en est rien. Une disposition écrite ne sera considérée claire et précise que pour autant que le juge l'aura qualifiée de telle. Et pour la qualifier de telle, il l'aura préalablement interprétée, fût-ce implicitement. C'est bien dire que l'interprétation relève de la nature même de l'activité juridictionnelle.

Dans son travail d'interprétation d'une règle, le juge a néanmoins le choix entre plusieurs méthodes, et il est totalement libre de retenir celle qui lui paraît la plus appropriée pour dégager le sens « vrai » du texte. Il peut s'appuyer sur *l'intention* des auteurs, en se référant, lorsqu'ils sont connus, aux travaux préparatoires, mais, la plupart du temps, il s'en affranchit volontiers, pour ne prendre en compte que la finalité de la règle, c'est-à-dire, les buts qui étaient, *selon lui*, ceux de ses auteurs. Cette méthode d'interprétation, très souvent utilisée par lui, est dite *finaliste* ou *téléologique*. En procédant ainsi, le juge pourra faire dire à la règle qu'il interprète autre chose que ce que ses auteurs avaient *l'intention* de lui faire dire, car, comme souvent, la créature échappe à son créateur.

1. Dominique ROUSSEAU et Alexandre VIALA, *Droit constitutionnel*, *op. cit.*, p. 130.

En définitive, le juge est maître tout à la fois de l'interprétation à donner d'une règle, et de la méthode d'interprétation qui lui permet de dégager le sens qui s'impose. Certains théoriciens du droit en arrivent alors à considérer que la norme ne se confond pas avec l'énoncé qui l'exprime. Pour eux, le texte ne revêt de caractère normatif qu'une fois interprété par le juge[1]. Autrement dit, à les en croire, il faudrait admettre qu'une disposition écrite est en soi *vide de sens* tant qu'elle n'a pas été interprétée. Mais alors, si tel devait être le cas, comment pourrait-elle être applicable sitôt promulguée ? Comment ses destinataires pourraient-ils en tirer des conséquences juridiques si, par définition, elle est réputée ne rien dire ? Comment pourrait-on faire produire des effets de droit à un énoncé *a priori* dépourvu de sens ? À toutes ces questions, ces théoriciens n'apportent aucune réponse satisfaisante. Cette thèse n'en est pas moins défendue par ceux qui se réclament de *l'École réaliste du droit*[2], et qui considèrent que tout texte juridique est un énoncé ouvert à tous les sens, laissant au juge, qui dit le droit – *juris dictio* –, le soin de dégager, lors de l'application qu'il en fait, *l'interprétation autorisée*, sinon « l'interprétation authentique ». Les normativistes distinguent d'ailleurs *l'interprétation authentique* qui est le fait du juge, de *l'interprétation scientifique* que peut dégager la doctrine. Mais en niant que le texte ait par lui-même le moindre sens, ou pour le dire autrement, en soutenant qu'il n'a d'autre sens que celui que lui donnera le juge – mais encore faut-il qu'il soit saisi –, ces auteurs en viennent à dénier au droit écrit son caractère normatif et donc sa raison d'être. Leur raisonnement aboutit à une situation absurde. À quoi bon, en effet, dans ces conditions, *poser* des règles de droit écrites, si par hypothèse elles n'en sont pas ? Pourquoi devrait-on les respecter ou les appliquer sitôt édictées dès lors que, *a priori* privées de sens, elles ne sauraient obliger en quelque manière ?

Cette école réaliste du droit s'inscrit – *volens nolens* – dans la filiation d'un courant philosophique plus large, celui des « déconstructionnistes ». Les auteurs qui se reconnaissent dans ce courant, à commencer par le philosophe Jacques Derrida[3] qui l'a fondé, développent une pensée critique mais seulement négative, sinon nihiliste[4]. Car *déconstruire* – euphémisme de *démolir* ou de *détruire* –, suggère que quelque chose a d'abord été construit – qu'il y a bien eu intention de construire, qu'une volonté a été exprimée, celle que la norme est censée manifester –, et que sur cette chose, on applique une action qui consiste à la défaire. Aussi bien, la déconstruction entend (tout) expliquer par les conditionnements et non par la finalité ; elle se présente comme *l'inversion de la raison moderne* et, en ce sens elle est bien fille de son temps : la postmodernité. Ainsi, s'agissant de la Constitution, « les interprètes réalistes » qui s'emploient à déconstruire, en viennent à légitimer, consciemment ou

---

1. V. Michel TROPER, « La théorie de l'interprétation et le problème de la supra-légalité constitutionnelle », *in Mélanges Charles Eisenmann*, Cujas, 1974, p. 133.
2. Pour un exposé plus complet et une critique de cette théorie de l'interprétation réaliste, v. Dominique ROUSSEAU et Alexandre VIALA, *Droit constitutionnel*, *op. cit.*, p. 128 à 150.
3. V. not. Jacques DERRIDA, *De la grammatologie*, éd. de Minuit, 1967.
4. Pour une critique systématique de cette pensée *nihiliste*, v. George STEINER, *Le Sens du sens*, éd. Vrin, 1988, et *Réelles présences*, Gallimard, 1994.

non, toute interprétation juridictionnelle qui contredit la *signification intentionnelle* des mots utilisés par les rédacteurs du texte, comme si, par hypothèse, ils supposaient que les rédacteurs du texte n'avaient pas eu *l'intelligence* de ce qu'ils ont écrit, ni *l'intention* de ce qu'ils ont bâti. Bref, en niant que les mots aient un sens, ils nient par hypothèse qu'un texte puisse avoir un esprit[1], et donc en définitive, que le régime politique qui trouve son origine dans un texte constitutionnel, puisse avoir une logique propre que le juge se doit de respecter. C'est pour cette raison précise que l'école de l'interprétation réaliste est une école que l'on peut qualifier de *nihiliste*. À ce titre, elle doit susciter les plus extrêmes réserves. Elle n'en a pas moins le mérite de souligner l'existence d'un pouvoir normatif du juge, qui se déploie en marge de l'écrit, à travers sa jurisprudence.

2. Une création prétorienne de normes constitutionnelles

Le développement du contrôle de constitutionnalité, observable dans les régimes constitutionnels occidentaux depuis la deuxième moitié du XXe siècle, favorise la production d'une abondante jurisprudence[2], et, ce faisant, celle de normes prétoriennes[3] issues de la libre interprétation du juge.

On ne saurait cependant contester qu'« il n'y a pas moyen d'éviter que la prétendue *application* du droit ne soit assez souvent une re-création », comme en convient Christian Atias. Cet auteur s'empresse cependant d'ajouter que « l'important est que les raisons des choix opérés ne soient pas dissimulées ». Or, on observe que lorsqu'il cède à cette tentation, quelle qu'en soit la raison – bonne ou mauvaise –, le juge a souvent tendance à camoufler ses audaces sous une « argumentation artificielle et dissimulatrice »[4].

On peut du reste observer la production d'une abondante jurisprudence constitutionnelle dans le cadre de la Ve République[5] depuis l'audace qu'a eue le Conseil constitutionnel en rendant sa fameuse décision du 16 juillet 1971 (déc. n° 71-29 DC), dans laquelle il reconnaît une pleine valeur constitutionnelle au préambule de la Constitution, contrairement à ce qui était l'intention des concepteurs du nouveau régime, en 1958. La jurisprudence audacieuse

1. « Au sens où l'entendaient Montesquieu et de Gaulle, écrit très justement Frédéric Rouvillois, l'esprit n'existe que lorsque le créateur du système – s'il s'agit d'une Constitution, le *constituant* – avait un projet déterminé, cohérent, univoque, en fonction duquel il a élaboré la Constitution », mais lorsque c'est le cas – et c'est précisément le cas pour la Ve République –, méconnaître cet esprit, c'est *déconstruire* ce qui a été voulu et bâti, (F. ROUVILLOIS, *Droit constitutionnel*, t. 2, *La Ve République*, coll. Champs-Université, Flammarion, 3e éd., p. 10-11).
2. Jurisprudence doit s'entendre comme *l'ensemble des décisions rendues* dans la période de temps prise pour référence – ici, depuis la deuxième moitié du XXe siècle – mais aussi, plus pertinemment comme *l'ensemble des solutions apportées par les décisions rendues* par le juge constitutionnel dans l'application du droit, (v. Gérard CORNU, *Vocabulaire juridique*, *op. cit.*, p. 530).
3. *Prétorien(ienne)* signifie : « qui procède – en l'absence de texte et à l'initiative d'une autorité – d'une élaboration autonome (et surtout audacieuse), par opposition à ce qui résulte de l'application pure et simple de la loi ; se dit (au souvenir du préteur romain.) d'une jurisprudence qui retient une solution au-delà de la loi, dans le silence de la loi (ou même à la limite contre la loi) », (Gérard CORNU, *Vocabulaire juridique*, *op. cit.*, p. 716).
4. Christian ATIAS, *Philosophie du droit*, *op. cit.*, p. 214-215.
5. Sur cette question, dans le cadre de la Ve République, v. Léo HAMON, *Les juges de la loi. Naissance et rôle d'un contre-pouvoir : le Conseil constitutionnel*, Fayard, 1987.

qu'il développa par la suite, devait faire de lui un véritable pouvoir normatif, mais non élu et surtout politiquement irresponsable, alors que sa mission, comme il l'a définie lui-même, en 1962, consistait à n'être qu'« un régulateur de l'activité des pouvoirs publics » (déc. n° 62-20 DC, du 6 novembre 1962), chargé de veiller au respect de la nouvelle répartition des compétences normatives entre le Parlement et le Gouvernement, sans disposer, pour ce faire, « d'un pouvoir général d'appréciation et de décision identique à celui du Parlement » (déc. 74-54 DC, du 15 janvier 1975).

Mais ce « pouvoir d'appréciation et de décision », même s'il n'est pas « général »[1] comme le reconnaît le Conseil constitutionnel, existe bel bien. Il se manifeste très concrètement à l'occasion des décisions qu'il rend dans ce que l'on appelle *les motifs* de la décision. C'est dans ces *motifs*, rédigés sous forme de considérants, qui précèdent *le dispositif* – la décision proprement dite –, que le juge développe le raisonnement au terme duquel il impose *l'interprétation authentique* du texte de la Constitution. Or, il n'est pas interdit de regarder l'interprétation donnée par le juge et délivrée, par écrit, dans la décision rendue, comme une expression de ce pouvoir normatif résiduel. Et même si cette interprétation reste formellement extérieure au document constitutionnel, elle est néanmoins indissociable de lui.

C'est pour cette raison que l'on peut soutenir qu'existe un pouvoir normatif du juge et constater l'existence de normes constitutionnelles d'origine jurisprudentielle. La jurisprudence devant s'entendre ici comme l'ensemble des *solutions juridiques* dégagées par le juge dans l'exercice de sa fonction, qui est double, il est vrai. L'office du juge, quel qu'il soit, c'est d'abord de trancher un litige : il exerce alors *une fonction juridictionnelle*, mais, pour ce faire, il lui incombe d'abord d'indiquer le sens de la règle de droit applicable, en l'occurrence la norme constitutionnelle : il exerce alors *une fonction jurisprudentielle*.

En opérant ainsi, dans l'interprétation qu'il fait du texte constitutionnel à l'occasion d'un contentieux, le juge est amené, sinon à réécrire formellement le texte, en tout cas à le compléter ou, plus exactement, à le modeler à sa guise. En somme, le texte devient ce que le juge en fait, à moins qu'il ne soit révisé.

§3. La révision du texte

Les Constitutions bien faites sont celles qui admettent qu'elles peuvent être imparfaites, c'est-à-dire celles dont les auteurs ont prévu la possibilité de les amender par le biais d'une procédure de révision.

1. On peut aussi bien comprendre cette phrase autrement, et considérer qu'en disant qu'« il ne dispose pas d'un pouvoir général d'appréciation et de décision *identique* à celui du Parlement », le Conseil constitutionnel n'entend pas signifier qu'il ne dispose pas d'« un pouvoir général d'appréciation et de décision », mais simplement que *ce pouvoir dont il dispose lui aussi n'est pas identique* à celui dont dispose le Parlement, (v. Philippe BLACHER, *Contrôle de constitutionnalité et volonté générale*, coll. Les grandes thèses du droit français, PUF, 2000, p. 71).

Cette révision sera d'autant plus facile que la Constitution sera d'autant moins rigide, comme on l'a vu. Ainsi – on l'a vu – distingue-t-on les Constitutions dites *souples* des Constitutions dites *rigides*. Les premières sont réputées être facilement révisables sans contraintes procédurales particulières[1]. La procédure de révision est alors calquée sur la procédure d'abrogation d'une loi ordinaire. Les secondes, bien plus répandues, sont censées être plus difficilement révisables. Ce qui est ainsi recherché, c'est une plus grande stabilité dans le temps du texte, afin que des modifications trop fréquentes ne viennent pas ruiner l'autorité et la solennité – favorisées par cette stabilité dans le temps – qui doivent logiquement s'attacher à la norme fondamentale qu'est la Constitution. C'est la raison pour laquelle la révision de la plupart de ces Constitutions écrites obéit à certaines conditions formelles (A) et connaît des restrictions matérielles (B).

A. Les conditions formelles

Ces conditions concernent tout à la fois les organes habilités à en prendre l'initiative et à la conduire, la procédure à suivre et à respecter, et les limites précises dans lesquelles le projet de révision doit s'inscrire.

1. L'initiative

L'initiative est parfois réservée au pouvoir exécutif seul, c'est-à-dire au chef de l'État et au gouvernement : à l'un et à l'autre, à l'un ou à l'autre, à l'un sur proposition de l'autre. Elle peut encore être réservée aux seules assemblées parlementaires (le pouvoir législatif). Elle peut enfin appartenir concurremment à des organes différents. Ce n'est pas rare et lorsque c'est le cas, cela signifie que la Constitution elle-même ouvre largement la possibilité d'engager sa révision, sans préjuger pour autant de son aboutissement.

Dans quelques cas, l'initiative de la révision appartient au peuple lui-même lorsqu'il est constituant originaire. C'est ce que prévoyait la « Constitution montagnarde », promulguée mais jamais appliquée, du 24 juin 1793 – celle de l'An I – et ce que prévoit toujours la Constitution suisse puisque sur la base d'une pétition signée par au moins 100 000 citoyens, la procédure de révision doit être engagée.

Une fois décidée et déclenchée la révision doit alors suivre une procédure instituée par la Constitution que l'on entend réviser.

1. Parmi les exemples les plus significatifs d'États dotés de Constitutions *souples*, il faut noter le Royaume-Uni, la Nouvelle-Zélande (depuis 1947), la Chine (depuis 1975) et l'État d'Israël depuis ses origines en 1948.

2. La procédure

En toute hypothèse, une fois décidée, la révision de la Constitution doit se mouler dans la procédure prévue à cet effet par la Constitution elle-même ; elle doit suivre et respecter la procédure *ad hoc* prévue à cet effet. Cette exigence semble découler de l'adage *tu patere legem quam fecisti* qui signifie qu'un pouvoir est lié par les propres règles qu'il s'est donné.

Si ce principe est contraignant, il n'en constitue pas moins un assouplissement de la règle du parallélisme des formes – et des procédures – qui, appliquée à la lettre, signifierait que les formes et la procédure de révision devraient être en tous points identiques aux formes et à la procédure d'élaboration de la Constitution. Rien ne s'oppose, en effet, on l'a vu, à ce que le Constituant originaire décide souverainement d'instituer un pouvoir constituant dérivé, ou plus exactement, un pouvoir de révision, opérant dans des conditions autres que celles qui ont prévalu lors de l'élaboration et de l'adoption de la Constitution. Et c'est bien ce qu'il fait le plus souvent.

Le pouvoir constituant originaire met alors en place une procédure simplifiée pour procéder à la révision du texte originaire, voire prévoit que cette révision pourra être opérée par un organe constituant institué que l'on dit aussi dérivé, différent du Constituant originaire. C'est le cas lorsqu'il est prévu que des pouvoirs constitués, le plus souvent les assemblées parlementaires habilitées à voter les lois ordinaires, pourront procéder elles-mêmes à la révision. Des conditions spécifiques sont alors posées comme celles qui exigent que ces assemblées siègent en formation spéciale, ou celle selon laquelle le vote ne sera acquis qu'à une majorité qualifiée, c'est-à-dire égale ou le plus souvent supérieure à la majorité absolue des membres des assemblées parlementaires. C'est le système naguère retenu en France par les lois constitutionnelles de 1875 instituant la IIIe République : la Chambre des députés et le Sénat réunis en Assemblée nationale étaient alors érigés en organe constituant dérivé. Il en est de même sous la Ve République qui fait du Congrès du Parlement (Assemblée nationale et Sénat réunis) l'organe constituant dérivé. L'article 89 de la Constitution du 4 octobre 1958 prévoit ainsi la possibilité de réviser la Constitution dès lors qu'une majorité des trois cinquièmes des suffrages exprimés est atteinte. Cette procédure est toutefois dérogatoire[1] à la procédure dite « normale » de révision, qui postule un vote d'approbation du peuple (référendum) afin de donner au constituant originaire – en l'occurrence, le peuple français – le dernier mot.

Il faut encore ajouter que rien n'interdit au constituant dérivé de décider une révision de la procédure de révision elle-même. C'est ainsi que se fit le passage de la IVe à la Ve République, après l'adoption d'une loi constitutionnelle (loi du 3 juin 1958) modifiant la procédure de révision initialement instaurée par la Constitution du 27 octobre 1946

1. C'est pourtant celle qui est le plus souvent utilisée. À l'exception d'une seule – le quinquennat présidentiel (24 septembre 2000) – toutes les révisions réalisées par la voie de l'article 89 (soit 23 sur un total de 24 révisions effectuées), l'ont été par un vote final du Congrès du Parlement.

instituant la IVe République. Le procédé n'en reste pas moins discutable car il peut s'analyser comme un *détournement de procédure*. C'est pour se prémunir contre un tel risque que sont envisagées des limites supplémentaires au pouvoir de révision. Ces limites sont alors fonction des circonstances dans lesquelles l'initiative de la révision peut être prise.

3. Les limites

Il peut arriver que le Constituant originaire décide que certaines circonstances (*ratione temporis*) feront obstacle au déclenchement de la procédure de révision. Ces limites se justifient de différentes manières. Il peut s'agir de traduire la volonté du constituant originaire de donner au texte adopté une grande *stabilité dans le temps* en empêchant une remise en cause de la Constitution aussitôt son adoption ou *peu de temps* après. Ainsi, la Constitution française du 3 septembre 1791 interdisait-elle toute proposition de révision pendant les deux premières législatures suivant l'entrée en vigueur de la Constitution, c'est-à-dire, en l'occurrence, au cours des quatre premières années d'application du texte, puisque le mandat donné aux membres élus à l'assemblée législative – le *Corps législatif* selon la dénomination de l'époque – était de deux ans. On sait ce qu'il advint de cette « garantie » de stabilité : au bout de quelques mois à peine, à l'été 1792, l'œuvre constituante que l'on voulait durable, était déjà remise en cause.

La Constitution de la Ve République comme le faisait celle de la IVe d'ailleurs, interdit pareillement qu'une révision de la Constitution soit entreprise *pendant tout le temps* où une partie du territoire national se trouve occupé par des forces étrangères, cela afin de conjurer la répétition de ce qui se fit le 10 juillet 1940[1] alors que les trois cinquièmes du territoire métropolitain était envahi par les forces d'occupation allemandes. La Constitution du 4 octobre 1958 interdit de même toute initiative de révision pendant *la période de temps* de l'intérim du Président de la République, c'est-à-dire après le *décès*, la *démission* ou la *destitution* du Président en titre, jusqu'à l'élection d'un nouveau Président.

À ces conditions, somme toutes formelles, s'ajoutent parfois des restrictions matérielles dont le respect s'avère malaisé.

1. Le 10 juillet 1940, l'Assemblée nationale (c'est-à-dire dans le cadre de la Constitution de la IIIe République, la Chambre des députés et le Sénat) privée d'une partie de ses membres (les élus communistes exclus et les parlementaires empêchés, notamment ceux qui sont prisonniers de guerre), réunie à Vichy dans l'Allier, alors que les trois cinquièmes du territoire national métropolitain sont occupées par l'ennemi, délégua au maréchal Pétain *intuitu personae* le pouvoir constituant dérivé – ou pouvoir de révision – qui n'avait été confié qu'à elle, contrevenant ainsi au principe selon lequel un pouvoir délégué ne peut être à son tour subdélégué (Delegeta potestas non potest delegari) : le délégataire ne peut que l'exercer lui-même ou le remettre au délégant de qui il le tient.

B. Les restrictions matérielles

Ces restrictions sont relatives aux dispositions que la Constitution rend elle-même *expressément* insusceptibles de révision. Elles renvoient même à un questionnement qui relève du champ de la philosophie du droit. La logique voudrait que ces restrictions matérielles concernent aussi des dispositions que l'on peut qualifier d'*ontologiquement* insusceptibles de révision. Mais cet aspect-là des choses est généralement occulté.

1. Les dispositions *expressément* insusceptibles de révision

De telles dispositions, quand elles existent, soulèvent la question de la limitation du pouvoir de révision. Elles mettent aussi en évidence les limites du positivisme juridique et conduisent dans un second temps à se poser la question induite du fondement du droit positif.

a) La question de la limitation du pouvoir de révision

Ce sont là des restrictions qui affectent l'étendue du pouvoir constituant dérivé. Elles ne font d'ordinaire que traduire la crainte du constituant originaire de voir chambouler de fond en comble par le pouvoir constituant dérivé tout l'édifice constitutionnel parfois péniblement élaboré. Ainsi, par exemple, la crainte d'une restauration monarchique à l'occasion d'une « simple » révision constitutionnelle permet d'expliquer que la loi constitutionnelle française du 14 août 1884 disposait que « la forme républicaine du gouvernement ne peut faire l'objet d'une proposition de révision », formulation au demeurant reprise à l'article 9 de la Constitution du 27 octobre 1946 et à l'article 89 (alinéa 5) de la Constitution du 4 octobre 1958. La loi constitutionnelle de 1884 excluait de plus les descendants des familles ayant régné sur la France du droit de se porter candidat à la présidence de la République : « Les membres des familles ayant régné sur la France sont inéligibles à la présidence de la République », précisait son article 2 *in fine*. Cette exclusion créait de la sorte une forme d'indignité nationale à être élu à la Présidence de la République difficilement justifiable au regard du principe de l'égalité de *tous* les citoyens devant la loi – la loi constitutionnelle en l'occurrence.

Ces restrictions procèdent dans d'autres cas du souci de rendre à jamais intangibles certains droits consacrés au profit des citoyens. C'est notamment le cas en Allemagne où la Loi fondamentale de Bonn du 23 mai 1949 interdit toute révision portant atteinte aux droits fondamentaux qu'elle garantit. Comme elle interdit toute révision de l'article 20 en tant qu'il dispose qu'« à défaut d'autres recours, tous les Allemands ont le droit de résister à quiconque entreprendrait de renverser le régime constitutionnel ». De semblables dispositions se retrouvent, par exemple, dans la Constitution du Royaume d'Espagne de 1978, de même que dans celle de la République d'Irlande.

Il reste que de telles limites au pouvoir de révision demeurent très théoriques, sinon illusoires, dans la mesure où l'obstacle constitutionnel peut être surmonté. Il suffit pour cela de procéder en deux temps : une première révision abroge la disposition interdisant la révision avant qu'une deuxième vienne effectuer la révision de ce qui jusqu'alors ne pouvait faire l'objet d'une révision. Ce qui, en dernière analyse, revient à dire que les limites matérielles s'apparentent à des moyens dilatoires de nature à ralentir la procédure de révision bien plus que de véritables limites au pouvoir de révision.

Cette possibilité de procéder en deux temps, montre par ailleurs la vanité d'une théorie positiviste de la supra-constitutionnalité selon laquelle il existerait *au-dessus* de la Constitution ou *dans* la Constitution elle-même, mais avec une valeur supérieure aux autres dispositions, des principes juridiques – de droit positif – auxquels le pouvoir constituant ne saurait déroger, qu'il s'agisse, du reste, du Constituant originaire ou du Constituant dérivé. Une telle théorie de la supra-constitutionnalité est en effet « logiquement inconstructible » *en droit positif* comme l'a bien montré le Doyen Vedel[1], sauf à supposer, d'une part, l'existence d'un pouvoir d'une essence *théoriquement* supérieure à celle du Constituant qui, par hypothèse, est souverain, et, d'autre part, à reconnaître au juge constitutionnel – qui n'est qu'un pouvoir constitué –, le droit d'exercer *pratiquement* ce pouvoir. Ce qui reviendrait alors à admettre que le juge constitutionnel est au-dessus du Constituant et même au-dessus du peuple dans le cas où le Constituant est le peuple lui-même, de telle sorte que ce serait alors une radicale remise en cause du fondement démocratique du pouvoir dans l'État.

Autant dire alors que dans le cadre d'un positivisme qui se veut théorie pure du droit[2], il est impossible de trouver un *fondement* rationnel aux principes *fondamentaux*, quels qu'ils puissent être, censés figurer dans le texte de la Constitution, et que l'on veut soustraire au pouvoir de révision. Mais l'absence de réponse positiviste à la question ne supprime pas pour autant l'interrogation qui demeure : qu'est-ce qui peut *fonder* ces principes *fondamentaux* ? Peuvent-ils être *sans fondement* au motif qu'ils sont dits fondamentaux ?... On peut toujours persister à soutenir qu'il n'y a pas lieu de poser la question au prétexte qu'elle n'entre pas dans le cadre de *la science du droit* – la science du droit telle que l'entendent les normativistes et autres positivistes – mais c'est alors prendre le risque, fût-ce à son corps défendant, de fonder le droit sur l'arbitraire et légitimer au nom du droit – au nom de la soi-disant *pureté* de la théorie du droit – un ordre *injuste*, c'est-à-dire très concrètement, n'importe quel régime totalitaire. Ne serait-ce que pour cette raison, on comprend que cette question induite des fondements du droit positif ne saurait être éludée.

1. Georges VEDEL, « Schengen et Maastricht », *RFDA*, 1992, p. 173 ; égal. « Souveraineté et supra-constitutionnalité », *Pouvoirs*, n° 67, PUF, 1993, p. 79-97. Pour une critique du raisonnement tenu par le Doyen Vedel, v. Guilhem GOLFIN, *Souveraineté et désordre politique*, éd. du Cerf, 217, p. 86-89.
2. Il faut penser ici à la « théorie pure du droit » de Hans KELSEN et au caractère indémontrable de la norme qu'il qualifie dans un premier temps de « norme originelle » (*urnorm*) puis, dans la deuxième partie de sa vie, de « norme fondamentale » (*grundnorm*), et qui, dans son esprit, n'était qu'une norme hypothétique.

b) La question induite des fondements du droit positif

Pour apporter des éléments de réponse à cette question induite – sinon *interdite* parce que réputée sans objet –, il convient d'ouvrir une parenthèse qui nous fait pénétrer sur le terrain de la philosophie du droit. L'incursion sur ce terrain – miné – n'en sera pas moins brève même si la parenthèse peut sembler longue.

Ce qui est susceptible de *fonder* les règles inscrites dans la Constitution, susceptible donc de s'imposer au Constituant – non seulement *dérivé* mais aussi et d'abord *originaire* –, se situe ailleurs, *en amont* du droit *posé* par les hommes, *en amont* du droit positif. Ce qui ne saurait signifier *hors du champ de la raison* comme voudrait le faire croire la théorie positiviste toujours prompte à céder à la tentation scientiste. Deux approches, deux pistes qui finalement se recoupent, ou dont la seconde est le corollaire de la première, peuvent être proposées.

La première approche consiste à *raisonner* de la manière suivante et de dire que ce qui est susceptible de fonder les règles de droit positif peut être cherché dans un principe qui est la « pierre d'angle »[1] d'une civilisation particulière, comme par exemple « la dignité de la personne humaine » que mentionnent aujourd'hui la plupart des Constitutions européennes, et qui ne saurait pourtant se réduire à un droit de l'homme de valeur constitutionnelle. « La notion de dignité humaine n'est pas du droit en elle-même, écrit ainsi Bernard Beignier. C'est un principe d'une civilisation donnée, celle de l'Europe de la Chrétienté et des Lumières ». Et, ajoute-t-il, « si certains veulent "réduire" le principe en question à n'être que du droit, et du droit seulement, c'est en réalité soit par paresse intellectuelle (le juriste rebute toujours à sortir de son univers, parfois par défaut de culture), soit, pour ne pas reconnaître les sources philosophiques et spirituelles de ce principe (d'où la dispute sur le préambule d'un projet de constitution européenne et des héritages philosophiques et religieux) »[2]...

C'est la raison pour laquelle, au-delà de la référence à une civilisation particulière, la seconde approche – ou la seconde piste de recherche – consiste à se demander s'il ne convient pas de trouver aux règles de droit positif un fondement valable indépendamment d'une civilisation donnée, c'est-à-dire non plus seulement relatif à une civilisation donnée mais bien universelle, à vocation universelle à tout le moins.

Si l'on s'engage dans cette voie, on ne peut alors s'interdire *a priori* de considérer « l'hypothèse » selon laquelle le fondement des règles de droit positif inscrites dans une Constitution, peut être un principe de portée universelle dont la source est dans la loi naturelle (*lex naturalis*) qui s'énonce en droit naturel (*jus naturale*) et qui, de ce fait, est alors commun à l'humanité toute entière. Et si cette loi est dite *naturelle*, c'est parce que la nature est lisible par la raison dès lors que la raison est naturelle. Ce qui veut dire que « la possibilité pour tous

1. V. Chantal DELSOL, *Les pierres d'angle*, éd. du cerf, 2014.
2. Bernard BEIGNIER et Corinne BLERY, *Cours d'introduction au droit*, *op. cit.*, p. 58, n° 46.

les hommes et tous les États de se référer à une source universelle des droits est ouverte par la connexion intrinsèque entre nature et raison »[1]. Mais encore faut-il admettre que le droit n'est pas arbitraire, qu'il procède de l'idée de justice[2]. Étant entendu que « en tant que vertu, la justice est la volonté constante et perpétuelle d'attribuer à chacun son droit », selon la définition qu'en donnait saint Thomas d'Aquin dans une reprise du droit romain[3]. Or, précisément, ce qui est juste, ce n'est pas ce que la loi positive prescrit parce qu'elle le prescrit mais, au contraire, c'est ce que la loi positive prescrit qui doit être juste. Ce n'est qu'à cette condition que la loi positive exprime le *droit*. Il faut alors en tirer la conséquence que l'exigence de justice, qui découle de la loi naturelle, est antérieure à la formulation et à l'édiction du droit par l'État[4]. Pour le dire autrement, ce n'est pas le droit édicté par l'État – le droit positif – qui décide de ce qui est juste ; c'est ce qui est juste qui a vocation à devenir une règle de droit – positif. En somme, le droit naturel est ce qui est naturellement juste avant toute formulation légale. La fonction du droit positif est alors d'adapter aux circonstances changeantes de la vie des hommes les exigences du droit naturel.

C'est d'ailleurs en raisonnant ainsi que l'on peut comprendre le caractère « intrinsèquement pervers »[5] des systèmes totalitaires, qu'il s'agisse du communisme ou du nazisme : « le pouvoir communiste, au lieu de se laisser guider par le *droit*, s'est institué, comme le nazisme d'ailleurs, en producteur suprême de la *règle*, définissant seul, selon la formule du général de Gaulle, “le bien et le mal, le vrai et le faux, suivant ce qui est favorable à la domination totale du groupement qu'il personnifie”[6] »[7].

Il n'en demeure pas moins que les positivistes les plus dogmatiques entretiennent à cet égard un malentendu qu'il convient de dissiper. Leur erreur – qui se fait parfois tromperie – consiste à assimiler le droit naturel à un ensemble de règles « posés », à un « catalogue » de recettes à appliquer, ce que précisément il n'est pas. Au contraire, par définition, « sa

---

1. Francesco BRANCACCIO, *La laïcité. Une notion chrétienne*, *op. cit.*, p. 43.
2. « La règle – *regula* – n'est règle que si elle est droit – *ius* ». C'est ce qu'exprime cette sentence qui vient en conclusion du *Digeste* (Justinien). La règle juridique – la norme de droit positif –, en tant qu'elle a une fonction instrumentale, se déduit du droit, procède du droit qui n'est droit que pour autant qu'il « provient » de la justice. Le juriste, grâce à sa raison doit faire la part des choses pour ne pas confondre la règle de droit positif déduite, du service de la justice qui l'inspire. Faute de quoi, il court le risque de devenir – quoiqu'il s'en défende – le serviteur zélé d'une idéologie ouvertement ou sournoisement totalitaire.
3. *Somme théologique*, II, IIae, q. 58 a. 1.
4. Tout homme aspire à la justice et aucun homme ne s'accommode d'une injustice parce qu'il voit dans toute injustice un grave désordre. C'est ce qui explique que le droit romain définissait le droit à partir de l'idée de justice : le droit – *ius* – tire son nom de la justice – *iustitia* –, peut-on lire dans le *Digeste*. Or, encore une fois, qu'est-ce que la justice sinon « la volonté de rendre à chacun ce qui lui est dû » ; ce qui lui est dû, *objectivement*, et non pas ce à quoi, *subjectivement*, chacun prétend avoir droit. Car dans ce dernier cas, le *sujet* deviendrait juge et partie, et il en viendrait à croire que ce qu'il réclame ou revendique lui est *nécessairement* dû. C'est pourtant à cela que conduit l'individualisme contemporain, sinon l'absolutisme individualiste aujourd'hui triomphant, celui qui fait de la « victimisation » à outrance le prétexte facile à des revendications égoïstes sans borne.
5. C'est en ces termes que le pape Pie XI avait qualifié le communisme dans l'Encyclique *Divini Redemptoris* du 19 mars 1937. Cinq jours plus tôt, le 14 mars, l'encyclique *Mit Brenender Sorge* avait pareillement condamné le nazisme.
6. Charles de Gaulle, Discours prononcé à l'Université d'Oxford, le 25 novembre 1941.
7. Philippe PORTIER, « La philosophie politique du général de Gaulle », *in* Fondation Charles de Gaulle, (collectif), *Charles de Gaulle, chrétien, homme d'État*, coll. Histoire, Les éditions du Cerf, 2011, p. 203.

caractéristique essentielle est de n'être pas explicitement disponible pour une prétendue "application", de n'être pas explicitement posé » ; « il ne peut être formulé en règles générales et abstraites, en recettes, en réponses toutes faites et prêtes à l'emploi, avant même que les faits ne viennent poser les questions », écrit Christian Atias[1]. Ou, pour le dire autrement, plus concrètement aussi, selon l'exemple qu'en donne le philosophe Guilhem Golfin, « le droit naturel concerne les principes de l'action juste, comme le fait que dans un échange les choses échangées doivent être égales : ceci ne relève pas de la convention [du contrat], car c'est un principe qui précède la détermination conventionnelle de ce qui est effectivement égal dans tel cas de figure, principe sans lequel il n'y a pas d'échange possible et qui relève de l'ordre des choses mêmes »[2].

Un autre exemple, encore plus significatif, peut aider à comprendre cela, celui de la *Règle d'or* : « Ne fais à personne ce que tu n'aimerais pas subir »[3]. Cette *Règle d'or* est formulée dans ces termes dans *la Bible*, dans *l'Ancien Testament* plus précisément (Tobie 4, 15), et de manière positive cette fois-ci, dans le *Nouveau*, par le Christ : « Tout ce que vous désirez que les autres fassent pour vous, faites-le vous-mêmes pour eux » (*Évangile*, Mt 7,12 ; Lc 6,31). Mais on la retrouve sous une forme ou sous une autre, en dehors du judéo-christianisme, dans la plupart des traditions de sagesse, philosophiques ou religieuses[4]... Ce précepte, on le sent, on le comprend, a une portée universelle. Saint Augustin, au IVe siècle, ne se trompait pas, qui notait déjà qu'il ne peut en aucune façon varier en fonction de la diversité des peuples[5]...

Or, ce que contestent les tenants du *positivisme juridique* qui se développe au XIXe siècle, celui qui est enseigné comme allant de soi de nos jours, c'est l'existence même d'une loi naturelle sous le prétexte qu'elle serait nécessairement liée à une métaphysique[6]. C'est là encore une vue erronée car c'est par la raison que l'homme est appelé à découvrir la loi naturelle sans que cela nécessite l'adhésion – préalable – à une vérité révélée, sans qu'il lui soit besoin de faire sienne une croyance d'ordre religieux. Il faut le répéter, la loi naturelle

---

1. Christian ATIAS, *Philosophie du droit*, *op. cit.*, p. 208 et 209.
2. Guilhem GOLFIN, *Souveraineté et désordre politique*, *op. cit.*, p. 97-98.
3. C'est en se référant à une formulation négative de la « règle d'or » que saint Jérôme manifestait l'universalité de plusieurs préceptes moraux : « Ce que tu ne veux pas que l'on te fasse, ne le fais pas à autrui. Qui ne sait que l'homicide, l'adultère, les vols et toute espèce de convoitise sont le mal, de ce fait que nous ne voudrions pas que cela nous fût fait à nous-mêmes ? Si l'on ne savait pas que ces choses étaient mauvaises, jamais on ne se plaindrait quand elles nous sont infligées », (Saint Jérôme, *Espistolae* 121, 8).
4. V. Commission Théologique Internationale (CTI), *A la recherche d'une éthique universelle. Nouveau regard sur la loi naturelle*, Cahier hors-série du Collège des Bernardins, éd. Parole et silence, 2011, p. 20-40.
5. Saint Augustin, *De doctrina christiana*, III, XIV, 22.
6. Ce positivisme juridique dont l'expression contemporaine est le normativisme kelsénien, ne doit pas être confondu avec le *positivisme pratique* qui est « l'art consommé du praticien à jouer du droit », qui est « une subtilité dans l'art d'interpréter avec intelligence, talent et imagination, le droit tel qu'énoncé par les autorités compétentes ». Le positivisme dont on parle ici est bien davantage ce que le Doyen Beignier appelle « l'autisme positiviste, [...] c'est-à-dire l'inaptitude de certains juristes à *réfléchir sur le droit en dehors du droit, à avoir des perspectives de pensée qui le dépassent* », [...], ce qui révèle peut-être une « paresse de l'esprit voire une démission de l'âme », (Bernard BEIGNIER et Corinne BLERY, *Introduction au droit*, *op. cit.*, p. 46, n° 35).

est de l'ordre du *logos*, de la rationalité capable de déchiffrer le propre de l'humain en précisant le contenu de ce que veut dire exister humainement dans sa nature, sa dignité et sa vocation. Pour le dire autrement, la loi naturelle est accessible à la raison humaine commune aux croyants et incroyants.

C'est bien là d'ailleurs ce à quoi est devenu sensible un philosophe contemporain de haut vol, qui n'est pas croyant : Jürgen Habermas. Il en est même venu à penser au terme de son cheminement intellectuel que le non croyant s'égare s'il présuppose que la religion relève *a priori* de l'irrationnel[1]. Il en est résulté ce dialogue entre lui-même, philosophe « athée méthodique » de l'École de Frankfort, et le théologien cardinal Joseph Ratzinger[2] qui a eu pour cadre le colloque sur les fondements pré-politiques de l'État libéral, organisé à Munich, le 19 janvier 2004 par la *Katholische Akademie*[3]. Car aussi bien, on l'a déjà dit, le christianisme ne cherche pas une origine religieuse, un fondement religieux du droit. C'est même là un thème central de la pensée théologique du cardinal Ratzinger. Et avant de devenir le pape Benoît XVI en 2005, il avait eu maintes fois l'occasion d'exposer et d'expliciter sa compréhension des fondements universels du droit, conçus dans la perspective de la pensée chrétienne mais surtout élaborés en vue du dialogue avec la pensée laïque[4]. Ce que reconnaît la religion chrétienne, c'est le sens, autant dire le *logos* inscrit dans la nature comme fondement détectable du droit. Ce qui veut dire, encore une fois, que les fondements du droit sont accessibles d'une façon objective dès lors qu'ils appartiennent à la rationalité de la nature qui est lisible par la raison humaine. Ce que reconnaît la religion chrétienne, écrit Francesco Brancaccio, c'est « la norme divine comme un *logos*, l'expression "sensée" d'une raison divine qui se présente à des consciences rationnelles, et non pas une pure injonction ». Ce qui veut dire qu'« en se référant à des principes "non négociables", les chrétiens n'imposent pas leur approche de la foi, mais ils proposent les raisons qui leur permettent de considérer que ces principes sont sensés, rationnels et non relatifs, dans la sphère publique ». Et pour cette raison *non négociables*. Il faut en conclure que « le débat qui en découle ne porte donc pas sur la foi mais sur la rationalité des principes qui sont proposés »[5] : il n'est pas conditionné par la référence obligée à des prémisses religieuses (C.Q.F.D.).

Mais refermons cette longue parenthèse et revenons à des considérations qui s'inscrivent dans une perspective – strictement – *positiviste*, pour évaluer la pertinence de l'idée, parfaitement défendable, selon laquelle il existe aussi dans toute Constitution, nécessairement et logiquement, des dispositions ontologiquement insusceptibles de révision et moins encore d'abrogation. Quand bien même l'interdiction de les abroger ou de les réviser

1. Jürgen HABERMAS, « Pluralisme et morale », revue *Esprit*, juillet 2004.
2. Jürgen HABERMAS, Joseph RATZINGER, *Raison et religion. La dialectique de la sécularisation*, éd. Salvator, Paris, 2010.
3. La question débattue lors de ce colloque était de savoir si la démocratie libérale a besoin de prémisses religieuses pour se constituer ou pour fonctionner.
4. V. Jean-Luc POUTHIER, « Benoît XVI, un européen face au catholicisme mondialisé », *in* revue *Esprit*, n° 315, 2005/6, p. 163-167.
5. Francesco BRANCACCIO, *La laïcité, une notion chrétienne*, *op. cit.*, p. 63-64.

ne serait pas formulées *expressis verbis*, quand bien même le texte constitutionnel n'en dirait rien parce que ses rédacteurs auraient supposé qu'il était superflu de préciser cette interdiction. En tout cas, ce qu'il faut comprendre, c'est qu'évoquer de telles dispositions, ontologiquement insusceptibles de révision, conduit à se placer dans une perspective toute différente que celle envisagée jusqu'ici, une perspective étrangère à la théorie de la supra-constitutionalité et indépendante de toute référence au droit naturel.

2. Des dispositions *ontologiquement* insusceptibles de révision

Ces restrictions au pouvoir de révision que nous qualifions d'ontologiques – *ontos* : l'être –, sont au mieux implicites mais elles n'en sont pas moins logiques. Elles sont *ontologiques* en ce sens qu'elles tiennent à *l'être* même de l'État – à ce qui le fait être ce qu'il est –, sans ne rien devoir à une quelconque consécration expresse dans le texte de la Constitution.

Sont dès lors concernées tout à la fois des dispositions qui conditionnent *l'existence* de l'État, et celles qui en expriment *l'essence*, c'est-à-dire la souveraineté. Car il n'y a d'État que *souverain*[1] et pour autant que sont et demeurent réunies les conditions de son existence : un *territoire*, une *population*, une *puissance publique*. Un avis de la *Commission d'arbitrage de la conférence européenne pour la paix en Yougoslavie*, présidée par Robert Badinter – président du Conseil constitutionnel français de 1986 à 1995 –, l'a rappelé opportunément, il y a quelques années : « L'État, dit cet avis, est communément défini comme une collectivité qui se compose d'un territoire et d'une population soumis à un pouvoir politique et se caractérise par la souveraineté »[2].

En d'autres termes, c'est ce dont convient aussi Frédéric Rouvillois qui considère très justement qu'« on doit se demander si certaines dispositions *essentielles* ne sont pas, par principe ou *par nature*, insusceptibles de révision, même lorsque cette dernière n'a pas été expressément interdite »[3], c'est-à-dire, *indépendamment du fait* qu'elle ait été interdite. Peut-on ainsi concevoir un pouvoir de révision qui ne serait pas limité[4] par l'obligation de ne pas priver l'État des compétences constitutives de la puissance étatique, à tout le moins du libre exercice de ces compétences ? Il ne saurait en effet y avoir de pouvoir de révision dans l'État que parce qu'il y a un État, c'est-à-dire que pour autant que son existence n'est pas remise en cause par la révision. C'est là un préalable incontournable d'un point de vue logique. Autrement dit, poser la question de la nécessaire limitation du pouvoir de révision, ce serait déjà y répondre et l'on comprend dès lors que pour éviter d'avoir à y répondre – par l'affirmative –, beaucoup préfèrent s'abstenir de la poser.

---

1. Il n'y a d'État que souverain, hormis le cas de l'État fédéré au sein de l'État fédéral, qui ne conserve de l'État que *la puissance sans la souveraineté*, autrement dit que l'apparence et le nom (V. *supra* les développements sur le phénomène fédératif et plus particulièrement l'État fédéral).
2. Avis n° 1 de la « Commission Badinter », du 29 mars 1991, *RGDIP*, 1992, p. 264.
3. Frédéric ROUVILLOIS, *Droit constitutionnel. Fondements et pratiques*, *op. cit.*, p. 140.
4. V. Olivier Beaud, « La souveraineté de l'État, le pouvoir constituant et le traité de Maastricht. Remarques sur la méconnaissance de la limitation de la révision constitutionnelle », *RFDA*, 1993, p. 1045-1068.

Il résulte de tout ce qui précède que le pouvoir de révision, aussi étendu soit-il, ne saurait logiquement porter atteinte ni aux *conditions d'existence* de l'État ni à son *essence*. Le pouvoir constituant institué qui n'existe qu'en vertu de la Constitution – laquelle *présuppose* à son tour un État –, ne saurait en effet *disposer*[1] à sa guise de l'État à l'occasion d'une révision de la Constitution[2]. Ce qui revient à dire que si, en pratique, *de facto*, le pouvoir de révision s'en affranchit, s'il outrepasse le pouvoir qui lui est seulement délégué par le Constituant originaire, il ne saurait alors de ce seul fait engager le constituant originaire qui continue d'exister « à côté et au-dessus de la Constitution »[3], pour reprendre une formule de Carl Schmitt.

Que faut-il alors en conclure lorsqu'une révision de la Constitution a pour objet de *transférer* à des autorités extérieures à l'État des compétences qui ne sont rien d'autres que les *attributs*, *marques* ou *prérogatives* de la souveraineté de l'État – des *compétences de souveraineté* –, ou lorsqu'elle a pour effet de faire perdre à l'État *l'entière maîtrise de son territoire et les moyens de contrôler la population qui y séjourne*, en d'autres termes, lorsqu'elle a pour effet de le priver de cette liberté dont il ne saurait être privé de déterminer les conditions de franchissement de ses frontières et du séjour des ressortissants étrangers sur son sol, en exerçant les prérogatives de puissance publique qui sont les siennes ? Tout simplement que cette révision ne saurait être opposable au constituant originaire dans la mesure même où ces compétences s'analysent comme des dispositions que l'on peut qualifier d'*indisponibles*[4] : en priver l'État, c'est empêcher l'État d'être.

Or, n'était-ce pas là précisément l'objet des révisions successives de la Constitution du 4 octobre 1958, toutes opérées par le pouvoir de révision, et toutes commandées par *la participation de la République française à l'Union européenne* instituée par le traité de Maëstricht du 7 février 1992[5] ? Les compétences dont le *transfert* a été autorisé par la révision du 25 juin 1992[6], puis, semblablement, par la loi constitutionnelle du 25 janvier 1999, préalable à la ratification du traité d'Amsterdam du 2 octobre 1997, encore par celle du 1er mars 2005, rendue nécessaire par la volonté des pouvoirs constitués – contredite par le peuple qui est par ailleurs le constituant originaire ! –, de ratifier le traité établissant une Constitution

1. « Disposer », en droit est plus large qu'aliéner. Aliéner un bien (immobilier), c'est le *vendre*, le *donner* ou le *léguer* ; en disposer ce peut être encore le *détruire*... ou, ici, le faire disparaître.
2. V. Michel CLAPIÉ, « Les limites au pouvoir de révision du Congrès du Parlement », *LPA*, n° 71, 10 avril 2000, p. 25-31.
3. Carl SCHMITT, *Théorie de la Constitution, op. cit.*, p. 212.
4. V. Michel CLAPIÉ, « Indisponibilité des compétences et transferts de compétences. Discussion autour d'une disposition constitutionnelle aporétique : "La République participe à l'Union européenne" », *in* Recherche collective du CREAM, *L'indisponibilité des compétences, op. cit.*, 2013, p. 25-86.
5. L'article 88-1 est désormais ainsi rédigé (23 juillet 2008) : « La République participe à l'Union européenne constituée d'États qui ont *choisi librement d'exercer en commun certaines de leurs compétences* en vertu du traité sur l'Union européenne et du traité sur le fonctionnement de l'Union européenne, tels qu'ils résultent du traité signé à Lisbonne le 13 décembre 2007 ».
6. Jusqu'au traité de Lisbonne du 13 décembre 2007 qui devait conduire à remanier la rédaction du Titre XV de la Constitution précédemment intitulé : « Des Communautés européennes et de l'Union européennes », l'expression « transfert de compétences » figurait à l'article 88-2.

pour l'Europe[1], enfin celle du 9 février 2008 anticipant la ratification du traité de Lisbonne signé le 13 décembre 2007 – puis celle du 23 juillet 2008 –, sont toutes en effet des compétences qui ne sont rien d'autre que des attributs de la souveraineté de l'État ou qui ont pour objet de faire perdre à l'État la pleine maîtrise de son territoire et le contrôle effectif de la population qu'il accueille sur son sol.

Il s'agit bien là en effet, d'une part, des compétences qui correspondent à celles que Jean Bodin appelait, comme on l'a déjà noté, « les marques de souveraineté » : le pouvoir de « battre monnaie », attribué à la *Banque Centrale Européenne*, celui du « dernier mot » reconnue à la *Cour de Justice de l'Union européenne* – précédemment, à la *Cour de Justice des Communautés européennes* –, celui de « faire ou casser la loi », exercé par les institutions de l'Union européenne à travers *les directives et les règlements communautaires* et qui, parce qu'elles sont adoptées *à la majorité*, s'imposent de ce fait aux autorités nationales, fût-ce contre leur volonté. Et il s'agit d'autre part, comme l'explicitait l'article 88-2 de la Constitution dans son ancienne rédaction issue de la révision de 1999, des « compétences nécessaires à la détermination des règles relatives à la libre circulation des personnes et aux domaines qui lui sont liés »[2]. Ce sont donc bien des compétences qui sont de celles qui touchent à ce qui conditionne l'existence d'un État : un *territoire*, une *population* et une *puissance publique*, puisque, en vertu du traité instituant l'Union européenne – et du traité sur le fonctionnement de l'Union européenne[3] –, il s'agit des compétences relatives à *la délivrance des visas, au droit d'asile, à la politique de l'immigration et aux autres politiques liées au franchissement des frontières*[4].

On conviendra volontiers que les choses sont rarement présentées sous cet angle. C'est une façon d'éviter un débat auquel beaucoup de juristes veulent échapper. Mais éluder un problème, ce n'est pas le résoudre. La question des limites ontologiques au pouvoir de révision se pose pourtant bel et bien, mais ce n'est pas sur le terrain de la supra-constitutionalité qu'on peut tenter d'y répondre. En effet, le propre de ces limites ontologiques au pouvoir de révision, c'est qu'elles ne doivent rien à un hypothétique fondement supra-constitutionnel, comme on vient de le voir, indémontrable *en droit positif*. Elles ne tiennent pas à des considérations de *primauté juridique* mais à des considérations d'*antériorité logique*. Elles ne découlent pas de *principes constitutionnels juridiquement « prééminents »* mais, si l'on peut dire, des *principes constitutifs de l'État, logiquement préexistants* au texte de la Constitution.

---

1. Cette révision du 1er mars 2005, rendue nécessaire par la signature du traité établissant une Constitution pour l'Europe signé à Rome le 29 octobre 2004, est restée « lettre morte » en raison du résultat négatif du référendum du 29 mai 2005, dont l'objet était d'approuver la loi autorisant la ratification de ce traité.
2. Cette mention a été supprimée dans l'actuel Titre XV de la Constitution, désormais intitulé : « De l'Union européenne », tel qu'il résulte de la dernière révision en date, celle du 23 juillet 2008. Sa rédaction actuelle est en effet beaucoup plus elliptique : l'expression « transfert de compétences » en a été gommée, pas sa réalité.
3. La Constitution, après la révision du 23 juillet 2008, renvoie désormais au *traité sur l'Union européenne* et *au traité sur le fonctionnement de l'Union européenne*, sur lesquels l'Union européenne « est fondée » aux termes de l'article 1er alinéa 2 TUE.
4. V. TFUE, Titre V : « *L'espace de liberté, de sécurité et de justice* », (art. 67 à 89), notamment son Chapitre 2 : « *Politiques relatives aux contrôles aux frontières, à l'asile et à l'immigration* », (art. 77 à 80).

Car, encore une fois, l'État n'existe pas par ce seul fait qu'il est doté d'une Constitution, mais parce que les conditions *politiques* et *historiques* de son existence sont préalablement réunies. Rappelons-nous ce qu'écrivait Edith Stein : « un État n'est pas un simple effet d'actes juridiques relevant du droit positif (bien que ce ne soit qu'avec la constitution juridique qu'il devient un État au plein sens du terme), mais se rattache au développement antérieur d'une communauté », d'une communauté humaine[1].

Ce qui revient à dire, comme on l'a posé en commençant, qu'avant d'être juridiquement encadré par la constitution, le pouvoir politique a besoin d'un cadre organique. Ce cadre organique, c'est précisément l'État qui, en tant que phénomène historique et politique, préexiste logiquement, dans l'ordre des faits et de la temporalité.

*

Ayant ainsi étudié l'État et sa constitution, – l'État constitutionnel –, il faut maintenant envisager les conditions dans lesquelles les organes dont est doté l'État, eux-mêmes composés de personnes physiques – les gouvernants –, veulent et agissent en son nom, et exercent concrètement, toujours en son nom, le pouvoir politique.

Exercer le pouvoir politique dans le cadre de l'État et en son nom, conformément à sa constitution, tel est l'objet du *gouvernement* au sens *fonctionnel* – et non pas organique – du terme. Or, comme l'écrit Simone Goyard-Fabre, on constate qu'« au cœur des Temps modernes, *l'État constitutionnel* qui s'est installé dans le monde occidental s'est mis, nonobstant les variantes dont rend compte, selon les pays, son aménagement institutionnel, au service de la liberté des citoyens et des peuples »[2]. Afin de promouvoir tout à la fois, individuellement, *la liberté de la personne humaine* et, collectivement, *le droit des peuples à disposer d'eux-mêmes*. Et c'est précisément en faisant cela, en promouvant par des institutions appropriées, tout à la fois la liberté des citoyens et celle des peuples, que l'on a cherché à rendre plus légitime le gouvernement s'exerçant dans ces États. Étant entendu que pour être et demeurer légitime, un pouvoir établi, un gouvernement au sens fonctionnel du terme, doit avoir pour souci le service et le respect du Bien commun qui demeure sa raison d'être, quel que soit l'aménagement institutionnel retenu et le titulaire effectif de l'autorité publique.

1. Edith STEIN, *De l'État*, *op. cit.*, p. 115.
2. Simone GOYARD-FABRE, *L'État, figure moderne de la politique*, *op. cit.*, p. 83.

DEUXIÈME PARTIE

La recherche du gouvernement légitime

La légitimité, c'est ce qui fait qu'un pouvoir peut s'exercer « sans être perpétuellement disputé ou discuté »[1]. C'est grâce à la légitimité que se trouve réalisé ce que Simone Goyard-Fabre appelle, « le miracle de l'obéissance des gouvernés aux gouvernants »[2]. Et cette obéissance, c'est sur une relation de confiance sans cesse renouvelée dans le temps que la légitimité l'assoit. La durée apparaît ainsi comme la mesure de la légitimité, car la durée atteste sa validité[3].

Cette question de la légitimité est au cœur de l'interrogation politique et ne peut laisser indifférent les juristes[4]. Ils l'abordent pourtant rarement[5], ou très mal[6], car « elle échappe aux critères des catégories rigides »[7].

Max Weber – mais il n'était pas juriste – s'y est cependant intéressé avec quelque succès. Il distinguait ainsi trois types idéaux de légitimité : il opposait à *la légitimité traditionnelle*, la plus ancienne, fondée sur ce qu'il appelait « l'autorité de l'éternel hier », une *légitimité charismatique* fondée sur « la grâce personnelle et extraordinaire d'un individu » – à quoi on reconnaît « l'homme providentiel » – avant de dire sa préférence pour la troisième forme de légitimité, *la légitimité rationnelle* qui se veut fondée sur la raison, et qui se traduit, quant à elle, dans une « autorité qui s'impose en vertu de la légalité »[8]. Il parlera d'ailleurs incidemment de légitimité « légaliste » et écrira même : « la forme aujourd'hui la plus courante de la légitimité, c'est la foi en la légalité »[9]. Ces types idéaux ne correspondent pas pour autant à ce qu'enseigne l'expérience politique. Mais il est vrai que le but de Max Weber était moins de reproduire la réalité empiriquement observée que de construire, à partir d'elle, des modèles théoriques idéaux. L'expérience politique révèle que ce qui fonde, *dans les faits*, plus prosaïquement, la légitimité d'un pouvoir, ce sont *les services qu'il rend*. « Comment s'impose-t-on à un peuple ? Toujours de la même manière : par les services rendus », remarquait l'historien Jacques Bainville[10]. Pour le dire autrement, à la manière de Christian Atias, « sous toutes ses formes, sous toutes les latitudes et à toutes les époques, la légitimité se mérite »[11].

1. Edmond POGNON, *De Gaulle et l'histoire de France. Trente ans éclairés par vingt siècles*, Albin Michel, 1970, p. 217.
2. Simone GOYARD-FABRE, *L'État, figure moderne de la politique*, *op. cit.*, p. 157.
3. V. Guglielmo FERRERO, *Pouvoir. Les génies invisibles de la Cité*, Plon, 1944.
4. V. Christian ATIAS, *Philosophie du droit*, *op. cit.*, p. 223-231.
5. À l'exception notable de Frédéric Rouvillois (*Droit constitutionnel. Fondements et pratiques*, *op. cit.*, p. 188-194).
6. « La légitimité, écrivent Anne et Pierre Rouanet, laissons les professeurs de droit gloser dessus. Ils n'en cernent jamais une définition juridique satisfaisante, pour la simple et bonne raison que précisément ce n'est pas affaire juridique », (A. et P. ROUANET, *L'inquiétude outre-mort du général de Gaulle*, Plon, 1985, p. 121).
7. Frédéric ROUVILLOIS, *Droit constitutionnel. Fondements et pratiques*, *op. cit.*, p. 301.
8. Max WEBER, « Le métier et la vocation d'homme politique » (*in Le savant et le politique*), *op. cit.*, p. 102-104.
9. Cité par Carl SCHMITT dans « Légalité et légitimité » (V. *Du politique, légalité et légitimité et autres essais*, Puiseaux, Pardès, réédition, 1990, p. 46).
10. Jacques BAINVILLE, *Histoire de France*, *op. cit.*, p. 36.
11. Christian ATIAS, *Philosophie du droit*, *op. cit.*, p. 223.

Ce souci de la légitimité du pouvoir et du gouvernement dans l'État, était déjà présent dans la pensée de saint Thomas d'Aquin qui, dès le XIIIe, distinguait la *légitimité d'origine* et la *légitimité d'action*, comme le fera après lui – ou d'après lui – la Doctrine sociale de l'Église[1]. Pour saint Thomas d'Aquin, après Aristote, comme dans la doctrine sociale de l'Église, en effet, *la légitimité d'action* réside dans la poursuite et le service du *Bien commun* qui est la raison d'être de l'autorité politique, c'est-à-dire de tout gouvernement quels qu'en soient l'origine, le fondement ou la forme[2]. « Ce qui signifie, en conclut logiquement Alain de Benoist, que le bien commun est la source fondatrice de la légitimité des décisions politiques, la légalité n'étant elle-même légitime que si elle est ordonnée à ce but »[3]. Mais force est de constater que dans les États occidentaux, depuis le XVIIIe siècle, *la légitimité d'action* se réduit à seulement organiser – par l'agencement institutionnel et la garantie effective des droits et libertés des gouvernés – la limitation du pouvoir des gouvernants. On a oublié – ou l'on feint d'oublier – qu'il n'y a d'action légitime qu'ordonnée au *bien commun* et que, par conséquent, ce qui est légal n'est pas nécessairement légitime[4].

Comme l'on oublie pareillement qu'un gouvernement, eût-il *l'apparence* de la légalité, n'est pas pour autant de ce seul fait légitime : d'autres « paramètres » entrent en ligne de compte[5]. C'est ce qu'illustre la question délicate et très controversée du *Régime de Vichy* mis en place par le Maréchal Pétain en 1940, après la demande d'armistice. Car ce qui fonde la légitimité d'un gouvernement, dans un État donné, c'est aussi, sinon d'abord, *l'indépendance* de ce gouvernement, qui, effectivement, ne doit *dépendre* d'aucune puissance étrangère, imposant à travers lui, sa volonté. Un gouvernement asservi par la force à un pouvoir extérieur et supérieur à lui, ne peut être que *subi et non consenti*. Il ne peut donc être tenu pour légitime, quand bien même il aurait l'apparence de la légalité formelle. Et ne pouvant l'être, ses actes – ou ses crimes – n'engagent dès lors que la responsabilité de ceux qui s'en sont rendus coupables ou en ont été les complices. Autrement dit, les gouvernants *de fait* et non l'État lui-même. Les Français qui ne se sont pas compromis en collaborant

---

1. V. Jean-Luc CHABOT, *La doctrine sociale de l'Église*, coll. QSJ, PUF, 1992, p. 76 et s.
2. Tout gouvernement, quel qu'il soit – quelle que soit sa *forme* –, pour être légitime, doit rechercher la *paix* comme *bien commun élémentaire* et la *liberté* comme *bien commun supérieur*... Mais approfondir cette question du bien commun, nous conduirait à quitter le terrain proprement institutionnel qui est celui du droit constitutionnel pour pénétrer sur celui de la philosophie politique...
3. Alain de BENOIST, *Ce que penser veut dire*, *op. cit.*, p. 161-162.
4. Le 31 mars 2006, interrogé sur RTL, le Premier secrétaire du *Parti socialiste français* – à l'époque, M. François Hollande – déclarait : « Ce n'est pas parce qu'un dispositif est *légal* qu'il n'y a pas de *légitimité* à le contester » ! En l'occurrence, il s'agissait pour lui de s'opposer à la loi instituant le *Contrat Premier Emploi* (CPE) que le Conseil constitutionnel venait tout juste de valider. Il ajoutait même qu'il irait manifester contre, « car ce combat est *juste* »... L'ironie de l'histoire veut que c'est exactement sur le même fondement que, durant l'hiver et le printemps 2013, des centaines de milliers de Français ont manifesté contre le projet de loi déposé par le Garde des Sceaux – nommé par le Président François Hollande –, puis contre la loi – votée par le parlement –, instituant le « mariage pour tous »... Ils ont manifesté parce qu'ils estimaient que ce combat était *juste* et que ce n'était pas parce que « le dispositif » était devenu légal – une fois la loi votée, en mai 2013 – qu'il n'y avait pas de *légitimité à le contester* !
5. Rappr. *La théorie du Prince esclave* formulée par le Révérend Père jésuite Gaston Fessard, dans la consultation donnée à la demande de Mgr Théas dès sa libération des geôles de l'occupant allemand, le 8 septembre 1944. Le texte de cette consultation est publié dans la revue *Espoir*, n° 99, novembre 1994, p. 112-114.

délibérément et activement avec l'ennemi, comme, à plus forte raison, les Françaises et les Français nés après la Deuxième guerre mondiale n'ont pas à faire acte de repentance – ou de pénitence –, ils n'ont pas à se repentir du comportement des « usurpateurs » qui, dans le cadre du régime dit de Vichy, prétendaient être le gouvernement de la France, alors qu'ils ne l'étaient pas et ne pouvaient l'être.

Ce que nul ne saurait cependant contester et ce que nul n'a oublié, c'est que le contraire du gouvernement légitime, c'est le gouvernement despotique ou tyrannique : « tyran est aussi bien celui qui exerce un pouvoir *non fondé* que celui qui l'exerce *arbitrairement* »[1]... En s'accordant sur ce point, les États du monde occidental se réfèrent malgré tout, peu ou prou, à la distinction thomiste entre *légitimité d'origine* et *légitimité d'action*. Les fondements de la légitimité qui sont communs à ces régimes en témoignent (Chapitre 1). Les formes de gouvernement qui en procèdent le confirment (Chapitre 2).

1. Alexandre PASSERIN D'ENTREVES, « Légalité et légitimité », *in L'idée de légitimité*, *Annales de philosophie politique*, n° 7, PUF, 1967, p. 30.

CHAPITRE 1

Les fondements de la légitimité

Les régimes du monde occidental contemporain puisent à la même source les idées ou plus exactement les principes de philosophie politique qui les font être ce qu'ils sont, et qui demeurent *à ce jour* ceux qui sont *considérées*[1] comme l'assise d'un gouvernement légitime ; ceux dont le respect et la mise en œuvre sont considérés comme une condition nécessaire – quoique non suffisante – de leur légitimité. Ces principes qui s'épanouirent du XVIIIe au XXe siècle, et qui ont trait à l'*origine* du pouvoir et à son *action*, s'articulent autour des deux critères thomistes à partir desquels s'apprécie la légitimité d'un pouvoir. Ils sont comme le *dénominateur commun* de la conception du pouvoir politique qui prévaut dans « l'aire culturelle européo-occidentale »[2]. Un dénominateur commun qui mêle et combine les logiques libérale et démocratique.

On trouve la première expression de cette pensée dans la *Déclaration d'indépendance* des colonies britanniques d'Amérique, du 4 juillet 1776. Cette déclaration, que l'on doit à la plume de Thomas Jefferson, s'ouvre en effet par ces mots : « Nous tenons pour évidentes les vérités suivantes : tous les hommes sont créés *égaux*, ils sont dotés par leur créateur de certains droits inaliénables au nombre desquels figurent *la liberté*, la vie et la poursuite du bonheur ; les gouvernements sont institués parmi les hommes pour *garantir ces droits* et ils tirent leurs justes pouvoirs du *consentement des gouvernés* ».

Si l'on fait l'effort d'aller à l'essentiel, on constate que deux choses *légitiment* l'institution des gouvernements. La première, c'est que la finalité des « gouvernements institués » consiste à « garantir les droits », à commencer par la liberté, dont « sont dotés » les hommes. C'est là une manière d'affirmer, au moins implicitement, que le pouvoir des gouvernements est – ou doit être – nécessairement *limité*, car avant de garantir des droits, il faut d'abord commencer par les respecter. Et comment les respecter vraiment, si les gouvernements outrepassent leur pouvoir en brimant les droits des gouvernés ? La deuxième chose qui, cumulativement, légitime, l'institution des gouvernements, c'est « le consentement des gouvernés ». Le consentement certes, mais pas seulement. Car si, comme le notait Georges

1. « La légitimité, note Frédéric Rouvillois, n'a jamais un contenu objectif, stable et universel. De même que la *beauté* ou la *vertu*, il s'agit toujours d'une qualité relative, qui dépend d'un certain environnement culturel, d'un certain système de valeurs variable avec le temps, le lieu, mais aussi les personnes qui la *considèrent* », (F. ROUVILOIS, *Droit constitutionnel. Fondements et pratiques*, *op. cit.*, p. 192). La légitimité échappe en effet à toute définition rationnelle et objective ; elle se perçoit mieux qu'elle se conçoit, un peu comme si elle appartenait moins au *monde intelligible* qu'au *monde sensible*. En un mot, celui de Maurice Duverger, « la légitimité ne se définit pas dans l'abstrait », (M. DUVERGER, *Sociologie politique*, coll. Thémis, PUF, 1968, p. 147).
2. Jean-Luc CHABOT, *Introduction à la politique*, *op. cit.*, p. 10.

Burdeau, « nous vivons à l'époque de la légitimité démocratique »[1], cela signifie que le pouvoir ait, en outre, « sa source dans le peuple »[2]. Que ce consentement soit explicite et non seulement tacite, qu'il ne se déduise pas de la seule obéissance passive mais qu'il procède de l'assentiment formulé expressément[3].

On observe cependant que donner pour seule finalité au pouvoir, dans l'exercice qui en est fait, la promotion des libertés et la garantie des droits individuels, c'est présupposer que cela seul suffit à réaliser le *bien commun* auquel doit tendre dans son *action*, pour être légitime, tout gouvernement. Or, ce n'est pas le cas car cela est loin de suffire. Cette conception de la finalité du pouvoir, très restrictive, est celle du libéralisme anglo-saxon. Ce n'est pas celle – ou plutôt ce *n'était pas* celle – de la République Française qui, dans sa tradition historique est bien plus exigeante – et en cela elle n'est pas aussi éloignée qu'on pourrait le croire de la doctrine sociale de l'Église. Sa devise trinitaire : « liberté, égalité, fraternité », en est l'indice, d'autant que la formule semble remonter à un théologien catholique du XVIIe siècle, Fénelon en l'occurrence[4]. Ce qui veut dire que du point de vue de la détermination des critères de la légitimité d'un gouvernement, le dénominateur commun des régimes occidentaux n'est en réalité que leur *plus petit* dénominateur commun. En ce domaine aussi, la République Française fait *exception* dans le monde occidental[5].

Sous cette réserve – mais elle est de taille –, on notera enfin que, historiquement et chronologiquement, le triomphe du libéralisme précède l'avènement de la démocratie. Le libéralisme démocratique qui donnera naissance à la démocratie libérale – qui est le vrai nom de ce que l'on appelle aujourd'hui : *démocratie* – en réussira la synthèse. Mais une synthèse qui tardera à venir puisque ce n'est qu'au XXe siècle que seront tirées toutes *les conséquences institutionnelles* de ce qu'impliquent le libéralisme et la démocratie. Une synthèse, certes, mais une synthèse fragile car rien n'est jamais définitif. À l'orée du XXIe siècle, la logique technocratique dans laquelle baignent les *élites mondialisées*, par ailleurs ralliées au libéralisme libertaire, tend à supplanter la démocratie réelle, de sorte que se préconisait Claude-Henri de Saint-Simon dès le XIXe siècle, est en train de se réaliser sous nos yeux : la substitution de l'administration (technocratique) des choses au gouvernement (démocratique) des hommes. La notion de « bonne gouvernance »[6], désormais invoquée

1. Georges BURDEAU, *Traité de science politique*, t. V, LGDJ, 1985, p. 512.
2. Philippe LAUVAUX, *Les grandes démocraties contemporaines*, coll. Droit fondamental, PUF, 1990, p. 40.
3. À la limite, on pourrait considérer que pendant tout le temps où un pouvoir établi est obéi, ce pouvoir est *supposé* consenti, quand bien même il n'est pas démocratiquement investi. D'où la légitimité monarchique de droit divin, en France, sous l'Ancien régime, et cette phrase du général de Gaulle – c'était à propos du Maroc –, rapportée par Alain Peyrefitte : « la légitimité et la démocratie ne vont pas forcément ensemble », (A. PEYREFITTE, *C'était de Gaulle*, t. 1, éd. de Fallois-Fayard, 1994, p. 410).
4. V. Mona OZOUF, « Liberté, égalité, fraternité », *in* Pierre NORA (dir.), *Les lieux de mémoire*, vol. 3, Gallimard, p. 4356.
5. Sur les *raisons* de cette « exception française », et ses manifestations, lire l'excellent petit essai de Daniel TEYSSEIRE, *La France singulière. Essai de politique historique sur la spécificité française*, Bourin éditeur, 2006, 107 p.
6. Il n'est pas inutile de rappeler que ce vocable de « bonne gouvernance » est né aux États-Unis en 1937 sous la plume de l'économiste Ronald Coase avant d'être repris par divers cercles patronaux – au sens de *technique de management* –, d'être enfin sacré par la Commission trilatérale – qui prônera la *gouvernance mondiale* – et d'entrer, ainsi « adoubé », dans le jargon de la Commission de Bruxelles, puis, par mimétisme, dans celui des élites politiques mondialisées.

à tout propos, en est un signe qui ne trompe pas[1], de même que, plus timidement, celui d'*épistocratie*. Ce néologisme déjà connu de la doctrine anglo-saxonne, écrit Alexandre Viala, « désigne un mode de gouvernement au sein duquel le pouvoir serait confié aux savants »[2], et aux experts, ou supposés tels.

Toujours est-il que, mieux que quiconque sans doute, c'est René Capitant qui a montré dans une formule ramassée tout à la fois la *dualité* et la *complémentarité* de la philosophie libérale et de l'aspiration démocratique. « Les libéraux veulent limiter le pouvoir, écrivait-il, les démocrates se préoccupent de l'organiser pour que tous y participent ». Il ajoutait : « Le libéralisme est une doctrine de restriction du pouvoir, la démocratie une doctrine de participation »[3]. Précisons néanmoins qu'en disant cela René Capitant pensait au seul pouvoir politique car les libéraux n'ont pas les mêmes préventions à l'égard des autres *pouvoirs de fait* qui interfèrent avec le pouvoir politique au sein de la société, et constituent autant de féodalités[4]. À commencer par le pouvoir bien réel des puissances d'argent même si l'on feint d'ignorer leur influence occulte, notamment dans la presse et les médias qui conditionnent et « façonnent » l'opinion.

Mais c'est là un autre débat. Il faut s'en tenir ici à l'étude du libéralisme politique et de ses implications constitutionnelles, comme d'un principe de limitation du pouvoir des gouvernants (Section 1), avant d'aborder celle de la démocratie politique et de sa mise en œuvre constitutionnelle, comme d'un principe de participation au pouvoir des gouvernés (Section 2).

---

1. La promotion d'« une bonne gouvernance » était ainsi affirmée en toutes lettres à l'article I-50 du *traité établissant une Constitution pour l'Europe*. On la retrouve dans sa « version recyclée » qu'est le traité de Lisbonne du 13 décembre 2007, à l'article 15-1 TFUE. Mais ce concept n'est pas neutre. La « bonne gouvernance » réduit la politique à la « bonne gestion » selon les critères d'une économie fondée sur le libre-échangisme mondialisé, au respect desquels les choix démocratiques seraient censés être subordonnés. Qui plus est, « *bonne gestion* n'est pas synonyme de *bon gouvernement*. Bien gérer ne veut pas dire bien gouverner : nos comptes peuvent être corrects, écrit Claude Rochet, mais nos choix politiques injustes ou erronés », (C. ROCHET, « Philosophie politique de la République. Non à l'euthanasie technocratique de l'État », revue *Perspectives républicaines*, n° 2, juin 2006, p. 38).
2. Alexandre VIALA, « Le macronisme ou le spectre de l'épistocratie », *Le Monde* daté du 19 octobre 2017, p. 22.
3. Cité par Gérard CONAC, « L'apport de René Capitant au droit constitutionnel et à la science politique », *in Apports de René Capitant à la science juridique*, Litec, 1992, p. 71.
4. Dans une conférence de presse tenue le 12 novembre 1947, le général de Gaulle déclarait non sans lucidité : « Dans l'histoire de France, il y a toujours eu, sous une forme ou sous une autre, des féodalités. Aujourd'hui, elles ne sont plus dans les donjons, mais elles sont tout de même dans des fiefs. Ces fiefs sont dans les partis, dans les syndicats, dans certains secteurs des affaires – excusez-moi – de la presse, de l'administration, etc. Les féodaux, concluait-il, ne sont jamais favorables à un État qui fasse réellement son métier, et qui, par conséquent, les domine ».

Section 1 – **La limitation du pouvoir des gouvernants**

Le fond de la pensée libérale tient le pouvoir de l'État pour un mal nécessaire : il n'est utile que pour autant qu'il est strictement nécessaire. Ainsi, pour les libéraux, limiter le pouvoir des gouvernants, c'est préserver la liberté des gouvernés. Et préserver cette liberté, voilà la fin ultime de tout gouvernement. Ce qui veut dire que l'action des gouvernants, quels qu'ils soient, ne sera légitime que pour autant que le pouvoir de ces derniers sera limité, à la différence d'un « gouvernement despotique »[1] ou d'un « pouvoir totalitaire »[2], par hypothèse sans limite, et dès lors illégitime parce qu'attentatoire à la liberté des gouvernés.

Ce souci d'organiser la limitation du pouvoir des gouvernants est à l'origine de ce que l'on appellera le *constitutionnalisme*[3] qui, au fond, n'est que la traduction de la philosophie libérale dans sa dimension politique ; le capitalisme, en schématisant, étant sa traduction dans le domaine économique[4]. Ce souci de limiter le pouvoir des gouvernants, procède aussi de cette idée que le pouvoir doit assurer simplement la coexistence des libertés individuelles. Il a trouvé sa meilleure expression dans l'article 16 de la *Déclaration des droits de l'Homme et du citoyen du 26 août 1789* : « Toute société dans laquelle la garantie des droits n'est pas assurée ni la séparation des pouvoirs déterminée, n'a point de Constitution ».

C'est dire que pour les libéraux, théoriciens ou praticiens, l'objet essentiel d'une Constitution n'est pas tant de se préoccuper de la source du pouvoir politique, de savoir qui est le titulaire du pouvoir et qui l'exerce, mais bien plus de prévoir les moyens de l'encadrer afin de le limiter dans l'action qui doit être la sienne. Pour eux, la Constitution ne remplira sa

---

1. « Dans le gouvernement despotique, note Montesquieu, un seul, sans loi et sans règle, entraîne tout par sa volonté et ses caprices », (MONTESQUIEU, Avertissement de l'édition posthume de *L'esprit des lois* – 1757 –, p. 3, éd. Lavigne, Paris, 1844).
2. Selon la définition qu'en donne la philosophe américaine d'origine allemande, Hannah Arendt (1906-1975), un *régime totalitaire* fait régner une domination totale sur les corps et les esprits, au nom d'une idéologie exclusive, en jouant sur la peur et en s'appuyant sur la destruction du tissu social. Dans ce type de régime, la société est atomisée et aspirée par « l'État total », (v. H. ARENDT, *Les origines du totalitarisme*, rééd. Gallimard, 2002). Cette démesure de l'État résulte de la concentration de la puissance dans un parti unique (national socialiste ou communiste) que le peuple privé du droit de suffrage en raison de l'interdiction du pluralisme politique et partisan, ne peut contrôler, et que ne limite en fait aucune Constitution. C'est-à-dire un État qui s'est affranchi des principes du libéralisme et qui subvertit en même temps qu'il la pervertit la démocratie, bref qui ne vérifie aucun des critères du libéralisme politique.
3. Ce courant de pensée qu'est le constitutionnalisme, écrit Jean-Luc Chabot, « né avec l'éclosion des révolutions américaine et française, comporte en fait deux acceptions. La première et la plus universelle se limite à promouvoir l'excellence du droit écrit, appliqué au champ politique : faire en sorte que la politique soit soumise à la règle de droit, mais une règle stable, publique, connue de tous [...] ». Mais, on l'oublie parfois, dans une deuxième acception plus idéologique, le constitutionnalisme est censé marqué le triomphe de la raison humaine apportant *la* liberté et non pas les libertés, tel un « soleil devant éclairer le monde des relations et des comportements politiques au sein de l'ensemble des rapports sociaux [...] Le constitutionnalisme, ajoute-t-il, devient alors un moralisme fondé sur le rationalisme ambiant, prenant en France la forme cartésienne de la géométrie juridique », (v. J.-L. CHABOT, *Introduction à la politique, op. cit.*, p. 93-94).
4. « Le libéralisme, précise Norberto Bobbio, est une doctrine de l'État limité tant au regard de ses *pouvoirs* que de ses *fonctions* » : la limitation des pouvoirs relevant de l'ordre politique, celle des fonctions, de l'ordre économique, (N. BOBBIO, *Libéralisme et démocratie, op. cit.*, p. 22).

fonction de protéger la liberté des gouvernés contre l'arbitraire possible des gouvernants, quels qu'ils soient et quel que soit leur mode de désignation, que dans la seule mesure où la séparation des pouvoirs sera déterminée (§ 1), et la garantie des droits assurée (§ 2).

§1. La séparation des pouvoirs

La séparation des pouvoirs est une théorie libérale élaborée à partir de l'analyse faite par Charles-Louis de Secondat, baron de la Brède et de Montesquieu (1689-1755), du fonctionnement du régime britannique dans le deuxième quart du XVIIIe siècle. Prise au pied de la lettre, l'expression « séparation des pouvoirs » ne reflète qu'en la déformant la pensée de Montesquieu. Mais c'est elle qui a été consacrée par l'usage. On peut néanmoins retrouver le fond de la pensée de Montesquieu dans l'exposé de cette théorie de la séparation des pouvoirs (A). Les lectures successives qui en ont été faites, outre qu'elles mettent en lumière les risques d'instrumentalisation dont elle peut faire l'objet, en soulignent surtout l'actualité dans une perspective renouvelée (B).

A. L'exposé de la théorie de la séparation des pouvoirs

Ce que Montesquieu a en vue[1], c'est la protection et la promotion de ce qu'il appelle « la liberté politique ». Dans la théorie dite de la séparation des pouvoirs, la sauvegarde de « la liberté politique » apparaît donc comme la *fin*, l'objectif poursuivi. La *condition* requise pour réaliser cet objectif et tendre à cette fin, c'est ce que Montesquieu nomme « le gouvernement modéré ». Enfin, le *moyen* d'y parvenir, c'est la répartition des fonctions étatiques entre des organes de gouvernement bien distincts, afin d'éviter *la concentration du pouvoir* entre les mains d'un seul. D'où la tentation de parler de *séparation* des pouvoirs.

1. La sauvegarde de la liberté comme fin

« Nul mot n'est plus équivoque que celui de liberté, nul n'a reçu plus de différentes significations », notait Jean-Jacques Chevallier[2]. Aussi, faut-il préciser le sens que donne Montesquieu à ce qu'il appelle « liberté politique ».

La sauvegarde de la liberté dont Montesquieu a le souci, correspond très exactement à celle que Benjamin Constant de Rebecque (1767-1830) qualifiera au siècle suivant, « la liberté des Modernes ». Il s'agit de la *liberté-autonomie*, comme la qualifiera Georges Burdeau[3], autrement dit, pour reprendre les termes mêmes de Benjamin Constant, « le droit de n'être soumis qu'aux lois, de ne pouvoir être ni arrêté ni détenu (...) par l'effet de la volonté arbitraire d'un ou plusieurs individus, le droit de dire son opinion, de choisir

1. V. MONTESQUIEU, *L'esprit des lois*, livre XI (« Des lois qui forment la liberté politique dans son rapport avec la Constitution »), et plus précisément le chapitre VI (« De la constitution anglaise »).
2. Jean-Jacques CHEVALLIER, *Les grandes œuvres politiques de Machiavel à nos jours*, coll. U, Armand Colin, 1970, p. 94.
3. Georges BURDEAU, *Traité de science politique*, t. V, LGDJ, 1953, p. 11.

son industrie, de disposer de sa propriété, d'en abuser même ; d'aller et de venir sans en obtenir la permission, de se réunir à d'autres individus... ». Bref, pour l'essentiel, celles que l'on trouve exposées dans la Déclaration des droits de 1789, à travers notamment ce qu'elle nomme « la sûreté personnelle ».

Ainsi, « le but des Modernes, toujours pour citer Benjamin Constant, est la sécurité dans les jouissances privées et ils nomment libertés les garanties accordées par les institutions à ces jouissances ».

Cette conception de la liberté, celle des Modernes, c'est-à-dire « la liberté politique » pour Montesquieu, doit être distinguée de celle que Benjamin Constant désigne comme « la liberté des Anciens », celles que connaissaient les Grecs dans l'Antiquité, c'est-à-dire la *liberté-participation*, toujours selon Georges Burdeau, celle qui se traduisait concrètement dans la participation des citoyens à la décision politique dans la Cité : le vote des lois, l'adoption des traités, le contrôle des magistrats, autrement dit des hommes en charge des affaires publiques. « Le but des Anciens, écrit-il, était le partage du pouvoir social entre tous les citoyens d'une même patrie. C'était ce qu'ils nommaient liberté ». Et c'est ce que l'on nomme aujourd'hui « démocratie » en distinguant comme le faisait déjà Montesquieu, d'une part *la liberté du peuple*, qui correspond à la liberté des Modernes, et d'autre part, *le pouvoir du peuple*, qui renvoie à la liberté des Anciens. Montesquieu écrit : « Certain peuple [les Moscovites] a longtemps pris la liberté pour l'usage de porter une longue barbe..., chacun a appelé liberté le gouvernement qui était conforme à ses coutumes ou à ses inclinations. Comme, dans les démocraties, le peuple paraît faire à peu près ce qu'il veut, on a mis la liberté dans ces sortes de gouvernements, et *on a confondu le pouvoir du peuple avec la liberté du peuple..., mais la liberté politique ne consiste point à faire ce que l'on veut* » (...) dit Montesquieu, « la liberté, c'est le pouvoir des lois, non du peuple. Et le pouvoir des lois, voilà la liberté du peuple ».

Montesquieu résume tout cela dans cette fameuse phrase : « La liberté est le droit de faire *tout ce que les lois permettent* ; et, si un citoyen pouvait faire ce qu'elles défendent, il n'aurait plus de liberté, parce que les autres auraient tout de même ce pouvoir »[1]. En d'autres termes, c'est « la loi du plus fort » qui régnerait : les plus faibles, privés de liberté, étant alors condamnés à subir le pouvoir des plus forts. Ce qui fera dire plus tard au Père Lacordaire, au XIXe siècle : « Entre le faible et le fort, c'est la loi qui affranchit et la liberté qui opprime ».

Montesquieu apparaît donc comme un libéral soucieux de la *liberté-autonomie* et aucunement comme un démocrate préoccupé de donner le pouvoir au peuple grâce à la *liberté-participation*. C'est bien d'ailleurs ce qui transparaît de ce qu'il dit de la condition à réaliser pour que la liberté dont il parle soit sauvegardée : le gouvernement modéré.

---

1. MONTESQUIEU, *De l'esprit des lois*, Livre XI, chap. III.

2. Le gouvernement modéré comme condition

Dans l'esprit de Montesquieu, le gouvernement modéré est celui qui exclut l'arbitraire dans *l'exercice du pouvoir*. Or, pour qu'il en soit ainsi, il importe, pense-t-il, que ceux qui exercent le pouvoir dans l'État – et en son nom – soient soumis à des règles, à des lois connues de tous et s'imposant à tous. « Dans une société où il y a des lois, écrit-il, la liberté ne peut consister qu'à pouvoir faire ce que l'on doit vouloir, et à ne point être contraint à faire ce que l'on ne doit pas vouloir ». On songe ici à la formule de saint Augustin : « *La liberté n'est pas de faire ce que l'on veut mais de vouloir ce que l'on doit* » (v. *De Trinitate*). Elle part de la même prémisse – la liberté, ce n'est pas le caprice de la volonté – mais elle est plus exigeante du point de vue de la morale personnelle parce qu'elle ajoute au droit un devoir fondé sur la loi naturelle. En tout cas, c'est seulement en concevant ainsi la liberté, c'est-à-dire en l'associant à l'idée de *devoir*, que sera garantie, contre l'arbitraire, *la sécurité juridique* dans la jouissance des droits, comme le dira après Montesquieu, Benjamin Constant.

La soumission des gouvernants aux lois est ainsi présentée comme un rempart contre l'arbitraire. Mais ce sont aussi les gouvernés qui doivent se soumettre aux lois parce que c'est la condition même de leur liberté. La loi a donc pour finalité non seulement de *limiter* le pouvoir des gouvernants mais aussi celle de « borner » la liberté des gouvernés, comme on le comprend à la lecture de la Déclaration des droits de 1789[1]. Borner la liberté des gouvernés en effet, car c'est toujours en vue du bien commun qu'elle est promulguée[2]. On est là au cœur de la conception libérale de la liberté – c'est-à-dire celle des *Modernes* – qui, soulignons-le, n'est en rien comparable à celle des libertaires – et des *Postmodernes* –, selon qui « il est interdit d'interdire » afin de pouvoir « jouir sans limite »[3], et pour qui l'idée même de devoir est insupportable. C'est ce qui explique qu'ils promeuvent la liberté de *transgression* et veulent la substituer à la liberté autonomie qui est une liberté de *devoir*[4].

Tout cela a pour conséquence que la liberté politique, celle de Montesquieu et des libéraux, celle des Modernes, se mesure à l'aune de l'intérêt général – ou du bien commun – que la loi commune exprime. C'est là en quelque sorte, encore une fois, la laïcisation de ce que disait saint Augustin et de l'enseignement traditionnel de l'Église. Le *bien commun*, son respect, sa sauvegarde et sa promotion sont une borne à la liberté individuelle – ou personnelle –, et c'est aussi en cela que la liberté consiste à *faire le bien* et à *éviter le mal*. Le *libéralisme politique*, classique pourrait-on dire, se distingue ainsi de *l'individualisme libéral* ou plus précisément de *l'individualisme libertaire*, aujourd'hui à la mode, qui voit dans la loi un obstacle à la liberté des individus, une liberté réputée sans limites. Et cette liberté réputée sans limite, celle

1. V. les articles 4, 7 et 11 de la déclaration des droits du 26 août 1789.
2. Saint Thomas d'Aquin (XIIIe siècle) donnait de la loi une définition toujours recevable : « La loi est une ordonnance de la raison en vue du bien commun promulguée par celui qui a la charge de la communauté », (*Somme théologique*, I-II, q. 90, a. 4).
3. Ce sont là des slogans entendus au mois de mai 1968.
4. Pour saisir les enjeux de cette *idéologie libérale tardive* ou de ce *libéralisme idéologique postmoderne*, v. Henri HUDE, *Préparer l'avenir. Nouvelle philosophie du décideur*, Economica, 2012.

du désir égoïste ou du caprice, c'est précisément celle des postmodernes : c'est la liberté de faire tout et n'importe quoi du moment que l'on en a envie ! Tout homme de bon sens ne peut pas ne pas voir dans quelle impasse cette conception dévoyée de la liberté peut mener... La *modernité* fut le règne de la raison, son triomphe même ; la *postmodernité*, ayant achevé l'évolution logique de la modernité, c'est-à-dire sa déconstruction systématique, apparaît quant à elle comme la consécration de son abdication ; elle proclame la totale autonomie de l'homme, un homme *délié* de toute contrainte, et d'abord celle de la raison – remplacée par la volonté, le sentiment ou le simple désir –, mais aussi et plus encore celle de la nature dès lors que cette notion de nature est pour sa part définitivement rejetée.

Il n'en demeure pas moins que pour les Modernes, le respect de la loi apparaît donc comme la condition de la sauvegarde de la liberté de chacun. Mais cela n'est pas suffisant : un gouvernement modéré fondé sur *le règne de la loi*, ne pourra véritablement garantir la liberté que si, « par une certaine disposition des choses », l'abus de pouvoir est empêché. Le moyen que propose alors Montesquieu, c'est la distinction préalable des différentes fonctions étatiques et leur attribution subséquentes à des organes distincts. Tel est en effet le moyen d'éviter la concentration du pouvoir, laquelle est toujours à la source de tous les abus.

3. La répartition équilibrée des fonctions entre organes distincts comme moyen

Montesquieu, à la vérité, ne se préoccupe pas tant de séparer des *pouvoirs* que de distinguer les *fonctions* à travers lesquelles s'exprime la *puissance publique*, afin d'en confier l'exercice à des organes distincts qui se font équilibre. Il explique cela dans un passage de *L'Esprit des lois* (Livre XI, chap. VI) :

« Il y a dans chaque État, trois sortes de pouvoirs ; la puissance législative, la puissance exécutrice des choses qui dépendent du droit des gens [le droit public], et la puissance exécutrice de celles qui dépendent du droit civil [le pouvoir judiciaire].

« Par la première, le prince ou le magistrat fait des lois pour un temps ou pour toujours, et corrige ou abroge celles qui sont faites. Par la seconde, il fait la paix ou la guerre, envoie ou reçoit des ambassades, établit la sûreté, prévient les invasions. Par la troisième, il punit les crimes, ou juge les différends des particuliers. On appellera cette dernière la puissance de juger ; et l'autre, simplement la puissance exécutrice de l'État ».

En écrivant cela, Montesquieu reprend à son compte, mais en partie seulement, une distinction déjà ébauchée un demi-siècle plus tôt par le philosophe britannique John Locke (1632-1704), dans son *Second traité du Gouvernement civil* (1690), où il insiste surtout sur la nécessité de ne pas confier le pouvoir législatif et le pouvoir exécutif à un même organe, afin de sauvegarder la liberté. Mais Locke est moins systématique que Montesquieu dans son approche et ne se préoccupe pas autant que lui de l'équilibre à assurer entre les pouvoirs et les organes.

En lisant Montesquieu dans le texte, on constate cependant qu'il ne s'agit pas de séparation *stricto sensu*. Charles Eisenmann, bien plus tard, en 1933, aura le mérite d'avoir le premier dénoncé ce « mythe de la séparation des pouvoirs »[1], entretenu par plusieurs générations de juristes, et qui devait influencer les constituants tout au long du XIXe, et même au-delà. Faisant l'effort de relire Montesquieu dans le texte s'en s'embarrasser des commentaires qui avaient été faits de son œuvre, distinguant ainsi ce qu'avait écrit l'auteur de *L'esprit des lois* de ce qu'on en avait dit, il devait observer qu'il n'y avait pas trace de *séparation*[2] dans sa pensée, et que l'expression elle-même n'est jamais employée. Son audace fut ainsi de montrer que Montesquieu privilégiait au contraire *la combinaison* et *la liaison* des différentes fonctions politiques, après les avoir distinguées et avoir préconisé leur attribution à des organes distincts agissant de concert et *coopérant* en tant que de besoin. Ce qu'il rejette, c'est seulement la *confusion* des pouvoirs, source de tous les abus et vraie cause des atteintes à la liberté.

Il y a dans cette analyse des réminiscences de l'esquisse d'Aristote qui avait répertorié trois manifestations complémentaires de la puissance publique, chacune d'entre elles se rapportant à une fonction : législative, exécutive et judiciaire. « Cette trifonctionnalité se définit elle-même par un acte jugé implicitement comme étant l'acte central de tout pouvoir politique : *la loi*. Il y a ceux qui la font, ceux qui l'appliquent et ceux qui veillent à son respect »[3]. Mais si Aristote avait eu l'intuition de cette tripartition fonctionnelle, c'est Montesquieu qui l'a théorisée en même temps qu'il la vulgarisait – en dépassant l'ébauche de John Locke. Ce que préconise Montesquieu, ce n'est donc pas de séparer de manière tranchée et étanche les fonctions, mais de les articuler d'une manière telle que les organes qui les exercent soient *enchaînés*[4], au double sens du terme : *reliés* les uns aux autres comme les maillons d'une chaîne ; *limités* réciproquement de sorte que l'un retienne l'autre comme une chaîne retient le forçat dont les membres sont entravés.

Pour le dire autrement, il s'agit non de diviser – la souveraineté de l'État qui s'exprime à travers ces différentes fonctions ne peut être divisée –, mais de répartir horizontalement les trois fonctions entre trois organes distincts, placés dans une situation telle qu'ils s'équilibrent mutuellement par un « admirable réglage de poids et contre-poids, de leviers et de freins, d'actions et de réactions »[5]. Les Anglo-saxons, quant à eux, traduisent cela dans la théorie des « *checks and balances* », chacun des organes jouant alors le rôle de contre-pouvoir à l'égard des autres. Montesquieu n'en convient pas moins que dans ce jeu de pouvoirs et

1. Charles EISENMANN, « Le mythe de la séparation des pouvoirs », *in Mélanges Carré de Malberg*, Sirey, 1933, rééd. Ed. Panthéon-Assas, 2002, p. 565 et s.
2. Seule la « puissance de juger » qui désigne une compétence plutôt que « le pouvoir judiciaire », ainsi que le note Simone Goyard-Fabre, doit être, aux dires mêmes de Montesquieu, « séparée » des pouvoirs législatif et exécutif : c'est là la condition de *l'indépendance de la justice*, qui est elle-même une condition de *la liberté*, (S. GOYARD-FABRE, *L'État. Figure moderne de la politique*, *op. cit.*, p. 57).
3. Jean-Luc CHABOT, *Introduction à la politique*, *op. cit.*, p. 196.
4. Montesquieu emploie une fois le verbe « enchaîner » dans le Chapitre VI du Livre XI de *L'esprit des lois*.
5. Jean-Jacques CHEVALLIER, *op. cit.*, p. 97.

contre-pouvoirs, le pouvoir judiciaire doit être tenu pour une « puissance nulle », en ce sens qu'il n'a pas vraiment une capacité d'action contre les deux autres, le législatif et l'exécutif. Car « les juges de la nation ne sont que la bouche qui prononce les paroles de la loi ; des êtres inanimés qui n'en peuvent modérer ni la force ni la rigueur »[1]. Mais le fait d'être confié à un organe distinct des deux autres offre la garantie d'une justice indépendante, propre à garantir l'impartialité du procès et à sauvegarder la liberté des particuliers.

Montesquieu précise sa pensée en distinguant parallèlement ce qu'il appelle la *faculté de statuer* de la *faculté d'empêcher* : « j'appelle *faculté de statuer*, écrit-il, le droit d'ordonner par soi-même, ou de corriger ce qui a été ordonné par un autre ; j'appelle *faculté d'empêcher* le droit de rendre nulle une résolution prise par un autre », ce qu'illustre par exemple, le veto que l'organe exécutif a le pouvoir d'opposer à la loi votée par l'organe législatif, prérogative reconnue au Président des États-Unis d'Amérique dans la Constitution du 17 septembre 1787, ou au Roi, dans la Constitution française du 3 septembre 1791 (V. *infra*).

En résumé, ce que Montesquieu préconise, c'est une *distribution* du pouvoir politique entre différents organes, qui se font équilibre par un jeu de pouvoirs et de contre-pouvoirs, sans cesser de *coopérer* selon des combinaisons qui peuvent être variables dans l'application concrète de « la théorie ». Rien ne s'oppose en effet à ce qu'un organe, outre la fonction principale qui lui est attribuée, participe à titre accessoire à celle qui est dévolue à un autre. Car « la spécialisation n'implique pas l'absence de relation entre les pouvoirs ou organes de l'État »[2], ni l'absence de *coopération* entre eux dans l'exercice des différentes fonctions répertoriées. C'est d'ailleurs à cette condition que n'est pas altérée l'indivisibilité de la souveraineté de l'État et c'est ainsi dans cette tradition que s'inscrit en France « le droit politique *républicain* qui a différencié les organes pour mieux croiser les fonctions », écrit Blandine Kriegel[3].

La pensée de Montesquieu n'en a pas moins été diversement comprise et le plus souvent mal comprise. Tant et si bien que la théorie de la séparation des pouvoirs qu'on lui attribue, a fait l'objet de différentes lectures au fil du temps.

B. Les lectures de la séparation des pouvoirs

En schématisant à peine, on peut distinguer trois lectures différentes de la théorie de la séparation des pouvoirs. La première est erronée si on la rapporte à la pensée de Montesquieu. C'est celle qu'eurent les révolutionnaires français de 1789. La deuxième, qui n'est pas sans intérêt ni totalement dépourvue de pertinence, n'en reste pas moins caricaturale. C'est celle que devait en faire au XXe siècle, le philosophe marxiste français Louis Althusser

1. MONTESQUIEU, *L'esprit des lois*, Livre XI, chap. VI.
2. Philippe BLACHER, *Droit constitutionnel*, coll. HU Droit, Hachette supérieur, 2005, p. 49.
3. Blandine KRIEGEL, « L'État et la souveraineté », *in Charles de Gaulle et la Nation*, *op. cit.*, p. 68.

(1918-1990). La troisième, enfin, est celle que traduit la mise en œuvre contemporaine des idées de Montesquieu, en les accommodant aux exigences du gouvernement concret des hommes de notre temps.

1. La lecture révolutionnaire

C'est cette lecture qui fit le succès de l'expression « séparation des pouvoirs ». Alors qu'elle n'apparaît pas sous la plume de Montesquieu, elle est au contraire solennellement consacrée, on l'a dit, à l'article 16 de la Déclaration des droits de l'Homme et du Citoyen du 26 août 1789. Les révolutionnaires vont même en faire un véritable dogme qui dénature la pensée de Montesquieu. Et c'est tout naturellement que, dans leur œuvre constituante, ils s'éloignent de celle-ci, elle-même largement inspirée du modèle de gouvernement anglais, et motivée surtout par le souci de restaurer le pouvoir de la noblesse dans son rôle de conseil et de modérateur du Roi. Par aveuglement ou « excès de zèle », les hommes de 1789 privilégient la séparation des organes sans se soucier d'organiser leur coopération ; pas davantage, ne se soucient-ils du risque de conflit possible entre eux, ni des moyens de le surmonter s'il survient, en recourant au besoin à un tiers arbitre – le corps électoral –, afin d'éviter une grave « crise de régime », dont l'issue ne pourrait être alors que le recours à la force (révolution ou coup d'État).

Qui plus est, leur intention première n'est pas tant d'utiliser la séparation des pouvoirs comme un moyen de nature à sauvegarder par lui-même les libertés individuelles, que de l'instrumentaliser à la seule fin d'affaiblir l'autorité de l'État, physiquement incarnée dans la personne du roi, de sorte que l'un comme l'autre en soit réduit à ne plus jouer qu'un rôle subalterne. C'est peut-être là la vraie raison des choix faits par les révolutionnaires. Bernard Chantebout écrit ainsi très justement : « le principe de la séparation des pouvoirs offrait une solution idéale en ce qu'il conduisait en fait à la paralysie de l'État en temps normal et ne le rendait efficace qu'en temps de crise lorsqu'il fallait absolument agir et que tous les organes étaient d'accord sur cette nécessité »[1]. À la condition très hypothétique que les organes s'accordent sur cette nécessité.

Autrement dit, les révolutionnaires sont dans des dispositions d'esprit différentes de celles de Montesquieu, pour ne pas dire contraires aux siennes. Montesquieu avait en effet entrevu le risque de blocage du système et de paralysie de l'action des trois pouvoirs, législatif, exécutif et judiciaire, en raison du jeu des poids et contre-poids censé produire un équilibre : « ces trois puissances, écrivait-il, devraient former un repos ou une inaction. Mais comme par le mouvement nécessaire des choses, elles sont contraintes d'aller, elles seront forcées d'aller de concert ». N'épiloguons pas sur ce qui apparaît ici comme un excès d'optimisme de la part de Montesquieu. C'était sans doute prêter aux acteurs politiques une vertu qu'ils n'ont jamais eu. En tout cas, ce qui est certain, c'est que la bourgeoisie libérale

1. Bernard CHANTEBOUT, *Droit constitutionnel et science politique*, *op. cit.*, p. 94.

de la fin du XVIIIe siècle, animés par la volonté d'affaiblir l'État eut tôt fait de démentir le bel optimisme de Montesquieu. Aucun des régimes mis en place après 1789, ne réussit en effet à éviter la paralysie de l'État chaque fois qu'il prétendit faire application de la théorie de la séparation des pouvoirs. La Constitution du 3 septembre 1791 ne vécut que deux ans pour sombrer dans le régime de *la Terreur*, c'est-à-dire la dictature personnelle de Robespierre – théoricien du *gouvernement révolutionnaire* –, dont le moins que l'on puisse dire est qu'il n'avait pas pour objectif d'assurer « la sûreté personnelle » ni « la sécurité dans les jouissances privées », pour parler comme Benjamin Constant. Quant au régime du Directoire mis en place le 22 août 1795, il représente l'application la plus dogmatique qui se puisse concevoir de la séparation des pouvoirs. Tant et si bien, que dans l'incapacité de fonctionner, il devait se caractériser par une succession de coups d'États avant d'accoucher, après celui de Bonaparte, le 18 brumaire An VIII (9 novembre 1799), d'un *régime de confusion des pouvoirs* – le Consulat (1799-1804) – au profit de l'exécutif. Et la France fit l'expérience de ce que l'on appela le *césarisme bonapartiste*.

Cette expérience eut néanmoins un mérite : celui de révéler, rétrospectivement, la vraie motivation des principaux protagonistes de la Révolution de 1789, qui comprirent que la théorie de la séparation des pouvoirs pouvait servir ce que Louis Althusser, conformément aux canons d'une analyse marxiste, appellera des « intérêts de classe ».

2. La lecture althussérienne

Cette lecture est celle de l'un des philosophes marxistes les plus brillants de sa génération et c'est pour cette raison qu'elle mérite que l'on s'y arrête. Ce qui fait l'intérêt de la lecture proposée par Louis Althusser, c'est qu'il tente avec brio – mais vainement – de démontrer que le partage du pouvoir résulte du jeu des forces politiques et sociales et qu'il profite avant tout à la classe dominante[1]. Autrement dit, pour lui, il s'agit moins de s'interroger sur les modalités du partage du pouvoir que sur ses bénéficiaires.

Louis Althusser reproche aux auteurs classiques, y compris à Charles Eisenmann, de faire comme si le partage équilibré du pouvoir préconisé par Montesquieu résultait d'un phénomène pour ainsi dire naturel, comme s'il allait de soi et répondait à une sorte d'équité d'évidence.

Dans un premier temps, Althusser devait remarquer, la place privilégiée réservée à la noblesse héréditaire. Et de fait, Montesquieu défend l'idée que la puissance législative soit *partagée* entre « le corps de nobles » et le « corps qui sera choisi pour représenter le peuple ». S'il plaide ainsi pour un Parlement bicaméral – composé de deux chambres –, c'est avant tout pour conférer aux nobles le « droit d'arrêter les entreprises du peuple ». Ensuite, comme Eisenmann avant lui, Althusser note que dans la pensée de Montesquieu, s'il y a place pour des empiétements de pouvoirs entre les différents organes, ces empiétements ne peuvent

1. V. Louis ALTHUSSER, *Montesquieu, la politique et l'histoire*, PUF, 1959.

jouer que dans un certain sens, toujours le même. Le roi, puissance exécutive, pouvant ainsi empiéter sur le pouvoir législatif – du peuple –, grâce à sa faculté d'empêcher, mais en aucun cas sur le pouvoir judiciaire, surtout lorsqu'il s'agit de juger un noble car le procès fait à un noble ne peut être confié qu'à ses pairs : « il faut, écrit Montesquieu, que les nobles soient appelés, non pas devant les tribunaux ordinaires de la nation, mais devant cette partie du corps législatif qui est composée de nobles », c'est-à-dire la Chambre haute du Parlement. En se disant partisan de ce *privilège de juridiction*, Montesquieu entend défendre son « intérêt de classe » puisqu'il est lui-même un membre éminent de cette aristocratie nobiliaire. Bien plus, ajoute Althusser, le partage du pouvoir proposé n'est ni neutre ni indifférent : il procède de la volonté délibérée d'éviter l'ascension du peuple « aux leviers de commande » et tout autan de protéger les privilèges des nobles contre l'emprise du roi, mais aussi accessoirement d'empêcher l'alliance objective du roi avec le peuple contre les nobles, comme ce fut si souvent le cas dans l'histoire de la monarchie capétienne alors qu'en Angleterre, c'est contre le roi que les barons (les nobles) et le peuple firent alliance.

C'est dire que le partage proposé n'est pas tout à fait innocent, et qu'il résulte de l'état des forces politiques en présence au moment où Montesquieu écrit. Il doit bénéficier à la noblesse, aux dépens du roi et sans profit pour le peuple. Partant de ces prémisses, Althusser va plus loin. Il montre plus systématiquement que la théorie de la séparation des pouvoirs est destinée avant tout à asseoir le pouvoir de la classe dominante au pouvoir. Cette classe dominante qui peut changer au fil du temps avec l'évolution du rapport des forces sociales, mais c'est elle qui sera toujours, dit-il, la grande bénéficiaire de ce partage du pouvoir.

Pour un Marxiste, la motivation première sinon exclusive, est là. La liberté en soi n'intéresse pas Montesquieu pense-t-il, mais seulement la liberté de la *classe dominante*. À preuve, on l'a vu, le raisonnement de Montesquieu est construit de telle manière que dans ce qu'il préconise, le peuple n'a rien à gagner alors que le roi, lui, a beaucoup à perdre, au seul bénéfice de ceux qui prônent la séparation des pouvoirs. Or, comme la classe qui va s'imposer à l'occasion de la Révolution, c'est la bourgeoisie, c'est elle qui aura tout intérêt à reprendre les idées de Montesquieu pour les utiliser d'abord contre le roi, mais surtout contre les nobles et le « vil » peuple. La liberté proclamée en 1789 est donc une liberté *formelle* comme le diront les Marxistes : elle n'est *réelle* que pour la bourgeoisie.

Il y a toutefois dans cette lecture de la théorie de la séparation des pouvoirs, et dans l'analyse des ressorts de la pensée de Montesquieu, quelque chose d'excessivement réducteur, comme c'est le cas dans toute idéologie au demeurant, puisqu'il s'agit toujours de tout expliquer à partir d'une seule idée. Bref, il y a là une part de caricature, et le triomphe posthume de Montesquieu comme l'utilité de ses idées, expérimentalement vérifiée, pour la promotion de la liberté de tous, plus de deux siècles après, le montrent. Et, de fait, les États dans lesquels la liberté politique des citoyens a connu de beaux jours, sont ceux, précisément, qui se réfèrent à cette idée de partage et d'équilibre des pouvoirs. Et inversement, peut-on ajouter.

L'œuvre de Montesquieu ne saurait donc se laisser enfermer dans une analyse qui a le grand défaut d'en caricaturer à l'excès le contenu. *L'esprit des lois* est une œuvre majeure : « Il y a là quelques pages, écrira Adhémar Esmein, qui ont exercé l'influence la plus profonde sur le droit constitutionnel de l'Occident »[1]. S'il en fallait une preuve, peut-être la trouverions-nous dans l'incroyable faculté d'adaptation de la théorie de la séparation des pouvoirs aux conditions changeantes du gouvernement des hommes, comme le montre la lecture contemporaine que l'on en fait.

3. La lecture contemporaine

La lecture contemporaine conduit à un réaménagement du partage équilibré entre les pouvoirs – ou organes – ainsi que des modalités de répartition des fonctions. Nul ne conteste que les démocraties libérales contemporaines, dans le monde occidental, s'inspirent de la séparation des pouvoirs. La raison en est qu'elles se sont toutes construites, dès l'origine, en réaction à l'omnipotence royale. Mais les nécessités du gouvernement des États modernes ont fait que la différenciation fonctionnelle originairement définie s'est progressivement estompée. Durant la deuxième moitié du XXe siècle, on a vu la fonction exécutive et l'organe exécutif devenir prépondérants (initiative législative, activité de réglementation, administration des affaires publiques,...). Désormais, « la véritable division n'est pas entre le pouvoir de faire la loi et celui de l'exécuter mais entre, d'une part, le pouvoir qui appartient aux organes exécutifs de *diriger* la politique nationale en utilisant à cet effet l'appareil administratif dont ils disposent et, d'autre part, la liberté laissée aux organes délibérants, c'est-à-dire aux assemblées parlementaires, de *contrôler* l'action gouvernementale »[2].

C'est aussi ce que montre en parallèle l'évolution des formes de gouvernement qui dérivent ou s'inspirent de la théorie de la séparation des pouvoirs : le régime parlementaire et le régime présidentiel (V. *infra*). L'évolution contemporaine, partout dans le monde, montre en effet un déplacement de l'équilibre institutionnel au profit de l'exécutif. L'équilibre antérieur a été remis en cause pour des raisons essentiellement techniques. Le développement, la diversification et la complexité des tâches de l'État ont conduit à un renforcement du pouvoir exécutif qui s'appuie, non sans risque d'ailleurs, sur des experts et sur des « techniciens » précisément. C'est ainsi qu'aujourd'hui quatre-vingt-dix pour cent des lois votées par le parlement le sont à l'initiative de l'exécutif qui est largement sous l'emprise de ces experts que l'on qualifie – souvent péjorativement – de « technocrates ». À cela s'ajoutent d'autres facteurs comme la construction de partis politiques structurés et la personnalisation du pouvoir sous l'effet des médias.

---

1. Cité par Jean-Jacques CHEVALLIER, *op. cit.*, p. 99.
2. Pierre PACTET, *Institutions politiques et droit constitutionnel, op. cit.*, p. 116.

De fait, partout, l'organe exécutif exerce bel et bien une influence prépondérante dans la conduite des affaires publiques. Initialement conçu comme l'organe chargé de la fonction exécutive, l'exécutif, de nos jours, en est venu à définir, à conduire et à diriger la politique nationale. Par la fonction d'orientation, d'impulsion et d'action qui est aujourd'hui la sienne, il apparaît pour ainsi dire comme le premier des pouvoirs dans sa double dimension politique et administrative.

Ainsi donc, comme le note Jacques Chevallier, « un processus historique de différenciation s'est produit entre deux types de fonctions (législative/exécutive), exercées par des organes différents (parlement/exécutif) [...], suivant un équilibre variable (il n'y a jamais spécialisation rigoureuse mais toujours imbrication partielle). On est parti dans les démocraties occidentales du principe de primauté des Parlements, à qui incombe le triple pouvoir d'élaboration de la loi, de vote du budget et de contrôle de l'Exécutif, celui-ci n'ayant qu'un statut subordonné (assujetti à la loi et soumis aux élus) ; puis on a assisté au cours du XXe siècle, à une montée en puissance de l'Exécutif, aboutissant à modifier les rôles et positions »[1]. Cette « montée en puissance » du pouvoir exécutif, compensée par un recul du pouvoir législatif, est néanmoins corrigée par l'ascendant que prend aujourd'hui ce que l'on peut appeler le pouvoir juridictionnel – les juges –, qui ne se réduit plus au seul *pouvoir judiciaire* tel que le suggérait Montesquieu, c'est-à-dire un pouvoir seulement investi de la fonction de régler les différends entre particuliers et les litiges résultant de la transgression par ces derniers de la loi. De la sorte, c'est un *tout autre* équilibre qui se dessine, toujours autour des trois fonctions distinguées par Montesquieu, mais cet équilibre *tout autre* s'accompagne d'un phénomène nouveau qui procède du souci de garantir les droits des gouvernés afin d'assurer la limitation *du* pouvoir des gouvernants par un autre biais que la seule séparation *des* pouvoirs – pour continuer à user de la formule consacrée.

§2. La garantie des droits

Exposer les droits des gouvernés comme autant de limites au pouvoir des gouvernants, ne sauraient suffire à les garantir vraiment. Les déclarations de droits, comme celle de 1789, qui ne font que les exposer, ne peuvent par elles-mêmes, assurer leur garantie[2]. Cette garantie n'est en effet possible que si les droits déclarés sont l'objet d'une constitutionnalisation

---

1. Jacques CHEVALLIER, *Institutions politiques*, *op. cit.*, p. 70.
2. Dans son discours du 10 août 1791 devant l'Assemblée nationale constituante, le député Thouret proposait de distinguer les *déclarations des droits* qui sont des exposés à caractère philosophique, disait-il, et les *garanties des droits* qui, selon lui, devaient être des textes inclus dans le corps des Constitutions afin d'avoir pleinement et sans contestation possible une nature juridique et une valeur constitutionnelle. Les rédacteurs de la première Constitution écrite française devaient le suivre et adopter cette distinction : la Constitution du 3 septembre 1791 était ainsi précédée d'une déclaration des droits – celle de 1789 en l'occurrence – et comportait une garantie des droits qui faisait l'objet de son « Titre premier ». En pratique néanmoins, cette distinction manque de pertinence et n'a que peu d'intérêt. Les juridictions, dès lors qu'elles se reconnaissent compétentes pour faire prévaloir les droits des gouvernés sur le pouvoir des gouvernants, ont pris l'habitude d'assimiler droits déclarés et droits garantis.

formelle. Si tel est le cas, ils bénéficient alors de la primauté juridique qui, par définition, s'attache à la Constitution dans son acception formelle, c'est-à-dire, celle qui la tient pour la norme juridique suprême.

Cette constitutionnalisation formelle des droits garantis est donc la *condition nécessaire* de la limitation du pouvoir des gouvernants. Elle est devenue de ce fait, dans l'acception qu'on lui donne aujourd'hui, la condition même de l'État de droit (A). Elle n'en est pas pour autant une *condition suffisante*. A s'en tenir là, en effet, la limitation du pouvoir des gouvernants pourrait ne rester que théorique et être démentie chaque jour par une pratique qui la nierait dans les faits. Il est donc indispensable d'assurer concrètement *l'effectivité* de cette garantie. L'expérience montre que le meilleur moyen d'y parvenir et de réaliser l'État de droit, consiste à organiser la protection juridictionnelle des droits garantis (B).

A. La constitutionnalisation *formelle* des droits garantis comme condition de l'État de droit

Cette constitutionnalisation formelle, c'est-à-dire la référence expresse aux droits garantis dans le texte de la Constitution et leur élévation au rang de la norme juridique suprême – la Constitution au sens *formel* du terme – a été tardive. Pendant longtemps, leur mention éventuelle dans le texte constitutionnel était considérée comme dépourvue de portée juridique et donc inopposable aux gouvernants de sorte que les gouvernés ne pouvaient s'en prévaloir contre la loi ordinaire, notamment en saisissant un juge. Certains niaient même la nature juridique de ces « droits », en assimilant leur recension dans la Constitution à une sorte d'exposé des motifs politiques de l'ordre juridique établi. Bref, pour eux, tout cela relevait de la philosophie politique et non du droit positif.

Au lendemain de la Première guerre mondiale et surtout après la fin de la Seconde, les esprits devaient évoluer. Les atrocités dont se rendirent coupables le nazisme et le stalinisme y furent pour beaucoup (V. *supra*, la constitution matérielle). Ce n'est pas sans raison que Blandine Kriegel a pu écrire que « l'Europe n'a pas seulement été le berceau de l'État de droit, elle a aussi été son tombeau »[1]. On se préoccupa alors de limiter effectivement et efficacement le pouvoir des gouvernants afin de « garantir les droits » des gouvernés, autant et mieux qu'on ne l'avait fait jusque-là par la seule séparation des pouvoirs. On le fit en approfondissant, pour la systématiser, la théorie de *l'État de droit* dont la doctrine allemande – celle du *rechtstaat* – avait dessiné l'épure dès la fin du XIXe siècle[2].

La constitutionnalisation formelle des droits, qui répond au souci d'assurer leur garantie, est le résultat de ce travail d'approfondissement et de systématisation, à telle enseigne qu'on peut dire aujourd'hui que « l'État de droit est le produit d'un processus de

1. Blandine KRIEGEL, *L'État et les esclaves*, *op. cit.*, p. 18.
2. V. Jacques CHEVALLIER, *L'État de droit*, coll. Clefs, Montchrestien, 2e éd. 1994.

constitutionnalisation du droit »[1]. Elle donne à cette théorie de l'État de droit, le fondement axiologique – et donc *substantiel* – qui lui faisait jusque-là défaut (A). Mais comme il arrive souvent, le mieux peut être l'ennemi du bien. Aussi assiste-t-on aujourd'hui à une sorte de dévoiement idéologique de cette théorie, dont on commence à peine à mesurer les conséquences (B).

1. Le fondement axiologique de la théorie de l'État de droit

À son origine, la notion d'État de droit est ambivalente, et nombre de journalistes qui s'en gargarisent à longueur de journée – et de journaux – se comportent à son endroit comme des cuistres[2]. En effet, même si certains auteurs allemands l'inscrivaient dans une perspective libérale (von Mohl), la plupart n'en avaient qu'une approche très formelle : un État de droit est un État organisé par le droit (Stahl) de sorte que « l'État de droit est la structuration juridique de l'État »[3], et rien que cela. Au moment où apparaît cette notion d'État de droit, on ne s'intéresse pas au contenu des règles de droit ni aux *valeurs* – axiologie – qui les fondent. Cette conception est originellement celle de Hans Kelsen, même si sa pensée devait évoluer par la suite, pour qui la notion d'État de droit est une tautologie : pour lui, l'État étant un ordre juridique, il y a identification entre l'État et le droit. Dès lors, le droit ne peut *limiter* l'État puisqu'il est l'État lui-même.

Mais bientôt, à cette conception très *formelle* et procédurale, va s'ajouter une conception *matérielle* qui renoue avec la pensée libérale. L'État de droit évoque alors, non seulement un État de droit formel, mais en plus un État tel que le pouvoir qui se manifeste en son sein, est soumis à des règles de droit objectives qui limitent le pouvoir des gouvernants et garantissent le respect des droits subjectifs que les gouvernés peuvent faire valoir, notamment au moyen de recours juridictionnels. « Par État de droit, écrivait Carré de Malberg, il faut entendre un État qui dans ses rapports avec ses sujets et pour la garantie de leur statut individuel, se soumet lui-même à un régime de droit, et cela en tant qu'il *enchaîne* son action sur eux par des règles, dont les unes déterminent les droits réservés aux citoyens, dont les autres fixent par avance les voies et moyens qui pourront être employés en vue de réaliser les buts étatiques »[4]. De ce point de vue, on peut dire à la suite de Blandine Kriegel que les États de droit, progressivement et par étapes, « ont *juridifié* la politique et constitutionnalisé le pouvoir »[5].

---

1. Claude GOYARD, « État de droit et démocratie », *Mélanges René Chapus*, Montchrestien, 1992, p. 299.
2. *Cuistre* : « personne qui fait un étalage intempestif d'un savoir souvent mal assimilé », (Définition du dictionnaire *Lexis*, éd. Larousse).
3. Marie-Anne COHENDET, *Droit constitutionnel*, coll. Focus, Montchrestien, 2000, p. 131.
4. Raymond CARRÉ de MALBERG, *Contribution à la théorie générale de l'État*, t. 1, *op. cit.*, p. 488.
5. Blandine KRIEGEL, *L'État et ses esclaves*, *op. cit.*, p. 280.

La première esquisse de l'État de droit fut ainsi *l'État de police*, c'est-à-dire un État dans lequel existe des règles de droit qui s'imposent aux seuls gouvernés dans l'ensemble des rapports sociaux, afin de *normaliser* ces rapports, et de telle sorte que les comportements soient rendus prévisibles. Seuls échappent alors à cette normalisation, les rapports gouvernants-gouvernés.

A l'État de police, devait succéder ce que Carré de Malberg a appelé *l'État légal*[1], c'est-à-dire un État dans lequel l'autorité administrative, subordonnée au pouvoir exécutif, ne peut rien imposer aux administrés – les gouvernés –, si ce n'est en vertu d'une loi : l'autorité administrative « ne peut mettre en œuvre à leur égard, que des mesures prévues explicitement par les lois ou du moins autorisées par elles »[2]. Selon cette définition, l'État de droit est donc « celui qui – en même temps qu'il formule les prescriptions relatives à l'exercice de sa puissance administrative – assure aux administrés, comme sanction de ces règles, un pouvoir juridique d'agir devant une autorité juridictionnelle à l'effet d'obtenir l'annulation, la réformation ou en tout cas la non-application des actes administratifs qui les auraient enfreintes »[3].

Enfin, dans sa forme ultime, au terme du processus de *juridification* et par l'effet de la *constitutionnalisation* du droit, l'État de droit est celui dans lequel le pouvoir législatif lui-même ne peut rien décider de contraire à la Constitution, sauf à s'exposer à la censure d'un juge. C'est ce qui correspond, selon Carré de Malberg, à « la perfection de l'État de droit »[4]. La Constitution apparaît dès lors pour ce qu'elle doit être, la norme juridique suprême qui fonde *la validité* de l'ensemble des normes juridiques, qu'elles émanent de l'autorité administrative, relais du pouvoir exécutif qui en dispose (*État légal*), ou directement du pouvoir législatif. Autrement dit, l'État de droit ainsi défini – et tel qu'il est aujourd'hui compris –, est un État dans lequel tous les pouvoirs constitués, et donc l'ensemble des gouvernants, sont soumis à l'expression la plus élevée du droit, celle qu'en donne la Constitution en tant que norme suprême.

On saisit mieux alors que la constitutionnalisation des droits des gouvernés a pour conséquence de rendre enfin possible la garantie de ces droits contre les atteintes dont ils pourraient être victimes de la part des gouvernants, fût-ce le législateur lui-même. C'est pour cela, qu'il n'est pas faux de dire, à la suite de Jacques Chevallier, que « l'épanouissement de la théorie de l'État de droit coïncide avec l'avènement d'un État libéral »[5]. Plus encore, la constitutionnalisation des droits est à l'origine de la conception « moderne » de *l'État de droit*, celle qui correspond au sens où l'expression est aujourd'hui « employée partout et

1. V. Marie-Joëlle REDOR, *De l'État légal à l'État de droit. L'évolution des conceptions de la doctrine publiciste française* (1879-1914), Economica, 1992.
2. Raymond CARRÉ de MALBERG, *Contribution à la théorie générale de l'État*, *op. cit.*, p. 488.
3. *Ibidem*.
4. *Idem*, p. 492.
5. Jacques CHEVALLIER, « L'État de droit », *RDP*, 1988, p. 367.

par tous »[1]. Ce sens, c'est que « l'État de droit ne peut pas devenir l'État de n'importe quel droit », comme l'a écrit Maurice Duverger[2]. D'où il résulte que la norme suprême doit se définir « par un contenu concret, qui est le *système de valeurs* de la société considérée »[3]. Et ce sera effectivement le cas si les droits des gouvernés, à travers lesquels on reconnaîtra le système de valeurs de la société considérée, figurent dans la Constitution. Dans ces conditions, la constitutionnalisation des droits apparaît bien comme le moyen de donner un fondement *axiologique* à l'État de droit.

Il n'en demeure pas moins que cette conception qui prévaut aujourd'hui, doit beaucoup à la théorie du juriste autrichien Hans Kelsen et à sa conception hiérarchisée de l'ordre juridique, même si celle-ci est, en soi, *axiologiquement* neutre. La Constitution étant tout à la fois à la base de l'ordre juridique qu'elle fonde et au sommet de la hiérarchie des normes qu'elle surplombe, Kelsen devait ainsi comparer cet ordre juridique à une *pyramide*. Mais une pyramide renversée puisque son sommet, la Constitution, n'est rien d'autre que la base de l'ordre juridique. Selon cette conception de l'ordre juridique positif, une norme ne *vaut*, au sens de « n'est valide » – car il ne s'agit pas de porter un jugement de *valeur* –, qu'en tant qu'elle résulte de son insertion régulière dans la hiérarchie des normes : sa validité juridique dépend de son rapport de conformité à la règle hiérarchiquement supérieure – située au degré supérieur de la hiérarchie –, et ainsi de suite jusqu'à la Constitution. Or, comme la Constitution, par hypothèse, est située au sommet de la pyramide, il ne saurait donc exister de normes contraires à la Constitution. Dans cette construction, c'est au juge, à chaque degré de la hiérarchie des normes, qu'il appartient de veiller au respect de la hiérarchie et de s'assurer de la validité de chaque norme produite. Ainsi donc, dans la mesure où les droits des gouvernés auront été constitutionnalisés, ils pourront être *effectivement* garantis par un juge.

« L'État de droit apparaît dans cette perspective comme celui dans lequel les individus sont titulaires de droits face au pouvoir, et disposent des moyens de les faire valoir »[4]. Il est d'ailleurs certain que les progrès enregistrés dans la limitation du pouvoir des gouvernants au nom du respect des droits garantis aux gouvernés, doivent beaucoup à cette conception de l'État de droit, tout à la fois *formelle* et *matérielle*. On ne saurait le nier. Pour autant, la fortune qu'a connue cette conception de l'État de droit appelle un jugement mitigé. L'examen des conséquences qui s'y attachent, montre qu'elle s'accompagne d'une dérive qui prête le flanc à la critique. La constitutionnalisation formelle des droits garantis aux gouvernés n'a pas seulement offert un fondement axiologique à la théorie de l'État de droit. Elle est aussi à l'origine d'un dévoiement idéologique de cette théorie, qui promeut une conception exclusivement libérale de l'État, celle qui subordonne la démocratie à l'État de droit et plus concrètement les gouvernants élus aux juges qui ne le sont pas.

1. Michel TROPER, « Le concept d'État de droit », Revue *Droits*, n° 15, 1992, p. 51.
2. Maurice DUVERGER, *Le système politique français*, PUF, 21e éd., 1996, p. 418.
3. *Ibidem*.
4. Jacques CHEVALLIER, « L'État de droit », *RDP*, *op. cit.*, p. 371.

2. Le dévoiement idéologique de la théorie de l'État de Droit

Ce dévoiement idéologique se manifeste de nos jours dans un discours convenu, largement propagé par la doctrine juridique, et dont se sont emparés « les professionnels de la politique (et) les moyens de diffusion de l'information »[1] : celui qui dévalue la volonté politique au profit d'une rationalité juridique qu'est censé exprimé – infailliblement – le juge seul. Tant et si bien, écrit Jean-Marie Denquin, que « l'idée aujourd'hui dominante est évidemment que le triomphe de l'État de droit constitue l'avènement d'un nouveau monde, le triomphe enfin accompli des lumières sur les ténèbres »[2]. Grâce à quoi, ajoute-t-il, « l'État tout court, l'odieux monstre froid nietzschéen, est enfin muselé par le droit ». Mais c'est un droit ou plutôt *des* droits – droits de l'homme ou droits fondamentaux – qui prennent le parti des individus contre l'État, des minorités contre les majorités. « Non seulement *ils interdisent d'interdire*, mais ils posent en postulat les créances que les premiers possèdent sur les seconds »[3]. Finalement, tout cela aboutit à une vision onirique : « l'État de droit, c'est le meilleur des mondes en train de se faire »[4].

Du coup, la définition même de l'État de droit devient idéologique : l'État de droit, c'est un État idéal ou plus exactement une représentation idéale de l'État dans lequel le pouvoir politique et ses manifestations sont tenus pour suspects. Et c'est précisément en cela qu'il a un « soubassement libéral »[5]. Cette définition mâtinée d'idéologie individualiste est celle à laquelle adhèrent aujourd'hui aussi bien les libéraux que les libertaires, à droite comme à gauche de l'échiquier politique, pour peu que l'on adopte la présentation schématique habituelle, les uns et les autres se retrouvant dans la même idéologie : une idéologie qui « est la forme libertaire et dégradée de la grande philosophie libérale classique » comme l'appelle Henri Hude qui ajoute, enfonçant le clou : « Née d'un souci louable d'en finir avec le totalitarisme, cette idéologie nouvelle a malheureusement promu une culture de liberté sans loi, arbitraire et transgressive, incompatible avec un ordre libre aussi bien qu'avec un ordre civilisé »[6]. *L'individu* est roi, il est même « souverain » ajoutent certains ; le citoyen n'existe plus ; *l'intérêt général* pas davantage. Dès lors, ce dernier ne saurait être une *borne* à la liberté individuelle au sens où Montesquieu, la Déclaration des droits de 1789[7] et les *libéraux classiques* du XVIIIe siècle l'entendaient, ni la mesure des droits des individus que la loi, qui a en vue l'intérêt général, est censée *déterminer*.

---

1. Claude GOYARD, « État de droit et démocratie », *op. cit.*, p. 299.
2. Jean-Marie DENQUIN, *La monarchie aléatoire*, coll. Léviathan, PUF, 2001, p. 110.
3. *Ibidem.*
4. Jacques BOUVERESSE, « Droits fondamentaux, État de droit : l'héritage dilapidé de 1789 », *in* Gilles LEBRETON (sous la dir.), *Regards critiques sur l'évolution des droits fondamentaux de la personne humaine en 1999 et 2000*, L'Harmattan, 2002, p. 22.
5. Jacques CHEVALLIER, *L'État de droit*, *op. cit.*, 54.
6. Henri HUDE, *La force de la liberté*, *op. cit.*, p. 6.
7. Les droits déclarés en 1789 ne sont pas seulement ceux de l'homme ; ils sont aussi ceux du citoyen. Ce que l'on a un peu trop tendance à oublier de nos jours sous l'effet de la tradition anglaise (*Carta Magna* de 1215 et *Bill of rights* de 1688) qui « valorise des droits de l'individu en société plutôt que du citoyen membre de la nation », (Daniel TEYSSEIRE, *La France singulière…*, *op. cit.*, p. 61).

Selon cette conception individualiste aujourd'hui triomphante, l'État de droit est en quelque sorte un État condamné à devenir *impotent*, dans lequel le pouvoir est banni – il n'y aurait dans l'État que des *compétences* –, et au sein duquel le droit ne sert plus qu'à empêcher l'exercice du pouvoir politique par les autorités – les pouvoirs publics constitués – investies de la fonction de vouloir et d'agir en son nom dans l'intérêt général, au service du bien commun pour le dire à la manière d'Aristote. Il y a là un renversement total de perspective. L'État de droit ainsi conçu n'a d'autre justification ni d'autre rôle que de garantir les droits déclarés dans les Constitutions ; il n'est plus l'instrument de l'action collective[1], fondé à faire violence aux intérêts individuels ou catégoriels qui font obstacle à la conduite d'une politique ordonnée à une fin qui les transcende. Au contraire, dans cette conception dévoyée, les droits garantis deviennent un *absolu* et ne se mesurent donc plus à l'aune de l'intérêt général. Bref, c'est une conception de l'État, minimaliste et immobiliste, qui est ainsi prônée ; une conception dogmatiquement libérale de l'État, que ne renie pas au demeurant – le paradoxe n'est ici qu'apparent – le courant libertaire qui tient l'État, par nature et quoi qu'il fasse, pour oppresseur.

Ce *nouveau* rôle assigné à l'État (de droit) défigure et dénature l'État classique dans lequel l'exercice du pouvoir et le recours nécessaire à la contrainte ne sont pas tenus en suspicion. Il faut se souvenir de ce qu'écrivait naguère Georges Pompidou et qui résume parfaitement les nécessités et les difficultés de l'action de gouverner : « gouverner, c'est contraindre » ! Gouverner, ajoutait-il, c'est « contraindre à se plier à des règles », dont chacune, à tout moment, va contre l'intérêt immédiat de tel ou tel [...]. Gouverner, c'est faire prévaloir sans cesse l'intérêt général contre les intérêts particuliers, alors que l'intérêt général est toujours difficile à définir et prête à discussion, tandis que l'intérêt particulier est ressenti comme une évidence et s'impose à chacun sans qu'il y ait place pour le doute. Gouverner, c'est, en somme, conduire les hommes collectivement dans des voies et vers des objectifs qui ne leurs sont ni naturels, ni clairement perceptibles, ni conformes à leurs aspirations immédiates »[2].

Cet État (de droit) assigné à la seule mission de garantir des droits en devient même le contre-modèle de l'État républicain qui, par définition, a pour fin dernière le service et la promotion de la *res publica*. Car dans l'idée que l'on s'en fait en France depuis Jean Bodin, la République est un pouvoir mis au service d'autres fins que lui-même. « Le choix de la République, écrivait Philippe Séguin, implique de donner à l'État la mission de corriger les inégalités et les moyens de le faire. *Pas uniquement la mission de faire respecter l'État de droit.* Dans la République et dans la République seule, *l'État est responsable de l'égalité des chances, de la récompense au mérite, en même temps que de la solidarité vis-à-vis de ceux qui échouent* »[3].

1. Le général de Gaulle définissait l'État comme « une institution de décision, d'action et d'ambition n'exprimant et ne servant que l'intérêt national », (*Mémoires de guerre*, t. 3, *Le salut*, Plon, 1959, Presses Pocket, 1980, p. 122).
2. Georges POMPIDOU, *Le nœud gordien*, Plon 1974, rééd. Flammarion, 1984, p. 57.
3. Philippe SÉGUIN, *Discours encore et toujours républicains*, (« La République »), éd. Denoël, 1994, p. 31.

La conséquence, dit sans hésiter Jean-Marie Denquin, en est l'instauration d'un « régime sans partage du droit, c'est-à-dire du Juge »[1]. Du *Juge* avec une majuscule – comme l'écrivent les maîtres du « nouveau droit constitutionnel » –, ce qui a « le mérite de manifester que, pour être cohérente, cette doctrine doit changer de plan, quitter la rationalité pour la piété, la démonstration pour l'axiome, le débat pour le sacré »[2]. Bref, les promoteurs de cette théorie dévoyée de l'État de droit en viennent à faire du droit une religion laïque, et des juges ses grands prêtres. Mais « la sacralisation du Juge apparaît pour le moins problématique » note encore Jean-Marie Denquin[3]. Car enfin, donner le dernier mot au droit pour limiter le pouvoir, c'est très concrètement confier à des juges, supposés *meilleurs* que les gouvernants, fussent-ils élus et politiquement responsables de leurs actes devant les gouvernés, le véritable pouvoir, c'est-à-dire « le pouvoir de dernier mot » dans lequel se reconnaît le véritable souverain[4]. Faut-il alors en conclure que la conséquence ultime en est l'avènement de ce qu'Edouard Lambert a appelé naguère, c'était en 1921, le « gouvernement des juges »[5] ?

L'expression, pour être souvent utilisée depuis lors, n'en est pas moins malvenue car, par elle-même, la fonction des juges ne les prédispose pas au gouvernement. « Les décisions que prennent les juges sont en effet marquées par deux traits structurels indépassables : elles sont rétrospectives et discontinues. Discontinues, parce qu'elles interviennent à l'occasion d'affaires particulières, dont le hasard seul décide. Rétrospectives, parce que le juge intervient après l'événement, quand le pire est arrivé, ou du moins le litige constitué »[6]. Or, gouverner c'est d'abord *prévoir* ; c'est anticiper pour agir dans la durée et avec continuité, et non pas seulement réagir pour corriger, après coup et au coup par coup ce que l'on n'a su ni prévoir ni empêcher. Pour autant, ce n'est pas parce qu'il faut récuser la notion de « gouvernement des juges », qu'il faut en arriver à nier la dépossession bien réelle des gouvernants de leur moyen d'agir, et donc en définitive de gouverner vraiment. Pour tout dire, aussi inappropriée qu'elle puisse paraître, cette expression n'en traduit pas moins la subversion de la politique par le droit, ce dont le Doyen Favoreu convenait d'ailleurs – mais c'était pour s'en féliciter –, quand il constatait que désormais « la politique est saisie par le droit »[7].

Dans la doctrine juridique contemporaine, la théorie de « l'interprétation réaliste » déjà rencontrée (V. *supra*, l'application de la Constitution), apporte une caution scientifique à cette dérive idéologique. En effet, en dénonçant le mythe du volontarisme démocratique qui s'exprime dans la loi expression de la volonté générale (V. *infra*), cette théorie

1. Jean-Marie DENQUIN, *La monarchie aléatoire*, *op. cit.*, p. 110.
2. *Ibidem.*
3. *Idem*, p. 115.
4. Jean Bodin, on l'a déjà noté, faisait du *pouvoir de juger en dernier ressort* ou « pouvoir de dernier mot », l'une des cinq marques ou attributs de la souveraineté.
5. Edouard LAMBERT, *Le gouvernement des juges*, éd. Giard, 1921, réimpression Dalloz, 2005, avec une préface de Franck Moderne.
6. Jean-Marie DENQUIN, *La monarchie aléatoire*, *op. cit.*, p. 115.
7. Louis FAVOREU, *La politique saisie par le droit*, Sirey, 1982.

fait de l'interprète, le véritable *créateur* de la norme. Elle affirme la « prévalence de l'interprétation dans la production de la norme et donc (le) rôle primordial du juge »[1]. Dès lors, parce qu'il est supposé entretenir « une relation de vérité avec le droit contenu dans les textes sacrés »[2], autrement dit la norme suprême qui est devenue le *tabernacle* des droits garantis aux gouvernés, le *Juge* est supposé être seul à même de tenir les promesses d'une garantie réelle de ces droits, mieux en tout cas, que la démocratie n'a jamais su le faire.

C'est ce qui explique, à n'en pas douter, la tendance observable dans le monde occidental, qui consiste à confier à un juge constitutionnel, réputé être un « tiers impartial et désintéressé »[3], le soin d'assurer la protection *effective* des droits garantis dans le cadre de l'État de droit selon l'acception aujourd'hui commune de cette expression.

B. La protection *juridictionnelle* des droits garantis comme moyen de l'État de droit

Cette protection s'insère dans un dispositif plus large, celui de *la justice constitutionnelle*[4], dont *l'objet* est d'« assurer la suprématie de la constitution par une procédure juridictionnelle »[5] appropriée, et dont *la finalité* est la soumission au droit de l'ensemble de l'activité politique, grâce à l'intervention d'un juge. Les fonctions de la justice constitutionnelle sont multiples et varient selon les États : les litiges entre pouvoirs constitués, le contentieux électoral national, la répartition des compétences entre le niveau fédéral et les entités fédérées s'il s'agit d'un État fédéral, enfin et surtout, le contrôle de la constitutionalité des lois, notamment lorsque pèse sur elles le soupçon d'avoir méconnu des droits garantis. Dans tous les cas cependant, la protection des droits formellement constitutionnalisés, est de loin la plus significative des fonctions assignées au juge constitutionnel – au singulier ou au pluriel –, c'est-à-dire celui qui est chargé de faire prévaloir la suprématie de la Constitution et des droits qu'elle garantit aux gouvernés. On constate d'ailleurs que partout, le contrôle de la conformité des lois à la Constitution à travers ce que l'on nomme le contrôle de constitutionnalité, demeure l'une des fonctions principales[6] – par son importance et son volume – de la justice constitutionnelle. Or, ce qui motive le recours au juge dans le cadre du contrôle de constitutionnalité, c'est justement le plus souvent la méconnaissance alléguée des droits garantis aux gouvernés tels qu'ils sont exposés dans la Constitution.

---

1. Jacques BOUVERESSE, « Droits fondamentaux, État de droit : l'héritage dilapidé de 1789 », *op. cit.*, p. 20.
2. *Idem*, p. 22.
3. Alexandre KOJEVE, *Esquisse d'une phénoménologie du droit*, Gallimard, 1981.
4. V. Hans KELSEN, « La garantie juridictionnelle de la Constitution », *RDP*, 1928, p. 198 et s.
5. Guillaume DRAGO, *Contentieux constitutionnel français*, coll. Thémis, PUF, 1998, p. 13.
6. « Le problème spécifique de la protection des *droits fondamentaux* [et à ce titre garantis par la Constitution] est devenu le plus important et la justice constitutionnelle est aujourd'hui fréquemment associée à cette entreprise », (E. MAULIN, « Aperçu d'une histoire française de la modélisation des formes de justice constitutionnelle », *in* Constance GREWE, Olivier JOUANJAN, Eric MAULIN et Patrick WACHSMANN (sous la dir.), *La notion de justice constitutionnelle*, coll. Thèmes et commentaires, Dalloz, 2005,, *op. cit.*, p. 138).

Cette protection juridictionnelle des droits ainsi garantis peut toutefois se concevoir de différentes manières. Il est courant de distinguer deux modèles de contrôle de constitutionnalité, même si c'est abusivement qu'ils sont présentés parfois comme irréductiblement antagonistes : « le droit positif, écrivent Constance Grewe et Hélène Ruiz-Fabri, ne répugne pas à mélanger les deux modèles, instituant ainsi des systèmes mixtes »[1]. Quoi qu'il en soit, cette distinction entre, d'une part, le modèle américain et, d'autre part, le modèle européen, ou plus exactement européo-kelsénien[2], bien qu'elle « oppose » exagérément les deux, présente néanmoins l'avantage de mettre en exergue leur incontestable différence.

1. Le modèle américain de contrôle de constitutionnalité

Aux États-Unis, dès l'origine, les modalités et moins encore le principe même d'un contrôle de la constitutionnalité n'ont pas semblé préoccuper les Pères fondateurs. En tout cas, ils n'en ont pas fait mention dans la Constitution de 1787. Dans le contexte de son élaboration, la chose n'était pas envisageable car c'eût été renforcer le pouvoir de la Cour suprême fédérale, ce à quoi s'opposaient certains *conventionnels* réunis à Philadelphie. « Il est toutefois vraisemblable, écrit Philippe Lauvaux, que les Constituants ont envisagé que le pouvoir de *judicial review* étendu aux lois du Congrès était inhérent au modèle institutionnel qu'ils avaient créé : celui d'une Constitution écrite et rigide »[3], qu'il fallait faire respecter par les pouvoirs constitués.

Toujours est-il que ce que les Constituants n'ont pas osé faire en 1787, la Cour suprême fédérale des États-Unis, à l'initiative du *Chief Justice* John Marshall, son président, le fera en 1803, à l'occasion de l'affaire *Marbury v/. Madison*[4]. Les faits méritent d'être rappelés car cette affaire aura un retentissement considérable quant au rôle futur de la Cour suprême.

Fin 1800, le Président sortant John Adams, partisan du renforcement de l'État fédéral sur les États fédérés, profite des dernières semaines de son mandat pour nommer à des postes de juges inamovibles des hommes connus pour avoir les mêmes convictions que lui, des « fédéralistes » donc. Sa précipitation est telle toutefois, que l'acte de nomination de William Marbury n'est pas notifiée à temps à son destinataire, qui, du coup, ne peut être installé dans ses fonctions. Marbury s'adresse alors au nouveau ministre de la justice, Madison, nommé par le successeur du Président Adams, Thomas Jefferson ; Madison comme Jefferson étant des « anti-fédéraliste » notoires. Madison, connaissant les convictions « fédéralistes » de Marbury, refuse donc logiquement de donner une suite favorable à sa requête. Devant cette fin de non recevoir, Marbury se tourne alors vers la Cour suprême fédérale et lui demande de faire application d'une loi fédérale datant de 1789, qui permet à ladite Cour suprême de contraindre l'administration fédérale à installer dans ses fonctions un juge nommé.

1. Constance GREWE et Hélène RUIZ-FABRI, *Droits constitutionnels européens*, coll. Droit fondamental, PUF, 1995, p. 69, n° 53.
2. Louis FAVOREU, « Modèle américain et modèle européen de justice constitutionnelle », *Annuaire Français de Justice Constitutionnelle*, 1988, p. 51-66.
3. Philippe LAUVAUX, *Les grandes démocraties contemporaines*, PUF, 1990, p. 242, n° 91.
4. V. Dominique ROUSSEAU, *La justice constitutionnelle en Europe*, coll. clefs, Montchrestien, 1992, p. 15-17.

Confrontée à cette situation délicate qui risque de provoquer un conflit ouvert entre le nouveau Président Jefferson et la Cour suprême, dans l'hypothèse où celle-ci ferait droit à la demande de Marbury, le Président de ladite Cour, le *Chief justice* Marshall, lui-même plutôt « fédéraliste », trouve, si l'on peut dire, la parade. Et il fait montre en l'occurrence d'une grande habileté. La solution qu'il impose consiste à « sacrifier » le « fédéraliste » Marbury qui, dans le cas d'espèce, ne sera finalement pas installé dans ses fonctions, tout en servant pour l'avenir, sur le terrain des principes, la cause des « fédéralistes ». Ainsi, la Cour cède-t-elle et donne-t-elle satisfaction au Président Jefferson et à son ministre Madison, en estimant que la loi de 1789 invoquée par Marbury ne saurait être appliquée car contraire à la Constitution fédérale des États-Unis. Ce qui empêche la régularisation de la nomination de Marbury. Mais cette victoire de Jefferson et des « anti-fédéralistes » n'est qu'une « victoire à la Pyrrhus » car le prix à payer pour l'obtenir aura été d'offrir à la Cour suprême l'occasion et le motif de renforcer son pouvoir d'institution fédérale au détriment des thèses « anti-fédéralistes ». La Cour suprême affirme ainsi sa compétence pour connaître d'un contentieux que la Constitution fédérale du 17 septembre 1787 ne lui reconnaît pas explicitement : celui du contrôle de la conformité des lois fédérales en vigueur à la Constitution, et notamment aux droits fondamentaux qu'elle contient – les dix amendements de 1791, constitutifs de ce qu'on appelle le « *Bill of Rights* »[1].

Il est vrai aussi que cette décision de principe, fondatrice, trouve une justification dans l'ouvrage des « Pères fondateurs » des États-Unis, *Le Fédéraliste* (1788), qui est comme le « bréviaire théorique du constitutionnalisme américain »[2]...

Le modèle américain qui en découle est fondé sur quatre éléments caractéristiques. Le premier, c'est qu'il s'agit d'un contrôle *concret*. Il s'exerce à l'occasion d'un litige particulier, notamment lors de l'application d'une loi déjà en vigueur à un cas d'espèce. C'est au cours du procès, que le requérant peut invoquer la violation de la Constitution et plus spécialement, celle d'un droit constitutionnel garanti.

Le deuxième élément caractéristique, c'est qu'il s'agit d'un *contrôle diffus*. Il est exercé par tous les tribunaux, chaque juridiction, à son niveau de compétence, ayant vocation à exercer le contrôle de constitutionnalité, et, ce faisant, à s'assurer qu'une loi ne méconnaît pas la Constitution, notamment les droits garantis aux gouvernés qui y sont exposés. Il est *diffus* parce qu'il n'existe pas une juridiction spécialisée et unique, dont la compétence exclusive serait de connaître de ce contentieux. Et si la Cour suprême fédérale, unique dans l'organisation judiciaire américaine parce que placée au sommet de l'ordre juridictionnel, l'exerce, elle ne le fait toutefois le plus souvent qu'en appel des juridictions inférieures, et

1. Dans son plaidoyer en faveur d'un *Bill of Rights* devant le 1er Congrès des États-Unis, Madison lui-même préconisait la compétence de la Cour suprême pour connaître du contentieux constitutionnel, (V. Philippe LAUVAUX, *Les grandes démocraties contemporaines*, *op. cit.*, p. 242, n° 91).
2. F. ROUVILLOIS, *Droit constitutionnel. Fondements et pratiques*, *op. cit.*, p. 148.

seulement en première et dernière instance, s'il s'agit d'un contentieux où sont impliqués un État fédéré – sa législation notamment –, un membre du gouvernement fédéral, voire un ambassadeur. Elle n'est donc appelée à se prononcer que dans un nombre limité d'affaires.

Le troisième élément caractéristique, c'est qu'il s'agit d'un contrôle *a posteriori* et *par voie d'exception*. Cela signifie qu'il s'exerce après l'entrée en vigueur de la loi litigieuse, et il se fait non pas par voie d'action, c'est-à-dire directement contre ladite loi, mais indirectement à l'occasion d'un procès qui a un autre objet : le requérant ne conteste donc pas directement la validité de la loi qu'il estime non conforme à la Constitution, mais demande que par exception, en raison du constat de son inconstitutionnalité, cette loi ne lui soit pas appliquée dans le cas d'espèce.

D'où le quatrième élément caractéristique : la décision du tribunal, quel qu'il soit, qui fait droit au requérant en constatant l'inconstitutionnalité de la loi litigieuse, ne vaut que pour l'espèce jugée : elle a un effet *inter partes* – entre les parties au procès –, ce qui signifie qu'elle n'est revêtue que de l'autorité *relative* de la chose jugée. Mais lorsqu'une telle décision émane de la Cour suprême, dont la fonction est d'unifier la jurisprudence, son autorité, bien que formellement relative, est telle, qu'elle a vocation à « faire jurisprudence », c'est-à-dire, à servir de référence pour les juridictions inférieures dont les jugements divergents, pourraient être annulés en appel s'ils étaient portés devant elle. Ce qui revient à dire que si aucun juge, non plus que la Cour suprême, ne peut directement annuler la loi inconstitutionnelle déjà en vigueur, même au motif de sa violation de l'un des droits garantis aux gouvernés, tous n'en ont pas moins le pouvoir d'en empêcher l'application, de la priver d'effets. La conséquence, c'est qu'en pratique, le législateur est amené à l'abroger, de sorte que bien que dotée d'une autorité relative, la décision de la Cour suprême produit indirectement des effets *erga omnes* – à l'égard de tous : justiciables et pouvoirs publics – comme le ferait une décision revêtue de l'autorité *absolue* de la chose jugée.

Ce modèle américain – *états-unien* devrait-on dire – n'en a pas moins été exporté, dès le début du XXe siècle, d'abord en Amérique du Sud, puis aussi en Europe, mais dans un nombre limité de pays. Les autres, s'étant majoritairement pourvus d'un type de contrôle différent dans ses modalités, notamment sous l'influence de celui inauguré en Autriche par Hans Kelsen dès 1920, c'est tout naturellement qu'il a été qualifié de modèle européen, ou de manière plus appropriée encore, de modèle européo-kelsénien[1].

2. Le modèle européo-kelsénien de contrôle de constitutionnalité

Ce modèle n'est pas celui de tous les États européens : les États scandinaves et la Suisse, notamment, ont adopté celui d'outre-atlantique. Dans son principe, il se veut plus systématique et dans ses effets plus radical que le précédent. Il a vocation à opérer à titre non

1. Bien que qualifié d'*européen*, ce modèle a aussi été adopté par certains États américains, avant même qu'il ne s'implante en Europe (V. la Constitution bolivienne du 27 octobre 1880 et la Constitution colombienne du 5 août 1886).

pas *curatif*, pour neutraliser une loi contraire à la Constitution et attentatoire aux droits garantis aux gouvernés, mais à titre *préventif*, pour empêcher son entrée en vigueur. Il n'est pas davantage né d'une pratique judiciaire, mais résulte au contraire d'une construction intellectuelle. Ce sont les idées de Hans Kelsen qui l'ont inspiré et qui le justifient, dans la mesure où le respect de la Constitution et de son contenu, conditionne la cohérence de l'ordre juridique étatique.

Historiquement, c'est à l'occasion de la recomposition de l'Europe, après le Traité de Versailles du 28 juin 1919, que ce modèle est tout à la fois théorisé et inauguré. Et en tout premier lieu en Autriche, patrie de Hans Kelsen, avec la Constitution du 1er octobre 1920, qui institue une *Haute Cour constitutionnelle* dont Kelsen lui-même devient membre[1]. Cette Cour, qui servira de modèle à la Tchécoslovaquie (1920) et à l'Espagne (1931), est ainsi chargée du contrôle de la constitutionnalité des lois et règlements, soit sur renvoi préjudiciel des tribunaux ordinaires qui ne peuvent donc exercé eux-mêmes le contrôle de constitutionnalité, soit sur renvoi du gouvernement ou d'une province. C'est là la caractéristique principale du modèle européen : le contrôle de constitutionnalité est confié à une juridiction unique et spéciale. Ce qui signifie que si le moyen d'inconstitutionnalité d'une loi est soulevé devant une juridiction ordinaire, celle-ci doit surseoir à statuer sur le fond de l'affaire qui lui est soumise, et saisir la Cour constitutionnelle pour qu'elle tranche préalablement, à titre préjudiciel, la question de la constitutionnalité de la loi qu'un requérant estime contraire à la Constitution.

C'est toutefois après la Seconde guerre mondiale, que le modèle se diffusera un peu partout en Europe : l'Autriche à nouveau, l'Allemagne fédérale en 1949 (*Tribunal constitutionnel de Karlsruhe*), l'Italie en 1947 (*Cour constitutionnelle*), la France en 1958 (*Conseil constitutionnel*), le Portugal en 1976, l'Espagne en 1978, la Belgique en 1980,...

Ces diverses juridictions constitutionnelles, en dépit des différences notables qui existent entre elles, ont néanmoins pour caractéristique commune de « concentrer » le contrôle de constitutionnalité puisque dans chacun de ces États, elles sont seules compétentes pour connaître de ce type de contentieux. C'est d'ailleurs la raison pour laquelle, on définit d'abord le modèle européen par cette caractéristique : il s'agit d'un contrôle non plus diffus comme aux États-Unis, mais *concentré*. Le contrôle de constitutionnalité est exercé par une juridiction spécifique qui se situe en dehors de l'organisation juridictionnelle ordinaire, parfois à son sommet – cour suprême –, souvent en amont – avant l'entrée en vigueur de la loi ; que les juridictions ordinaires soient en situation de se prononcer.

Au-delà de cette caractéristique commune, des divergences apparaissent même si une tendance commune se dessine. Ce qui revient à dire que les autres éléments caractéristiques ne sont pas décisifs dans la définition du modèle européen.

1. Cette cour sera réformée en 1929 (démission de Kelsen) et encore en 1934 avant de disparaître au moment de l'annexion de l'Autriche au IIIe Reich, en 1938.

Le contrôle de constitutionnalité s'exerce *a priori*, mais pas toujours à titre exclusif. On entend par là qu'il a lieu avant l'entrée en vigueur de la loi, c'est-à-dire avant sa promulgation. C'était vrai en France où à l'origine le Conseil constitutionnel ne pouvait statuer que sur une loi votée mais non encore promulguée. Ce n'est plus le cas depuis la révision constitutionnelle du 23 juillet 2008 ouvrant la voie à un contrôle *a posteriori* qu'a rendu possible la loi organique du 9 décembre 2010 – entrée en vigueur le 1er mars 2011 –, créant la *question prioritaire de constitutionnalité* (Q.P.C.)[1]. Il est ainsi fréquent que le contrôle *a priori* se double d'un contrôle *a posteriori*, comme dans le modèle américain donc, à la différence près toutefois que seule la juridiction constitutionnelle instituée à cet effet est compétente pour statuer.

Dans le modèle européen, le contrôle de constitutionnalité a pour troisième caractéristique, d'être le plus souvent *abstrait*. C'est nécessairement le cas lorsqu'il s'exerce *a priori* et seulement dans ce cas. Il est dit abstrait dès lors que dans le contrôle *a priori*, il intervient non pas à l'occasion de l'application concrète de la loi à un cas d'espèce, ce qui n'est possible qu'une fois celle-ci promulguée et déjà en vigueur, mais par voie d'action, sur la loi elle-même sitôt votée et examinée en tant que telle.

Enfin, quatrième caractéristique, l'autorité dont est revêtue la décision de la juridiction constitutionnelle, est assimilable à une *autorité absolue* de chose jugée[2], ce qui signifie qu'elle s'impose *erga omnes* : elle s'impose à tous, gouvernés et gouvernants, citoyens et pouvoirs constitués. Cela se comprend aisément lorsque le contrôle s'exerce *a priori*, avant l'entrée en vigueur de la loi : le juge ayant déclarée une loi votée contraire à la Constitution, il en interdit *ipso facto* sa promulgation. Du coup, elle n'entrera jamais en vigueur. Et si cette déclaration de non conformité ne s'analyse pas comme une annulation – le juge ne peut annuler qu'un acte existant, or la loi votée mais non encore promulguée n'existe pas encore – elle n'en a pas moins des effets analogues à ceux d'une annulation.

En fin de compte, à travers la garantie des droits, et par delà leurs différences certaines, les deux modèles sont au service de la même finalité : la limitation du pouvoir des gouvernants, parce que ces derniers sont – non sans raison – toujours suspectés de vouloir en abuser. Mais dans une démocratie, fût-elle libérale, le pouvoir des gouvernants ne saurait être que celui des gouvernés. Dans un tel régime, à la fois démocratique et libéral, la logique libérale qui tend à la limitation du pouvoir des gouvernants, se combine nécessairement à celle de la démocratie qui prétend, quant à elle, organiser la participation au pouvoir des gouvernés pour en faire – idéalement – des gouvernants. Même si ce n'est pas continûment ni toujours directement.

1. V. Dominique ROUSSEAU, « La question prioritaire de constitutionnalité. Vive la QPC ! La quoi ? », *Gaz. Pal*, 2 au 26 janvier 2010, Etude, n° 10347, p. 13-15 ; égal. Julien BONNET et Pierre-Yves GADHOUN, *La question prioritaire de constitutionnalité*, coll. Q.S.J., PUF, 2014.
2. Sur la notion de *chose jugée*, v. l'article 1352 du code civil.

Section 2 – **La participation au pouvoir des gouvernés**

Organiser la participation au pouvoir des gouvernés, telle est la préoccupation des démocrates : la participation, sinon de tous, en tout cas du plus grand nombre. Idéalement – mais non certes pratiquement –, la démocratie s'analyse en effet comme « la tendance à l'identification des gouvernants et des gouvernés »[1]. Tel est *l'idéal démocratique*. Dans la pratique cependant, les choses ne sont pas si simples, d'autant que l'idée que les uns et les autres se font de la démocratie varie. La première difficulté est donc d'ordre sémantique. Cela n'avait pas échappé à Kelsen qui écrivait très justement : « le mot d'ordre démocratie domine les esprits, aux XIXe et XXe siècles, d'une manière presque générale. Mais précisément, pour cette raison, le mot, comme tout mot d'ordre, perd son sens précis »[2]. C'est tellement vrai que l'un de ses meilleurs théoriciens, Georges Burdeau, a pu écrire : « la démocratie est aujourd'hui une philosophie, une manière de vivre, une religion et presque accessoirement une forme de gouvernement ». Et d'ajouter : « Dissocier ce qui en elle est *réalité* de ce qui est *croyance* conduirait à rendre incompréhensible... ses institutions positives »[3].

La question est bien, en effet, de déterminer le « sens précis » du terme, ou, à tout le moins, de s'accorder sur un sens commun. Il est vrai, dit-on, que les définitions sont libres, et que les mots ont des emplois, non des sens. Il n'empêche. Les mots ont aussi une étymologie. Et c'est toujours une bonne méthode que de commencer par là lorsqu'on cherche à définir une notion. Or, de ce point de vue, le terme français démocratie dérive des racines grecques *kratos* et *demos*. La première évoque les notions de *pouvoir* ou de *domination*, la seconde, désigne le peuple au sens de « communauté de citoyens »[4], autrement dit de communauté politique, et non pas ethnique puisqu'il s'agit bien d'un *demos* et non d'un *ethnos*.

Au pied de la lettre donc, la démocratie n'est rien d'autre qu'un régime dans lequel le peuple détient et exerce *le pouvoir souverain*[5] ; un régime dans lequel le peuple a *le premier mot* et, surtout, *le dernier mot*. C'est ce qui faisait dire à Georges Burdeau que « le mot démocratie doit obligatoirement être employé dans un sens qui se rapporte à sa définition historique

---

1. Hans KELSEN, *La démocratie, sa nature, sa valeur*, Paris, Sirey, 1932, rééd. Economica, 1988, p. 15.
2. *Ibidem*.
3. Georges BURDEAU, *La démocratie*, coll. Points-Politique, Seuil, 1966, p. 9.
4. Le terme de « peuple » désigne ici l'ensemble des membres de la société politique considérée et non *le peuple* comme *classe populaire*.
5. Il ne faut pas se méprendre sur le sens de cette expression : « pouvoir souverain du peuple ». Cela ne signifie pas que le peuple est *tout puissant* au sens où l'est le Dieu – le *Tout puissant* – créateur *ex nihilo* ; cela ne signifie pas qu'il est son propre maître en toute chose. Le croyant, celui qui croit en un Dieu créateur de l'univers, tout particulièrement le chrétien, s'agissant du concept de souveraineté, sait faire la distinction entre l'origine du pouvoir politique et son agencement, le premier relevant de la philosophie politique, le second de la science politique. C'est ce qui explique que le christianisme n'est pas « mal à l'aise » avec la démocratie, (v. Jean-Luc CHABOT, « La démocratie selon le magistère de Jean-Paul II », *in* Ronan GUELLEC [dir.], *Jean-Paul II, pape personnaliste*, Ed. du Carmel, Toulouse, 2008). Le pape Léon XIII devait expliciter à la fin du XIXe siècle cette distinction : la désignation de ceux qui doivent gouverner peut « être laissée au choix et aux préférences du grand nombre ». Ce choix, en effet, détermine la *personne du souverain* [le peuple], il ne confère pas les *droits de souveraineté* ; ce n'est pas l'autorité que l'on constitue, on décide par qui elle devra être exercée », (v. Encyclique *Immortale*

et sémantique, d'une manière qui ne se trompe pas »[1]. C'est aussi ce qui conduit Jean-Marie Denquin à écrire que « le principe de légitimité selon lequel le peuple a quelque droit à se mêler de ses affaires ne s'exprime par aucun autre concept et n'a pas d'autre *nom* que "démocratie" »[2]. Et l'on retrouve ici le lien qui s'établit entre la démocratie et le fondement de la légitimité du pouvoir, s'agissant de son origine. S'agissant de son origine seulement, car pour être légitime, un pouvoir démocratiquement investi doit encore viser la *justice* et le service du *bien commun*.

Mais à ce stade, on ressent le besoin d'aller plus loin afin de préciser dans quoi s'enracine l'aspiration démocratique qui, en Occident, paraît irrésistible à partir du XVIIIe siècle (§ 1), avant d'examiner les conditions de l'expression démocratique depuis lors (§ 2).

§1. L'aspiration démocratique

On peut trouver dans l'anthropologie[3] politique une explication à cette aspiration démocratique, mais non pas une justification irréfutable de la démocratie comme panacée du bon gouvernement (A). Dans le temps historique, à l'époque moderne, c'est un fait, on en observe pas moins que cette aspiration sera favorisée par la philosophie des Lumières en réaction à la monarchie absolue ; elle va grandir sous son influence mais sera sous-tendue par des présupposés idéologiques avec tout ce que cela comporte de risques et de dérives (B). La suite le montrera. Tant et si bien qu'après les « perversions » démocratiques totalitaires (*National socialisme* et *Marxisme-Leninisme*) qui en furent la négation, l'aspiration démocratique connaît de nos jours une forme nouvelle d'altération : celle de l'idéologie postmoderniste (C).

A. Une aspiration expliquée par l'anthropologie politique

L'explication de l'aspiration démocratique par l'anthropologie politique est séduisante parce qu'elle a l'apparence de la rationalité scientifique grâce à laquelle, en ce siècle, on prétend avoir accès à tous les mystères de l'univers. Mais expliquer l'aspiration à la démocratie, ce n'est pas justifier la démocratie comme principe du gouvernement idéal ni, moins encore, comme le « bien total ». Ce que notait la philosophe Simone Weil (1909-1943) : « La démocratie, le pouvoir du plus grand nombre, ne sont pas des *biens*. Ce sont des moyens en vue du bien, estimés efficaces à tort ou à raison »[4]. Fondamentalement, en effet,

---

Dei, 1885). Ce qui ne contrevient pas à l'enseignement de l'apôtre Paul dans sa lettre aux Romains (*Rm* 13, 1) : *Omni potestas a Deo* (« Tout pouvoir vient de Dieu »). Car il s'agit bien ici du pouvoir en tant que tel, non de la personne de son détenteur : aux hommes la liberté de décider par qui il est exercé.

1. Georges BURDEAU, *Traité de science politique*, t. VI, 1987, p. 350.
2. Jean-Marie DENQUIN, *La monarchie aléatoire*, *op. cit.*, p. 130.
3. L'anthropologie est l'étude scientifique de l'homme considéré dans la série animale, mais c'est aussi ce qui caractérise la conception que l'on se fait de l'homme dans une civilisation donnée. L'anthropologie dont il est question dans le développement qui suit est celle qui prévaut dans le monde occidental, celle qui se nourrit de ses racines judéo-chrétiennes.
4. Simone WEIL, *Note sur la suppression générale des partis politiques* (Gallimard, 1957), rééd. Climats, 2006, p. 25.

la démocratie est un « système » et, comme tel, un instrument, non une fin. L'anthropologie politique n'en présente pas moins un intérêt certain pour expliquer cette aspiration, mais elle trouve vite ses limites sur le terrain de sa justification.

1. L'intérêt de l'explication anthropologique

C'est parce que l'être humain est ce qu'il est, et parce que, aussi, le pouvoir qui s'exerce dans les sociétés humaines, n'est pas comparable à celui que l'on peut rencontrer dans les sociétés animales[1], que la démocratie semble pouvoir être considérée comme le fondement *naturel* de la légitimité du pouvoir – légitimité d'origine s'entend –, et expliquer dès lors cette irrésistible aspiration démocratique.

La démocratie en effet n'est pas seulement « une étape du développement historique des sociétés humaines », comme l'écrit Jean-Luc Chabot, qui a commencé dans le monde occidental voici deux siècles. Elle est aussi, ajoute-t-il, « un phénomène inhérent à tout pouvoir politique », que l'on ne trouve précisément que dans les sociétés humaines, lors même qu'il se présente sous des modalités différentes selon les époques »[2]. Car l'homme vit en société : l'« état de nature » supposé avoir précédé le pacte fondateur à l'origine de la société n'a jamais existé. Et si l'on invoque parfois le « mythe du bon sauvage », vivant à l'état de nature, on ne fait référence à rien d'autre qu'à une représentation imaginaire – c'est la définition du mythe –, qu'à une fable philosophique. L'explication contractuelle du passage de *l'état naturel* à *l'état social*, présente chez Hobbes, Locke ou Rousseau, pour ne citer que les auteurs les plus marquants de *l'École du droit de la nature et des gens*, qui la font leur, est dénuée de tout fondement historique et anthropologique. « L'erreur considérable de ces philosophes consiste à ne pas voir ce qui est pourtant évident ; c'est que les hommes ne constituent pas une race sauvage et solitaire ; c'est qu'avant toute résolution de leur volonté, *leur condition naturelle* est de vivre en société ». En conséquence, « le pacte dont on se prévaut est une invention et une chimère ». C'est le pape Léon XIII qui écrivait cela au XIXe siècle[3]. Aristote ne l'aurait pas contredit, qui avait compris que l'homme est *par nature* un animal social et politique (V. *supra*, l'introduction). C'est encore ce que dit dans une formule ramassée – et il n'est pas chrétien – Alain de Benoist : « l'existence des hommes n'a pas précédé leur coexistence »[4].

Mais l'homme est aussi un *être doué de raison* et un *être libre*. Le sens commun s'accorde ici avec le récit biblique de la Création. Et avec ce que confirme la neurophysiologie : ce qui appartient en propre à l'homme est sa capacité de jugement qui permet à ses choix de n'être pas seulement l'expression d'un déterminisme. C'est cela qui fait la spécificité de la nature humaine et c'est en cela que les sociétés humaines se démarquent des sociétés animales.

---

1. Sur la comparativité avec les sociétés animales, v. Jean-William LAPIERRE, *Vivre sans État ? Essai sur le pouvoir politique et l'innovation sociale*, Seuil, 1977.
2. Jean-Luc CHABOT, *Introduction à la politique*, *op. cit.*, p. 66-67.
3. Léon XIII, Encyclique *Diuturnum illud*, (Sur l'origine du pouvoir civil), 1881.
4. Alain de BENOIST, *Au-delà des droits de l'homme pour défendre les libertés*, éd. Pierre-Guillaume de Roux, 2016, p. 149.

Autrement dit, l'homme se caractérise par sa capacité de *juger* – grâce à la raison –, et par celle de *choisir* – grâce à sa liberté. Dès lors, tout porte à croire que le pouvoir s'exerçant dans une société humaine sera légitime, s'il procède du *libre choix* des gouvernants par les gouvernés après que ceux-ci auront exercé leur *capacité de jugement*. Il sera pour ainsi dire légitime, parce que conforme à la nature humaine.

Cette conclusion qui a l'apparence d'un truisme n'en est pas moins hâtive. D'abord, parce que le raisonnement dont elle procède présuppose que les hommes sont des êtres idéalement *parfaits*, ayant tous les mêmes lumières et dont les intentions sont également pures, que tous et chacun sont en situation d'exercer leur choix en pleine liberté, sans être ni contraints ni conditionnés, enfin que leur choix est déterminé par la seule *raison*, sans que ne s'y mêle la *passion*, l'*émotion*, la *pulsion*, sinon la *détestation*.

Ensuite, parce qu'en distinguant *de facto* les gouvernants des gouvernés, on est conduit à nier l'idéal démocratique de la tendance à l'identification des seconds aux premiers. Ce qui revient à reconnaître implicitement que la condition naturelle de l'homme dans la société, est celle d'une multitude de gouvernés obéissant à un petit nombre de gouvernants – des « égaux supérieurs » en quelque sorte –, quand bien même ceux-ci auraient reçu le droit de gouverner du libre choix raisonné de l'universalité des hommes composant la société considérée.

Enfin et surtout, parce que, toujours et partout, « une divergence potentielle existe entre la recherche du *bon gouvernement*, autrement dit celui dont l'action a d'heureux effets, et du *gouvernement légitime*, c'est-à-dire exercé par ceux qui possèdent un droit à l'exercer »[1]. Et c'est précisément de ce point de vue là qu'apparaissent les limites de l'explication anthropologique de l'aspiration à la démocratie.

2. Les limites de l'explication anthropologique

Ce qui explique rationnellement l'aspiration démocratique ne saurait donc justifier pour autant l'excellence du gouvernement démocratique à tous égards, sinon la démocratie en tant que telle comme fondement *exclusif* de la *légitimité du pouvoir*, ni moins encore comme garantie absolue d'un *bon gouvernement*. Il n'est que de se souvenir de la fameuse boutade de Winston Churchill, dans laquelle perce une forme de désenchantement : « la démocratie est le pire des régimes à l'exclusion de tous les autres ».

Un pouvoir légitime est avant tout un pouvoir consenti par ceux sur qui il s'exerce, mais sous réserve qu'il soit ordonné au service du *bien commun*. Or, ce consentement peut-être obtenu et maintenu en dehors de la démocratie. C'est du reste ce qu'a montré Max Weber à travers les idéaux-types de la légitimité (V. *supra*). Quant à la démocratie, si par le vote, elle a vocation à vérifier – sinon à quantifier – le consentement qui fait qu'un pouvoir est

1. Jean-Marie DENQUIN, *La monarchie aléatoire*, *op. cit.*, p. 1.

légitime[1], elle ne garantit pas pour autant que le régime ainsi établi soit de ce seul fait le meilleur gouvernement, celui qui est le plus désirable pour assurer le *bien commun* de la société sur lequel il s'exerce, ni qu'il soit infaillible, car le fait d'être une majorité à vouloir la même chose ne met pas à l'abri de l'erreur. En politique, l'aveuglement peut être collectif et il le fut quelquefois – c'est un euphémisme – au cours de l'histoire. Se tromper avec le plus grand nombre ne fait pas qu'un mauvais choix devient bon de ce seul fait, ni que l'erreur collective alors commise devient comme par magie une vérité[2]... Comme quoi rien n'est simple.

Pour preuve, quand on lit les philosophes français du XVIIIe siècle, ceux-là mêmes qui sont réputés pour le combat qu'ils ont mené sous l'Ancien régime contre la monarchie absolue, le doute s'insinue. Même « le plus démocrate » d'entre eux, Rousseau, ne cachait pas son scepticisme sur les vertus du gouvernement démocratique en tant que meilleur gouvernement, celui dont l'action a d'heureux effets. Relisons ce qu'écrit très justement Jean-Marie Denquin à cet égard : « *Il [Rousseau] ne prétend pas que le gouvernement du peuple serait meilleur en termes de résultats. Mais il pose comme une donnée évidente de la conscience morale que nul ne peut être lié contre sa volonté et que tout être humain a le droit de participer aux décisions qui le concernent. Un excellent gouvernement qui ne reposerait pas sur la volonté des citoyens serait donc excellent mais non légitime* »[3]. D'où la conclusion désabusée de Rousseau : « S'il y avait un peuple de dieux, il se gouvernerait démocratiquement ». Et d'ajouter : « Un gouvernement si parfait ne convient pas à des hommes »[4]. Ce à quoi faisait écho Voltaire dans des termes plutôt abrupts : « la démocratie *pure* est le despotisme de la *canaille* »[5]. C'est encore Voltaire qui écrivait que « le peuple français sera toujours un peuple ignorant et faible, qui a besoin d'être conduit par le petit nombre des hommes éclairés »[6]. D'où la conséquence qu'il en tirait en écrivant à Damilaville : « Il est à propos que le peuple soit guidé, et non pas qu'il soit instruit, il n'est pas digne de l'être » (*sic*). Mais Voltaire, qui ne s'en cachait pas, affichait sa préférence pour le *despotisme éclairé*, et n'était aucunement démocrate[7].

1. Ce consentement « mesuré » grâce au suffrage, suppose en toute logique que chaque citoyen prenne part *effectivement* au vote. Ce qui en pratique n'est jamais vérifié : l'abstention massive est même une caractéristique de la vie démocratique actuelle, (V. Frédéric ROUVILLOIS, *Droit constitutionnel. Fondements et pratiques*, *op. cit.*, p. 299-302).
2. Le préfet Rix rapporte ce propos que lui tint en privé le général de Gaulle : « La recette de nos démocrates, hélas !, c'est de croire au droit de se tromper, pourvu qu'il y ait l'excuse à ce faire, de la majorité... Se tromper avec le plus grand nombre est une excuse ! », (Pierre-Henry RIX, *Par le portillon de la Boisserie*, Nouvelles éditions latines, 1974, p. 115).
3. Jean-Marie DENQUIN, *La monarchie aléatoire*, *op. cit.*, p. 2.
4. Jean-Jacques ROUSSEAU, *Le Contrat social*, (1762), Garnier-Flammarion, 1966, p. 108.
5. Le dictionnaire *Lexis* de Larousse propose comme synonymes *contemporains* de « canaille » : pègre, populace et racaille (*sic*).
6. VOLTAIRE, *Correspondance*, La pléiade, Gallimard, t. VII, *Correspondance à Chamfort*, 1764, p. 624.
7. Le *despotisme éclairé* a fait des émules et il a toujours ses partisans... Lors d'une conférence prononcée en la Cathédrale de Strasbourg, le 7 septembre 1999, Jacques Delors, qui fut dix ans durant (1985-1994) président de la Commission européenne, qualifia le processus d'intégration européenne de « construction à l'allure technocratique et progressant sous l'égide d'une sorte de *despotisme doux et éclairé* ». (Cité par Axel TISSERAND, « L'impossible élection ? », Revue *Les Épées*, n° 22, 2007, p. 19). Ce n'était nullement de sa part une critique ou un regret ; moins encore un remords, mais un aveu.

Ceux qui, de nos jours, s'érigent en gardiens de la démocratie, semblent du reste dans les mêmes dispositions d'esprit comme en témoigne la définition jurisprudentielle de la démocratie donnée en ce début de XXIe siècle par la *Cour européenne des droits de l'Homme* (CEDH, 31 juillet 2001, *Refah partisi*). « La démocratie, indique la Cour dans une incidente, *suppose de donner un rôle au peuple* ». À première vue, le propos semble anodin. Et pourtant ! Que signifie cette phrase sinon que, dans une « société démocratique », qui est le « standard » européen du « bien total », le peuple n'est pas souverain – et qu'il ne doit pas l'être –, qu'il n'est pas le titulaire *ex ante* du pouvoir suprême, et qu'il ne saurait l'être. Il n'a qu'un « rôle » à jouer, peut-être même celui de simple *figurant*, en tout cas seulement celui qu'une oligarchie d'experts et de juges – voire de financiers – voudra bien lui « donner », à la manière du Prince qui « octroie » une Constitution à ses sujets. N'est-ce pas là, du reste, le signe que l'État de droit a détrôné la démocratie ? Et que ne subsiste de la démocratie « qu'une référence incantatoire à une réalité oubliée »[1] ? La conclusion à tirer de tout cela, c'est qu'il n'est plus douteux que les juges de Strasbourg se donnent désormais pour mission de *redéfinir* la démocratie. À l'instar des autres aréopages qui font profession de promouvoir les *droits de l'homme*, ils témoignent, dans la défense de ceux-ci, d'un zèle qui n'a d'égal que celui dont ils font preuve pour démanteler ceux du citoyen. Le citoyen qui n'est pas l'homme abstrait de nulle part – sans père ni mère, sans lieu ni date de naissance, sans famille ni patrie –, mais une personne, un homme concret enraciné et acculturé dans une société historique et politique constituée.

Tout indique donc que l'engouement pour la démocratie relève au mieux de l'acte de foi et au pire de « la langue de bois », et qu'il ne doit rien ou presque à des considérations rationnelles, qu'il s'alimente, au mieux, d'une *dévaluation* de ses antonymes, ou au pire, d'une *dénaturation* de ce que ces derniers sont vraiment. Qu'il s'agisse de *l'aristocratie* ou de la *monarchie*, autres « formes pures » d'organisation du pouvoir dans la société politique, selon Aristote[2].

Une dévaluation ou une dénaturation, en effet, car aujourd'hui, il est indéniable qu'aristocratie a cessé de signifier « *gouvernement des meilleurs* »[3] pour ne plus vouloir dire que « classe sociale supérieure » – « l'hyper-classe » ! –, comme l'a écrit, non sans provocation, Vladimir Volkoff. « Le résultat de ce tour de passe-passe est clair, ajoutait-il : la démocratie, *gouvernement du peuple par le peuple et pour le peuple*[4], devient une notion inévitable et nécessairement

1. Gilles LEBRETON, « L'Islam devant la Cour européenne des droits de l'homme », *RDP*, 2002, p. 1509.
2. La pensée politique classique a toujours considéré, à la suite d'Aristote, que toute forme pure et légitime de gouvernement (*la démocratie, l'aristocratie ou la monarchie*) devait être vouée à la réalisation du *bien commun*, sauf à déchoir et à se dégrader dans les formes corrompues (*la démagogie, l'oligarchie et le despotisme*), toujours selon la taxinomie d'Aristote, (V. Blandine KRIEGEL, *Philosophie de la République*, Plon, 1998, p. 31-38).
3. Pendant la Révolution française de 1789, le mot « aristocrate » signifiait déjà autre chose que ce qu'implique son étymologie (*gouvernement des meilleurs*). Très tôt, Thomas Paine devait noter que « le mot aristocrate signifie, en général, un ennemi de la révolution », (Lettre à Edmund Burke du 17 janvier 1790. Cité par Alfred COBBAN, *Le Sens de la Révolution française*, Julliard, 1984).
4. La formule employée par le Président des États-Unis Abraham Lincoln dans son bref discours de Gettysburg (212 mots), le 19 novembre 1863, a été reprise à l'article 3 de la Constitution française du 4 octobre 1958.

positive, dont on ne peut plus penser que du bien. Ses antonymes les plus répandus – et compromis d'avance – sont désormais *totalitarisme* et *fascisme*, ce qui est paradoxal, car tous les totalitarismes du XXe siècle se réclamaient eux aussi du gouvernement du peuple par le peuple et pour le peuple, c'est-à-dire de la démocratie »[1]... Et n'est-ce pas par le jeu des règles de la démocratie – parce qu'ils ont gagné les élections ! – qu'Adolf Hitler et le Parti *nazi* ont conquis le pouvoir ?

Quant à la monarchie, on feint pareillement d'ignorer qu'elle n'est pas obligatoirement le *pouvoir* d'un seul – il s'agirait alors de *monocratie* –, mais presque toujours le *gouvernement* d'un seul – *arche* et non *kratos* –, qui, de fait, ne peut gouverner vraiment qu'en s'entourant de conseils et avec le concours des *meilleurs* (aristocratie), voire de la *multitude* (démocratie). Il n'y a que « le seul roy qui puisse faire les lois » écrivait certes Loyseau[2]. Mais « cette définition est théorique », s'empresse de préciser Blandine Kriegel : « la promulgation d'une loi suppose des concours, implique une convention, met en jeu des *règles* de formalités »[3]... La confusion et les contresens sont encore plus grands quand on évoque la *monarchie absolue* qui se met en place en France à partir du XVIIe siècle. À cette époque, *absolu* n'est nullement péjoratif. Le mot vient de l'adjectif latin *absolutus*, (« achevé », « parfait »), tiré du verbe *absolvere* qui signifie « détacher » ou mieux « délier ». Comme le rappelle Jean Sévillia : « la monarchie absolue, ce n'est pas la monarchie *sans limite*, c'est la monarchie *sans liens* »[4]. Ce qui est tout autre chose. Du reste, ce sont les révolutionnaires qui, bien plus tard, inventeront le mot qui va discréditer *absolument* la monarchie absolue : l'*absolutisme*[5].

À la limite même, il n'est pas interdit de penser que la démocratie est contre nature. Le philosophe Pierre-André Taguieff n'a pas peur de l'affirmer : « la démocratie (est) à la fois une invention et une création humaines *contre nature* »[6]. Le plus surprenant est sans doute que Jean-Jacques Rousseau, qui, disent certains, n'était pas à une contradiction près, en convenait lui-même dans *La nouvelle Héloïse* : « A prendre le terme dans la rigueur de l'acception, il n'a jamais existé de véritable démocratie et il n'en existera jamais. Il est *contre l'ordre naturel* que le grand nombre gouverne et que le petit soit gouverné » (*sic*). Aussi bien, remarquait toujours Vladimir Volkoff, « l'apparition d'une aristocratie – que ce soit celle du talent, du mérite, de l'élection, de la volonté de puissance, de la richesse, de l'hérédité réelle ou supposée – est un phénomène *naturel* ; or, l'aristocratie est, par définition, une

---

1. Vladimir VOLKOFF, *Pourquoi je suis* moyennement *démocrate*, éd. du Rocher, 2002, p. 20-21.
2. Charles LOYSEAU, *Traité des seigneuries*, Livre III, 11.
3. Blandine KRIEGEL, *L'État et les esclaves*, *op. cit.*, p. 166.
4. Jean SEVILLIA, *Historiquement correct*, coll. Tempus, Perrin, 2006, p. 134.
5. « Le *Petit Robert* définit l'absolutisme comme "un système de gouvernement où le pouvoir du souverain est absolu, n'est soumis à aucun contrôle". Le même dictionnaire précise que le terme a été inventé en 1796. "Absolutisme" est donc un concept forgé pendant la Révolution, afin de vilipender les institutions antérieures, [c'est-à-dire les discréditer] et de justifier la nécessité de les avoir abattues. Au même titre que l'Ancien Régime (l'expression date de 1790), l'absolutisme constitue non une catégorie scientifique, mais une figure de propagande », (Jean SEVILLIA, *Historiquement correct*, *op. cit.*, p. 134).
6. Pierre-André TAGUIEFF, *Résister au bougisme*, *op. cit.*, p. 128.

minorité ». Il en concluait alors que « pour empêcher ce phénomène de fonctionner et pour imposer le gouvernement du grand nombre, il faut une législation fondée sur un *idéal abstrait*, souvent démenti par la réalité des faits »[1].

Cet idéal abstrait, c'est celui qui, influencé et favorisé par la philosophie des Lumières, imprègne les constructions théoriques – ou plus exactement idéologiques – censées traduire sur un plan conceptuel cette aspiration démocratique.

B. Une aspiration favorisée par la philosophie des Lumières

Sur le terrain des idées pures, le XVIIIe siècle vit éclore deux grandes théories dont on convient, avec le recul, de leur caractère plus idéologique que scientifique[2]. Ces théories, en effet, reposent sur une idée plus que sur des réalités, davantage sur une représentation du monde que sur une observation des choses. Mais dans l'histoire des hommes, à un moment donné, certaines idées s'emparent des esprits et deviennent des mots d'ordre qui, une fois lancés, sont aussitôt repris en chœur ; si les circonstances s'y prêtent, ces idées deviennent alors le levier de l'action, voire le moteur d'une révolution. Et c'est sans doute parce qu'elles donnaient opportunément la meilleure justification qui fût au désir et à la volonté de rupture avec l'ordre établi et ses fondements, que les révolutionnaires français de 1789 partiront à l'assaut de la monarchie française sous leur bannière.

Ils le feront, après avoir lu Jean-Jacques Rousseau dans l'œuvre de qui ils trouvent le fondement de la théorie de la *souveraineté populaire* qui implique un mode de gouvernement idéal fondé sur la *démocratie directe*. Ils le feront plus encore, en s'inspirant des idées d'Emmanuel Sieyès qui est leur contemporain et participe à leur entreprise, et plus particulièrement de sa théorie de la *souveraineté nationale* qui débouche sur le *régime représentatif*, mais s'éloigne en même temps de l'idéal démocratique.

1. Rousseau, la souveraineté populaire et la démocratie directe

C'est pour l'essentiel, dans le *Contrat social* paru en 1762, et sous-titré *Principes du droit politique*, que Jean-Jacques Rousseau développe ses idées autour du thème récurrent de la *liberté* et de *l'égalité* qui sont les principes mêmes du gouvernement démocratique[3].

Il devait développer, systématiser et vulgariser cette pensée en posant que le pouvoir originaire et absolu procède du peuple. La souveraineté *dans* l'État procède des citoyens en corps, et l'État souverain n'en est que l'instrument ; elle n'est autre que ce qu'il appelle *la volonté générale*, qui s'exprime dans la *loi*. « la souveraineté, ou pouvoir du corps politique sur tous ses membres, écrit Jean-Jacques Chevallier, se confond avec la volonté générale,

1. Vladimir VOLKOFF, *op. cit.*, p. 23.
2. V. not. Guillaume BACOT, *Carré de Malberg et l'origine de la distinction entre souveraineté du peuple et souveraineté nationale*, éd. du CNRS, 1985.
3. V. Jean-Jacques CHEVALLIER, *Les grandes œuvres politiques de machiavel à nos jours*, *op. cit.*, p. 109-131.

et ses caractères sont ceux-là même de cette volonté : elle est inaliénable, indivisible, infaillible, absolue »[1]. Elle est donc détenue par le peuple considéré comme l'ensemble des associés formant le corps politique issu de ce fameux *contrat social*, dont se sert Rousseau – il ne s'agit que d'un « *procédé de raisonnement* – pour expliquer tout à la fois la formation de l'État, et la conservation par l'individu, au sein du groupe politique, des droits qu'il n'a pu aliéner, parce qu'ils sont inhérents à sa nature humaine »[2]. Mais, on l'a vu, là est la faiblesse du raisonnement de Rousseau, puisque ce contrat qui est le fondement de sa démonstration, n'est qu'un *artifice* intellectuel (V. *supra*)[3].

À partir de ce postulat non démontré et indémontrable, Rousseau devait expliciter sa pensée dans quelques phrases célèbres qu'il faut citer : « *Supposons que l'État, écrit-il, soit composé de dix mille citoyens. Le souverain ne peut être considéré que collectivement et en corps, mais chaque particulier, en qualité de sujet, est considéré comme individu. Ainsi, le souverain est au sujet comme dix mille est à un : c'est-à-dire que chaque membre de l'État n'a pour sa part que la dix millième partie de l'autorité souveraine, quoi qu'il lui soit soumis tout entier* »[4].

Il précise ailleurs que « *tant que plusieurs hommes réunis se considèrent comme un seul corps, ils n'ont qu'une seule volonté, qui se rapporte à la commune conservation, et au bien-être général* »[5]. Ce qui dénoterait, s'agissant de la nature humaine, un optimisme assez naïf, en même temps qu'une méconnaissance de l'histoire des hommes, si Rousseau n'avouait pas en terminant que la démocratie exige tant de *vertus* qu'elle est inaccessible aux hommes. Enfin, s'expliquant sur le *Pacte social* qui soustrait l'homme à l'état de nature originel – sans jamais s'expliquer sur les conditions effectives de réalisation de cette communauté mythique –, il affirme « *qu'il se réduit aux termes suivants : chacun de nous met en commun sa personne et toute sa puissance sous la suprême direction de la volonté générale, et nous recevons en corps chaque membre comme partie indivisible du tout* »[6]. C'est pourquoi, le vote d'une proposition de loi à la majorité – c'est-à-dire sans le consentement de la minorité – « n'a pas pour but d'approuver ou de rejeter cette proposition mais de dire si elle est conforme ou non à la volonté générale, laquelle ne sera connue qu'après le vote »[7]. Et Rousseau de noter : « *Quand donc l'avis contraire au mien l'emporte, cela ne prouve autre chose sinon que je m'étais trompé, et que ce que j'estimais être la volonté générale ne l'était pas. Si mon avis particulier l'eût emporté, j'aurais fait autre chose que ce que j'avais voulu, c'est alors que je n'aurai pas été libre* »[8].

1. Jean-Jacques CHEVALLIER, *op. cit.*, p. 114-115.
2. Georges BURDEAU, *Droit constitutionnel*, LGDJ, 1984, p. 133.
3. En relisant Rousseau, on constatera néanmoins que, pour lui, un peuple n'est pas seulement le résultat purement volontariste et politique du contrat social : le « contractualisme » de Rousseau présuppose un peuple apte à contracter, c'est-à-dire dont l'unité est déjà réalisée grâce à une expérience sensible dont témoigne le partage de même mœurs (v. Vincent COUSSEDIÈRE, *Le retour du peuple. An I*, éd. du Cerf, 2016, p. 43-44).
4. Jean-Jacques ROUSSEAU, *Œuvres complètes* (*Du contrat social*, livre III, chap. 1er), Bibliothèque de la Pléiade, Paris, 1964, t. 3, p. 397.
5. *Idem*, p. 437.
6. *Idem*, p. 361.
7. Jean-Jacques CHEVALLIER, *op. cit.*, p. 112-113.
8. Jean-Jacques ROUSSEAU, *Œuvres complètes*, *op. cit.*, p. 440 et 441.

De cet ensemble de postulats, découlent les caractéristiques qui dessinent un mode de gouvernement *idéalement* démocratique : celui de la *démocratie directe*.

En effet, dès lors que la souveraineté, qui est la volonté populaire et en même temps la volonté générale, procède de la collectivité entière, chacun de ses membres en étant titulaire d'une parcelle inaliénable, c'est seulement ensemble et en corps qu'ils peuvent l'exprimer. Ce qui revient à dire que la souveraineté ne peut être exercée par *délégation* : la loi qui en est l'expression, ne peut donc résulter que de la délibération de tous les citoyens, assemblés en un même lieu. Étant ainsi « le pouvoir législatif qui est souverain »[1], l'assemblée des citoyens ne peut être *représentée* – rendue présente en son absence – par quelque autre corps distincts, car cela signifierait alors que la souveraineté aurait été *transférée* et que le peuple en aurait été *dépossédé*. Or, la souveraineté est inaliénable.

Rousseau n'en convient pas moins que pour *l'exécution* de la volonté générale, il faut que soit institué un organe, qu'il appelle « gouvernement », mais qu'il ne conçoit pas comme une *représentation* du souverain, ou une *délégation* de la volonté générale. Ce gouvernement, est « un autre pouvoir qui exécute », c'est « un corps intermédiaire établi entre les sujets et le souverain pour leur mutuelle correspondance, chargée de l'exécution des lois et du maintien de la liberté tant civile que politique »[2]. En disant cela, Rousseau, établit une distinction fondamentale entre *le souverain* (pouvoir législatif) et *le gouvernement* (pouvoir exécutif) qui est exercé par des délégués – des commis – du souverain, soumis au contrôle permanent de ce dernier, de sorte qu'il est révocable à tout moment. Cette distinction capitale, il l'avait du déjà établie dans son *Discours sur l'économie politique*, où il écrivait : « Je prie mes lecteurs de bien distinguer *l'autorité publique* dont j'ai à parler et que j'appelle gouvernement, de *l'autorité suprême* que j'appelle souveraineté »[3].

Mais, précisément, de ce que la souveraineté ne peut être exercée par délégation, il résulte que la théorie de la souveraineté populaire est illusoire, et que la démocratie directe qu'elle implique est inapplicable, sinon peut-être dans des micro-États. Seules, dans l'Antiquité, les Cités grecques l'ont pratiquée. Mais alors, les citoyens collectivement détenteurs de la souveraineté ne totalisaient qu'un vingtième de la population (10 000 à 20 000 à Athènes) dès lors qu'étaient exclus les femmes, les esclaves et les étrangers résidant. Seuls étaient citoyens les membres d'une élite, autrement dit d'une aristocratie qui ne disait pas son nom. Et encore, l'absentéisme y était important : seulement 2 000 citoyens participaient effectivement et assidument aux délibérations communes. À l'heure actuelle, c'est presque à titre de curiosité qu'elle survit dans trois cantons suisses qui continuent à la pratiquer (*Glaris, Appenzell*, et *Unterwald*) : une assemblée des citoyens (*Landsgemeinde*) s'y réunit une fois l'an, qui a désormais l'allure d'une kermesse folklorique.

---

1. *Idem* (VIe Lettre écrite de la Montagne), p. 808.
2. *Ibidem*.
3. Jean-Jacques ROUSSEAU, *Œuvres complètes*, *op. cit.*, p. 244.

Ainsi s'explique que Sieyès ait « éclipsé » Rousseau, car d'un point de vue concret, dans l'ordre des réalités, les idées de celui-là étaient plus faciles à mettre en application que celles de celui-ci, d'autant plus qu'elles allaient servir les intérêts de l'oligarchie qui sera « l'avant-garde » de la Révolution.

2. Sieyès, la souveraineté nationale et le régime représentatif

C'est à la veille de la Révolution, en janvier 1789, que l'Abbé Sieyès, élu peu de temps après député du Tiers-état, quoique membre du clergé, publie une brochure qui allait devenir célèbre : *Qu'est-ce que le Tiers-état ?*. Il y développe sa théorie de la souveraineté nationale, déjà ébauchée par Mably, dont le prolongement institutionnel est la mise en place du régime représentatif (V. *infra*). Elle sera consacrée à l'article 3 de la *Déclaration des droits de l'homme et du citoyen* : « Le principe de toute souveraineté réside essentiellement dans la Nation. Nul corps, nul individu ne peut exercer d'autorité qui n'en émane expressément »[1].

Cette théorie qui va connaître un succès retentissant, n'a toutefois que l'apparence de la démocratie. Il ne s'agit pas, grâce à elle, de faire du *peuple réel*, c'est-à-dire de « l'universalité des citoyens », le titulaire du pouvoir suprême dans l'État, mais plus sûrement de dépouiller le Roi du pouvoir souverain qu'il détient de Dieu lui-même dans la conception qui prévaut sous l'Ancien régime.

L'habileté de Sieyès, en effet, sera de soutenir que la souveraineté appartient à ce qu'il appelle la Nation, qui n'est autre, dans sa pensée qu'une fiction juridique, une simple figure de rhétorique ou une abstraction juridique personnifiée que l'on ne saurait confondre avec le peuple concret que forme l'addition des personnes physiques constitutives de la population de l'État à un moment donné, « le peuple en corps composé de l'ensemble des individus vivants »[2] qui était celui de Rousseau. Georges Burdeau rendra compte de cela en ces termes : « *la souveraineté nationale est un concept doctrinal imaginé pour satisfaire le postulat démocratique de l'origine populaire du pouvoir tout en écartant de son exercice l'action du peuple concret* »[3]. Quant au moraliste Chamfort, il usera d'un raccourci pour exprimer la même idée qui correspond à l'état d'esprit des révolutionnaires : « La souveraineté réside

1. À cet égard la Constitution « actuelle » de la Ve République entretient l'équivoque et cultive la contradiction. Par le biais de l'article 3 de la Déclaration des droits de l'homme et du citoyen, à laquelle renvoie son préambule, la Constitution du 4 octobre 1958 proclame que *nul corps, nul individu ne peut exercer d'autorité qui n'émane expressément de la Nation*, alors que dans le même temps, en vertu des conséquences tirées de l'article 88-1 – ajouté en 1992 et réécrit depuis lors –, c'est-à-dire en raison de la participation de la République à l'Union européenne, elle consent à ce que des normes *édictées* par ladite Union prévalent sur la loi nationale et ce alors même que les auteurs de ces normes, non seulement n'émanent *ni expressément ni exclusivement* de la nation mais, qui plus est, sont même parfois totalement étrangers à la Nation. Ce qui est précisément le cas toutes les fois que ces normes sont adoptées par le Conseil et le Parlement européen statuant à la majorité, parfois *contre la volonté expresse des autorités nationales*, c'est-à-dire, en fait, le plus souvent puisque l'article 16-3 TUE *nouveau* dispose que « le Conseil [européen] statue à la majorité qualifiée sauf dans les [rares] cas où les traités en disposent autrement ».
2. Jean-Jacques CHEVALLIER, *Les grandes œuvres politiques de Machiavel à nos jours*, *op. cit.*, p. 139.
3. Georges BURDEAU, *Traité de science politique*, t. VI, LGDJ, 1987, p. 417.

dans le peuple mais le peuple ne doit pas l'exercer »[1]. Bref, telle que la conçoit Sieyès, et comme le dira plus tard un autre auteur, Léon Duguit, la nation est « une personne distincte de la somme des individus qui la composent, elle a de ce fait une conscience et une volonté à elle »[2]. Mais c'est une personne fictive qui ne pourra vouloir, parler, agir que par l'entremise de ceux qui sont censés lui donner une volonté, une parole et des actes, des êtres concrets, de chair et de sang, qu'on appellera précisément : les représentants de la Nation. Mais n'anticipons pas.

Derrière cette construction juridique savante mais abstraite, on retrouve la motivation profonde de Sieyès qui est un homme de son temps, et qui, en tant que tel, va séduire les membres de la classe sociale – la bourgeoisie – qui aspire à renverser l'ordre immuable de la société d'Ancien régime, à son seul profit. Pour bien comprendre cela, il faut revenir à la brochure publiée par Sieyès au début de l'année 1789, dont l'influence se fera surtout sentir dans les milieux éclairés de l'époque, à commencer par la bourgeoisie.

On connaît les premières phrases de cette brochure, en forme de triple interrogation : « *Qu'est-ce que le Tiers-état ? Tout. Qu'a-t-il été jusqu'à présent dans l'ordre politique ? Rien. Que demande-t-il ? À être quelque chose* ». Et Sieyès de montrer que ce « Tiers-état est une nation complète », avant de dérouler les conséquences de cette affirmation. Étant la nation elle-même, le Tiers-état est donc fondé à exiger de « délibérer seul », et non comme un ordre séparé, distinct de la noblesse et du clergé comme c'était l'usage aux États généraux. Car « en France, écrit-il, les *représentants* du Tiers sont les vrais *dépositaires* de la volonté nationale. Ils peuvent donc sans erreur parler au nom de la nation entière ». Or, les membres du Tiers, élus aux États généraux, et autoproclamés représentants de la Nation le 17 juin 1789, sont issus pour la plupart de la bourgeoisie, parce que c'est en son sein, à cette époque, que se « recrutent » les hommes qui ont les « lumières ».

La théorie de la souveraineté nationale apparaît alors pour ce qu'elle est : une construction juridique intellectuellement séduisante, qui a pour objet, *sur un plan théorique*, de démontrer que le roi n'est pas souverain, et qui a pour avantage, *sur un plan pratique*, d'écarter du pouvoir la multitude au seul bénéfice d'une *élite bourgeoise*, d'une « nouvelle » aristocratie de l'argent et de la connaissance qui brûle de se substituer à l'aristocratie de la naissance : la noblesse d'Ancien régime.

Il ne restait plus alors aux hommes de 1789 qu'à tirer les ultimes conséquences « logiques » de la théorie de la souveraineté nationale. Si tous les pouvoirs émanent de la nation, entité abstraite – ou plutôt être de raison qui n'existe pas en dehors de sa représentation –, et dès lors que cette souveraineté nationale est indivisible, il en résulte que la nation ne peut en

1. Pour stigmatiser les opposants au régime de la Vᵉ République, le général de Gaulle citera cette phrase de Chamfort dans sa conférence de presse du 9 septembre 1965.
2. Léon DUGUIT, *Souveraineté et liberté*, 6ᵉ leçon, cité par D. TURPIN, *Droit constitutionnel*, *op. cit.*, p. 200.

exercer aucun directement mais seulement par *représentation* : « Tout est représentation dans le corps social et politique », dira Sieyès. Les représentants que la nation se donne sont ainsi les seuls capables de *parler*, *vouloir* et *agir* pour elle et en son nom.

Sieyès et les révolutionnaires rejoignent ainsi par la bande ce qu'écrivait l'autre philosophe du XVIIIe siècle, qui les a influencés non moins fortement : Montesquieu. Dans *L'esprit des lois*, par un autre canal, ce dernier soutient en effet que le peuple n'a ni le loisir, ni une éducation politique suffisante, pour aborder les problèmes soulevés par le gouvernement d'un État. En revanche, il juge que le peuple est parfaitement capable de choisir les hommes que leur sagesse, leur instruction, leur expérience désignent pour traiter les affaires du pays, c'est-à-dire des représentants : « Le grand avantage des représentants, écrivait-il déjà, bien avant Sieyès, est qu'ils sont capables de discuter les affaires. Le peuple n'y est point du tout propre, ce qui forme un des grands inconvénients de la démocratie »[1]. Force est donc de constater que, de l'aveu même de ses partisans, *le régime représentatif* n'est pas à proprement parler un régime démocratique.

Au demeurant, Sieyès l'a maintes fois proclamé, notamment lors des débats de l'Assemblée constituante le 7 septembre 1789. Il convenait que la France ne pouvait être une démocratie parce ce que sa Constitution est représentative. Ce que confirmera *expressis verbis* peu de temps après l'article 2 du préambule du titre III de la Constitution française du 3 septembre 1791 aux termes duquel « la nation de qui émanent tous les pouvoirs ne peut les exercer que par délégation. La Constitution française est représentative ». C'est donc à la Constitution elle-même de dire qui sont les représentants, ce que fait *in fine* l'article 2 précité : « les représentants sont le corps législatif, et le roi ». Le premier étant élu, le second ne l'étant pas, on voit par là qu'il n'y a pas de lien nécessaire entre *représentation* et *élection*. Il en résulte que les représentants seront regardés comme exerçant une *fonction*, et que seuls certains citoyens sont aptes à l'exercer : ceux qui en sont jugés « capables » par la Constitution. Ne sont donc éligibles à cette fonction, et même aptes à être électeurs, que certains d'entre eux : ceux que Sieyès puis la Constitution de 1791 appellent les « citoyens actifs », ainsi distingués des « citoyens passifs », privés de cette faculté. Le député grenoblois Barnave déclarait ainsi le 11 août 1791 : « La qualité d'électeur n'est qu'une *fonction publique* à laquelle personne n'a *droit*, que la société dispense ainsi que le lui prescrit son intérêt ». Du coup l'électorat n'est pas conçu comme un droit, mais comme une fonction. Par conséquent, les citoyens ne sont pas égaux, et n'étant pas égaux, c'est le principe même de la démocratie mis en évidence par Rousseau, qui est nié une nouvelle fois.

C'est dire que dans la théorie de la souveraineté nationale telle qu'il l'a imaginée, et telle qu'elle sera reprise par les constituants de 1789-1791, Sieyès cherche au mieux à « substituer la volonté des élus à celle des citoyens »[2]. Quant aux constituants, c'est délibérément qu'« ils ont fondé un régime électif, aboutissant au gouvernement du peuple par les

1. MONTESQUIEU, *L'esprit des lois*, Livre XI, Chap. VI (De la Constitution d'Angleterre).
2. Raymond CARRÉ de MALBERG, *La loi, expression de la volonté générale* (1931), réimpression, Economica, 1984, p. 18.

notables »[1], car eux-seuls – parce qu'ils ont l'instruction, l'expérience, le loisir, mais aussi l'aisance financière – ont la possibilité d'être élus. Nous verrons toutefois, lorsqu'il s'agira d'étudier *les modes de participation au pouvoir des gouvernés* (*cf. infra*), que, progressivement, il deviendra possible de *démocratiser le régime représentatif* de sorte que *la distinction toute théorique entre souveraineté populaire et souveraineté nationale pourra être dépassée*. Et c'est pour cette raison qu'en dernière analyse, Sieyès peut être rangé malgré tout, même si telle n'était pas son intention, parmi les auteurs du XVIIIe siècle qui, peu ou prou, ont œuvré à l'établissement d'un *système de participation des gouvernés au pouvoir*, afin de répondre à l'aspiration démocratique qui commence à poindre à la fin de ce siècle parce qu'elle semble s'accorder à l'esprit du temps.

On conviendra sans peine que ces constructions savantes de la fin du XVIIIe siècle où se mêlent théorie et idéologie, ne sont certes pas dénuées d'intérêt pour comprendre le cheminement des idées et l'affirmation de l'idéal démocratique. Elles n'en doivent pas moins être réévaluées *à la lumière* – si l'on peut dire – de ce qu'enseignent *l'expérience historique* des hommes aussi bien que *l'expérience pratique* qu'il est donné à chacun de faire à l'époque où nous vivons, qui n'est plus, comme au XVIIIe siècle, celle du règne de la raison – et de l'universalisme – mais celle de son abdication – et du relativisme –, qui n'est plus celle du Droit conçu comme « raison écrite » – *ratio scripta* disaient les Romains – mais celle du *désir* et des revendications égoïstes érigées en droits subjectifs[2], bref, qui n'est plus celle de la modernité mais celle de la postmodernité – ou, comme préfèrent dire certains auteurs, celle de la *modernité tardive*.

Aujourd'hui donc, l'aspiration démocratique qui, au XIXe et au XXe siècle, a enfanté des régimes démocratiques dans le cadre d'États-Nation, s'est affranchie de son fondement rationnel comme des leçons de l'expérience des hommes, sous l'effet de l'idéologie née de la postmodernité : l'idéologie postmoderniste devenue l'idéologie dominante[3].

C. Une aspiration altérée par l'idéologie postmoderniste

Pour s'épanouir et se conformer à l'idéal auquel elle se réfère, l'expérience des hommes donne à voir – et de plus en plus depuis une trentaine d'années – que la démocratie en tant que régime pratiqué dans une société donnée, ne fonctionne vraiment et ne peut produire les effets qu'on attend d'elle en termes de légitimité et d'efficacité, qu'à trois conditions, chacune étant nécessaire mais aucune n'étant – en elle-même – suffisante.

1. René CAPITANT, *Écrits constitutionnels* (« Carré de Malberg et le régime parlementaire », *Annales de la faculté de droit de Strasbourg*, Dalloz, 1966, p. 126), éd. du CNRS, 1982, p. 261.
2. C'est là le constat que faisait à la fin de sa vie le grand juriste que fut le Doyen Carbonnier : « *Une caractéristique du droit de notre époque aura été la tendance à se subjectiver, à se résoudre en une averse de droits subjectifs* », (V. Jean CARBONNIER, *Droit et passion du droit sous la Ve République*, coll. Champs, Flammarion, 1996, p. 121).
3. V. Shmuel TRIGANO, *La nouvelle idéologie dominante. Le postmodernisme*, éd. Hermann, 2012.

La première de ces conditions est que la démocratie ne peut être que si elle s'enracine dans un État-Nation historique, grâce auquel se trouve réalisée une certaine homogénéité du peuple – une homogénéité nationale précisément. C'est là une nécessité, une condition préalable que s'obstinent à nier les postmodernes parce qu'ils vivent et se meuvent dans un univers « hors sol ». Il en va de même de la deuxième condition qui la prolonge et qui n'en est pas moins décisive : la démocratie ne saurait être réduite à une simple règle du jeu formelle, émancipée de la raison et tout entière livrée aux humeurs ou aux caprices d'une volonté que plus rien ne limite – et surtout pas la raison, précisément. Or, c'est bien là ce qu'encourage et promeut l'idéologie postmoderniste. Quant à la troisième condition, c'est qu'il n'y a pas de démocratie véritable sans un pouvoir politique *effectif*, c'est-à-dire qui s'exerce dans toute sa plénitude et s'impose aux pouvoirs de fait qui servent des intérêts ou des égoïsmes – économiques ou financiers – indifférents, sinon hostiles, au bien commun. Or, l'idéologie postmoderniste compromet l'effectivité d'un pouvoir politique qui surplombe les intérêts privés, ne s'en laisse pas conter, et demeure fermement résolu à avoir le dernier mot.

1. L'idéologie postmoderniste nie le besoin d'enracinement dans un État-Nation

L'expérience acquise par une longue pratique de la démocratie, et singulièrement en France, donne à voir, que la démocratie est un régime valable et donc viable qu'à la condition de s'enraciner dans un *État-Nation historique*. Il s'agit là d'une condition politique plus que juridique. Mais encore une fois, pour aller à l'essentiel et comprendre le *pourquoi* (politique) du *comment* (juridique), il faut s'extraire du juridisme étriqué qui masque les enjeux, quitter le ciel embrumé des idées pures pour retrouver la terre des hommes.

« La démocratie est indissociable de la nation », écrit Dominique Schnapper[1] et, de fait, « la démocratie moderne est née sous la forme nationale »[2], ce dont n'avait aucune gêne à convenir, Jean-Marc Sauvé, Vice-président du Conseil d'État, quand il écrivait : « à mes yeux, au commencement est le souverain, qui est pour nous le peuple français (…). C'est ce qui explique au demeurant que la Nation soit une réalité irréductible, le lieu où se noue le lien social et le cœur de la démocratie »[3]. Et Paul Thibaud n'est pas en reste quand il écrit : « Les concepteurs de l'Europe [font] une fausse appréciation de la nature des nations, lesquelles ne sont pas, quoi qu'on en dise couramment, un "échelon" politique parmi d'autres mais le lieu où les peuples ont pris conscience d'un destin particulier et se sont donné les instruments de maîtrise collectifs »[4]. Aussi bien, c'est en vertu du *droit des peuples à disposer d'eux-mêmes* que la démocratie a pu s'établir. Dès lors, la mise en œuvre des procédures qui la rendent effective, sauf à la dénaturer, ne pouvait se faire

1. Dominique SCHNAPPER, *La communauté des citoyens. Sur l'idée moderne de nation*, *op. cit*, 4e page de couverture.
2. *Idem*, p. 13.
3. Propos tenus par Jean-Marc Sauvé dans le numéro spécial de l'*AJDA* de 1999, *Puissance publique ou impuissance publique ?*, p. 123 ; v. égal. Gilles LEBRETON, « Le Conseil d'État est-il souverainiste ? », in *Jean Foyer, In Memoriam*, Litec, 2010, p. 165-175.
4. P. THIBAUD, « Besoin d'Europe, besoin des nations », *Commentaires*, n° 131, automne 2010, p. 642.

ailleurs. Le cadre national apparaît en effet comme le cadre *indépassable*[1] de l'application du *principe majoritaire* auquel se ramène toujours, en dernière analyse, au-delà de l'idéal abstrait, la pratique démocratique.

Il est du reste grand temps de redécouvrir, comme nous invite à le faire Vincent Coussedière[2], que contrairement aux idées reçues, Jean-Jacques Rousseau en convenait lui-même. À bien le lire et à ne pas réduire sa pensée à ce qu'il exprime dans le seul *Contrat social*, on ne saurait en douter. C'est à tort en effet que l'« on présente Rousseau comme le penseur "contractualiste" par excellence, qui entend générer un peuple par l'acte purement volontariste du contrat »[3]. Il est de bon ton, et depuis fort longtemps, d'occulter « l'extrême attention que portait Rousseau à la particularité nationale »[4] alors qu'il « ne cesse de rappeler le rapport de convenance qui doit exister entre les lois et les mœurs d'un peuple auquel elles devront s'appliquer »[5]. Bref, ce que l'on a occulté en raison d'une lecture kantienne de son œuvre[6], c'est ni plus ni moins le « nationalisme » de Rousseau car, à la vérité, il a le souci d'ancrer son système politique dans une réalité nationale pré-politique si l'on peut dire : « La première règle que nous avons à suivre, écrit-il, est le caractère national. Tout peuple a ou doit avoir un caractère national et s'il en manquait il faudrait commencer par le lui donner »[7]. Dans ses *Considérations sur le gouvernement de Pologne*, évoquant Moïse et le peuple juif, il écrit encore : « pour empêcher que son peuple ne se fondît parmi les peuples étrangers, il lui donna des mœurs et des usages inalliables avec ceux des autres nations »[8]. Et un peu plus loin : « ce sont les institutions nationales qui forment le génie, le caractère, les goûts d'un peuple, qui le font être lui et non pas un autre, qui lui inspirent cet ardent amour de la patrie fondé sur des habitudes impossibles à déraciner, qui le font mourir d'ennui chez les autres peuples au sein des délices dont il est privé dans le sien »[9]. On pourrait multiplier les citations qui vont dans ce sens.

---

1. Jacques Delors, l'ancien président de la Commission européenne (1985-1994), tout partisan qu'il soit d'une Europe intégrée supranationale se rend lui-même à cette évidence : « je ne suis pas de ceux qui pensent que l'évolution de l'histoire conduise au *dépassement* des nations », (J. DELORS, *L'unité d'un homme*, Odile Jacob, 1994).
2. Vincent COUSSEDIÈRE, *Le retour du peuple. An I*, *op. cit.*, (v. not. le chapitre intitulé « Rousseau ou le commencement perdu de la République », p. 39-66).
3. *Idem*, p. 39-40.
4. *Idem*, p. 57.
5. *Idem*, p. 53.
6. Dans la pensée d'Emanuel Kant (v. not. le *Projet de paix perpétuelle* de 1755), l'unité du peuple n'a besoin que d'un « entendement commun et non d'une expérience sensible commune se réalisant dans le partage de mêmes mœurs ». Or, « chez Rousseau, les institutions républicaines ne peuvent s'édifier que sur la base d'un peuple uni par une certaine qualité de mœurs appelé nation », écrit Vincent Coussedière, (*op. cit.*, p. 43).
7. Jean-Jacques ROUSSEAU, *Projet politique pour la Corse*, GF Flammarion, 2003, p. 117-118.
8. Jean-Jacques ROUSSEAU, *Considérations sur le gouvernement de Pologne*, GF Flammarion, 2003, p. 167.
9. *Idem*, p. 171.

Cette nécessité d'un enracinement de la démocratie dans la nation est donc bien le préalable sans lequel une république démocratique ne peut s'établir. Et c'est bien d'ailleurs la raison pour laquelle, il est vain de croire que l'Union européenne, étant ce qu'elle est, puisse se « démocratiser » et résorber son « déficit démocratique »[1] : ce que du reste ne cesse de dire et répéter, à sa manière, la Cour constitutionnelle allemande de Karlsruhe.

Ce qui fait que dans la réalité concrète des États dits démocratiques, la règle de la majorité est finalement acceptée par la minorité, c'est ce sentiment d'une appartenance commune et d'une communion des cœurs qui perpétue non seulement la volonté de *vivre ensemble*, mais celle d'*être ensemble* et de *faire de grandes choses ensemble*, en transcendant les divisions et les oppositions, les divergences et les différences. Lorsqu'un tel sentiment existe, lorsqu'une communauté humaine a conscience de son unité et de sa solidarité, bref lorsqu'elle se pense comme une communauté nationale dont les membres sont unis par des mœurs communes, alors la minorité accepte la loi de la majorité parce que cette loi est alors perçue et reçue comme la loi commune ; la loi de la majorité n'est pas subie mais *consentie*. Le *fait* national, et non pas la nation abstraite de Sieyès, est donc la préalable faute duquel la démocratie ne serait que procédurale, faute duquel la démocratie n'aurait d'autre réalité que d'être un artifice destiné à masquer un rapport de force fondé sur le nombre, et même faute duquel la démocratie, dès lors que sa pratique repose sur le principe majoritaire, pourrait être assimilée, paradoxalement, à une forme de régime représentatif : les représentants de la seule majorité et non les représentants de la nation.

C'est là une conclusion à laquelle parviennent les auteurs qui se gardent de confondre *régime démocratique* et *légitimité démocratique* (V. *supra*). Et d'abord René Capitant qui, analysant les conditions à partir desquelles la règle majoritaire est légitime, écrivait : « la délégation du pouvoir législatif à la majorité est une forme du régime représentatif ; elle est donc contraire à la démocratie [...]. Mais, ajoutait-il, cette conclusion n'est pleinement valable dans sa rigueur que si la majorité est *déterminée* par rapport à la minorité, si elle constitue un *groupe* distinct, un *groupe majoritaire* en face du *groupe minoritaire* ». Et de constater qu'« il en sera ainsi dans une société divisée en groupes raciaux, linguistiques ou économiques opposés. La loi du nombre entraînera alors la domination du groupe le plus nombreux sur le moins nombreux », ou la domination de plusieurs groupes formant une alliance conjoncturelle. À moins que l'éclatement communautaire n'empêche la formation d'une majorité, qu'elle soit d'idées ou ethnique au demeurant a, c'est exactement ce à quoi conduit le communautarisme multiculturel qui juxtapose des groupes identitaires jaloux de leur différence, sans jamais favoriser cette communion fraternelle grâce à laquelle une nation peut naître, ou faute de laquelle, une nation peut se défaire et disparaître. Faute de laquelle aussi, il n'est plus possible de vivre ensemble puisqu'il faut alors se résigner à « vivre avec », avec ceux qui détestent la nation à laquelle ils sont censés appartenir, à laquelle ils appartiennent

1. V. Christophe BEAUDOUIN, *La démocratie à l'épreuve de l'intégration européenne*, LGDJ, 2014.

seulement *de jure*[1] mais contre laquelle ils conspirent volontiers. N'est-ce pas le simple bon sens qui fait dire au journaliste Paul-François Paoli qu'« on ne peut cohabiter avec qui vous témoigne de l'hostilité, fût-elle latente, ou qui croit [...] que vous représentez la corruption et l'impureté »[2] ? Le simple bon sens ou des réminiscences d'Aristote et de ce qu'il disait de *l'amitié*. « Car l'amitié est le choix réfléchi de vivre ensemble »[3]. Sans cette amitié (*philia*) rien n'est possible, rien n'est durable. En d'autres termes, il faut qu'existe entre les membres du corps social une sorte *d'affectio societatis* ; bref, il faut qu'ils s'aiment, et tout autant qu'ils n'entretiennent pas une perpétuelle détestation de ce qu'ils sont collectivement, et de l'histoire du corps social auquel ils appartiennent ou auquel ils choisissent de s'associer.

La conséquence logique, très concrète et très actuelle de tout cela, c'est le philosophe britannique contemporain Roger Scruton qui la tire, et elle n'est pas seulement valable pour son pays : « nous ne pouvons accueillir les immigrés que si nous les accueillons dans notre culture, et non à côté d'elle ou contre elle »[4].

Faire un tel constat et en tirer cette conséquence, ce n'est pas céder à la tentation de la polémique ou à on ne sait quel esprit démoniaque car il ne faut pas s'y tromper, ce qui est ici en jeu, c'est la condition de possibilité de la démocratie. Dans une société divisée en groupes identitaires rivaux et opposés, sinon hostiles les uns aux autres[5], qui s'opposent non sur des idées ou des projets politiques mais plus radicalement quant à leur conception de l'homme et de sa liberté, la légitimité démocratique manquera au pouvoir qui s'exerce sur cette société quand bien même il reposerait sur le principe majoritaire. S'imposant par la contrainte de la seule arithmétique – une addition sans communion –, il ne pourra se réclamer du *consentement* dont le principe de majorité est pourtant censé mesurer l'étendue.

René Capitant avait cependant raison de dire que « la situation est toute différente dans une *société homogène*, où majorité et minorité ne constituent pas des groupes établis et opposés, mais des formations fluides, traduisant de simples divergences sur la conception de l'intérêt commun, ne mettant en cause ni la communauté d'intérêts ni la volonté de vivre ensemble ». Car « alors les individus, selon les questions, peuvent être dans la majorité ou

1. « La nationalité, écrit Bérénice Levet, n'est pas qu'une catégorie juridique, elle est une expérience vécue, une appartenance, un ancrage. Être français suppose de faire allégeance à une histoire, à une langue sédimentée par les siècles », (B. LEVET, *Le crépuscule des idoles progressistes*, *op. cit.*, p. 72).
2. Paul-François PAOLI, *Quand la gauche agonise. La République des bons sentiments*, Monaco, éd. du Rocher, 2016, p. 12.
3. ARISTOTE, *Ethique à Nicomaque*, III, 9, 1280 b38.
4. Et Roger Scruton d'ajouter : « Cela suppose de leur demander d'accepter des règles, des coutumes, et des procédures qui peuvent être étrangères à leur ancienne façon de vivre. Est-ce une injustice ? Je ne le pense pas. Si les immigrés viennent chez nous, c'est parce qu'ils y trouvent un avantage. Il est donc raisonnable de leur rappeler que cela a un prix, (R. SCRUTON, *De l'urgence d'être conservateur*, *op. cit.*, p. 149).
5. Pour illustrer très concrètement cette hypothèse, il n'est que de songer à la difficulté, non pas d'assimiler comme jadis et naguère, des personnes individuelles quelle que puisse être leur origine, race ou religion, mais d'*intégrer* en masse des populations immigrées originaires de pays musulmans. Le professeur Jean-Louis HAROUEL écrit ainsi : « Certes, bien des personnes de confession ou d'origine musulmane ne se sentent nullement ennemies de la France, mais l'islam en tant que corps de doctrine [...] est l'ennemi à la fois du passé chrétien de la France et de son actuelle sécularisation », (J.-L. HAROUEL, *Les droits de l'homme contre le peuple*, *op. cit.*, p. 23).

la minorité. Ils ne sont pas condamnés à *appartenir* constamment à une minorité opprimée. Ils ne bénéficient pas davantage du privilège de faire partie d'une majorité régnante. Majorité et minorité sont indéterminées. Chaque citoyen s'y trouve à son tour, de telle sorte que la délégation de pouvoir consentie à la majorité n'apparaît plus du tout comme étant [...] l'acceptation d'une subordination permanente à autrui. La subordination, dans la mesure où on en peut parler, est réciproque, alternative. C'est pourquoi, dans ce cas, la règle majoritaire est acceptable »[1]. Elle n'est cependant acceptable qu'à la condition de ne pas devenir une simple règle du jeu – ce que serait une démocratie purement procédurale – et de ne pas livrer la raison aux humeurs et caprices d'une volonté sans limite.

2. L'idéologie postmoderniste livre la raison aux humeurs et caprices d'une volonté sans limite

La règle majoritaire est acceptable pourvu que le pouvoir politique reste ordonné à sa fin, qu'il contribue à la réalisation de ce qui est la raison d'être du pouvoir politique : le bien commun, non la satisfaction des lubies de minorités activistes, parfois groupusculaires, bien que puissamment relayées par des médias complices ou complaisants. Force est d'ailleurs de constater que l'idéologie postmoderniste est pour ainsi dire la source empoisonnée de ce qu'il est convenu d'appeler le *positivisme sociologique*, lequel postule que le droit doit être le reflet des aspirations de la « conscience collective » dont on nous dit par ailleurs que c'est en définitive la majorité du peuple qui l'exprime. On retrouve là ce que prône le père de *l'éthique procédurale*, le philosophe américain John Rawls qui considère qu'il ne convient pas de rechercher le bien ou le mal par la raison mais de rechercher un *consensus* selon une procédure juste[2]. C'est l'introduction de la démocratie en morale en même temps que la négation de l'idée qu'existe un bien objectif accessible à la raison. Seule la volonté décide pourvu qu'elle soit majoritaire. Et cela conduit au relativisme et à la perte de tout repère puisqu'au gré des changements de majorités et des *consensus* successifs qu'elles déterminent en fonction des fluctuations de l'opinion, ce qui était un bien hier peut ne plus l'être aujourd'hui, et le redevenir demain ou aussi bien devenir un mal.

Au surplus, il ne faut pas être dupe car cette *conscience collective* qu'invoquent les tenants du positivisme sociologique ou ce *consensus* qu'évoque John Rawls, et que les majorités successives sont censées exprimer tour à tour, sont en réalité *fabriqués*, parfois de toutes pièces : groupes de pression, minorités agissantes, relais médiatiques s'y emploient sans vergogne et y excellent d'ailleurs.

On peut observer parallèlement un autre phénomène qui donne à voir que la volonté s'étant émancipée de la raison, les gouvernants ne savent plus fixer la moindre limite à leur « zèle réformateur ». Tout leur semble possible ; rien ne leur paraît hors du champ de leur pouvoir. Jusqu'au temps de la modernité tardive ou de la postmodernité, si « des

1. René CAPITANT, *Écrits constitutionnels*, éd. du CNRS, 1982, p. 198.
2. V. John RAWLS, *Théorie de la justice*, Le Seuil, 1987 (publié en 1971 aux États-Unis) et *Le libéralisme politique*, PUF, 1995.

divergences sur la conception de l'intérêt commun » pouvaient exister et susciter débats et controverses, elles n'en étaient pas moins contenues, sinon circonscrites, dans le champ politique. Or, ce n'est plus le cas et c'est ce que montre à trente ans de distance l'inflexion du discours politique.

Ainsi, lors de l'élection présidentielle française de 1981, en dépit de ses ambiguïtés, le vague projet de « changer la vie », qui était le slogan de la campagne de François Mitterrand, pouvait se comprendre comme une option politique : elle n'impliquait pas en tant que telle une remise en cause radicale des fondements éthiques et anthropologiques qui faisaient encore bon an mal an *consensus* – le terme n'est pas ici galvaudé. Là est toute la différence avec l'ambition affichée en 2013, celle de « changer de civilisation » que revendiquait l'ancien Garde des Sceaux – Madame Christiane Taubira –, quand elle défendait le projet de loi relatif au « mariage pour – presque[1] – tous ».

Ce changement de perspective et d'ambition soulève des questions d'une gravité insondable. Le législateur parlementaire ne devrait-il pas s'en tenir à ce qui est raisonnable parce que limité par un juste usage de la raison ? Est-il vraiment de la compétence du législateur parlementaire d'imposer un changement de civilisation ? Comment pourrait-il avoir cette prétention ? Sa volonté serait-elle donc à ce point sans limites ? Est-il même sensé de penser qu'il peut avoir ce pouvoir ? Or, l'idéologie postmoderniste élude de ce fait toutes ces questions et s'engage sur une pente qui conduit à une forme de totalitarisme, un totalitarisme qui s'avance masqué et qui dès lors doit être démasqué. Ce faisant, elle corrompt l'aspiration à une saine démocratie : c'est en cela qu'elle sacrifie la raison à une volonté qui n'a plus aucune limite, celle, subjective, d'un *individu* devenu souverain qu'aucune limite ne retient.

Analysant l'évolution de la modernité libérale et son histoire depuis le siècle des Lumières, le Professeur Philippe Bénéton montre ce qui a changé dans les quarante ou cinquante dernières années, autrement dit ce qui autorise désormais l'emploi d'un nouveau vocable : celui de *modernité tardive* ou de *postmodernité*. « La dynamique de l'autonomie individuelle, note-t-il, est allée beaucoup plus loin que ne pouvaient le penser Locke, Montesquieu ou Madison. Les idées libérales avaient éclos sur un terrain travaillé par le christianisme et même si elles se détachaient de la pensée chrétienne, elles préservaient pour l'essentiel les mœurs traditionnelles. Pendant longtemps, la règle des mœurs, en particulier celle du peuple n'a pas subi de bouleversement »[2].

1. À raisonner comme le faisaient ses partisans, pour que ce « mariage » fût vraiment « pour tous » selon leurs critères, il eût fallu l'ouvrir aux membres d'une même fratrie ou entre ascendants et descendants, c'est-à-dire supprimer l'interdit légal de l'inceste.
2. Philippe BÉNÉTON, *Le dérèglement moral de l'Occident*, *op. cit.*, p. 9.

Il faut se souvenir qu'au temps de la IIIe République triomphante, alors que l'école était devenue obligatoire et laïque, et que l'enseignement de la morale était intégré au programme scolaire, Jules Ferry qui en fut l'artisan – on l'a déjà signalé –, rappelait sans aucune gêne ni hésitation que la morale que devait enseigner les instituteurs de la République était « celle de nos pères ». Nouveau régime politique certes, mais même mœurs. C'est ce qui autorisait Emile Perreau-Saussine à dire : les « républicains ont voulu la culture chrétienne sans la religion chrétienne »[1]. Dans un même ordre d'idées et pour illustrer son propos d'une manière anecdotique, Philippe Bénéton évoque les personnages hauts en couleurs de *Don Camillo* (le curé) et de *Peppone* (le maire communiste de la commune) dans le contexte des années 1950 et du début des années 1960[2], pour faire ce constat : « ils ne cessaient de se chamailler sur le terrain politique mais ils se retrouvaient côte à côte dès lors que se posait un problème proprement humain ». L'un et l'autre, en effet, « appartenaient à un même monde, un monde où il y a des choses qui se font et des choses qui ne se font pas, des choses honnêtes et des choses déshonnêtes »[3].

Mais tout cela devait changer à partir de la fin des années soixante quand « l'émancipation radicale est devenue la règle des mœurs »[4]. Une émancipation conçue comme une rupture, un affranchissement à l'égard du passé, une sorte de *déliaison*. Le postmoderne, c'est « l'homme désaffilié, délié, déraciné »[5].

La modernité avait été *le triomphe de la raison souveraine et de la volonté*. La postmodernité, c'est *l'abdication de la raison et le primat de la volonté, de la volonté souveraine que plus rien ne limite, pas même la raison*, d'une volonté « émancipée » de la raison… Elle exprime la prétention à ne dépendre de rien, pas plus d'un ordre naturel que des lois que l'expérience a de tout temps validées. Comme si l'homme était l'auteur de lui-même, créateur de soi – *causa sui* – et en aucune manière créature ; comme si l'homme était démiurge tout puissant, égal de Dieu sinon dieu lui-même… Bref, la postmodernité, c'est le primat du pur subjectivisme, du *désir* ou de l'*envie* sinon du *caprice*. C'est ce qu'exprime l'expression : « c'est mon choix ! », et le plus subjectif qui soit. C'est le triomphe du relativisme : tout se vaut. Mais c'est là une illusion car *pour être libre, il ne suffit pas d'avoir le choix : il faut encore et surtout savoir choisir*, ce qui implique d'en avoir les moyens, avoir la faculté de discernement, c'est-à-dire, en définitive, savoir *hiérarchiser* et *discriminer*[6]. Pour être vraiment libre, il faut toujours assumer les conséquences de ses choix, ou comme le dit Régis Debray, « il faut vouloir les conséquences de ce que l'on veut »[7], et grâce à un bon usage de la raison, comprendre et mesurer la portée de ses choix et de leurs conséquences, pour soi-même

1. Emile PERREAU-SAUSSINE, *Catholicisme et démocratie. Une histoire de la pensée politique*, éd. du Cerf, 2011, p. 252.
2. V. entre 1951 et 1965, les cinq films de Julien Duvivier puis de Carmine Gallone d'après le roman de Giovanni Guareschi.
3. Philippe BÉNÉTON, *Le désordre moral de l'Occident*, *op. cit.*, p. 9.
4. Philippe BÉNÉTON, *Le dérèglement moral de l'Occident*, *op. cit.*, p. 10.
5. Bérénice LEVET, *Le crépuscule des idoles progressistes*, *op. cit.*, p. 58.
6. V. François-Xavier BELLAMY, *Les déshérités. L'urgence de transmettre*, Plon, 2014, p. 180.
7. Régis DEBRAY, *La République expliquée à ma fille*, Seuil, 1998, p. 42.

et pour les autres. Pour être vraiment libre, il faut accepter d'endosser la responsabilité de ses choix, être prêt à en répondre et à en rendre raison. Or, c'est exactement ce que fuient les postmodernes tout occupés à assouvir leurs envies.

Cette émancipation radicale qui a livré la raison aux humeurs et caprices d'une volonté sans limite, et qui, ce faisant, a enfanté l'individualisme et le relativisme, devait nécessairement compromettre ce que la modernité avait de raisonnable ou de redevable à la raison.

Au temps des Lumières, concède Roger Scruton, l'individualisme libéral alors prôné « offrait une conception nouvelle et par bien des façons exaltantes de la condition humaine ; mais, ajoute-t-il, il dépendait de traditions et d'institutions qui reliaient les hommes d'une manière qu'une simple vision du monde individualiste ne pouvait engendrer. Les lumières faisaient la proposition d'une nature humaine universelle, gouvernée par une loi morale universelle, d'où l'État naissait par le consentement des gouvernés. Le processus politique devait désormais être façonné par les libres choix des individus, afin de protéger les institutions qui rendaient possibles ces choix ». Sans doute, « tout cela était beau, logique et exaltant ». Mais voilà, « cela n'avait aucun sens sans l'héritage culturel de l'État-nation et les formes de vie sociale qui y étaient ancrées »[1]. C'est là aussi ce dont convient Philippe Bénéton qui va plus loin et en tire la conclusion suivante : « la modernité libérale avait mis fin au pouvoir politique de l'Église et rogné son autorité intellectuelle. La modernité tardive a mis fin à l'emprise des mœurs traditionnelles, façonnées par le christianisme. L'une des conséquences est que le peuple a disparu. Ne restent que des individus »[2]. Des individus que plus rien n'unit vraiment les uns aux autres, de sorte, écrit Marcel Gauchet, que « nous sommes la première société qui n'est plus tendue vers l'aspiration à l'unité spirituelle de ses membres, à l'accord de convictions et de croyances »[3], alors que ce qui fait la cité – aujourd'hui la nation –, ce qui la cimente, c'est d'avoir en commun les notions de bien et de mal, de juste et d'injuste, comme l'avait déjà compris Aristote[4]. Bref, ne restent que des individus qui ont cessé d'être « un groupe d'êtres raisonnables, unis entre eux parce qu'ils aiment les mêmes choses », ainsi que saint Augustin, au IVe siècle, définissait un peuple (*La Cité de Dieu*, XIX, 24) ; des individus qui ne forment donc plus un peuple parce que plus rien ne les unit : ni l'amour fraternel, c'est-à-dire l'amitié (Aristote), ni l'amour des mêmes choses (saint Augustin). Or, il ne peut y avoir de démocratie sans peuple, sans *démos*.

Mais il ne peut davantage y avoir de démocratie sans *Kratos*, en l'absence de pouvoir réel et effectif. Car la démocratie implique que le peuple soit le détenteur du pouvoir politique, lors même qu'il en délègue l'exercice dès lors qu'il est exercé sous son contrôle. Or, c'est cela

1. Roger SCRUTON, *De l'urgence d'être conservateur*, *op. cit.*, p. 131-132
2. Philippe BÉNÉTON, *Le dérèglement moral de l'Occident*, *op. cit.*, p. 10.
3. Marcel GAUCHET, *La Condition historique. Entretien avec François Azouvi et Sylvain Piron*, éd. Stock, 2003, p. 306.
4. ARISTOTE, *Les Politiques*, III, 9, 1280 b30 *sq*.

même que compromet l'idéologie postmoderniste en s'attaquant au pouvoir lui-même, à son effectivité, voire à sa condition de possibilité. Tant et si bien que si tout pouvoir effectif est ôté au peuple, parler de démocratie devient une imposture. Et c'est bien le cas.

3. L'idéologie postmoderniste compromet l'effectivité du pouvoir politique

Effectivité et légitimité du pouvoir vont de pair. C'est là un axiome ou plutôt une évidence que le philosophe Henri Hude a le mérite de rappeler à une époque, la nôtre, qui se défie des idées claires autant que de ce que George Orwell appelait la *common decency*, ce que l'on peut traduire par « sens commun » et « décence commune »[1] – une sorte de morale populaire ordinaire. Henri Hude écrit ainsi : « Le pouvoir n'a le pouvoir que s'il est légitime. Mais, à l'inverse, seul un pouvoir effectif peut être légitime »[2]. Il importe de bien saisir « ce cercle vertueux de l'autorité », ajoute-t-il, et il s'en explique : « seul un pouvoir effectif peut être durablement légitime, car un pouvoir a des fonctions à remplir ; et *une simple impuissance*, fût-elle réputée légitime, ne peut remplir aucune fonction. Cela ne veut pas dire qu'il suffirait de s'emparer du pouvoir et de l'exercer avec vigueur pour être légitime, mais qu'une part de légitimité vient des conséquences ou des effets du pouvoir, et qu'une autre vient de ses origines »[3]. C'est exactement ce que disait saint Thomas d'Aquin, on l'a vu, quand il *distinguait légitimité d'action* et *légitimité d'origine*.

Si le peuple élit des gouvernants « qui n'ont pouvoir sur rien [...], la démocratie est une farce »[4] ; elle peut même devenir une farce tragique quand le régime qui se réclame toujours de la démocratie, évolue vers un gouvernement qui n'est plus celui « du peuple, pour le peuple et par le peuple ». Qui est même aux antipodes de cette définition de la démocratie que proposait Abraham Lincoln, et qu'a fait sienne l'article 2 de la Constitution française du 4 octobre 1958. Car si derrière les gouvernants apparents, c'est une oligarchie qui tient les rênes du pouvoir effectif, cela signifie, d'une part, que les élus du peuple ne sont rien plus que les « hommes de paille » de cette oligarchie bien réelle mais cachée, et, d'autre part, que le pouvoir exercé ne l'est ni par les supposés représentants du peuple, ni dans l'intérêt du peuple – « pour le peuple » –, moins encore au service du *bien commun* alors que telle est pourtant non seulement la finalité même du pouvoir politique mais encore le trait distinctif d'une *république*.

Or, que remarque-t-on aujourd'hui dans le monde occidental qui se targue – non sans arrogance – d'être l'avant-garde de la démocratie ? Une observation attentive de ce qui s'y passe incite à penser qu'il connaît une régression démocratique dans l'exacte mesure où la réalité du pouvoir, son *effectivité* échappe aux politiques et à la politique et dès lors aux élus censés l'exercer. Le phénomène est qualifié par défaut et certains en rendent

1. V. Jean-Claude MICHÉA, *Orwell anarchiste Tory*, éd. Climats, 2008.
2. Henri HUDE, *Préparer l'avenir. Nouvelle philosophie du décideur*, *op. cit.*, p. 49.
3. *Ibidem*.
4. *Ibidem*.

compte en parlant de « post-démocratie ». Anne-Marie Le Pourhiet en a fait le diagnostic : « On observe à tous les niveaux de décision, écrit-elle, une marginalisation du pouvoir politique donc démocratique, s'accompagnant parallèlement d'un engouement pour des oligarchies sociétales multiples : associations, communautés, *lobbies*, organisations non gouvernementales (ONG), autorités administratives indépendantes, commissions, comités ou hauts conseils d'experts ou militants de toutes sortes, médias, instituts de sondages, juges internes, européens ou internationaux ». Or, ce qui est remarquable, poursuit-elle, c'est que « tous ces groupes ou institutions ont pour trait commun de n'être ni désignés ni contrôlés par le suffrage universel et donc d'échapper au principe démocratique de la responsabilité politique devant le peuple. Les élus eux-mêmes semblent participer activement à cette dépolitisation en suivant systématiquement les consignes de ces oligarchies encouragées et souvent largement ou intégralement financées par les pouvoirs publics »[1].

Le phénomène frise même la caricature quand on observe plus particulièrement l'évolution des institutions de l'Union européenne et leur mode de fonctionnement[2]. On ne cesse de regretter la persistance d'un « déficit démocratique » et l'on s'ingénie dans le même temps et paradoxalement à le creuser toujours plus. Il n'est que méditer ce propos en forme d'aveu de M. Jean-Claude Junker, président de la Commission européenne, au début de l'année 2015 : « Il ne peut y avoir de choix démocratique contre les traités européens ». Ce qui veut bien dire, que « le projet européen se situe donc hors de la démocratie, au-dessus des peuples »[3]. Pour preuve, le renforcement continu du rôle et des prérogatives de la Commission européenne, organe technocratique par excellence[4], relayé par une indépendance sans cesse accrue à l'égard des instances démocratiques, et notamment des parlements nationaux, alors qu'elle est « perméable » à l'action des *lobbies* qui gravitent autour d'elles[5]. C'est elle qui, jouissant du monopole de l'initiative législative, dirige et conduit *de facto* la politique de l'Union dont le droit – le droit primaire issu des traités fondateurs et le droit dérivé que ses institutions sécrètent – prévaut sur celui des États, tandis que la Cour de justice de l'Union, grâce au « privilège du dernier mot », ne cesse de le rendre toujours plus envahissant.

Pour donner le change, on fait mine de vouloir promouvoir une démocratie dite *participative* qui n'est en réalité qu'un leurre : loin de favoriser le recours au référendum et à l'expression directe du suffrage universel[6], elle ne vise pas à instaurer un gouvernement démocratique mais seulement à promouvoir une « bonne gouvernance » (article 15-1 TFUE). Du reste, le traité sur l'Union européenne dans sa dernière version (article 10-3 TUE

1. Anne-Marie LE POURHIET, *Droit constitutionnel*, coll. Corpus Droit public, Economica, 2007, p. 85.
2. V. Michel CLAPIÉ, *Manuel d'institutions européennes*, *op. cit.*
3. Chantal DELSOL, *La haine du monde. Totalitarisme et postmodernité*, éd. du Cerf, 2016, p. 165.
4. *Idem*, p. 211-223.
5. *Idem*, p. 216-217.
6. V. l'article I-46.3 TECE.

nouveau) précise que « les décisions sont prises aussi ouvertement et aussi près que possible des citoyens », ce qui est une manière polie de dire que les citoyens peuvent aussi bien être exclus du processus de prise de décision lorsque cela ne semble pas « possible » aux dirigeants de l'Union. Ce traité indique encore que l'Union européenne encourage « un dialogue ouvert, transparent et régulier avec les associations [dites] représentatives et la société civile »[1], laquelle « société civile » n'est rien d'autre qu'une juxtaposition de *lobbies* de toutes sortes dont le fonds de commerce est la défense d'intérêts catégoriels minoritaires, rivaux ou opposés mais toujours unis pour empêcher que le pouvoir politique s'exerce conformément à ses fins : le service du bien commun. Dans certains cercles, on parle volontiers de « démocratie d'opinion », ce qui confirme l'exclusion du *peuple réel* des lieux de pouvoir et atteste que le pouvoir échappe de plus en plus aux instances politiques pour être confié à des structures économiques oligarchiques dont le dessein, encore une fois, ne saurait être la sauvegarde et la promotion du bien commun. Et dont la raison d'être n'est pas de répondre à l'aspiration démocratique mais bien au contraire de la contourner sinon de la combattre.

Tel est donc le défi lancé par la postmodernité et tels sont donc les errements dans lesquels se perd corps et âme l'aspiration démocratique. C'est la raison pour laquelle, dût-on se répéter, dans une société donnée, quelle que soit l'époque considérée, sauf à être trahie ou pervertie, dévoyée ou corrompue, l'aspiration démocratique présuppose la réalisation des trois conditions politiques que l'on vient d'exposer, conditions que l'on peut aussi qualifier de métajuridiques mais faute desquelles, on tend de plus en plus à l'oublier, la démocratie ne reste qu'un mot – un mot d'ordre comme disait Kelsen – et se réduit à des artifices procéduraux désincarnés destinés à masquer un rapport de force fondé sur le nombre. Bien pis même, car sous couvert de démocratie majoritaire, on favorise paradoxalement la domination d'une oligarchie : le pouvoir d'un petit nombre de puissants qui, dans les coulisses, « tirent les ficelles » parce que ce *petit nombre* a les moyens d'influencer – via la presse et les médias[2] – l'ensemble des membres du corps social. C'est là ce qu'enseigne l'expérience des hommes et ce que montre de nos jours l'avènement de cette post-démocratie dans laquelle la « société civile » juxtaposant des *lobbies* et d'autre part l'« opinion publique » façonnée par des groupes de pression – passés maîtres dans l'art de la manipulation des masses –, avec la complicité active du « système médiatique »[3], se sont substituées au peuple réel.

---

1. Article I-47 du défunt traité établissant une Constitution pour l'Europe du 29 octobre 2004. L'article 11-2 TUE dans la rédaction que lui donne le Traité de Lisbonne du 7 décembre 2007 est rédigé dans les mêmes termes.
2. « Soljenitsyne, quand il arrive en Occident, croit à première vue que l'opinion démocratique obéit à la majorité », écrit Chantal Delsol (Discours prononcé à Harvard le 8 juin 1978). Mais, ajoute-t-elle, il remarque bien vite qu'« il existe peut-être une liberté sans limite pour la presse, mais certainement pas pour le lecteur », (Ch. DELSOL, *La haine du monde. Totalitarismes et postmodernité*, *op. cit.*, p. 171).
3. Le système médiatique, écrit Shmuel Trigano, « est l'appareil chargé de fixer ce que l'on doit savoir sur la réalité » et seulement cela, car « il y a bien longtemps que les mass-médias n'informent plus, mais diffusent une vulgate sélective sur ce qui se passe », (S. TRIGANO, *La nouvelle idéologie dominante. Le post modernisme*, *op. cit.*, p. 99).

On comprend mieux alors pourquoi ce n'est que dans une « société homogène » (René Capitant), qui se pense comme une nation dont les membres s'aiment et ont en partage une histoire et des mœurs communes, pourquoi ce n'est que dans une telle « société homogène » qui se pense comme une nation formant un corps politique irréductible à quelque communauté infranationale que ce soit mais les transcendant toutes, formant un corps politique néanmoins respectueux du pluralisme politique et attaché à sa conservation, que l'on peut concevoir et organiser l'expression démocratique des citoyens qui en sont les membres.

§2. L'expression démocratique

« La démocratie, on l'a déjà noté, suppose non seulement que le pouvoir repose sur le *consentement* du peuple [...] mais surtout qu'il ait sa *source* dans le peuple »[1]. De là procède la nécessité d'organiser l'expression des citoyens, c'est-à-dire, littéralement, ceux qui ont « droit de Cité »[2].

À l'évidence, cette expression est d'abord individuelle et ponctuelle ; elle se manifeste le plus souvent à intervalle régulier[3]. Elle passe alors par la reconnaissance et la promotion du suffrage universel qui implique que le droit de voter soit reconnu à tous les citoyens (A). Par la force des choses, elle a aussi une dimension collective et c'est ainsi que sont apparus les partis politiques dont on considère qu'ils sont des relais nécessaires : ils sont censés permettre une expression organisée des citoyens afin de les agréger en fonction de leurs affinités et autour d'idées force ou de programmes politiques (B).

Plus récemment, afin, disent-ils, de favoriser un « vrai progrès » démocratique, certains auteurs en sont même venus à prôner le recours à la technique du sondage d'opinion. Ils y voient la condition de l'avènement d'une « démocratie continue »[4] supposée parée de toutes les vertus. Cette thèse n'en est pas moins controversée car les sondages d'opinion, en tant que mode d'expression démocratique, font question (C).

A. La promotion du suffrage universel

Le suffrage, c'est le vote et le fait de voter. Dans son sens primitif, le suffrage exprime *l'assentiment donné* ou *la confiance accordée*. Le suffrage est par excellence le premier des droits attachés à la citoyenneté. Son exercice n'en est pas moins conditionné par la *nationalité* et la *capacité*.

---

1. Philippe LAUVAUX, *Les grandes démocraties contemporaines*, *op. cit.*, p. 40.
2. Dans la Grèce antique, berceau de la démocratie moderne, le citoyen se distinguait de *l'esclave* et des *étrangers domiciliés* qui n'avaient aucun droit à prendre part – participer – à la vie de la Cité.
3. V. Michel VERPEAUX, « Le droit à des élections à intervalle raisonnable », *in* Thierry DEBARD et François ROBBE (sous la dir.), *Le caractère équitable de la représentation politique*, coll. Questions contemporaines, L'Harmattan, 2005, p. 59-73.
4. Dominique ROUSSEAU, « De la démocratie continue », *in La démocratie continue*, STH, 1993, p. 15.

Le principe qui prévaut est que la citoyenneté est liée à *la nationalité*[1]. La citoyenneté n'est rien d'autre, mais c'est fondamental, que « l'appartenance au peuple souverain dans l'État »[2] ; elle ne peut donc devenir « un droit de l'homme indépendant de toute société politique particulière »[3]. Il est vrai cependant que « la dissociation du couple nationalité/citoyenneté »[4] est dans l'air du temps : « l'humanité prend la place de la nation démocratique comme cadre de la Cité au point que la citoyenneté doit être reconnue à qui la demande. C'est ce que revendique l'activisme pour les "sans" (papiers, logements, *etc.*)[5]. Plus particulièrement, c'est vrai depuis l'apparition, en 1992, avec le Traité de Maëstricht, d'une *citoyenneté de l'Union européenne*. Toutefois, cette citoyenneté de l'Union est une *citoyenneté de superposition* – sinon de contrefaçon[6] –, et non de substitution, qui « s'ajoute à la citoyenneté de l'État mais ne la remplace pas » (v. l'article 17 TUE, l'article I-10 du défunt *traité établissant une Constitution pour l'Europe*, et l'article 9 TUE *nouveau*). « Elle ne modifie nullement le droit politique des États-Nations, ces derniers conservant la maîtrise du processus d'ouverture du corps des citoyens à une catégorie spécifique d'étrangers »[7]. Ainsi, en France, depuis la loi constitutionnelle du 25 juin 1992, « le droit de vote et d'éligibilité aux élections municipales peut être accordé aux citoyens de l'Union résidant en France » (article 88-3 de la Constitution du 4 octobre 1958).

Le droit de suffrage est aussi conditionné par *la capacité* du citoyen à l'exercer : seul un citoyen *éduqué* et *doué de raison* – qui a toute sa raison – peut se déterminer librement. « À rang de citoyen, écrit Régis Debray, l'être humain qui n'agit pas sous influence et ne se laisse pas impressionner par dix signatures de vedettes dans le journal »[8]. Ce qui implique qu'il soit *adulte*, qu'il ait donc atteint l'âge de la majorité civique (18 ans aujourd'hui dans la plupart des démocraties occidentales), mais encore qu'il ne soit pas frappé d'incapacité mentale : le dément (*delirium tremens*), par définition, est celui qui « n'a pas toute sa raison ou qui l'a perdue ». Pareillement un citoyen condamné à une peine infamante peut être privé temporairement de ses droits civiques, comme celui qui a été condamné à l'indignité nationale : condamnation qui, en France, à la Libération, frappa les citoyens qui s'étaient rendus coupables d'actes de *collaboration* avec les forces d'occupation allemandes. Sous ces réserves, le droit de suffrage est reconnu à tout citoyen.

Mais encore faut-il éviter que le suffrage puisse être altéré, son exercice dévoyé ou son expression faussée. Ce qui implique que le suffrage demeure libre, égal et sincère.

---

1. V. Christophe GESLOT, « Condition de nationalité et droit de vote », *in Le caractère équitable de la représentation politique*, *op. cit.*, p. 13-33.
2. François BORELLA, « Nationalité et citoyenneté en droit français », *in* Dominique COLAS (sous la dir.), *L'État de droit*, PUF, 1987, p. 40.
3. *Idem*, p. 49.
4. Philippe BLACHER, « La dissociation du couple nationalité/citoyenneté en droit public interne », *in* Claude FIÉVET (sous la dir.), *Invention et réinvention de la citoyenneté*, éd. Joëlle Sampy, 1998, p. 281-293.
5. Shmuel TRIGANO, *La nouvelle idéologie dominante. Le post-modernisme*, *op. cit.*, p. 65.
6. Cette citoyenneté ouvre des droits mais ne les associe à aucun devoir ; c'est en quelque sorte *une citoyenneté sans civisme*.
7. *Idem*, p. 282.
8. Régis DEBRAY, *La République expliquée à ma fille*, Seuil, 1998, p. 42.

1. La liberté du suffrage

Le fait d'être électeur ne peut devenir un droit qu'à la condition que le suffrage soit libre. Le suffrage apparaît alors comme une faculté accordée au citoyen qui en use selon son bon vouloir. Le droit de suffrage est donc, de ce point de vue là, le premier des droits politiques, parce qu'il est d'abord, par excellence, un droit civique. Ce droit-liberté a été conquis de haute lutte. On connaît la fameuse apostrophe de Péguy : « des hommes ont souffert, des hommes sont morts, tout un peuple a vécu pour que le dernier des imbéciles aujourd'hui ait le droit d'accomplir cette formalité truquée. [...]. Ces élections sont dérisoires. Mais il y a eu un temps [...] héroïque où les malades et les mourants se faisaient porter dans des chaises pour aller *déposer leur bulletin dans l'urne* »[1]... On conviendra qu'en des temps de faible mobilisation électorale – à notre époque –, ce propos prend un relief tout particulier.

Dans le cadre de la liberté du suffrage, on distingue toutefois le vote *facultatif* du vote *obligatoire*, car dans ce dernier cas, le droit de vote est aussi une obligation assortie d'une sanction.

Le suffrage est libre et facultatif lorsque s'offre au citoyen – s'il s'agit d'une élection –, non seulement la possibilité de choisir entre différents candidats – c'est ce que l'on appelle le *pluralisme politique* –, et de voter pour celui qui a sa faveur, sinon de refuser de choisir en déposant un bulletin *blanc dans* l'urne[2], voire, par un vote nul, de faire le choix de ne pas s'exprimer[3], restant sauve la possibilité de *s'abstenir*, c'est-à-dire de ne pas participer au vote, laissant en quelque sorte les autres décider pour lui[4].

La non participation est du reste un phénomène qui n'a rien de marginal et qui aurait même tendance à s'amplifier ces dernières années. Les motivations de l'abstention sont cependant diverses et variées. L'abstention peut être, en effet, la marque d'un désintérêt pour la « chose publique », ou le signe que les convenances personnelles – « aller à la pêche » ou « partir en *ouiquenne* » – l'emportent sur le sens civique qu'on est en droit d'attendre d'un citoyen adulte, digne de ce nom. Elle peut aussi avoir une signification politique : elle traduit alors l'embarras du citoyen qui ne peut se résoudre à accorder

1. Charles PÉGUY, « Notre jeunesse », Douzième cahier de la onzième série, 17 juillet 1910, *in Œuvres en prose complètes*, Bibliothèque de la Pléiade, Gallimard, 1992, t. 3, p. 19.
2. Sur les controverses que suscite le vote blanc, v. les contributions contradictoires de Blaise HERSENT-LECHATREUX, « Du vote blanc », Grégory BERKOVICZ, « Autour du vote blanc », et Gilles LEBRETON, « Le parti du vote blanc : le parti du néant ? », *in* Christophe BOUTIN et Frédéric ROUVILLOIS (sous la dir.), *L'abstention électorale. Apaisement ou épuisement ?*, éd. F.-X. de Guibert, 2002, p. 215-239.
3. Le vote est *nul* lorsque l'enveloppe déposée dans l'urne ne contient aucun bulletin de vote, en contient deux ou plusieurs de candidats différents, en contient un – ou plusieurs – « annotés », souillés ou déchirés, voire renferme un document quelle qu'en soit la nature, autre qu'un bulletin de vote relatif au scrutin du jour. L'insertion dans l'enveloppe de la *profession de foi* d'un candidat à la place du bulletin de vote correspondant est pareillement considérée comme un vote nul, de même que l'introduction dans l'enveloppe, par mégarde ou étourderie, de la carte d'électeur jointe à un bulletin de vote...
4. Sur les problématiques et l'actualité de l'abstention électorale, v. Christophe BOUTIN et Frédéric ROUVILLOIS (sous la dir.), *L'abstention électorale. Apaisement ou épuisement ?*, *op. cit.*

son suffrage – c'est-à-dire son assentiment et sa confiance – à aucun des candidats en lice, parce qu'il les estime également indignes de cette confiance, qu'elle qu'en soit au demeurant la raison, politique ou morale. Pour illustrer ce dilemme, on évoque souvent l'appel à l'abstention lancé au second tour de l'élection présidentielle de 1969, en France. Lors de ce scrutin, le candidat du *Parti communiste français*, Jacques Duclos, arrivé en troisième position – avec plus de 20 % des suffrages exprimés –, avait été évincé à l'issue du premier tour. Le Parti communiste avait alors appelé son électorat à ne pas prendre part au vote, motif pris qu'entre les deux candidats restés en lice, Georges Pompidou et Alain Poher, c'était « blanc bonnet et bonnet blanc », et que donc, pour un communiste, il n'y avait pas de choix possible.

En revanche, *le suffrage est libre mais obligatoire*, lorsque le citoyen est privé de la faculté de s'abstenir, sauf à s'exposer à des sanctions pénales sous forme d'amende. Les exemples sont plutôt rares mais la justification en est toujours la même. Il s'agit de lutter par ce biais contre l'abstentionnisme. La solution peut cependant être jugée pire que le mal car elle ne fait que masquer la réalité du désaveu de la classe politique et empêcher la prise de conscience par cette dernière du discrédit dans lequel elle est tombée. C'est en tout cas une solution artificielle, comparable à cet expédient qui consiste à casser le thermomètre afin de ne pas voir que la température monte, comme on le dit familièrement. S'y résoudre, c'est *faire la politique de l'autruche* pour user d'une autre expression populaire.

On observe néanmoins que là où le vote est obligatoire l'abstention électorale est plus faible. Ainsi, en Australie, l'instauration du vote obligatoire en 1925 a fait remonter le taux de participation aux élections de moins de 60 % à plus de 90 %[1]. Mais partout où le vote obligatoire est de rigueur, les manquements à l'obligation de voter sont rarement sanctionnés par des amendes vraiment dissuasives.

Le vote doit donc être libre, et il le sera qu'il soit facultatif ou obligatoire. Il doit aussi être égal.

2. L'égalité du suffrage

Cette égalité[2] doit s'apprécier d'un double point de vue. Elle suppose d'abord que soit électeur *tout être humain*, national, majeur et capable. Elle interdit donc la discrimination à raison du sexe, longtemps pratiquée. Elle postule encore que soit appliqué le principe « un homme, une voix », qui devrait s'énoncer plus justement, « un électeur – homme ou femme –, une voix ».

---

1. À titre d'illustration, au Luxembourg où le vote est obligatoire, lors des élections législatives du mois de mai 2013, la participation atteint 91,7 %.
2. V. Dominique TURPIN, « Le principe d'égalité du suffrage », *in Le caractère équitable de la représentation politique*, *op. cit.*, p. 35-58.

La non discrimination à raison du sexe, qui interdit l'exclusion des femmes du droit de vote, ne fut admise comme allant de soi que très tardivement : en 1918 au Royaume-Uni, encore que la majorité civique était fixée à 21 ans pour les hommes et à 30 pour les femmes ; en 1944 en France ; seulement en 1971 dans la Confédération helvétique.

Pourtant, c'est dès la fin du XVIIIe siècle et surtout au XIXe, que la revendication du droit de vote des femmes s'est exprimée. En France, Olympe de Gouges[1] puis l'écrivain George Sand, en furent les figures de proue. Au Royaume-Uni, on connaît aussi le combat de ces femmes qu'on avait surnommées « les suffragettes », telle Emily Davidson qui, pour attirer l'attention de la famille royale, n'hésita pas à se jeter sous les chevaux lors du *Derby d'Epson* en 1913.

Différents arguments[2], aujourd'hui devenus irrecevables, furent pendant longtemps invoqués pour écarter les femmes des urnes. En France, deux d'entre eux, l'un juridique, l'autre plus politique, parurent décisifs jusqu'à la Deuxième guerre mondiale qui vit des femmes remarquables égaler et souvent dépasser en courage et en abnégation bien des hommes passivement résignés à subir le joug de l'ennemi. C'est leur rôle dans la Résistance et leur combat héroïque pour le salut de la patrie qui devait convaincre le général de Gaulle de mettre fin, par l'ordonnance du 9 avril 1944, à cette « anomalie » que constituait l'exclusion des femmes du droit de vote.

Jusque là, il est vrai, la situation juridique faite à la femme au plan civil, n'était pas plus enviable que celle qui était la sienne au plan civique ou politique. En vertu du *Code Napoléon* (le code civil) de 1804, la femme *mariée* était réputée civilement incapable, ce qui lui interdisait d'accomplir certains actes juridiques sans le consentement, sinon l'autorisation expresse, de son mari. Autrement dit, la négation de *l'autonomie de sa volonté* au plan civil avait logiquement pour pendant l'impossibilité d'exprimer sa volonté par le suffrage au plan politique. Son statut de citoyen de « second ordre » était donc parfaitement cohérent à défaut d'être satisfaisant. Or, l'incapacité civile de la femme mariée ne devait disparaître qu'en 1938, trois ans après – c'est une anecdote – que *l'Académie Française*, dans son dictionnaire, consentît à ne plus définir la femme comme la « femelle de l'homme », mais comme « un être humain de sexe féminin » ![3] C'était en 1935, donc peu de temps avant que le statut civique de la femme fût aligné sur celui de l'homme, en 1944.

1. Marie Gouze – dite Olympe de Gouges – née à Montauban en 1748, était une femme de lettres. Elle s'illustra en rédigeant une *déclaration des droits de la femme et de la citoyenne* et milita pour l'abolition de l'esclavage des Noirs. Elle fut guillotinée à Paris le 3 novembre 1793.
2. Dominique Turpin, non sans humour, en présente un florilège « intéressant », (V. D. TURPIN, *Droit constitutionnel*, *op. cit.*, p. 270-271).
3. Jean-Jacques Rousseau, n'a-t-il pas écrit dans l'*Emile* que, « en tout ce qui ne tient pas au sexe, la femme est homme » ?, cité par D. TURPIN, *Droit constitutionnel*, *op. cit.*, p. 271, note 1.

À cet argument juridique s'ajoutait un argument politique plus conjoncturel. En effet, dans la France de la IIIe République anticléricale de la fin du XIXe siècle et du début du XXe, la femme était « suspectée » d'être sous l'influence de l'Église catholique que combattait le Parti radical alors au pouvoir. La pratique religieuse étant bien plus assidue chez les femmes que chez les hommes, on craignait alors que le vote de celles-ci fût dicté par leur directeur de conscience, autrement dit par le prêtre qui les entendait en confession. Le Sénat de la IIIe république, tint ainsi en échec pas moins de 22 projets de lois leur accordant le droit de suffrage à l'égal de l'homme[1].

Ainsi donc, c'est afin de respecter l'égalité du suffrage entre tous les citoyens, que la qualité d'électeur ne saurait se réduire à une *fonction*, celle précisément que Sieyès attribuait aux seuls *citoyens actifs*, parce que, selon lui, seuls aptes à l'exercer. Dans ce système, celui du *suffrage censitaire* ou dans celui du suffrage *capacitaire* qui en est une forme dérivée, la qualité d'électeur est attribuée à certains citoyens seulement. Dans le cadre du suffrage capacitaire, il s'agit de ne prendre en compte que les citoyens payant un minimum d'impôts (à l'origine le *cens* précisément) déterminé par la loi – ou la Constitution –, ce qui était considéré alors comme le signe de leur aptitude à bien gérer leurs affaires privées, et partant comme une présomption à être pareillement aptes à se mêler des affaires publiques[2]. Dans le cadre du suffrage capacitaire, il s'agit de ne prendre en considération que les citoyens pouvant justifier d'un certain niveau d'instruction, lequel dans l'esprit du temps, valait aussi présomption de leur capacité à exercer la fonction électorale. En France, sous la Restauration, il bénéficiait notamment aux membres de *l'Institut* et aux officiers supérieurs à la retraite.

De la même manière, mais à l'opposé, l'égalité du suffrage implique aussi que soit proscrit ce que l'on appelle le *vote plural*. Il faut alors veiller à ce que chaque citoyen, homme ou femme, quelle que soit sa condition sociale, pèse du même poids, qu'il ait par rapport au choix et à la décision politique, la même influence. Cela exclut catégoriquement le vote dit plural, c'est-à-dire la possibilité offerte à certains citoyens de voter plusieurs fois, en d'autres termes de déposer plusieurs bulletins de vote dans l'urne, comme s'il comptait double, triple, ou plus encore, que le citoyen « ordinaire », au motif qu'il vérifierait des critères préétablis lui conférant ce privilège exorbitant (des qualifications particulières, la possession de certains diplômes ou grades, universitaires ou militaires, l'importance de l'impôt acquitté,...).

---

1. V. L. KLEJMAN et F. ROCHEFORT, *L'égalité en marche. Le féminisme sous la IIIe République*, éd. des Femmes, 1989.
2. En 1791, le cens était fixé à l'équivalent du salaire de trois journées de travail, ce qui devait conduire à exclure les deux tiers des citoyens (hommes) en âge de voter (soit 4,3 millions d'électeurs pour 24 millions d'habitants). Sous la Restauration (1814), il était si élevé que seulement 100 000 citoyens accédaient à la qualité d'électeurs ; il fut doublé (« doublement du cens ») sous la Monarchie de Juillet (1830), pour en concerner 200 000, alors que le Royaume comptait 30 millions d'habitants environ.

Ce vote plural a été pratiqué au Royaume-Uni jusqu'en 1948, au profit des titulaires d'un diplôme d'enseignement et des chefs d'entreprise locataires ou propriétaires de locaux professionnels d'une valeur supérieure à un minimum – au demeurant peu élevé – fixé par la loi. En somme, comme on peut le comprendre, cela devait signifier que le vote plural n'était rien plus qu'un moyen détourné de revenir à une forme de suffrage censitaire ou capacitaire.

En revanche, beaucoup moins contestable en soi, et au regard du principe « un homme, une voix », est cette proposition défendue avec conviction par certains, comme naguère Michel Debré par exemple, en faveur du *vote familial*. Cette variante du vote plural présente l'avantage de faire des enfants non majeurs des citoyens à part entière, quoique par procuration, si l'on peut dire, puisqu'il vise à permettre aux parents de voter autant de fois qu'ils ont d'enfants mineurs. Les défenseurs de ce système y voient, entre autres, un moyen, parmi d'autres, de lutter contre l'abstentionnisme, mais surtout une mesure propre sinon à stimuler la natalité en gratifiant symboliquement les familles nombreuses, en tout cas de nature à leur manifester la considération à laquelle elles ont droit en raison de leur contribution à la vie – à la survie même – de la Nation. Car ce sont elles, en effet, qui assurent l'avenir de la nation en transmettant la vie et en contribuant de manière décisive au renouvellement des générations. Les modalités pratiques de ce vote familial n'iraient pas cependant sans difficultés considérables, peut-être insurmontables : l'autorité parentale étant partagée entre le père et la mère, et le nombre d'enfants au foyer n'étant pas nécessairement pair, se poserait souvent le problème de la détermination du conjoint habilité à voter en lieu et place du ou des enfants. Et que dire des nombreuses familles qui sont aujourd'hui, éclatées, dispersées ou prétendument recomposées ?[1]...

Libre et égal, le suffrage doit encore être sincère.

3. La sincérité du suffrage

Le suffrage sera sincère si rien ne vient fausser son expression, à commencer par une contrainte extérieure, quelle qu'elle soit, physique ou morale. Cela signifie que l'électeur doit être à l'abri de toute pression venant d'un tiers au moment où il prend part au vote. Cela veut dire aussi qu'il doit pouvoir voter « en son âme et conscience », en conformité avec ce qu'il pense en son for intérieur, avec ce qu'il croit juste et nécessaire, et à ce qu'il juge opportun dans l'intérêt général. Cette préoccupation devait avoir pour conséquence la généralisation du *vote secret* de préférence au *vote public*.

Sur le plan des principes, le secret du vote est une condition essentielle du respect de la sincérité du suffrage. Pourtant, des auteurs et non des moindres, ont défendu le *vote public*. Montesquieu, par exemple, soutenait que la publicité du vote permettait aux

1. Reconnaître en toute hypothèse à la mère seule le droit de voter en lieu et place de ses enfants pourrait être néanmoins une bonne manière de valoriser *le statut de la femme* en tant que c'est elle qui est appelée à donner la vie.

électeurs éclairés de faciliter le choix des électeurs moins instruits. Cette opinion n'emporte pas pour autant la conviction car l'expérience montre que le vote public compromet la liberté : il est source de corruption et d'intimidation des électeurs, ceux qui sont le plus vulnérables en raison de leur condition sociale. Le salarié pourra ainsi craindre de déplaire à son employeur s'il vote contrairement aux « recommandations » que celui-ci lui aura données, et, ce faisant, de s'exposer au risque de perdre son emploi.

Mais si le principe du vote secret est une chose, et une bonne chose, les modalités de mise en œuvre en sont une autre. Le secret du vote garant de la sincérité du suffrage implique que des dispositions concrètes soient prises, faute de quoi il ne serait qu'un vœu pieux.

En France, les premières dispositions visant à l'organiser datent d'une loi du 29 juin 1820, qui était ainsi rédigée : « Pour procéder à l'élection des députés, chaque électeur écrit secrètement son vote sur le bureau, ou l'y fait écrire par un électeur de son choix, [c'est déjà « moins secret »], sur un bulletin qu'il reçoit à cet effet du président [du bureau de vote], il remet son bulletin, écrit et fermé, au président qui le dépose dans l'urne destinée à cet usage ».

Cette réglementation sommaire laissait subsister de nombreuses possibilités de fraudes puisque le bulletin était écrit « en public » et que c'était le président du bureau de vote qui le mettait dans l'urne – il pouvait notamment le souiller pour le rendre nul –, et non l'électeur lui-même. Deux lois ultérieures du 20 juillet 1913 et du 29 mars 1914 devaient rendre les fraudes beaucoup moins faciles. Ce sont elles qui ont prescrit que les bulletins devaient être insérés par les électeurs eux-mêmes dans des enveloppes opaques et identiques fournies par l'administration. Elles précisaient en outre que l'opération s'effectue obligatoirement dans un isoloir et que c'est l'électeur et lui-seul qui introduit l'enveloppe dans l'urne, sans intervention du président du bureau de vote, c'est-à-dire très concrètement sans qu'il puisse la toucher.

Ainsi conditionné et une fois entouré de ces différentes garanties, le suffrage universel permet donc l'expression des citoyens à titre personnel et individuel. Mais il n'est pas l'unique moyen d'expression démocratique dont ils disposent. Leur participation peut être aussi collective et organisée, par l'entremise de partis politiques censés faire fonction de relais, sinon de levier.

B. L'apparition des partis politiques

La participation collective des gouvernés au pouvoir est rendue possible grâce à des organisations structurées et permanentes, de type associatif, dont *le but* est la conquête du pouvoir aux fins d'y faire prévaloir une certaine conception du bien commun, et dont *l'existence* paraît nécessaire au bon fonctionnement du modèle démocratique auquel se réfèrent les États occidentaux depuis la généralisation du suffrage universel.

Ces organisations structurées et permanentes, ce sont les partis politiques. Omniprésents dans la vie politique des États contemporains, « les partis politiques font désormais partie du "paysage politique" occidental au point d'en être un élément constitutif déterminant »[1]. Non sans ambiguïtés il est vrai, car, l'histoire de ces deux derniers siècles ne le dément pas, les partis sont au moins autant *incompatibles* avec la démocratie qu'ils en sont *inséparables*[2].

À ce titre, les partis politiques sont un objet d'étude privilégié de la science politique et c'est dans le cadre de cet enseignement que l'on peut en faire une étude exhaustive, en dresser une typologie et analyser les interactions entre la structure partisane (bipartisme ou multipartisme) et la forme de gouvernement[3]. Il est néanmoins nécessaire d'en préciser la notion en relation avec l'action qui est la leur dans le cadre institutionnel des régimes qui se réclament de la démocratie.

1. La notion de parti politique

Au lendemain de la Première guerre mondiale, Max Weber faisait le constat suivant : « il est exclu, disait-il, que l'on puisse organiser pratiquement des élections dans des groupements politiques étendus [les États modernes à la différence des Cités antiques] sans cette sorte d'organisation que sont les partis politiques ». Il ajoutait même : « ces nouvelles formations sont des enfants de la démocratie, du suffrage universel, de la nécessité de recruter et d'organiser les masses »[4]. Quelques années plus tard, Hans Kelsen ne disait rien de bien différent : la démocratie moderne « repose entièrement sur les partis politiques dont l'importance est d'autant plus grande que le principe démocratique reçoit une plus large application ». Il concluait : « la démocratie est donc nécessairement et inévitablement un État de partis »[5]. La conséquence en sera tirée en France à l'article 4 de la Constitution du 4 octobre 1958, après une vingtaine d'autres textes constitutionnels étrangers, aux termes duquel « les partis et groupements politiques concourent à l'expression du suffrage ». Cette mention explicite et jusque-là inédite en France devait consacrer leur *utilité*, sinon leur *nécessité*, tout en leur déniant néanmoins toute prétention à *l'exclusivité*, condamnant ainsi ce qui avait caractérisé – et emporté – le régime de la *République de Weimar* (1919) en Allemagne, contemporain des écrits de Kelsen sur la démocratie, c'est-à-dire le *Parteienstaat* – littéralement l'État des partis[6].

1. Yves MÉNY et Yves SUREL, *Politique comparée. Les démocraties (Allemagne, États-Unis, France, Grande-Bretagne, Italie)*, coll. Domat, Montchrestien, 7e éd., 2004, p. 63-64.
2. C'était là le thème du colloque du CENTRE qui s'est tenu à Caen, les 25 et 26 novembre 2003. V. Christophe BOUTIN et Frédéric ROUVILLOIS (sous la dir.), *Partis politiques et démocratie. Inséparables mais incompatibles ?*, F.-X. de Guibert, 2005, p. 7-10.
3. V. entre autres, Jean-Marie DENQUIN, *Science politique*, coll. Droit fondamental, PUF, 2 000.
4. Max WEBER, « Du métier et de la vocation d'homme politique » (*politik als beruf*), *in Le savant et le politique*, *op. cit.*, p. 135 et 141.
5. Hans KELSEN, *La démocratie, sa nature, sa valeur*, *op. cit.*, p. 19-21.
6. Sur la tentative de dépassement des clivages partisans par un *rassemblement* au-dessus des partis, v. Michel CLAPIÉ, « Le rassemblement dans la pensée gaulliste », *in Partis politiques et démocratie*, *op. cit.*, p. 111-135.

Peu ou prou – peut-être par manque d'imagination –, tout le monde s'accorde aujourd'hui sur ce constat qu'on ne saurait concevoir une démocratie sans partis. « La pluralité des partis, et surtout leur pluralisme, est consubstantielle de la démocratie. Dans la mesure où celle-ci suppose une liberté de choix, il doit y avoir matière à choisir », de sorte que « la manière dont les partis se situent les uns par rapport aux autres devient dès lors importante »[1]. Et pourtant, il y a quelque paradoxe à écrire cela. En effet, « le parti s'impose grâce à une division du groupe alors que le pouvoir étatique en postule l'unité », notait Georges Burdeau[2]. Pierre Avril est encore plus tranchant : « l'idée de parti a quelque chose qui est politiquement contre nature ; elle est synonyme de division, et la sagesse nous apprend depuis Platon qu'il n'est pire mal pour la Cité que ce qui divise »[3]. Quant à la critique qu'en faisait la philosophe Simone Weil, elle est encore plus radicale puisqu'elle allait jusqu'à préconiser leur suppression[4]. Autrement dit, les partis divisent le corps social dans le même temps qu'ils affaiblissent l'État. Bien mieux, c'est au moment même où éclot l'aspiration à la démocratie, où sont théorisées la souveraineté nationale et la souveraineté populaire en opposition à la souveraineté royale, à partir de 1789 donc, que « va se développer un discours anti-partisan puissamment construit et argumenté »[5]. Saint-Just ne disait-il pas : « La souveraineté du peuple veut qu'il soit uni ; elle est donc opposée aux factions ; toute faction est donc un attentat à la souveraineté »[6] ?

Or, qu'est-ce qu'un parti, sinon précisément une faction qui s'assume en tant que telle. Les définitions que l'on a pu en donner sont légion. Toutes convergent néanmoins vers cet élément irréductible de sa définition. C'est le cas de la définition qu'en donnait Edmund Burke dès 1770 : un « ensemble organisé d'hommes unis pour œuvrer en commun dans l'intérêt national, d'après le principe particulier sur lequel ils se sont mis d'accord »[7], comme de celle, plus contemporaine de Joseph Lapalombara et Myran Weiner : « le parti politique est une organisation durable, agencée du niveau national au niveau local visant à conquérir et à exercer le pouvoir, et recherchant à cette fin, le soutien populaire »[8].

Au fil du temps, la définition s'est toutefois affinée, ce qui permet de mieux préciser la notion de parti politique au sein de la catégorie plus large des divers « groupements politiques » qui affichent l'ambition de peser sur la vie politique, qu'il s'agisse des *syndicats professionnels* ou des *groupes de pression*.

1. Constance GREWE et Hélène RUIZ-FABRI, *Droits constitutionnels européens*, *op. cit.*, p. 409, n° 319.
2. Georges BURDEAU, *L'État*, *op. cit.*, p. 99.
3. Pierre AVRIL, *Essai sur les partis*, LGDJ, 1986 et, 2e éd., Petite bibliothèque Payot, 1990.
4. Simone WEIL, *Note sur la suppression générale des partis*, *op. cit.*, p. 37.
5. Frédéric ROUVILLOIS, « "Il ne faut point de parti dans un État libre". Le discours antipartisan sous la Révolution (1789-1799) », *in Partis politiques et démocratie*, *op. cit.*, p. 11.
6. SAINT-JUST, *Discours et rapports*, coll. Les classiques du peuple, Editions sociales, 1977, p. 184.
7. Edmund BURKE, *Throughts on the Cause of the Present discontents*, cité par Jean et Monique CHARLOT, « Les groupes politiques dans leur environnement », *in* Madeleine GRAWITZ et Jean LECA (sous la dir.), *Traité de science politique*, t. 3, *L'action politique*, PUF, 1985, p. 472.
8. Joseph LAPALOMBARA et Myran WEINER, *Political parties and political development*, Princeton, University press, 1966, p. 3-42.

En effet, à la différence du syndicat *professionnel*, associant salariés ou employeurs, qui est créé pour défendre et promouvoir les *intérêts économiques et sociaux* de ses membres, le parti politique a pour objet la défense et la promotion de l'intérêt général, à tout le moins la conception que s'en font ses membres, et qu'ils expriment dans une doctrine politique déterminée. « Un parti est en principe un instrument pour servir une certaine conception du bien public », a écrit Simone Weil[1]. En principe seulement.

De même, à la différence du *groupe de pression* qui défend des intérêts *catégoriels*, voire corporatistes, et se propose d'influencer le pouvoir sans l'exercer directement, le parti politique met en tête de ses priorités, la conquête et l'exercice du pouvoir pour faire prévaloir sa conception de l'intérêt général. Les groupes de pression, pour leur part, agissent le plus souvent en sous main, se faisant très discrets – quand ils ne cultivent pas le secret –, dans le cadre de ce que les Anglo-saxons appellent le *lobbying* (« intrigues de couloirs »). L'activité de *lobbying* – qui s'apparente au trafic d'influence – consiste en effet en des actions de « relations publiques » auprès des hommes qui ont la responsabilité des affaires publiques, politiques ou fonctionnaires, afin d'orienter les décisions prises en fonction des intérêts, le plus souvent économiques ou financiers, défendus par les *lobbies*.

Il convient néanmoins de remarquer que la naissance et le développement de ces groupes de pression est allé de pair avec l'apparition des régimes démocratiques modernes. Leur priorité est de faire admettre aux pouvoirs publics les intérêts particuliers d'une association, d'une profession ou d'un groupe d'entreprises comme étant des *intérêts publics*. Mais un intérêt public, fût-il légitime, ne se confond que très rarement avec l'intérêt général. Leur action se déploie parfois au grand jour et prend désormais la forme de *lobbies* médiatisés, Philippe Muray qualifiait ironiquement ces groupes de pression de « groupes d'oppression » et d'« associations de persécution »[2]. Il s'agit alors pour eux d'en appeler à l'opinion publique, de l'alerter, de la mobiliser, plus encore de la manipuler, en jouant sur la corde sensible des sentiments, de l'émotion ou de la compassion – non sans démagogie –, en utilisant au besoin le levier que peut constituer la presse, elle-même largement dépendante, quant à son existence, de puissants intérêts financiers, qui sont de tous les groupes de pression, les plus redoutables.

L'emprise grandissante et largement méconnue de ces interventions dans la vie publique, très souvent occultes, conduit alors à une perversion de l'action collective. Elle est source de confusion entre *société politique* et *société civile*, au détriment de l'égalité juridique entre citoyens, que postule l'idéal démocratique. Car dans la société politique, on ne fait pas de distinction entre citoyens selon ce qu'ils sont ou ce qu'ils font, alors que, dans la société civile, on ne les considère qu'en tant qu'individus différenciés par leur condition et à partir de ce qu'ils font, voire de ce qu'ils possèdent : profession, situation, statut social,... Et c'est à peine forcer le trait que de voir dans cette « ingérence » de la société civile dans la société

1. Simone WEIL, *Note sur la suppression générale des partis*, *op. cit.*, p. 25.
2. V. Philippe MURAY, *Festivus, festivus*, Fayard, 2005, not. p. 29-30 et s.

politique, une tentative de *coup d'État civil* : la société civile qui est le siège des intérêts individuels ou catégoriels, juxtaposés et opposés, qui n'a pas en vue le bien commun ou l'intérêt général, prétendant alors dicter *sa loi* à la société politique. Sa « loi », c'est-à-dire celle du plus fort, non pas tant celle du nombre mais celle des plus remuants et qui le manifestent bruyamment (dans la rue et sur les boulevards), ou celle des plus puissants, économiquement parlant (dans les couloirs du pouvoir), de sorte que la démocratie tend à se dévoyer, soit dans l'anarchie soit dans la ploutocratie (pouvoir de l'argent).

Certes, les partis politiques, parce qu'ils ont un autre objet et d'autres méthodes, n'encourent pas *a priori* une critique aussi sévère. Ils ne sont pas pour autant exempts de toute critique, au regard de leur évolution et de leur action.

2. L'action des partis politiques

L'action des partis est multiforme. Elle se déploie dans le cadre de la fonction qu'on leur reconnaît et qui paraît objectivement irremplaçable dans le fonctionnement des démocraties contemporaines[1]. Toutes, en effet, marient *logique démocratique* et *logique représentative*, de sorte que les partis deviennent un élément structurant de la *démocratie représentative* (V. *infra*). Le recours à l'élection pour la désignation des représentants ne se conçoit plus aujourd'hui *indépendamment* des partis desquels se réclament les candidats à un mandat électif. Tant et si bien que « les candidats indépendants, c'est-à-dire sans lien avec un parti déterminé, sont à l'heure actuelle pratiquement assurés d'être battus, même s'ils sont sortants, connus et appréciés depuis longtemps par l'électorat de leur circonscription : seuls des candidats connus du grand public – car la politique devient l'affaire des gens du spectacle –, et très fortement médiatisés, peuvent de nos jours se passer du soutien d'un parti »[2], ou d'une organisation qui s'en approche, fût-elle de création tardive et pourvu toutefois que les circonstances s'y prêtent[3].

Les partis sont ainsi un *rouage* indispensable au fonctionnement harmonieux des démocraties représentatives en tant qu'ils canalisent l'expression des citoyens. À telle enseigne que depuis la fin de la Deuxième guerre mondiale, on assiste à une consécration constitutionnelle et juridictionnelle des partis politiques, afin de garantir le pluralisme politique, les partis bénéficiant d'un véritable statut juridique qui leur faisait défaut auparavant[4].

1. Sur la question du développement conjoint des partis et de la démocratie, v. Moisei OSTROGORSKI, *La démocratie et les partis politiques* (1903), rééd., Fayard, 1993, et Maurice DUVERGER, *Les partis politiques*, Armand Colin, 6e éd., 1967.
2. Frédéric ROUVILLOIS, *Droit constitutionnel. Fondements et pratiques*, *op. cit.*, p. 241.
3. Ce fut le cas du mouvement (« *En Marche* ») créé par Emmanuel Macron, ministre de l'Economie démissionnaire en septembre 2016, en vue de l'élection présidentielle du printemps 2017.
4. Sur la question et ses développements contemporains en France et à l'étranger, v. Olivier GOHIN, « L'encadrement des partis en droit français », Béatrice MAJZA, « Le statut constitutionnel des partis politiques en droit comparé », et Jean-Marie DENQUIN, « Le Conseil constitutionnel et les partis politiques », *in Partis politiques et démocratie*, *op. cit.*, p. 205-228, p. 229-243 et p. 245-262.

Aussi bien, on est tenté de suivre Claude Emeri quand il définit synthétiquement la fonction des partis politiques dans le jeu institutionnel duquel ils ne peuvent plus être dissociés. « Le parti, écrit-il, mobilise, forme les opinions, fabrique des programmes et des valeurs, sélectionne les individus capables de défendre ses idées devant l'électorat et de les exprimer dans les institutions représentatives », bref, conclut-il, « le parti fabrique des gouvernants »[1].

Leur rôle est donc décisif mais il n'en devient que plus nocif lorsque les citoyens, en tant qu'électeurs, en viennent à se déterminer non plus en fonction de la personne des candidats, mais au regard de leur appartenance partisane. C'est si vrai – et chacun a pu en faire l'expérience dans son entourage proche – qu'il n'est pas rare de voir des citoyens abdiquer leur libre arbitre pour s'en remettre entièrement au parti sur lequel ils ont jeté leur dévolu une fois pour toute[2]. Ainsi, remarque très justement Frédéric Rouvillois, « la fidélité de l'électeur à un parti semble fréquemment survivre aux évolutions, voire aux retournements doctrinaux de celui-ci »[3]. En France, depuis le dernier quart du XXe siècle, c'est le cas aussi bien de « l'électorat gaulliste », à l'égard du RPR (1976) puis de l'UMP (2002) amalgamant gaullistes et centristes – qui ne le sont pas et ne l'ont jamais été –, devenu *Les républicains* (2015) – parti où cohabitent des gens aux idées antagonistes –, que de « l'électorat socialiste », à l'égard du parti du même nom. Pourtant, de revirements en reniements, les formations politiques qui se veulent les héritières du « gaullisme gaullien »[4] – du moins officiellement – se sont tellement éloignées de la pensée et de l'œuvre du général de Gaulle, qu'on a pu dire qu'« il va devenir impossible d'utiliser le mot *gaulliste* parce qu'il finit par signifier le contraire de ce qu'a voulu faire le général de Gaulle »[5]. On peut en dire de même du Parti socialiste, qui, invoquant un soi-disant « réalisme », n'a eu de cesse d'édulcorer son discours et sa pratique, au point de ne plus vraiment se distinguer des partis qui prônent le libéralisme et de perdre tout crédit dans l'électorat qui était le sien : son effondrement lors des élections présidentielle et législatives du printemps 2017 en a été son éclatante confirmation. Le temps n'est plus en effet où son ambition – et son programme – était de « changer la vie »[6]. C'est ce qui faisait dire à Jean-Pierre Chevènement que « les socialistes ont *changé d'avis* à défaut d'avoir *changé la vie* »[7].

---

1. Claude EMERI, « Les partis politiques et les institutions constitutionnelles en France », *Les Petites affiches*, n° 48, 19 avril 1996, p. 10.
2. Sous la IIIe République, dans l'Entre-deux guerres, André Siegfried, lucide et caustique, disait : « Il faut souvent changer de parti si l'on veut conserver les mêmes opinions ».
3. Frédéric ROUVILLOIS, *Droit constitutionnel. Fondements et pratiques*, *op. cit.*, p. 42.
4. Selon l'expression de Jean-Christian Petitfils qui oppose le *gaullisme gaullien* au *gaullisme partisan*, (J.-Ch. PETITFILS, *Le Gaullisme*, coll. QSJ, n° 1708, 4e éd., 1994, p. 117).
5. Paul-Marie COUTEAUX, « Les voies du rassemblement national », *in Charles de Gaulle et la Nation*, *op. cit.*, p. 154.
6. « Changer la vie » : c'est sur ce thème que François Mitterrand fit campagne en 1981 et fut élu Président de la République Française.
7. V. Décodeur de la pensée unique ou le Petit dictionnaire de tout ce qu'il faut dire en politique pour être convenable, Numéro spécial de la revue *Respublica*, 1996, p. 157.

Ce phénomène en masque cependant un autre qui lui est concomitant : une capacité des partis à mobiliser l'électorat, qui s'amenuise au fil des ans de sorte que la participation aux scrutins fléchit sensiblement (v. *infra*). Ce que l'on observe de nos jours semble vérifier ce qu'indiquait déjà un sondage effectué au milieu des années quatre-vingt, au cours du premier septennat de François Mitterrand, à savoir que pour 82 % des Français interrogés, les hommes politiques ne disent pas la vérité, et que pour 62 % d'entre eux, ils ne traitent pas des vrais sujets[1]. On conviendra sans peine que, bien souvent, afin de ne pas déplaire à « l'opinion », les partis manquent à leur mission en se réfugiant dans une « langue de bois » qui déconsidère l'action politique. C'est le cas, lorsque, pour éviter le débat public et la confrontation des idées, ils qualifient de *techniques* des questions éminemment politiques. Ça l'est encore quand, arguant de l'absence d'alternative ou tentés de fuir leurs responsabilités, ils invoquent la fatalité et se font fatalistes[2]... À moins qu'ils ne promettent tout et, « en même temps »[3], son contraire, comme le fit avec succès en 2017 pour se faire élire à la Présidence de la République le candidat Emmanuel Macron[4] et, à l'Assemblée nationale, « celles et ceux » qui se réclamaient de lui.

Avec le recul, on peut méditer le diagnostic que faisait le général de Gaulle, de l'état des partis – ou de l'État des partis. C'était en 1959, dans le dernier tome de ses *Mémoires de guerre*. Il n'est pas dépourvu d'intérêt de citer ce passage, un peu long, mais qui n'appelle aucun commentaire : « *Au caractère fractionnel des partis, écrivait-il alors, qui les frappe d'infirmité, s'ajoute leur propre décadence. Celle-ci se cache encore sous la phraséologie. Mais la passion doctrinale, qui fut jadis la source, l'attrait, la grandeur des partis, ne saurait se maintenir intacte en cette époque de matérialisme indifférente aux idéaux. N'étant plus inspirés de principes, ni ambitieux de prosélytisme, faute de trouver audience sur ce terrain, ils vont inévitablement s'abaisser et se rétrécir jusqu'à devenir chacun la représentation d'une catégorie d'intérêts. Si le pouvoir retombe à leur discrétion, il est certain que leurs dirigeants, leurs délégués, leurs militants, se mueront en professionnels faisant carrière dans la politique. La conquête des fonctions publiques, des postes d'influence, des emplois administratifs, absorbera désormais les partis, au point que leur activité se déploiera essentiellement dans ce qu'ils nomment la tactique et qui n'est que la pratique du compromis, parfois du reniement. Étant tous minoritaires, il leur faudra, pour accéder aux postes de commande, les partager avec leurs rivaux. D'où cette double conséquence que, vis-à-vis des citoyens, ils iront se démentant et se déconsidérant et que la juxtaposition constante, à l'intérieur du gouvernement, de groupes et d'hommes opposés ne pourra aboutir qu'à l'impuissance du pouvoir* »[5].

---

1. V. Charles DEBBASCH et Jean-Marie PONTIER, *Introduction à la science politique*, coll. Précis, Dalloz, 1993, p. 144.
2. En 1921, à l'occasion d'un cours dispensé devant les élèves de l'École spéciale militaire de *Saint-Cyr*, le capitaine de Gaulle développait cette idée que « l'histoire n'enseigne pas le fatalisme », et qu'« il y a des heures où la volonté de quelques hommes brise le déterminisme ». Dix-neuf ans plus tard, il en administrait lui-même la preuve de la plus belle manière..., (cité par Raymond TOURNOUX, *Le feu et la cendre. Les années politiques du général de Gaulle, 1946-1970*, Plon, 1979, p. 200).
3. Cette expression récurrente est devenue un leitmotiv de la campagne présidentielle du candidat Macron, son expression fétiche.
4. En mai 2017, le mensuel *Causeur* (n° 46), juste après l'élection à la présidence de la République d'Emmanuel Macron, « faisait sa une » avec une photo du nouveau chef de l'État, et en surimpression, la mention : « élu produit de l'année » !
5. Charles de GAULLE, *Mémoires de guerre*, t. 3, *Le salut*, Plon, 1959, p. 239.

Pour remédier à cette défaillance, voire à cette « décadence » des partis et réintroduire les citoyens dans les circuits du pouvoir, pour renouveler aussi l'expression démocratique « confisquée »[1] par les partis, les suggestions n'ont pas manquées. Il en est une qui rencontre un certain succès parce qu'elle a l'apparence de l'évidence – seulement l'apparence – et l'attrait de la simplicité. C'est celle qui préconise de faire appel aux sondages d'opinion.

C. La question des sondages d'opinion

C'est du souci de favoriser l'expression directe des citoyens, que grandit la tentation de recourir aux sondages d'opinion. Il est vrai qu'à la différence du suffrage qui ne peut s'exprimer qu'à intervalle, comme des partis politiques, qui, dans la relation entre gouvernés et gouvernants, sont autant des écrans que des relais, on l'a vu, les sondages d'opinion, au contraire, semblent permettre l'expression instantanée et directe des citoyens, sur chaque sujet. Ils semblent même de nature à corriger le vice congénital de la démocratie pratiquée qui emprunte sa logique au *régime représentatif* (V. *supra*). En effet, comme le reconnaît Dominique Rousseau, le suffrage universel qui relève à l'évidence de la logique démocratique, n'est utilisé le plus souvent, en pratique, que comme *un mode de désignation des représentants* (V. *infra*) ; il n'est donc rien plus qu'« une technologie parmi d'autres du régime représentatif »[2].

C'est ce qui, à ses yeux, fait apparaître les sondages d'opinion comme la condition d'un progrès démocratique, de nature à favoriser l'avènement de ce qu'il est courant d'appeler la *démocratie d'opinion* ou la *démocratie du public*. Une démocratie prétendument renouvelée, conçue comme un système de gouvernement dans lequel le *contrôle* populaire deviendrait *continu et détaillé* au lieu de rester *périodique et global*. Or, précisément, comme l'opinion semble pouvoir être connue grâce aux sondages, la tentation ne pouvait que grandir de relativiser le suffrage et de valoriser le sondage.

Il y a là cependant une apparence trompeuse qui, au regard de l'essence même de la démocratie, repose sur une illusion, d'abord, et sur un contre-sens, ensuite[3].

1. Une illusion démocratique

Cette illusion procède d'une confusion. Elle consiste à croire que le (vrai) progrès démocratique tient dans le fait de seulement mieux *contrôler*, fût-ce au prix de rendre impossible le fait même de *gouverner*. C'est le risque que Michel Guénaire pressentait quand, s'interrogeant sur la fin de la politique, il se demandait si l'on n'avait pas « substitué le principe du

---

1. V. Christophe BOUTIN, « La démocratie confisquée », *in Partis politiques et démocratie, op. cit.*, p. 329-345.
2. Dominique ROUSSEAU, « De la démocratie continue », *in* D. ROUSSEAU (sous la dir.), *La démocratie continue*, Bruylant-LGDJ, 1995, p. 13.
3. Nous reprenons ici des idées développées dans une précédente contribution, (V. François BARLOY et Michel CLAPIÉ, « Du suffrage au sondage ou de la confusion entre volonté et opinion », *in Mélanges Louis Constans*, Presses universitaires de Perpignan, 1998, p. 51-65).

contrôle à celui de l'action »[1]. En effet, le suffrage se définit comme une manifestation de volonté, dans le cadre d'une élection ou d'un référendum (V. *infra*). Le recours au suffrage permet ce faisant de gouverner, c'est-à-dire d'agir, puisqu'il permet de dégager une volonté politique et que seule une *volonté* agit. En revanche, le recours au sondage n'a d'utilité apparente que pour connaître une *opinion*, fût-ce celle que l'on qualifie de publique. Or, l'opinion ne saurait être confondue avec la volonté qui, seule, est au principe de l'action, ni *l'opinion publique*, si tant est qu'elle existe, avec la *volonté politique*. Jean-Jacques Rousseau lui-même ne disait pas autre chose lorsqu'il écrivait que « toute *action* libre a deux causes qui concourent à la produire, l'une morale, savoir *la volonté qui détermine l'acte*, l'autre physique, savoir la puissance qui l'exécute »[2]. Autrement dit, lorsqu'on sonde les citoyens – un échantillon plus exactement –, on n'arrive à savoir que ce qu'ils *pensent* et qu'ils exprimeront par un avis, et non pas ce qu'ils *veulent*, qui se manifeste dans le suffrage. Il est d'ailleurs significatif que l'on parle de sondage d'opinion et non de sondage de volonté, ce qui n'a pas beaucoup de sens, il est vrai !

L'illusion qu'il faut dénoncer est d'autant plus prégnante que la technique des sondages d'opinion est compromise dans son principe même par la double ambiguïté sur laquelle elle est fondée : d'une part, l'existence douteuse de ce que l'on nomme *l'opinion publique*, que le sondage prétend « mesurer », et, d'autre part, le sens à donner au terme *opinion*, puisque celui-ci n'est pas univoque.

Il faut ainsi s'interroger d'abord sur la notion d'*opinion publique*, que l'on définit hâtivement comme étant ce que sont censés penser de manière globale et instantanée l'ensemble des citoyens. À la réflexion, il semble bien qu'elle ne soit qu'un mythe. « L'opinion publique n'existe pas », disait le sociologue Pierre Bourdieu[3]. Or, cette *opinion* – si l'on peut dire ! – tranchée n'était pas à proprement parler une provocation. L'opinion dite publique n'est rien d'autre en effet qu'une opinion qui s'exprime publiquement comme le notait Patrick Champagne. Elle « n'est que l'agrégation statistique d'opinions privées qui sont rendues publiques »[4]. Et Jean Stoetzel, universitaire, normalien et agrégé de philosophie, le fondateur en 1938 de l'Institut français de l'opinion publique (IFOP), affirmait pour sa part, que l'opinion publique n'est en définitive que ce que mesurent les sondages d'opinion, un peu à la manière de Binet qui appelait par convention « intelligence » ce que mesuraient les tests qu'il avait lui-même conçus afin d'évaluer le « quotient intellectuel » des différents individus. Ce disant, il reconnaissait implicitement l'absence de fondement scientifique à cette notion.

1. Michel GUÉNAIRE, « La Constitution ou la fin de la politique », Revue *Le Débat*, n° 64, 1991, p. 157.
2. Jean-Jacques ROUSSEAU, *Du contrat social*, *op. cit.*, Livre III, chap. I, p. 97.
3. Pierre BOURDIEU, « L'opinion publique n'existe pas », *in Questions de sociologie*, éd. de Minuit, 1980, p. 222-235. Il découvrait ainsi ce que le général de Gaulle avait toujours pensé, si l'on en croit les propos rapportés un jour par André Malraux : « L'opinion publique : ça n'existe pas ».
4. Patrick CHAMPAGNE, *Faire l'opinion. Le nouveau jeu politique*, coll. Le sens commun, Les éditions de minuit, 1990, p. 118. Un essai remarquable qui tord le cou à bien des idées reçues.

Mais les sondeurs croient à l'existence en soi de l'opinion publique et ils s'imaginent la mesurer scientifiquement. Leur tour de force a été d'accréditer cette idée, avec la complicité de la presse et des médias, parce que les uns et les autres ont un intérêt commun à l'invoquer, sinon à la manipuler, pour *légitimer* leur prétention à peser sur les décisions des pouvoirs publics. Pourtant, sociologiquement, l'opinion publique n'est jamais qu'une croyance collective, qui ne peut se laisser saisir qu'intuitivement. L'une des qualités de l'homme – ou de la femme – politique, n'est-elle pas justement, comme on le dit parfois, d'avoir le don de « sentir » l'opinion ?

Remarquons enfin, même si ce n'est pas une preuve mais seulement un indice, que, sauf erreur, aucune Constitution au monde n'évoque en tant que telle, l'opinion publique : seules sont consacrées par les textes constitutionnels, les notions de peuple, de nation, de population, de citoyens, et de volonté générale. À une exception près toutefois. Le *traité établissant une Constitution pour l'Europe*, signé à Rome le 29 octobre 2004, mais rejeté par le *suffrage* des peuples français et néerlandais, sans nommément faire mention de l'opinion publique, accrédite cependant la thèse d'une démocratie d'opinion, d'« une démocratie des individus et non des citoyens », qui « n'est pas celle de la responsabilité, de la décision collective, de la délibération ouverte », mais « une démocratie du consommateur de droits et de produits », comme la qualifie le philosophe Paul Thibaud[1]. L'article I-47 de ce traité stipulait ainsi que « *les institutions donnent, par les voies appropriées* [?], *aux citoyens et aux associations* [!] *la possibilité de faire connaître et d'échanger publiquement leurs* opinions *dans tous les domaines d'action de l'Union* »[2]. Le moins que l'on puisse dire, c'est qu'à la lecture de cet article, on ne voit pas comment les citoyens pourraient effectivement peser sur les décisions. Ce que confirmait par ailleurs l'article I-46.3 quand il précisait que « *les décisions sont prises aussi près que possible des citoyens* »... Aussi près que possible des citoyens mais pas par eux ! Pour être clair, par d'autres qu'eux, de telle sorte qu'en définitive, on leur reconnaît la liberté d'avoir des opinions, mais pas celle d'exprimer une volonté collective.

Quant au sens à donner au terme *opinion* lorsqu'on parle de sondage d'opinion, il appelle quelques éclaircissements. L'opinion est un vocable polysémique qui recouvre au moins quatre acceptions différentes.

On entend par opinion, soit *la conclusion d'un jugement individuel assuré* (opinion est alors synonyme d'avis, d'appréciation, voire de conviction ou de certitude) ; soit *le résultat d'un jugement individuel incertain* (opinion est alors synonyme d'impression, de sentiment, de conjecture ou de soupçon), sinon l'absence de tout jugement (opinion est alors synonyme de croyance, de présomption ou de préjugé) ; soit *un produit collectif qui exprime alors une*

1. Entretien avec Paul Thibaud, revue *Les épées*, n° 16, juin 2005, p. 17.
2. Les articles 10 et 11 TUE *nouveau* (traité de Lisbonne du 13 décembre 2007), reprennent ces dispositions sous une formulation légèrement différente.

position intellectuelle réfléchie, voire très élaborée (on parlera alors d'opinion doctrinale) ; soit, enfin, *un ensemble d'attitudes collectives spontanées ou de représentations partagées par un groupe social*.

Force est bien de constater cependant que l'opinion que les sondages prétendent appréhender, c'est celle qui se définit comme un jugement individuel *incertain et subjectif* ou comme un ensemble d'attitudes collectives *spontanées* de sorte que ce que le sondage permet de saisir, c'est ce qui ressemble fort à *l'humeur* du gouverné interrogé, au moment où il est sondé, sur le sujet précis à propos duquel il est sondé et dans le cadre étroit et contraignant du questionnaire préfabriqué à partir duquel il est sondé. Or, par définition, l'humeur n'est qu'une disposition de l'esprit, certes dominante à un moment précis mais passagère, « c'est un comportement sans logique et sans suite »[1]. C'est dire d'une autre manière que le sondage ne permet en aucun cas l'expression d'une volonté, d'une *volonté délibérée* au sens fort du terme, et qui est tout le contraire d'une *opinion spontanée*.

On ne saurait mieux dire que la technique des sondages d'opinion n'est pas « fiable », qu'elle manque de pertinence et qu'elle ne mérite pas d'être institutionnalisée en tant que mode d'expression démocratique. Mais le manque de « fiabilité » et de pertinence n'est pas le seul reproche qu'on peut lui faire car, à l'illusion démocratique qu'elle entretient, s'ajoute un contre-sens sur ce qu'est l'idéal démocratique.

2. Un contre-sens démocratique

L'engouement pour les sondages d'opinion entretient un contre-sens sur la démocratie, qu'il contribue d'ailleurs à produire. Ce contre-sens procède lui-aussi d'une double confusion préjudiciable au bon fonctionnement de la démocratie.

La première confusion commise spontanément, est celle qui consiste à croire qu'un *indice de satisfaction* est assimilable à une *intention de vote*, car c'est par le vote, dans les démocraties, que les citoyens accordent ou retirent leur confiance aux gouvernants. Les sondeurs et les commentateurs des sondages en arrivent ainsi à voir dans un *mauvais indice* de satisfaction, le signe d'un désaveu de la politique conduite par les gouvernants en place et issus de l'élection, au point d'en inférer que si les citoyens étaient appeler aux urnes ils les sanctionneraient. Or, on peut être mécontent des gouvernants en place et juger dans le même temps que d'autres, quels qu'ils soient, serait pires, et cela, pour des raisons qui n'ont rien de semblables d'un individu à un autre. En effet, l'addition des mécontentements, dût-elle conduire à une majorité d'*insatisfaits*, n'implique pas *ipso facto* l'existence d'une majorité positive en faveur d'une politique alternative s'incarnant dans un prétendant au titre de gouvernant. On ne saurait donc, sur la foi d'un sondage

1. Philippe de SAINT-ROBERT, *Le secret des jours. Une chronique de la Ve République*, éd. Jean-Claude Lattès, 1995, p. 183.

d'opinion défavorable, considérer que les gouvernants en place sont désavoués par le corps électoral, et qu'ils doivent en conséquence, ou bien changer de politique, ou bien se retirer.

Sous l'effet de la sur-médiatisation des sondages, beaucoup cependant en arrivent à se persuader du contraire. Ils sont alors conduits à faire une autre confusion de nature à compromettre à terme, si l'on n'y prend garde, jusqu'à la survie de la démocratie. Il s'agirait alors de substituer au régime démocratique, la *dictature* de l'opinion versatile et facilement manipulable : « une opinion, ça se travaille comme le reste », dit un jour le général Jamie Shea, porte parole de l'OTAN durant le bombardement de la République serbe, par ladite OTAN, au printemps 1999[1].

Cette deuxième confusion, qui conduit à un contre-sens funeste, consiste à prendre une *mesure de la popularité* pour un *fondement de la légitimité*. La répétition des sondages, chacun peut le constater, donne lieu à des rites contestables. C'est le cas, par exemple des sondages effectués chaque mois en France sur la « côte » – le mot est presque grossier et devrait blesser l'oreille d'un authentique démocrate – du chef de l'État ou du chef du Gouvernement. Car il faut bien avoir conscience que lorsque, à l'occasion d'un sondage, le citoyen sondé – et seulement lui – émet une opinion sur un gouvernant, il ne lui donne ni le lui retire un quelconque titre à gouverner.

Tout se passe différemment lors d'une élection et pour au moins deux raisons. La première, c'est que dans le cadre d'une élection, l'universalité des citoyens est appelée à se prononcer – et c'est là tout le sens de la conquête du suffrage universel –, non un échantillon, fût-il scientifiquement sélectionné selon la méthode des quotas ou celle du sondage aléatoire[2]. La seconde, c'est que le gouvernant qui est élu par l'universalité des citoyens tire du mandat qu'il a ainsi reçu sa légitimité à exercer le pouvoir pour une durée préalablement déterminée, sauf pour lui – et lui seul – de ressentir le besoin de ressourcer cette légitimité avant le terme légal. C'est d'ailleurs ainsi que peut se justifier la pratique gaullienne du *référendum-question de confiance* (V. *infra*). Et c'est là, à proprement parler, la vertu de la démocratie représentative qui fonde la légitimité du pouvoir, d'abord sur le libre choix des gouvernants par l'ensemble des gouvernés après qu'ils ont exercé leur jugement, ensuite sur la *responsabilité* organisée des premiers devant les seconds. Elle permet tout cela en donnant aux gouvernants les moyens de l'efficacité grâce à la durée (relative) dont ils disposent du fait du mandat reçu.

Mais tout l'édifice s'écroule si des sondages incessants sont commandités et utilisés sans discernement par les gouvernants eux-mêmes pour leur servir d'indicateur afin d'orienter leur action au jour le jour, sinon de mobile à leur inaction, ce qui est pire.

1. V. Serge HALIMI et Dominique VIDAL, *L'opinion, ça se travaille, op. cit.*
2. V. Jean-Luc CHABOT et Nicolas MACAREZ, *Méthodes des sciences sociales*, coll. Droit fondamental, PUF, 1995, p. 250-254.

Pierre Weill écrivait avec raison que le sondage est un « éclairage, pas une boussole »[1]. Lorsque le sondage est autrement perçu, les hommes politiques deviennent « esclaves des chiffres, ils ne vivent plus que dans l'attente du baromètre suivant, se demandant à longueur de journée comment regagner des points, comment conforter leur progrès, comment consolider leur rente (...) ». Or, « à ce jeu là, la politique ne laisse guère de place aux projets »[2]. Ceux qui sont chargés des affaires ne *gouvernent* plus vraiment ; au mieux ils *gèrent*. La *démocratie gestionnaire* se substitue alors à la *démocratie gouvernante* : il ne s'agit plus pour eux de se fixer un objectif et, pour l'atteindre, de tenir compte des contingences, mais au contraire de naviguer à vue et au fil de l'eau en fonction des seules contingences, sans projet précis, bref d'être *réactifs* – le terme est à la mode – plus que *prospectifs*.

On mesure à travers cela les effets pervers des sondages d'opinion. Car que la loi, censée être l'expression de la *volonté* générale, procède de l'opinion versatile et en devienne prisonnière, ne va pas sans risque. En effet, « l'idéal démocratique, tel qu'il a été formulé dès l'Antiquité comme dans l'époque moderne et récente, repose sur le débat et non sur la statistique, sur les échanges de la raison et non sur l'opinion dominante. C'est à la suite d'un débat rationnel que doivent, en principe, se prendre les décisions »[3]. Autrement dit, si *majorité* n'est jamais synonyme de *vérité*, elle peut même devenir, par la faute de cette « démocratie sondagière », synonyme de contre-vérité. L'opinion dominante parce que réputée majoritaire, n'ayant pu se former dans le débat contradictoire dès lors qu'elle n'est, comme on l'a vu, que *l'agrégation statistique* d'opinions spontanées et non *l'expression solennelle* d'une volonté délibérée, c'est-à-dire le résultat, à proprement parler, d'une *délibération*.

Bref, dans cette conception aujourd'hui triomphante de la démocratie, celle qui compromet l'action des gouvernants élus au profit d'un contrôle – soumis aux pulsions et à l'humeur – qu'est supposé exercer une opinion publique mythifiée, on n'est pas loin de la mystification. Il y a même là un déni de civilisation dès lors que *civiliser* les hommes, implique au premier chef de pacifier leurs rapports, ce qui exige et implique que leurs *pulsions*, leurs *passions* et leurs *émotions* soient toujours maîtrisées – sinon jugulées – par la *raison* et grâce à la *délibération*.

Mais les faire vivre ensemble – et pas seulement côte à côte –, les faire *s'aimer*, dans le cadre d'une *Cité* ou *Civitas* – le mot *civilisation* est de la même famille –, c'est aussi organiser le gouvernement de cette Cité. Pour ce faire, il faut déterminer le cadre de l'exercice du pouvoir politique, seul garant de l'ordre nécessaire à l'épanouissement de la liberté humaine : la liberté au plein sens – ou au deux sens – du terme, c'est-à-dire la liberté-autonomie, selon les *Modernes*, et la liberté-participation, selon les *Anciens*. De nos

1. Pierre WEILL, « Trente ans de sondage », revue *Le Débat*, n° 88, 1996, p. 54.
2. Alain MINC, *L'ivresse démocratique*, Gallimard, 1994, p. 24.
3. Cardinal Jean-Marie LUSTIGER, *Devenez dignes de la condition humaine*, Flammarion / Saint-Augustin, 1995, p. 30.

jours, dans le monde occidental, un tel gouvernement respectueux de la liberté humaine, est jugé *préférable* à tout autre. Et si lui seul est *considéré* comme légitime pour ce seul motif qu'il est ordonné aux principes du libéralisme et de la démocratie – lors même que s'il n'est pas au service du bien commun, cela est loin de suffire –, il peut néanmoins s'habiller de différentes formes. Ce sont ces différentes formes de gouvernement qu'il faut maintenant analyser.

CHAPITRE 2

Les formes de gouvernement

Par *forme de gouvernement* ou *régime politique* au sens étroit de l'expression[1], il faut comprendre l'agencement des pouvoirs constitués, voire, tout à la fois, leur agencement institutionnel *et* leur fonctionnement réel. Par delà leur diversité et les remises en question dont elles font parfois l'objet au fil du temps, les formes de gouvernement qui vont être étudiées, sont des applications concrètes des princeps de la démocratie libérale. Cela veut dire que si chacune d'elles correspond à un type particulier d'agencement institutionnel des pouvoirs constitués, en revanche, toutes, en dépit de leur grande variété, s'inscrivent dans la même perspective et sont tendues vers la même fin : celle de la recherche du gouvernement légitime. À tout le moins, celui qui est considéré comme tel dès lors qu'il récuse l'arbitraire tant dans l'origine et la justification du pouvoir que dans l'exercice et l'action de ceux qui en sont les dépositaires... et pour autant qu'il demeure au service du bien commun.

La poursuite de cet objectif commande ainsi le choix des modalités de la limitation du pouvoir (Section 1), et pareillement celui des modes de participation au pouvoir (Section 2).

1. L'expression *régime politique* est parfois employée concurremment à celle de *forme de gouvernement*. Il s'agit alors d'entendre le régime politique, à la suite de Georges Burdeau, comme « l'ensemble des règles ou pratiques selon lesquelles, dans un pays donné, les hommes sont gouvernés », (V. Dominique TURPIN, *Le régime parlementaire*, coll. Connaissance du droit, Dalloz, 1997, p. 1).

Section 1 – **Les modalités de la limitation du pouvoir**

La typologie usuelle des modalités de la limitation du pouvoir a été construite à partir des formes de gouvernement qui se veulent des applications pratiques de la théorie idéalisée de la séparation des pouvoirs que l'on a déjà présentée. Peut-être même, est-ce là aujourd'hui la principale vertu de cette théorie, une vertu didactique en quelque sorte, qui permet de trouver « un critère de distinction artificiel mais simple entre (les) différents types de régimes »[1].

La classification opérée aura donc un caractère quelque peu factice dès lors que la réalité et la pratique ne se laissent pas facilement enfermées dans des catégories toute faites. On en veut pour preuve que dans tous les cas, il va s'agir d'inférer de l'observation d'un régime concret et daté – le régime du Royaume-Uni[2] au cours du XVIIIe siècle et de la première moitié du XIXe, et, de même, le régime des États-Unis à la fin de ce même XVIIIe siècle –, l'existence d'un modèle abstrait isolé du contexte historique de sa formation. C'en est même sa limite car les régimes actuellement en vigueur sont difficilement réductibles à ces formes schématiques et historiques de gouvernement – à ces stéréotypes –, qui sont à l'origine de la typologie retenue. C'est d'autant plus vrai que la plupart des formes de gouvernement qui ont servi de référence, qui sont à la source de la modélisation réalisée, du fait de leur propre évolution dans le temps, amalgament désormais les caractères propres à chacun des archétypes.

Ces réserves n'invalident pas cependant l'approche qui conduit à distinguer ce que l'on appelle classiquement le régime parlementaire européen (§ 1), du régime présidentiel américain (§ 2). En revanche, elles conduisent à mentionner l'existence de formes pour ainsi dire « intermédiaires » qu'illustrent les régimes hybrides contemporains (§ 3).

§1. Le régime parlementaire européen

C'est en partant de l'observation et de l'orientation que prit le gouvernement de la Grande-Bretagne au cours du XVIIIe siècle, que la doctrine juridique a construit, *a posteriori*, un modèle théorique et qu'elle l'a désigné du nom de régime parlementaire. Ce modèle est réputé fondé sur une conception de la séparation des pouvoirs que l'on qualifie de *souple*, c'est-à-dire telle qu'existent une *interdépendance* et surtout une *collaboration* entre les différents organes exerçant chacune des fonctions étatiques distinguées par Montesquieu : principalement ceux qui exercent une *fonction normative*. Autrement dit, les organes législatif et exécutif dotés tous deux d'une *faculté de statuer*.

---

1. Frédéric ROUVILLOIS, *Droit constitutionnel. Fondements et pratiques*, t. 1, *op. cit.*, p. 179-180.
2. *L'Angleterre* devient *la Grande Bretagne* après *l'Acte d'union* avec le royaume d'Écosse de 1701. Et ce n'est qu'en 1800, en associant l'Irlande, que la Grande Bretagne prend l'appellation de *Royaume-Uni* de Grande Bretagne et d'Irlande.

L'apparition du régime parlementaire (A), né empiriquement en Grande-Bretagne, a donc précédé sa modélisation (B). Mais cette modélisation autour d'un agencement institutionnel spécifique n'a pas figé le régime parlementaire dans une configuration unique, surtout pas celle qui était la sienne à ses origines. Sa diffusion et son implantation un peu partout en Europe de même que son évolution propre au Royaume-Uni, conduisent aujourd'hui à l'appréhender à travers ses différentes déclinaisons (C).

A. L'apparition du régime parlementaire

L'apparition du régime parlementaire en Grande Bretagne est la conséquence empirique d'une évolution qui s'est produite en deux temps : la mise en place du gouvernement de cabinet et la mutation de la responsabilité pénale des ministres.

1. La mise en place du gouvernement de Cabinet

La naissance du régime parlementaire en Grande Bretagne, au cours du XVIIIe siècle, est préparée de longue date par la lente érosion du pouvoir royal, qui s'accélère de manière significative dès la fin du règne d'Elisabeth 1re. Après sa mort en 1603, cette érosion est le fait de la revendication par le Parlement de nouveaux pouvoirs, qui le fait se dresser contre la toute puissance du roi. L'amenuisement des prérogatives royales prendra même des proportions tragiques au cours du XVIIe siècle, sous la dynastie des Stuart qui a succédé au règne des Tudor.

La deuxième moitié de ce XVIIe siècle est en effet marquée par un constant affaiblissement de la Couronne sur fond de révolutions et de convulsions de toutes sortes, avec en filigrane l'opposition grandissante entre anglicans et catholiques. En 1689, un pas décisif est franchi. Le Parlement affirme le droit de la Nation – c'est-à-dire, concrètement, le sien – à se choisir un roi, et ce afin d'écarter du trône les descendants catholiques de la dynastie des Stuart, d'origine écossaise. Bien plus, par l'Acte d'union de 1701, le Parlement décide que le trône d'Angleterre ne sera jamais occupé par un roi catholique. Ce qui montre, soit dit en passant, que les Britanniques « font passer la religion avant le politique »[1]. Sur le fondement de ce principe et par le jeu des règles de succession dynastique, c'est un prince allemand, Georges de Hanovre qui monte sur le trône en 1714, sous le nom de Georges 1er.

Cet avènement qui consacre le déclin de l'institution monarchique, hormis, peut-être, le long règne de la reine Victoria (1837-1901), inaugure l'ère de ce que l'on appellera *la monarchie limitée*. Les premiers Hanovre, Georges 1er (1714-1727), Georges II (1727-1760), Georges III

1. Daniel TEYSSEIRE, *La France singulière. Essai de politique historique sur la spécificité française*, *op. cit.*, p. 25. L'historien Emmanuel Leroy-Ladurie fit observer un jour qu'il n'y a jamais eu en Grande Bretagne de Premier ministre catholique. Quant à Disraëli, le Premier ministre de la reine Victoria, d'origine juive, il dut se convertir. À l'inverse, il y eut en France de nombreux Premiers ministres protestants, y compris sous la monarchie d'Ancien régime : Coligny, Sully, Necker, Guizot, Maurice Couve de Murville, Michel Rocard... et peut-être Lionel Jospin, même s'il se réclamait d'une variante inédite, celle du « protestant athée ».

(1760-1820), et Georges IV (1820-1830), soit ne maîtrisent pas la langue anglaise – ou très mal –, soit sont médiocres ou malades. C'est ce qui explique que dès le règne de Georges 1er, une nouvelle pratique du pouvoir se met en place, caractérisée par l'effacement de l'autorité royale et la translation du pouvoir jadis exercé par le monarque, vers l'organe jusque-là chargé de le conseiller et de l'aider à gouverner, c'est-à-dire le Conseil privé composé des différents ministres nommés par le roi et révocables à sa guise.

Ces ministres prennent en main le gouvernement effectif du royaume en lieu et place du roi ; ils prennent aussi l'habitude de siéger hors de sa présence dans une petite pièce appelée *le cabinet*. Au terme de leur délibération, afin de le tenir informé de leurs travaux et des résolutions qu'ils ont prises, l'un d'eux fait rapport au roi. Ce *principal ministre* qui devient l'interlocuteur privilégié du roi et qui préside les réunions de ce que l'on commence a appelé le *Cabinet*, se voit gratifié du titre de *Premier ministre*. S'il n'est au début que *primus inter pares*, il s'impose petit à petit comme étant le véritable chef du collège qui forme le gouvernement. Mais ce Cabinet ne peut véritablement diriger le pays qu'avec la confiance du Parlement auquel il doit aussi rendre compte de son action. Le Cabinet devient ainsi *l'organe de liaison* entre le roi et le Parlement. Le roi règne mais ne gouverne plus. Mais comme le Cabinet ne peut vraiment gouverner à la place du roi sans le soutien du Parlement, le roi est condamné à s'entourer de ministres qui ont la confiance du Parlement. Cette confiance va même devenir la condition du maintien en fonction des ministres nommés par le roi. Tant et si bien que le Parlement, plus précisément la Chambre des communes, va user à des fins strictement politiques de la menace d'une mise en accusation pénale des ministres pour obtenir leur démission, c'est-à-dire lorsqu'elle est en désaccord avec la politique conduite par le Cabinet. Et c'est ainsi que va se produire la mutation décisive de la responsabilité pénale des ministres.

2. La mutation de la responsabilité pénale des ministres

Très tôt, en Angleterre, s'était imposée l'idée selon laquelle les ministres du roi étaient responsables, qu'ils devaient « répondre » de leurs actes. Ce dont témoigne cette notion typiquement anglo-saxonne, qui n'a pas d'équivalent en Français, d'*accountability*[1]. Cette responsabilité ministérielle est apparue dans sa forme pénale et elle s'est développée à partir de 1376, sous le règne d'Edouard III, avec la procédure dite de l'*impeachment*. Grâce à cette procédure la Chambre des communes pouvait accuser un ministre et le faire juger par la Chambre des Lords. À ses débuts, elle était prévue pour n'être utilisée qu'en matière de crimes et délits. En 1641, elle aboutit à la condamnation (à mort) de l'archevêque de Cantorbéry, Laud, et du ministre de Charles 1er, Strafford, dans un contexte d'émancipation

1. V. Pierre AVRIL, « Responsabilité et *accountability* », *in* Olivier BEAUD et Jean-Marie BLANQUER (sous la dir.), *La responsabilité des gouvernants*, Descartes et Cie, 1999, p. 85-93.

du Parlement et de contestation de l'autorité monarchique[1]. Pareillement, à l'initiative de deux députés, Hampden et Pym, devait être consacrée la règle selon laquelle tout ministre choisi par le roi devait être accepté par le Parlement.

Un siècle après la condamnation et l'exécution de Laud et Strafford, la procédure de *l'impeachment* allait changer de nature en raison de l'usage nouveau qui devait en être fait : exclusivement pénale depuis l'origine elle devenait désormais politique. En 1742, la Chambre des communes menaça le Premier ministre d'alors, Sir Horace Walpole, en fonction depuis 1721, de déclencher contre lui la procédure d'*impeachment* alors que celui-ci n'avait commis aucun crime. Le différend opposant la majorité des *Communes* à Walpole était en effet d'ordre seulement politique et le but de la manœuvre était de le forcer à démissionner pour se soustraire à une condamnation. Ce qu'il fit, créant à cette occasion un précédent. Un précédent de nature à fonder une véritable coutume dans le système britannique de Constitution non écrite. De fait, après lui, les ministres prirent peu à peu l'habitude de démissionner devant la menace brandie par la Chambre des communes de les destituer en les accusant pénalement.

Une étape nouvelle et décisive fut franchie en 1782 lorsque la Chambre des Communes réussit à provoquer le départ de Lord North, Premier ministre « fidèle » de Georges III, sans même le menacer d'*impeachment*[2], mais en déclarant seulement qu'il n'avait plus sa confiance. Du coup la responsabilité ministérielle, de pénale devenait politique. Le ministre « renversé » servait alors de bouc émissaire ou de « fusible », comme on le dit parfois trivialement puisqu'il faisait les frais du désaccord apparu entre le Parlement et le roi dont la personne demeurait inviolable en vertu de l'adage selon lequel « le roi ne peut mal faire ». C'est dire que la mise en branle de cette procédure métamorphosée par l'usage qui en a été fait, s'analyse depuis lors comme l'expression de l'opposition du Parlement à la politique conduite par l'exécutif.

Bien plus, ce qui allait donner toute sa portée à la démission Lord North, c'est que pour la première fois, l'ensemble du Cabinet démissionna. Ainsi la responsabilité des ministres n'était pas seulement devenue politique et non plus pénale, elle était aussi devenue collective et non plus seulement individuelle. Ce que l'on devait alors appeler *la solidarité gouvernementale*[3] aux termes de laquelle les ministres sont collégialement responsables et donc solidaires de la politique menée, était née, et avec elle, le régime parlementaire. La mise en place de ce régime ne sera toutefois parachevée qu'avec la réforme électorale arrachée au roi Guillaume IV (1830-1837), en 1832. Une réforme qui devait renforcer la

---

1. Les députés de la Chambre des communes prétendaient prendre part au gouvernement sinon déterminer la politique du Royaume.
2. La dimension pénale de la procédure de *l'impeachment* est aujourd'hui tombée en désuétude. La dernière tentative a visé Lord Melville en 1804.
3. Il n'est pas indifférent de noter que l'une des conséquences de cette collégialité et de cette solidarité sera affirmée bien plus tard, en France, par Jean-Pierre Chevènement lorsqu'il déclara crûment en démissionnant du gouvernement que dirigeait Pierre Mauroy – c'était en 1983 –, qu'« un ministre, ça ferme sa gueule ou ça démissionne » (*sic*).

Chambre des communes dont les membres sont élus, aux dépens de la Chambre des Lords où siège, à titre purement honorifique, l'aristocratie nobiliaire. À ce stade de l'évolution du régime britannique, les traits caractéristiques du régime parlementaire peuvent être identifiés et sa modélisation théorique devient dès lors possible.

B. La modélisation du régime parlementaire

Cette modélisation du régime est donc fonction des caractéristiques de la forme de gouvernement qui se met progressivement en place en Grande-Bretagne au cours du XVIIIe siècle, de sorte que ce modèle théorique, comme l'écrit Dominique Chagnollaud, « est bien plus la systématisation d'une réalité historique – évolutive – qu'un concept abstrait aux critères de définition immuables »[1]. Ce qu'il faut bien garder à l'esprit, c'est qu'un régime qualifié de parlementaire est par définition un régime de partage équilibré des pouvoirs : si l'équilibre fait défaut ou vient à faire défaut, la qualification de régime parlementaire ne vaut plus quand bien même on reconnaîtrait dans le régime observé les trois critères retenus pour caractériser le régime parlementaire : le bicéphalisme de l'exécutif, la responsabilité politique du Cabinet, le droit de dissolution.

1. Le bicéphalisme de l'exécutif

Ce premier critère apparaît comme la *condition préalable* à l'établissement d'un régime parlementaire. La mise en place d'un tel régime suppose en effet un dédoublement organique de l'exécutif : deux autorités et même deux « têtes » émergent alors. C'est bien ce qui s'est passé en Grande-Bretagne où le Cabinet ministériel a acquis une existence propre aux côtés du roi. Ce cabinet existe en tant que tel ; c'est un organe collégial et ses membres ne sont plus dans la situation de ceux du Conseil privé du roi originel, d'où est issu le Cabinet. Ils ne dépendent plus directement et personnellement du monarque, car ils sont liés par des liens de solidarité les uns avec les autres au nom de la politique commune qu'ils conduisent. Qui plus est, en leur sein s'est dégagée la figure d'un « chef », que l'on appelle aujourd'hui, de manière générique, le *chef du gouvernement*.

Ainsi donc, dans cet exécutif bicéphale – littéralement à deux têtes – on distingue un *chef de l'État* qui est soit un monarque – une tête couronnée – soit un président élu mais dépourvu de pouvoirs propres, et un *chef du gouvernement* qui prend le titre, selon les pays et les époques, de *Premier ministre* (Royaume-Uni, France aujourd'hui), de *Président du Conseil* – il s'agit de la présidence du Conseil des ministres – (Italie, France sous la IIIe et la IVe République), de Président du Gouvernement (Espagne), ou de Chancelier (Allemagne).

Mais cette dualité de l'exécutif ne saurait s'analyser comme une dyarchie car dans la plupart des cas, le chef de l'État n'a qu'un rôle protocolaire et de représentation sinon de simple figuration : il symbolise plus qu'il n'incarne l'unité et la continuité nationale

1. Dominique CHAGNOLLAUD, *Droit constitutionnel contemporain*, Armand Colin, t. 1, 3e éd., 2003, p. 104.

par dessus les divisons politiques et partisanes. Sa fonction se limite en quelque sorte à « inaugurer les chrysanthèmes », selon l'expression du général de Gaulle[1]. S'il s'agit d'un président élu, il l'est, le plus souvent au suffrage universel indirect, c'est-à-dire non par les citoyens eux-mêmes mais par leurs représentants qui siègent dans les assemblées parlementaires. Dans tous les cas, ses prérogatives sont réduites[2]. Au surplus, il est politiquement irresponsable, ce qui signifie que la réalité du pouvoir exécutif est confiée tout entière au gouvernement et à son chef. Juridiquement cela se traduit par la pratique du *contreseing ministériel* : les ministres à commencer par le premier d'entre eux, *endossent* alors la responsabilité de la décision, et contresignent les actes dont le chef de l'État n'est que l'auteur nominal. « Si le roi tue un ministre, disait en plaisantant le juriste britannique Bagehot au XIXe siècle, le Premier ministre est responsable ; si le roi tue le premier ministre, personne n'est responsable ». Et cette responsabilité politique du chef du gouvernement, et solidairement avec lui du cabinet ministériel dans son ensemble, c'est devant le Parlement qu'elle est engagée ; c'est devant le parlement que le gouvernement doit répondre de sa politique.

2. La responsabilité politique du cabinet

Ce critère constitue la *condition nécessaire* faute de laquelle un régime ne saurait être qualifié de parlementaire. C'est en effet la possibilité de mettre en jeu cette responsabilité qui est déterminante ; le cabinet ministériel, parce qu'il exerce la réalité du pouvoir exécutif, apparaît alors comme l'organe de liaison permettant la collaboration entre le pouvoir législatif et le chef de l'État.

Il est vrai cependant que la responsabilité politique collective du cabinet n'exclut pas une responsabilité pénale individuelle de chacun de ses membres. Ces deux types de responsabilité ne se situent pas sur le même plan et n'ont pas le même objet. Elles ne sauraient donc être confondues. D'abord, parce que *la motivation* en est différente : *la responsabilité pénale* ne peut être mise en jeu qu'à l'occasion d'un agissement constitutif d'une infraction pénale, c'est-à-dire qualifié de tel par la loi, avant sa commission, et dès lors prohibé et sanctionné ; *la responsabilité politique* sera quant à elle mise en jeu lorsque le Parlement jugera inopportune ou néfaste l'action conduite par le gouvernement sans qu'aucune infraction n'ait été commise. Ensuite, parce que *les effets* sont aussi différents : *la responsabilité pénale* se traduit par une condamnation prononcée par une juridiction et

1. Le général de Gaulle eut recours à cette expression pour réfuter l'accusation de pouvoir personnel, dirigée contre lui, tout en montrant bien, que le Président de la Ve République n'était pas dans la situation d'impuissance et d'irresponsabilité du chef de l'État dans un régime parlementaire. La citation exacte est la suivante : « D'ailleurs, qui a jamais cru que le général de Gaulle, étant appelé à la barre, devrait se contenter d'inaugurer des chrysanthèmes ? », (Charles de GAULLE, Conférence de presse du 9 septembre 1965).
2. Dans l'hypothèse où le Président est élu au suffrage universel direct et si, de plus, il dispose de prérogatives propres significatives, on est alors tenté de regarder un tel régime, non plus comme un régime parlementaire, mais comme un *régime semi-présidentiel ou présidentialiste* (V. *infra*, les régimes hybrides contemporains).

par l'infliction d'une peine prévue par la loi et préalablement fixée ; *la responsabilité politique* se traduit par l'obligation dans laquelle se trouve celui qui est visé de démissionner, autrement dit par une cessation de fonction prématurée.

Cette responsabilité politique doit donc pouvoir être engagée devant le Parlement, ou à tout le moins, devant l'une des chambres parlementaires. Elle le sera à l'initiative du Cabinet ministériel, par le vote du Parlement sur une *question de confiance*, ou à l'initiative du Parlement par le vote d'une *motion de censure* qui, si elle est votée, exprime la *défiance* du parlement. Mais il peut aussi arriver que cette responsabilité politique soit pour ainsi dire dupliquée, de sorte que le Cabinet ministériel se trouve également exposé à une *révocation* par le chef de l'État. On devait parler à ce propos de *parlementarisme dualiste*, pour le distinguer du parlementarisme britannique qualifié de *moniste*. Ce parlementarisme dualiste devait caractériser le régime français issu de la Charte constitutionnelle de 1830, sous le règne du roi Louis-Philippe, Duc d'Orléans jusqu'à son accession au trône. D'où l'appellation de *parlementarisme orléaniste*, également utilisée pour désigner cette version dualiste du régime parlementaire.

Plus controversé est en revanche la nécessité du troisième critère utilisé pour définir un régime parlementaire-type : le droit de dissolution.

3. Le droit de dissolution

Ce dernier critère n'est plus décisif ; il s'analyse comme une *condition subsidiaire*. Survivance historique correspondant au droit d'ajournement du parlement qu'avait jadis le roi, il n'en devient pas moins très souvent une condition du maintien de l'équilibre entre les pouvoirs exécutif et législatif. Souvent mais pas nécessairement, de sorte qu'un régime peut être qualifié de parlementaire alors même que le pouvoir exécutif – chef de l'État ou chef du gouvernement – ne dispose pas du droit de dissoudre la chambre parlementaire devant laquelle le cabinet ministériel est politiquement responsable, c'est-à-dire celle qui a le pouvoir de le renverser en l'obligeant à démissionner. Il en est ainsi par exemple du régime norvégien, dont nul ne conteste qu'il soit parlementaire bien que ni le roi, ni le chef du gouvernement ne puisse dissoudre le Parlement.

Dans les anciennes monarchies, le roi réunissait entre ses mains le pouvoir législatif et le pouvoir exécutif. Pour gouverner, il pouvait s'appuyer sur un parlement qu'il convoquait et renvoyait à sa guise. Le parlement avait alors pour fonction de conseiller le roi et de l'aider à bien gouverner seul. Il n'était cependant pas pensable que le parlement puisse s'opposer au roi ni l'empêcher de gouverner. C'est pourquoi il siégeait à sa demande et pour le temps que le roi jugeait nécessaire. Telle était, à l'origine, le rôle du parlement en Angleterre, comme en France, celui des états généraux du royaume. C'est ce qui explique que le droit de dissolution n'est le plus souvent que la survivance de cette ancienne prérogative royale qu'était le droit d'ajournement, ou de renvoi du parlement.

Il n'en demeure pas moins que la seule existence de ce droit de dissolution – plus que son utilisation effective – devient parfois une nécessité : dans le cadre d'un régime parlementaire, il joue comme une *arme de dissuasion* au profit de l'exécutif, afin de maintenir l'équilibre institutionnel entre le pouvoir exécutif et le pouvoir législatif. Aussi, est-il souvent attribué non plus au chef de l'État mais au chef du gouvernement, à moins, comme au Royaume-Uni aujourd'hui, et en vertu d'une convention de la constitution (V. *supra*), qu'il reste une prérogative du monarque dont il ne peut user qu'à la demande du Premier ministre, sans pouvoir d'ailleurs se soustraire à la demande qui lui est faite.

La dissolution apparaît ainsi comme la riposte possible à une motion de censure par laquelle le Parlement peut renverser le Gouvernement. Elle permet de « régler un conflit ou faire entendre la voix du peuple à une heure décisive », disait Michel Debré[1]. « La dissolution est une arme précieuse qu'il ne faut pas émousser » par un usage intempestif, ajoutait le général de Gaulle, car en définitive elle « n'est faite que pour résoudre des crises »[2]. La seule menace de recourir à la dissolution sert à protéger un gouvernement dont l'existence est menacée en raison de la réticence du Parlement à lui maintenir sa confiance. En effet, dissoudre le Parlement dont les représentants sont élus, c'est en appeler à l'arbitrage du suffrage universel. Les parlementaires peuvent alors hésiter à renverser le cabinet ministériel car ils savent qu'ils devront aussitôt affronter le verdict des urnes au risque d'être déjugés par les électeurs. Bref, dans un régime parlementaire, la menace brandie de la dissolution, est une « arme de dissuasion » entre les mains du Gouvernement : elle a vocation à éviter les crises ministérielles à répétition et l'instabilité ministérielle au cours d'une législature.

On mesure par là que, dans un régime parlementaire, ce qui reste fondamental, c'est l'idée d'*équilibre institutionnel*. Un équilibre obtenu ou maintenu dans les faits grâce à l'existence de moyens d'action réciproque entre l'exécutif et le législatif, et la possibilité de prévenir un conflit ou, à défaut de le prévenir, d'en appeler au suffrage universel pour le résoudre. Pour le définir synthétiquement, on peut dire que *le régime parlementaire est un régime de partage équilibré des pouvoirs dans lequel le cabinet ministériel gouverne avec le soutien du parlement*. Cette définition reste valable quels que soient l'époque ou le pays considérés. Sans l'invalider aucunement, elle souligne cependant le caractère somme toute factice et artificiel de la modélisation théorique du régime parlementaire. On ne s'étonnera donc pas de constater que, dans la pratique, afin d'assurer et de garantir cet équilibre institutionnel, les formes de gouvernement aujourd'hui qualifiées de régimes parlementaires sont devenues très diverses. Au fur et à mesure de sa diffusion en Europe, et de son évolution en Grande-Bretagne, l'idéal-type devait connaître différentes variantes qui sont autant de déclinaisons du régime dit parlementaire.

1. Michel DEBRÉ, Discours de présentation au Conseil d'État, le 27 août 1958, du texte de la future Constitution du 4 octobre 1958.
2. V. Alain PEYREFITTE, *C'était de Gaulle*, *op. cit.*, t. 3, 2000, p. 87.

C. Les déclinaisons du régime parlementaire

L'appellation « régime parlementaire » est devenue à bien des égards, au XXe siècle, un pavillon de complaisance tant est si bien qu'il peut sembler préférable de parler, au pluriel, *des* régimes parlementaires plutôt que *du* régime parlementaire. C'est là une conséquence du décalage existant et persistant entre le modèle théorique qui n'est qu'une systématisation du fonctionnement concret du régime britannique au XVIIIe siècle, et les applications concrètes de l'idéal-type. Cela tient en premier lieu à la mutation qu'a connue le régime pratiqué au Royaume-Uni de sorte qu'on le qualifie aujourd'hui de *régime parlementaire majoritaire*. Cela résulte encore des aménagements qu'ont subis au cours du XXe siècle, certains régimes se réclamant du régime parlementaire tel qu'on l'a modélisé, et que l'on qualifie de régimes parlementaires rationalisés.

1. Le parlementarisme majoritaire

Tel qu'il se présente aujourd'hui, depuis la réforme électorale de 1832, le régime britannique s'analyse comme un régime parlementaire majoritaire. Ce qui le caractérise c'est l'alternance de majorités stables au Parlement pour la durée d'une législature. Le mode de scrutin retenu – majoritaire à un tour – n'y est pas pour rien, ni l'existence d'un *bipartisme rigide* que ce mode de scrutin favorise incontestablement (V. *infra*). On peut même dire que la permanence vérifiée dans la durée du « fait majoritaire », c'est-à-dire l'existence d'une majorité parlementaire unie et soudée soutenant sans faiblir et sans faillir le cabinet ministériel, lui doit tout ou presque.

L'avènement de ce parlementarisme majoritaire a induit deux phénomènes. Le premier, c'est celui d'une *séparation des pouvoirs* renouvelée, entre majorité et opposition : la première, *gouvernant* et la seconde, la *contrôlant* en attendant son heure pour lui succéder à la faveur du renouvellement du mandat des membres du Parlement. Le second, c'est celui d'un équilibre des pouvoirs revisité, arbitré par le suffrage universel, à travers l'alternance dans le temps des majorités. Car c'est le corps électoral qui est fait arbitre et garant de ce nouvel équilibre, en reconduisant la majorité sortante ou en décidant que le moment est venu d'une alternance politique.

Ainsi donc, l'équilibre n'est plus trouvé dans le jeu subtil de l'interaction des pouvoirs et contre-pouvoirs de l'exécutif et du législatif, il n'est plus *continu et dialectique*, mais *discontinu et diachronique*, et se trouve alors fondé sur les alternances dans le temps entre majorité et opposition. En d'autres termes, il est moins mécanique que politique.

Le fait majoritaire emporte une autre conséquence quant au rôle imparti à la dissolution. Elle n'est plus alors la réplique à la censure du Gouvernement par le Parlement dans la mesure même où l'existence au Parlement d'une majorité soutenant la politique du Gouvernement exclut cette perspective. Pour toute la durée de la législature, le Gouvernement est pour ainsi dire à l'abri d'un vote de défiance parlementaire. Du coup l'utilisation qui est faite du droit de dissolution a une autre finalité. Il ne s'agit plus d'y recourir pour résoudre une crise ou un conflit mais au contraire de l'utiliser à des fins de stratégie électorale : le Gouvernement et sa majorité parlementaire, au lieu d'attendre le terme normal de la législature, décident d'un commun accord, d'utiliser la dissolution pour provoquer des élections générales au moment qu'ils considèrent le plus favorable, eu égard l'état de l'opinion. La dissolution prononcée à la demande de la majorité des Parlementaires, n'a alors d'autres fins que de permettre l'organisation d'élections anticipées. C'est une pratique aujourd'hui courante au Royaume-Uni et c'est ce qui fait dire à Dominique Turpin, que désormais, la dissolution est utilisée aussi bien « lorsque cela va mal », c'est-à-dire lorsqu'un Gouvernement est renversé ou menacé de l'être, que « lorsque cela va bien », c'est-à-dire lorsqu'un gouvernement et ses partisans estiment « avoir toutes les chances de retrouver, pour une nouvelle législature une majorité plus étoffée encore »[1].

Mais le choix d'un mode de scrutin susceptible de dégager une majorité parlementaire – scrutin majoritaire à un tour ou éventuellement à deux tours – grâce à la sur-représentation en termes de sièges qu'il induit pour le parti ou la coalition, majoritaires en termes de voix obtenues (V. *infra*), ne suffit pas toujours. Si une majorité parlementaire parvient néanmoins à se dessiner, cette majorité n'est parfois que relative, ce qui signifie que le cabinet ministériel reste à la merci d'un vote de défiance. Car quoique divisés ou dispersés, les élus qui se trouvent dans l'opposition parlementaire sont alors plus nombreux que ceux qui soutiennent l'action du Gouvernement. Pour remédier à cet inconvénient et éviter de fragiliser le Gouvernement, il est assez fréquent de prévoir des garde-fous dont le but est d'assurer « coûte que coûte » la stabilité gouvernementale. On a alors recours à des « artifices juridiques » destinés à empêcher qu'un Gouvernement minoritaire dans les faits, ne le devienne en droit, c'est-à-dire soit renversé. Et c'est précisément à ce souci que répond ce que l'on appelle le parlementarisme rationalisé[2].

2. Le parlementarisme rationalisé

Dans nombre de régimes parlementaires inspirés du modèle britannique et « importés » sur le continent européen, on s'est efforcé de compenser ou de corriger l'absence de majorité au Parlement, lorsque le système partisan et le mode de scrutin ne parviennent pas à en « produire » une. On a ainsi cherché à « assainir » leur fonctionnement afin de restaurer, grâce à des mécanismes juridiques spécifiques, un équilibre institutionnel que l'on avait du mal à établir dans les faits, autrement dit, qui spontanément était introuvable. Ces efforts, plus ou moins couronnés de succès, se sont traduits par la mise en place de « correctifs institutionnels ».

1. Dominique TURPIN, *Le régime parlementaire*, coll. Connaissance du droit, Dalloz, 1998, p. 101.
2. V. Constance GREWE et Hélène RUIZ-FABRI, *Droits constitutionnels européens*, *op. cit.*, p. 367-389 et p. 519-633.

Le parlementarisme rationalisé se présente donc comme le résultat de la rationalisation du régime parlementaire. L'expression que l'on doit à Boris Mirkine-Guetzévitch[1], entend rendre compte des tendances nouvelles apparues au lendemain de la Première guerre mondiale en Europe. Ce parlementarisme rationalisé se définit ainsi comme un régime parlementaire qui incorpore des dispositifs institutionnels destinés à remédier à l'instabilité gouvernementale en prévenant les crises ministérielles, c'est-à-dire en rendant plus difficiles, et donc plus rares, les situations dans lesquelles le Gouvernement se trouve dans *l'obligation juridique* de démissionner.

De nos jours, la Constitution de la République fédérale d'Allemagne – Loi fondamentale de Bonn du 23 mai 1949 – en offre une excellente illustration. Le dispositif imaginé a pour objet de permettre la « survie politique » du Chancelier et de son gouvernement aussi longtemps que n'existe pas une majorité alternative. On sait en effet qu'il est toujours plus facile de rassembler une *majorité négative* pour renverser un gouvernement qu'une *majorité positive*, alternative, pour en soutenir un autre. Toujours et partout, dans une coalition du « non », tous les extrêmes s'additionnent et deviennent de fait des alliés objectifs, de la gauche à la droite de l'échiquier politique. En revanche, dans une alliance du « oui », il faut que se fasse un accord préalable sur la politique à conduire. Or cet accord n'est pas possible entre des forces politiques que tout oppose et que tout divise, qui sont donc dans l'impossibilité de s'entendre sur un projet commun de gouvernement. Car, c'est une banalité de le dire, il est plus facile de *démolir* que de *construire*.

Ainsi s'explique le mécanisme prévu par l'article 67 de la loi fondamentale de Bonn, connu sous l'appellation de « motion de censure constructive » : « Le *Bundestag* ne peut exprimer sa défiance envers le Chancelier fédéral qu'en élisant un successeur à la *majorité absolue* et en invitant le Président de la République fédérale à le relever de ses fonctions. Le Président de la République fédérale doit faire droit à cette demande et nommer la personne élue ». Qui plus est, « le vote de la motion [de défiance] ne peut intervenir qu'à l'expiration d'un délai de 48 heures », afin d'éviter un vote inconsidéré, sur « un coup de tête », qui pourrait être regretté aussitôt après par des élus qui se seraient déterminés sans peser les conséquences politiques de leur vote.

On voit par là le degré de sophistication que peut atteindre le régime dit parlementaire. Pour le reste, ses différentes déclinaisons montrent que les critères utilisés pour caractériser le régime parlementaire à partir du seul agencement institutionnel, ne rendent compte que très imparfaitement – c'est un euphémisme – de la diversité des applications qui en sont faites et du fonctionnement réel des régimes très divers aujourd'hui englobés dans cette catégorie constitutionnelle.

1. Boris MIRKINE-GUETZÉVITCH, « Les nouvelles tendances du droit constitutionnel. Le problème de la rationalisation du pouvoir dans les Constitutions de l'Europe d'après-guerre », *RDP*, 1928, p. 5-53.

Dans les faits, tant au regard de la propre évolution du régime britannique postérieurement au XVIIIe siècle, qu'au regard de la nécessaire rationalisation des régimes qui en dérivent, on constate que la condition d'un fonctionnement harmonieux d'un régime dit parlementaire repose sur la possibilité dans laquelle se trouve l'exécutif de conduire la politique qu'il est seul à déterminer.

C'est bien là en effet, on vient de le voir, ce que permet le *parlementarisme majoritaire* mais alors, du fait précisément de l'existence d'une majorité parlementaire qui soutient sans faiblir le cabinet ministériel, le risque de voir aboutir une procédure de mise en jeu de la responsabilité politique devient seulement théorique. Par hypothèse, un Gouvernement – cabinet ministériel – bénéficiant du soutien d'une majorité au Parlement, ne saurait être mis en minorité et se retrouver dès lors dans l'obligation de démissionner. Pour tout dire, le parlementarisme majoritaire réalise une sorte de confusion des pouvoirs : le Parlement n'est plus un contre-pouvoir qui peut s'opposer au Gouvernement, mais un relais du Gouvernement dans la mesure où il est dominé par une majorité sur laquelle s'appuie le Gouvernement.

C'est bien là aussi ce qu'est censé favoriser le *parlementarisme rationalisé* parce que, précisément, la rationalisation a pour but, sinon de rendre improbable une mise en jeu de la responsabilité politique du cabinet ministériel, en tout cas d'éviter son renversement par le Parlement.

En pratique, dans l'un et l'autre cas, la limitation du pouvoir ne résulte plus alors du partage équilibré des pouvoirs tel que l'avait pensé Montesquieu, mais de l'efficace protection des droits et libertés des gouvernés par le juge – notamment constitutionnel – contre la « tyrannie » que pourraient exercer soit un exécutif s'appuyant sur une majorité parlementaire qui lui serait inconditionnellement soumise (parlementarisme majoritaire), soit un exécutif rendu invulnérable du fait de la neutralisation du Parlement, ou plus exactement de l'opposition parlementaire (parlementarisme rationalisé).

Il n'est donc pas douteux que les critères *institutionnels* et *relationnels* ne suffisent pas à eux seuls à définir un régime parlementaire. Le *fonctionnement réel* des régimes qui se réclament du parlementarisme est tout aussi important. *L'agencement formel* des pouvoirs à partir desquels on a idéalisé le modèle n'est pas déterminant. Ce sont le plus souvent, les *facteurs conjoncturels* qui sont décisifs. Et ils le sont du reste tout autant dans le cadre du régime présidentiel américain.

§2. Le régime présidentiel américain

Ce régime présidentiel américain, c'est le régime des États-Unis d'Amérique. L'expression s'apparente donc à un pléonasme dès lors qu'il n'existe pas dans le monde de régime analogue à celui des États-Unis. Certes, rien n'interdit de considérer ce régime comme un modèle, mais il faut alors s'empresser de préciser que les régimes, passés ou présents, qui ont voulu l'imiter ou seulement s'en inspirer, n'ont pu le reproduire à l'identique, toutes choses n'étant pas égales par ailleurs. C'est dire d'une autre manière que le régime des États-Unis n'est pas à proprement parler transposable.

Paradoxalement, il n'en demeure pas moins attractif en raison de l'application apparemment rationnelle qu'il semble faire de la théorie de la séparation des pouvoirs – il est présenté comme un régime de *séparation stricte* des pouvoirs –, et du fait que les États-Unis n'ont aucune raison de regretter de l'avoir préféré : on en veut pour preuve qu'au cours de ses plus de deux siècles d'existence, il n'a subi aucune transformation fondamentale[1] et que, de l'avoir adopté, la « nation américaine » ne s'en porte pas mal. C'est sans doute aussi ce qui explique, remarque très justement Frédéric Rouvillois, qu'« il apparaît dans l'histoire constitutionnelle comme une tentation permanente pour les réformateurs et les contestataires »[2]. Et, devrait-on ajouter, pour les esprits simples, car ceux qui tombent sous son charme désuet[3] témoignent d'une totale ignorance des conditions particulières qui l'ont rendu viable aux États-Unis, conditions qui déterminent aussi pour une large part la manière selon laquelle il fonctionne, et plus radicalement encore, le fait qu'il fonctionne vraiment.

Une analyse plus approfondie révèle en effet sa radicale singularité. Ce régime, unique en son genre, n'est pas un régime de « stricte observance » de la séparation des pouvoirs, comme on le dit souvent ou comme on feint de le croire parfois. C'est ce qui ressort de l'agencement des pouvoirs publics aux États-Unis (A). Quant à son fonctionnement proprement dit, il ne correspond pas exactement à ce que l'agencement institutionnel laisse penser qu'il devrait être (B).

A. L'agencement des pouvoirs publics aux États-Unis

Le système institutionnel mis en place par la Constitution du 17 septembre 1787 procède de la volonté d'établir un équilibre des pouvoirs à partir de prémisses qui sont l'exact contraire de celles que l'on trouve dans l'agencement des pouvoirs au sein d'un régime parlementaire. Dans le régime parlementaire, en effet, la nécessaire collaboration des pouvoirs autour d'un organe de liaison, le Cabinet ministériel, véritable pivot du système, n'est supposée réalisable que grâce aux moyens de pressions réciproques dont peuvent user les pouvoirs exécutif et législatif.

1. La Constitution des États-Unis du 17 septembre 1787 a toutefois fait l'objet de 27 amendements de 1791 à 1992.
2. Frédéric ROUVILLOIS, *Droit constitutionnel. Fondements et pratiques, op. cit.*, p. 257.
3. Après tout, le régime des États-Unis est fortement inspiré du régime britannique tel qu'il fonctionne au milieu du XVIIIe siècle avant que ne se mette en place le régime parlementaire : il s'apparente à une forme républicaine de la monarchie limitée britannique. (V. Claude LECLERCQ, *Droit constitutionnel et institutions politiques*, Litec, 10e éd., 1999, p. 199).

A l'inverse, dans le régime présidentiel, le postulat de départ est que l'équilibre sera obtenu et surtout maintenu, si d'un point de vue organique chacun des pouvoirs est mis en situation de n'exercer que la fonction qui lui échoit, sans disposer d'aucun moyen de pression sur les autres pouvoirs. Ce système repose pour ainsi dire sur un pari : celui de penser que c'est parce que chacun des pouvoirs sera dans « l'heureuse impuissance » d'exercer une pression sur les autres, que tous seront objectivement contraints de collaborer. Et l'une des conditions de leur indépendance organique, sinon la première, outre l'existence d'un pouvoir judiciaire puissant, c'est d'éviter que le pouvoir exécutif procède du pouvoir législatif, comme c'est le cas dans un régime parlementaire où le Cabinet est investi par le Parlement, et le chef de l'État élu par ce dernier, à moins qu'il ne soit une « tête couronnée » tirant sa légitimité – moindre – du principe dynastique et non du suffrage universel à l'instar des membres du parlement. Ainsi s'explique que dans le régime présidentiel le pouvoir exécutif et le pouvoir législatif soient tous deux l'émanation du suffrage universel[1] afin de bénéficier d'une égale légitimité démocratique garante de leur indépendance dans le cadre d'une stricte séparation.

Un examen plus minutieux de l'ordonnancement institutionnel, qu'il s'agisse du texte amendé de la Constitution de 1787 ou de la pratique consacrée depuis lors, conduit à la conclusion que la séparation des pouvoirs n'est pas aussi *stricte* qu'on le prétend. C'est ce que montrent la distribution des pouvoirs opérée et, plus encore, l'existence d'interactions entre les pouvoirs.

1. La distribution des pouvoirs

L'une des spécificités du régime présidentiel des États-Unis tient à ce que la tripartition horizontale des fonctions (législative, exécutive, judiciaire) intègre pour ainsi dire la dimension fédérale de l'État. C'est surtout vrai du parlement nécessairement bicaméral dès lors que l'une des chambres (le Sénat) représente les États fédérés en tant que tels, et de la Cour suprême, institution fédérale par excellence et acteur majeur du jeu politique depuis sa création. Quant à l'exécutif, il se distingue bien davantage par ce qui le différencie de l'exécutif de n'importe quel régime parlementaire : il est monocéphale et non bicéphale.

a) Un exécutif monocéphale

L'article II (Section 1) de la Constitution énonce que « le pouvoir exécutif sera confié à un Président des États-Unis d'Amérique ». Mais cet article est laconique ; il ne renseigne pas sur la teneur de ce pouvoir quand bien même il énumère certaines des attributions et prérogatives qui sont conférés au Président (sections 2 à 4) : il est commandant en chef des armées, il négocie et ratifie les traités internationaux, il nomme les chefs des départements ministériels, les ambassadeurs, les juges fédéraux, il a le droit de faire grâce. Sous

1. À quoi il faut ajouter qu'aux États-Unis de nombreux juges sont élus et rappeler l'importance des jurys populaires dans nombre de procès.

réserve, s'agissant de certaines de ces attributions, de requérir l'avis et l'accord du Sénat. Ainsi, sur la base de ces attributions énumérées à l'article II, étendues et renforcées par la pratique et l'interprétation, le Président exerce de fait une double fonction : il est chef d'État et chef de gouvernement.

En tant que chef d'État, mais aussi par le fait que le Président est la seule autorité politique à être élue au plan national, il est le symbole de l'unité de la nation. Mais s'il est élu par le peuple de l'ensemble des États-Unis[1], il ne l'est qu'au terme d'un « processus complexe, controversé et onéreux qui dépasse largement le cadre de l'élection générale qui se déroule chaque année bissextile, en novembre »[2]. Son mandat est donc de quatre ans, renouvelable une seule fois aux termes du 22e amendement de 1951. Mais pour être candidat, il faut être né citoyen des États-Unis, y avoir résidé 14 ans et être âgé de 35 ans au moins. Le Président est flanqué d'un vice-Président élu en même temps que lui mais sans véritable pouvoir – sinon la présidence du Sénat et les missions ponctuelles que peut lui confier le Président – qui peut être appelé à lui succéder pour achever le mandat du Président en exercice en cas de décès, de démission ou de destitution[3].

L'élection du « ticket présidentiel » se déroule – théoriquement – au suffrage universel indirect, les électeurs choisissant les « Grands électeurs » dans le cadre de chacun des États fédérés – et selon des modes de scrutins différents[4] ! –, qui eux-mêmes élisent ensuite le futur Président. Mais la sélection des candidats est en principe l'affaire des deux grands partis : démocrate et républicain, suivant des modalités variables selon les différents États fédérés (système du *caucus*[5] ou des *primaires*). Dans la pratique, en raison du mandat impératif attribué aux « Grands Électeurs » – les candidats à la fonction de grand électeur s'engagent devant les citoyens appelés à les élire à voter, une fois élu et s'ils sont élus, soit pour le candidat républicain soit le candidat démocrate –, l'élection se fait quasiment au suffrage universel direct, nonobstant le fait que la participation moyenne des électeurs ne dépasse guère les 50 % des citoyens en âge de voter.

Comme les fonctions de chef d'État et de chef de gouvernement sont confondues dans la seule personne du Président, il est très difficile en pratique de faire la part des choses. La conséquence la plus visible en est cependant l'absence d'un authentique cabinet

1. Le choix du mode d'élection du Président n'exigea pas moins de soixante votes lors de la Convention de Philadelphie de 1787.
2. Elisabeth VALLET, « La désignation et le mandat du président », in E. VALLET (sous la dir.), *La présidence des États-Unis*, coll. Enjeux contemporains, Presses de l'Université de Québec, 2005, p. 33.
3. Elisabeth VALLET et Joël PLOUFFE, « Le Président, chef du gouvernement », in E. VALLET (sous la dir.), *La présidence des États-Unis*, *op. cit.*, p. 165 à 176.
4. On peut dire que le respect du principe d'égalité entre les candidats ne revêt pas aux États-Unis le « caractère obsessionnel » qu'il a en France, ou qu'il avait jusqu'à une date récente. En effet, lors de l'élection présidentielle française de 2017, on a pu observer que le respect de l'égalité de traitement judiciaire et médiatique des différents candidats n'a pas été, loin s'en faut, exemplaire.
5. Il s'agit d'un processus oligarchique, pratiqué dans 14 des 50 États fédérés qui n'implique que les militants des deux grands partis (*Party followers*).

ministériel conçu comme un organe collégial et solidaire[1] tel qu'il en existe un dans tout régime parlementaire. L'usage établi depuis 1793 veut néanmoins que l'on désigne du terme de Cabinet l'ensemble des chefs de départements ministériels, appelés secrétaires, aujourd'hui au nombre de 14, qui secondent le Président dans sa tâche. Ces secrétaires sont nommés et éventuellement révoqués par le seul Président qui peut les consulter individuellement ou les réunir collectivement. Mais si le Président réunit son Cabinet, ce n'est pas « pour prendre des décisions mais plutôt pour annoncer des objectifs de politiques publiques établis préalablement par la Maison-Blanche »[2], de sorte que c'est le Président et lui seul qui arrête les décisions. Ainsi, à une époque où le Cabinet comptait sept membres, le Président Abraham Lincoln (1861-1865) se plaisait-il à dire : « sept non, un oui [le sien en l'occurrence] : le oui l'emporte ». Qui plus est, depuis la présidence de John Kennedy (21 janvier 1961 – 22 novembre 1963), « les services de la Maison-Blanche supplantent en importance et en poids dans le processus décisionnel, le Cabinet et avec lui les différentes administrations », de sorte que dans les faits, les membres du Cabinet sont assujettis aux conseillers du Président qui « peuplent » les différents organismes du *Bureau exécutif*[3]. Enfin outre le Cabinet, le Président a autorité sur toute l'Administration et notamment les multiples Agences fédérales[4] ou Commissions indépendantes – *dépendantes* en fait de l'exécutif –, au nombre de 49[5].

Tout puissant en tant que chef d'État et de gouvernement, le Président des États-Unis doit toutefois compter et souvent composer avec le Congrès qui réunit le Sénat et la Chambre des représentants au sein d'un parlement bicaméral.

b) Un parlement bicaméral

« La Constitution de 1787 a délibérément institué un partage conflictuel du pouvoir », écrit Jean-Pierre Lassale, de sorte que Président et Congrès sont des « associés rivaux »[6]. Cette situation résulte tout autant des conditions de désignation des membres du Congrès que des pouvoirs qu'ils détiennent dans le cadre des compétences parlementaires.

---

1. « Les secrétaires [ministres], à l'opposé de leurs homologues parlementaires, sont juxtaposés les uns aux autres et ne forment pas un organe distinct et autonome », (Jean GICQUEL, *Droit constitutionnels et institutions politiques*, coll. Domat, Montchrestien, 18e éd., 2002, p. 271).
2. Shirley Anne WARSHAW, « *The Formation and Use of the Cabinet* », *in* Philipp G. HENDERSON, *The Presidency Then and Now*, Lanham, rowman & Littlefield. p. 137.
3. Ce Bureau exécutif du Président comprend, entre autres organismes – il y en a onze – le *National Security Council*, le *National Economics Council* et l'*Office of Management and Budget*, plus spécialement chargé de la préparation du Budget fédéral pour le compte du Président.
4. Parmi les agences les plus connues, la *Central Intelligence Agency* (C.I.A.), la *National Aeronautics and Space Agency* (NASA), la *Sécuties Exchange Commission* (SEC) et la très discrète *National Secuty Agency* (NSA).
5. V. Jean-Pierre LASSALE, *Les institutions des États-Unis*, coll. Documents d'études, n° 1-01, La Documentation française, 2001, p. 24.
6. Jean-Pierre LASSALE, *La démocratie américaine. Anatomie d'un marché politique*, Armand Colin, 1991, p. 274.

Comme le Président, les membres du Congrès sont élus au suffrage universel, mais selon des règles différentes en fonction de la chambre à laquelle ils appartiennent. La plus prestigieuse est le Sénat, en raison du nombre restreint de sénateurs – cent à raison de deux par État fédéré – et de la durée de leur mandat – six ans –, ce qui en fait le mandat politique le plus long aux États-Unis. Les sénateurs sont élus au suffrage universel direct depuis 1913 (17e amendement)[1], mais la chambre se renouvelle par tiers tous les deux ans. L'autre assemblée, la Chambre des Représentants, compte 435 membres[2] – appelés, selon l'usage, *congressmen* – élus dans les différents États fédérés au *pro rata* de leur population respective[3]. Leur mandat est bref – deux ans –, l'élection ayant lieu en même temps que celle du Président des États-Unis et à mi-mandat (*midterm*).

Ce Congrès « divisé, turbulent, bagarreur, assiégé par les groupes d'intérêt et les lobbies »[4], se réunit au Capitole, à Washington, à l'occasion d'une session annuelle du 3 janvier au 31 juillet. Ses attributions, étendues, correspondent à celle de tout parlement. La première est d'ordre budgétaire et financier, le Congrès restant seul maître de la détermination des recettes et de l'octroi des crédits, même si, depuis 1921, il a perdu le droit d'initiative en matière budgétaire au profit du Président des États-Unis. Ses attributions législatives – il a l'initiative des lois et les vote – et de contrôle, énumérées à l'article I (Section 8) de la Constitution ont été progressivement renforcées grâce à l'interprétation donnée de ce texte par la Cour suprême de sorte que l'on distingue désormais trois types de pouvoirs : les *pouvoirs explicites* (budgétaires, fiscaux et commerciaux), les *pouvoirs implicites* (nécessaires à la mise en œuvre des précédents) et les *pouvoirs inhérents* (pouvoir de contrôle et d'enquêtes). Ces derniers revêtent une importance décisive en raison des possibilités d'investigation quasi-illimités dont disposent le Congrès (Commissions d'enquête) et des moyens en personnel mis à sa disposition. Mais le Congrès n'est pas le seul à exercer un contrôle au besoin pointilleux sur l'Exécutif. Ce rôle incombe également à la Cour suprême qui contrôle aussi bien le pouvoir exécutif que le pouvoir législatif, de sorte qu'elle a aussi vocation à être l'arbitre de leurs différends. L'arbitrage rendu est alors juridictionnel et non pas politique, dès lors qu'au niveau de l'État fédéral, il n'existe pas de procédure démocratique – dissolution ou référendum – permettant d'en appeler au peuple.

---

1. Auparavant, les sénateurs étaient élus au second degré par les parlementaires de chaque État fédéré.
2. La population des 50 États fédérés est représentée par 435 membres, auxquels s'ajoutent 3 représentants pour le *District de Columbia*, siège de la capitale fédérale : Washington. En 1787, le nombre total de Représentants était de 65.
3. Jusqu'à l'abolition de l'esclavage (13e amendement à la Constitution), à la fin de la Guerre de Sécession (1865), qui était abondamment pratiqué dans les États du Sud, un esclave comptait pour trois cinquièmes d'un homme libre, et jusqu'en 1924, la population indienne n'était pas prise en considération !
4. Claude CORBO, *Les États-Unis d'Amérique. Les institutions politiques*, t. 2, Montréal, Septentrion, 2004, p. 217.

c) Une Cour suprême fédérale

Expression organique du pouvoir judiciaire, la Cour suprême fédérale (Article III de la Constitution) est au vrai sens du terme « un pouvoir à part entière »[1], et non une simple *autorité* bénéficiant d'un statut d'indépendance à l'égard des deux autres pouvoirs, comme c'est le cas en France – traditionnellement – depuis la Révolution. D'ailleurs, Montesquieu ne qualifiait-il pas lui-même la « puissance de juger » de « puissance nulle » ?

Depuis 1869, cette Cour compte neuf membres nommés par le Président des États-Unis avec l'accord du Sénat. Le choix des membres obéit à de subtiles considérations d'équilibre politique, les personnes pressenties étant le plus souvent des juges fédéraux expérimentés, des avocats réputés ou des professeurs de droit renommés. Leur indépendance statutaire et fonctionnelle est garantie par un traitement élevé et plus encore par leur inamovibilité absolue, conséquence de la caractéristique principale de leur mandat : ils sont nommés à vie.

En tant que plus haute juridiction du pays, la Cour suprême se voit conférer, outre des attributions administratives relevant de l'organisation judiciaire, une compétence contentieuse d'appel de tous les tribunaux fédéraux. Elle exerce également à ce titre une compétence contentieuse en premier et dernier ressort, notamment en matière de litiges concernant les ambassadeurs et les autres membres du corps diplomatique ainsi que de litiges dans lesquels un ou plusieurs États fédérés sont parties (Article III, section 2 de la Constitution).

Son influence dans le jeu institutionnel est cependant beaucoup plus importante que ce que laisse supposer la lecture des différentes missions qui lui sont imparties par la Constitution. Surtout depuis que la Cour, dès 1803, s'est déclarée compétente pour connaître du contentieux de la constitutionnalité des lois (V. *supra*), ce qui lui permet d'écarter l'application d'une loi fédérale ou celle d'un État fédéré, contraire à la Constitution des États-Unis. L'autorité de sa jurisprudence est aussi un facteur décisif du poids politique qui est le sien au-delà de son intervention dans le seul fonctionnement des pouvoirs publics. Son rôle « centralisateur » au profit de la primauté du droit fédéral est indéniable, de même qu'un certain « activisme » dans le contrôle et la censure de l'activité des pouvoirs exécutif et législatif car elle est parfois amenée à trancher des questions de société brûlantes (peine de mort, avortement, rôle économique de l'État,...). C'est ce qui explique qu'elle soit devenue *de facto* l'arbitre de l'Exécutif et du Législatif, dont les pouvoirs respectifs interagissent dans un cadre concurrentiel et parfois conflictuel, avec toujours possible, le risque d'un blocage institutionnel.

---

1. Philippe LAUVAUX, *Les grandes démocraties occidentales*, *op. cit.*, p. 241.

2. Les interactions entre pouvoirs

Si l'agencement des pouvoirs repose sur le principe de leur « stricte séparation » comme on le dit d'ordinaire, il se fonde aussi sur celui des *checks and balances* parce que, avant tout, « l'exigence de l'équilibre domine les rapports complexes des pouvoirs »[1]. Ainsi s'explique qu'à la *séparation fonctionnelle*, s'ajoutent des *interactions institutionnelles* sous forme de pouvoirs et contre-pouvoirs croisés : du Président sur le Congrès ou du Congrès sur le Président.

a) Le Président sur le Congrès

Le système politique des États-Unis fait une application d'espèce de la pensée de Montesquieu (V. *supra*) pour qui, chacun des deux pouvoirs, exécutif et législatif, devrait être doté d'une *faculté de statuer* et d'une *faculté d'empêcher*. Ainsi, aux États-Unis, le Président dispose-t-il d'un *droit de veto* sur les lois votées par le Congrès par lesquelles ce dernier exerce sans entrave sa faculté de statuer, dès lors qu'il a l'initiative législative et qu'il est maître de son ordre du jour. À la faculté de statuer du Congrès fait donc équilibre le pouvoir d'empêcher du Président qui, par l'exercice de son droit de veto, peut bloquer l'entrée en vigueur d'une loi.

Ce droit de veto peut être utilisé selon deux modalités. Le « veto ordinaire », d'abord, consiste pour le Président à refuser la signature de l'acte de promulgation de la loi votée par le Congrès, et à la lui renvoyer passé un délai de dix jours, accompagnée des motifs de son refus. Mais le Congrès peut passer outre et faire échec à la décision du Président par un nouveau vote sur le même texte mais cette fois-ci à la majorité des deux-tiers dans chacune des deux chambres. L'autre modalité d'exercice du droit de veto, appelé « veto de poche » (*Pocket veto*), consiste pour le Président à s'abstenir de signer l'acte de promulgation d'une loi qui lui est transmise moins de dix jours avant la fin de la session parlementaire. Ce qui est souvent le cas. Il s'agit là d'une sorte de veto implicite qui dispense le Président de motiver son refus et d'entrer en conflit ouvert avec le Congrès. Ce dernier se trouve alors dans l'obligation de reprendre la procédure législative à son commencement lors de la session suivante à moins qu'entre temps il renonce à son texte. Ce qui n'est pas rare.

Ce droit de veto présidentiel, ordinaire ou de poche, fait parfois fonction d'« arme de dissuasion », le Président se contentant alors de faire connaître son intention d'en user pour inciter le Congrès à renoncer à son texte ou, à tout le moins, à l'amender dans un sens qui agrée au Président. De fait, au cours du XIXe siècle, les présidents successifs utilisèrent peu ce droit, mais la tendance s'inversa sous la présidence de Stephen Grover Cleveland (1884-1888 et 1892-1896), avant de s'inverser à nouveau à la fin du XXe siècle[2].

---

1. Jean-Pierre LASSALE, *Les institutions des États-Unis*, coll. Documents d'études, *op. cit.*, p. 1.
2. Le Président Cleveland, en huit ans, eut recours 584 fois au veto ; Franklin D. Roosevelt (1932-1945), 635 fois, dont 9 seulement purent être surmontés ; Harry S. Truman (1945-1952), 250 fois ; Dwight D. Eisenhower (1952-1960), 181 fois. Depuis lors, le nombre a fléchi à nouveau : ainsi le Président William J. Clinton n'y a-t-il eu recours que 38 fois. Un bilan général fait aussi apparaître que dans 89 % des cas, le Président a eu le dernier mot, le Congrès ne parvenant pas à surmonter son véto (ordinaire) par un nouveau vote du texte à la majorité qualifiée des deux tiers, (Frédérick GAGNON, « Le Président et le Congrès », *in* Elisabeth VALLET [sous la dir.], *La présidence des États-Unis*, *op. cit.*, p. 98).

Symétriquement, le Congrès dispose à l'égard du Président de moyens tout aussi considérables – sinon plus – de le contrer lorsqu'il use de sa faculté de statuer, de sorte que l'interaction entre les pouvoirs joue aussi du Congrès sur le Président.

b) Le Congrès sur le Président

Le Congrès dans son ensemble – ou le Sénat seul – peut contrarier les choix de la Maison-Blanche, qu'il s'agisse de la politique que le Président entend conduire ou des personnes qu'il souhaite nommer à certains postes de responsabilité. On a déjà pu le noter, s'il entre dans les prérogatives de Président de nommer les titulaires de certaines fonctions (membres de la Cour suprême ou du Cabinet, ambassadeurs, juges fédéraux,...), ses décisions n'en sont pas moins soumises à une approbation formelle du Sénat. En pratique les refus de ce dernier ne sont pas très fréquents mais le pouvoir qu'il a d'*empêcher* est entre ses mains un redoutable instrument de négociation avec le Président. Car conformément à l'esprit anglo-saxon, tout se négocie, tout est négociable, tout peut faire l'objet d'un marchandage. Plus Significativement encore, si c'est le Président qui négocie et signe les traités internationaux, il ne peut les ratifier qu'après un vote d'autorisation du Sénat à la majorité des deux tiers de ses membres. Cette autre *faculté d'empêcher* confère ainsi au Sénat un droit de regard – c'est un euphémisme – sur la politique extérieure conduite par l'exécutif[1].

Enfin, si le pouvoir exécutif est politiquement irresponsable devant le Congrès, ce dernier n'en a pas moins la possibilité d'engager la *responsabilité pénale* du Président à travers la procédure de l'*impeachment* (Article II, section 4 de la Constitution) : la Chambre des Représentants votant la mise en accusation et le Sénat la destitution du Président, toujours à la majorité des deux tiers de ses membres. À cet égard, l'histoire politique des États-Unis révèle deux choses. D'abord, c'est que cette procédure n'a jamais abouti à la destitution d'un président, bien qu'elle ait été engagée à trois reprises : une première fois en 1868, contre le Président Andrew Johnson qui avait succédé à Abraham Lincoln après son assassinat, pour avoir révoqué un membre du Cabinet sans l'assentiment du Sénat – il s'en est fallu d'une voix –, une deuxième fois en 1974 contre le Président Richard Nixon dans l'affaire du *Watergate*[2], mais la procédure n'a pu aller à son terme du fait de la démission de celui-ci après sa mise en accusation, une troisième fois en 1999 contre le Président William Clinton pour avoir menti sous serment au sujet d'une relation extra-conjugale qu'il avait eu avec l'une de ses collaboratrices. Ensuite, c'est que le mobile fut toujours moins d'ordre pénal que politique comme l'illustre l'exemple de Richard Nixon, le Congrès cherchant alors à ébranler l'hégémonie présidentielle qu'il incarnait alors ou encore celui du Président Clinton : les motifs de la mise en accusation étaient « bassement » électoralistes.

---

1. C'est ainsi que le traité de Versailles du 28 juin 1919 négocié en personne par le Président Wilson, et qui reprenait son propre plan de paix en 14 points proposé dès janvier 1918, ne put être ratifié faute de réunir la majorité des deux tiers des sénateurs.
2. Durant la campagne présidentielle de 1972, à l'instigation du Président Nixon issu du Pari républicain, des micros avaient été installés illégalement dans l'immeuble du siège du Parti démocrate à Washington (le *Watergate*) afin de connaître les faits et gestes de son rival.

On peut donc le constater, sans avoir la possibilité de s'anéantir mutuellement comme dans un régime parlementaire (motion de censure et dissolution), l'Exécutif et le Législatif peuvent néanmoins se neutraliser l'un l'autre au point de paralyser le fonctionnement du régime lui-même. Ce risque est d'autant plus prégnant qu'aucun arbitrage populaire (dissolution ou recours au référendum) n'est prévu par la Constitution, le régime étant purement représentatif (V. *infra*). L'expérience montre cependant qu'en dépit de quelques accrocs et de difficultés certaines, rien n'a jamais irrémédiablement compromis le fonctionnement du régime politique des États-Unis. Il convient d'en comprendre les raisons.

B. Le fonctionnement du régime politique des États-Unis

Le fonctionnement réel du régime politique des États-Unis s'éloigne notablement des présupposés organiques de son agencement institutionnel. Des éléments conjoncturels autant que ce qu'en France le général de Gaulle appelait « l'équation personnelle » des présidents[1] – certains d'entre eux en tout cas –, l'expliquent pour partie : la rencontre d'un homme de caractère et d'une situation exceptionnelle laisse toujours une trace dans l'histoire soit qu'elle infléchisse le cours des évènements, soit qu'elle crée un précédent qui bouleverse l'ordre des choses, à commencer par l'ordre constitutionnel.

Tout bien pesé, on peut dire que deux types de considérations entrent en ligne de compte lorsqu'on analyse le fonctionnement du régime politique des États-Unis : d'abord l'influence de facteurs non institutionnels propres aux États-Unis, ensuite l'importance du fait politique majeur que constitue le *leadership* présidentiel.

1. L'influence de facteurs non institutionnels

On ne peut rien comprendre à la pratique institutionnelle du pouvoir aux États-Unis si l'on sous-estime trois traits distinctifs incomparables : une culture politique spécifique, une organisation fédérale unique en son genre, enfin un système partisan atypique.

a) Une culture politique spécifique

Qui le nierait ? « Les États-Unis baignent dans une culture politique spécifique dont les composantes expliquent et déterminent les règles non écrites gouvernant le jeu du pouvoir »[2]. Le *melting pot* qui est, dit-on, la marque de fabrique de la société américaine[3] n'a pas fait disparaître les traits culturels à travers lesquels on reconnaît le modèle anglo-saxon : *l'échange* et *le marché* et, partant, *la négociation* et *la transaction* partout présentes dans la vie sociale et politique.

1. Charles de GAULLE, Conférence de presse du 11 avril 1961.
2. Jean-Pierre LASSALE, *Les institutions des États-Unis*, coll. Documents d'études, *op. cit.*, p. 1.
3. L'évolution contemporaine de la société américaine et la promotion du *multiculturalisme* sont en contradiction avec ce mythe du *melting pot*, d'ailleurs postérieur à la fin de la Guerre de Sécession (1865). Plus que d'un mélange dans un creuset commun, c'est aujourd'hui la juxtaposition de communautés organiques jalouses de leurs racines identitaires (les *Latinos* par exemple) qui semble prendre le pas.

Les mentalités en portent la trace et les « américains » d'aujourd'hui sont bien les héritiers des pionniers qui ont fondé le *Nouveau monde*, autrement dit les premiers colons, surnommés WASP (*White Anglo Saxon Protestant*), qui « étaient dans leur grande majorité de race blanche et originaires d'Europe du nord »[1]. *Individualisme* et *patriotisme*, *puritanisme* et *cynisme*, *moralisme* et *mercantilisme*, *libéralisme* et *impérialisme*, aujourd'hui « *évangélisme et mondialisme* »[2] se côtoient et se combinent en formant une alchimie qui n'a son équivalent nulle part ailleurs. À quoi s'ajoute la foi dans un destin providentiel, ce que le journaliste John O'Sullivan appela en 1845 la « destinée manifeste » (*Manifest Destiny*) du peuple américain qui se pense élu de Dieu et appelé à une mission civilisatrice par mandat du Ciel. À quoi se superpose encore une véritable religion du droit[3] qui explique l'omniprésence des *Lawyers*[4] et fait que « la Constitution est livrée à l'adoration des foules »[5] comme un texte sacré.

Enfin, par dessus tout, dans la pratique des relations sociales et politiques prévaut la recherche du compromis et du *consensus*, de sorte qu'à l'instar du marché ou d'une bourse de valeurs, il faut le redire *tout se négocie*. Il n'est que de penser à ces procès intentés puis abandonnés par le plaignant à la suite d'une transaction financière entre les parties. Le doit et la justice n'y trouvent pas toujours leur compte mais, si l'on peut dire, la victime réalise une bonne affaire en espèces sonnantes et trébuchantes. Cette recherche du compromis voire de l'arrangement entre particuliers, c'est ce que traduit aussi le recours au contrat et à l'arbitrage du pouvoir judiciaire, de préférence à la loi et à l'arbitrage du suffrage. Car la loi n'occupe pas la place centrale qui lui revient dans un système *légicentré* comme c'est le cas en France. La liberté contractuelle et la force du précédent jurisprudentiel l'emportent ainsi bien souvent sur la légalité formelle. Cette relativisation de la place et du rôle de la loi égale pour tous est aussi la conséquence de l'organisation fédérale des États-Unis.

b) Une organisation fédérale unique

Aux États-Unis, premier État fédéral du genre mais aussi seul de son espèce, le pluralisme législatif est la règle. En vertu du 10e amendement (1791), tous « les pouvoirs qui ne sont pas délégués aux États-Unis par la Constitution, ni refusés par elle aux États, sont réservés aux États ou au peuple ». Il s'ensuit que dans de larges pans de la vie quotidienne des citoyens, les États fédérés sont la première réalité politique, surtout qu'à leur niveau, l'initiative populaire et la pratique du référendum sont très présentes. Ainsi, par leur législation propre, déterminent-ils eux-mêmes, dans la plus grande diversité et sans

1. Marie-France PAUWELS, *Civilisation américaine*, coll. Les fondamentaux, Hachette supérieur, 1999, p. 33.
2. Aymeric CHAUPRADE, « Evangélisme et mondialisme », *La NRH*, n° 28, janvier-février 2007, p. 59-61.
3. Anne DEYSINE, « Regards sur l'environnement juridique aux États-Unis », *Revue Française d'Etudes Américaines*, n° 35, février 1988, p. 7 et s.
4. En 1986, on estimait qu'il y avait un avocat pour 354 habitants !, (Anne DEYSINE, *op. cit.*, p. 11).
5. André KASPI, *L'instrument du rêve américain*, 1987, (cité par Jean-Pierre LASSALE, *Les institutions américaines*, coll. Documents d'études, *op. cit.*, p. 13).

aucun souci d'uniformité[1], les règles concernant, entre autres, aussi bien l'âge du mariage, le droit des successions, les conditions de mise en œuvre de la responsabilité civile, que le droit pénal et la procédure pénale[2]. Ce qui revient à dire que dans bien des domaines, chaque État fédéré a ses propres lois et que donc les lois fédérales n'ont pas vocation à régir tous les aspects des relations sociales. Le fonctionnement du régime des États-Unis en est d'autant facilité puisque les occasions de blocage institutionnel en cas de désaccord persistant entre le Président et le Congrès, se limitent à la seule législation fédérale. Les enjeux politiques ne se concentrent donc pas au niveau fédéral, ce qui est encore un élément de souplesse dans le jeu institutionnel, à la différence d'un État unitaire où la loi nationale doit surmonter les particularismes locaux. En contre partie, la loi n'étant pas la même pour tous, selon les domaines concernés, l'égalité juridique devant la loi n'existe pas ; le souci d'égalité cède le pas au besoin de liberté, à l'exception des droits fondamentaux – *le Bill of Rights* – garantis à tous les citoyens des États-Unis par la Constitution fédérale, sous le contrôle de la Cour suprême.

Mais si le fédéralisme est un élément de souplesse facilitant notablement de jeu des institutions fédérales, il ne saurait faire à lui seul que ce régime présidentiel de « séparation stricte » des pouvoirs soit viable. Le système partisan atypique des États-Unis entre aussi en ligne de compte, et de manière décisive.

c) Un système partisan atypique

Quand on évoque le système politique des États-Unis, il est d'usage de dire que la *séparation stricte* des pouvoirs a pour corollaire un *bipartisme souple*, et que donc, à la rigidité du cadre institutionnel correspond ce que l'on pourrait appeler la « fluidité » du système partisan. L'observation est exacte et il n'est pas faux d'ajouter que ce sont les caractéristiques de ce système partisan qui ont évité au régime des crises qui auraient pu lui être fatales.

Depuis la fin du XVIIIe siècle, la vie politique des États-Unis s'ordonne autour de deux partis dominants que le scrutin majoritaire à un tour en vigueur favorise et perpétue à la fois (V. *infra*). Dans un premier temps, ce bipartisme reflétait le clivage historique entre les partisans d'un État fédéral fort (les « fédéralistes ») et ceux de l'autonomie renforcée des États fédérés (les « anti-fédéralistes »). Toutefois, cette opposition radicale devait vite s'estomper avant de disparaître après la Guerre de Sécession, de sorte qu'aujourd'hui, la vie politique est rythmée par l'alternance du *Parti démocrate*, ainsi dénommé depuis 1829 mais héritier du Parti Démocrate-Républicain fondé par Jefferson en 1801, et du *Parti républicain* qui prend son nom en 1854 et assume quant à lui l'héritage du Parti fédéraliste créé par Hamilton dès 1787 et dont était membre George Washington.

1. L'obsession de *l'unique* qui est au cœur de l'ordre juridique de l'Union européenne, demeure totalement étrangère à la mentalité américaine. En cela, le modèle d'intégration supranationale européenne se situe aux antipodes du fédéralisme américain. Ce que les fédéralistes européens feignent trop souvent d'ignorer.
2. À titre d'exemple, la peine de mort n'est pas d'application générale sur tout le territoire des États-Unis : elle existe dans 38 États sur 50.

Cependant, et c'est là l'essentiel, ces deux partis, quoique rivaux, sont objectivement alliés dans la défense de leur monopole de représentation, les tiers partis jouant un rôle marginal et négligeable. Tant et si bien que ce qui les rapproche : un certain *consensus* sur le type de société à défendre et à promouvoir, l'emporte sur ce qui les oppose apparemment. Bref, « moins que le support d'idéologies tranchées, les deux partis américains sont d'abord de pragmatiques machines électorales »[1], conçues et organisées pour remporter les élections, au Congrès comme à la Présidence des États-Unis.

Ces partis sont par ailleurs très hétérogènes et parcourus de courants et tendances fort divers, le critère géographique étant souvent déterminant, notamment entre le Nord et le Sud des États-Unis. Qui plus est, ils ne connaissent pas la discipline partisane : leurs élus, à la différence de ce qui se passe au Royaume-Uni ou en Europe continentale, ne sont pas astreints à suivre aveuglément les consignes de vote du parti dans l'enceinte des assemblées parlementaires.

Sans doute, des distorsions politiques se font-elles jour entre les deux chambres et le plus souvent entre celles-ci et le Président. C'est même fréquemment le cas étant donné la durée différente des mandats électifs : le Président est élu pour quatre ans, en même temps que les membres de la Chambre des représentants, qui eux ne sont élus que pour deux ans – et donc renouvelés à mi-mandat présidentiel –, alors que les sénateurs sont élus pour six ans quoique renouvelés par tiers tous les deux ans. Mais, justement, l'inexistence de clivages politiques tranchés, comme l'absence de discipline partisane contraignante, font que les « cohabitations » ne sont jamais une source de véritables conflits ou de mutuelle paralysie. La conséquence en est que la *collaboration* entre le pouvoir exécutif et le pouvoir législatif, pourtant *strictement séparés* au plan institutionnel, est rarement impossible. Et lorsqu'elle paraît compromise, l'affrontement tend à se solder par une « défaite » du Congrès en raison de l'ascendant qu'exerce le Président des États-Unis. Ce que l'on appelle précisément le *leadership* présidentiel, dont l'importance n'a cessé de croître.

2. L'importance du *leadership* présidentiel

En employant le terme de *leadership*, et selon une approche de science politique plus que de droit constitutionnel, on entend signifier que le Président des États-Unis exerce tout à la fois une fonction d'orientation, d'impulsion et de direction de la vie politique[2]. L'affirmation de ce *leadership* date des premières années du XXe siècle. Ses raisons sont diverses et variées et même s'il a connu des reculs voire des éclipses, il demeure une constante de l'histoire politique et institutionnelle des États-Unis depuis lors.

---

1. Dominique CHAGNOLLAUD, *Droit constitutionnel contemporain*, *op. cit.*, p. 329, n° 532.
2. Le terme de *leadership* renvoie à la fonction de « chef de file » et, plus précisément, évoque le *Timon* des Grecs anciens : celui qui définit le *telos* (le but) et indique la direction à suivre.

a) L'affirmation du leadership *présidentiel*

Pendant longtemps la question de savoir où se situait le centre de gravité du pouvoir politique aux États-Unis a été débattue[1]. Les indices sont nombreux dans les travaux de la Convention de Philadelphie de 1787, qui laissent penser que les Pères fondateurs étaient plutôt enclins à établir un régime « dominé » par le Congrès : le plus manifeste en est que la Constitution consacre son premier article au Congrès (Article 1, Sections 1 à 10). À telle enseigne qu'en 1885, un professeur de jurisprudence qui, vingt-sept ans plus tard allait être élu Président des États-Unis, Thomas Woodrow Wilson, pouvait encore qualifier le régime américain de « gouvernement congressionnel »[2].

C'est une banalité de dire que « dans la Constitution rien ne va dans le sens d'un renforcement de la fonction présidentielle. Les contraintes institutionnelles (durée) et traditionnelles (nombre) limitent sérieusement la portée et l'importance de son mandat, sans que le Président n'y puisse mais »[3]. Et pourtant ! L'institution présidentielle n'a cessé de se renforcer au fil du temps dans le cadre d'une sorte de concurrence institutionnelle avec le Congrès. Une concurrence *permanente* entretenue par les mécanismes institutionnels eux-mêmes (droit de veto présidentiel et commissions d'enquête du Congrès), mais une concurrence *inégale* au profit de la Présidence. Inégale en effet, car l'un des deux pouvoirs – le Congrès – est toujours contraint de déterminer sa stratégie en fonction des positions de l'autre – le Président –, qui dès lors demeure le maître du jeu. Mais non le maître absolu car *il ne peut pas ne pas tenir compte* des positions de l'autre.

Dans ce jeu institutionnel et concurrentiel, c'est en effet le Capitole (le Congrès) qui est conduit à fixer sa stratégie en fonction des options de la Maison-Blanche (la Présidence). La menace d'utiliser le droit de veto, habilement brandie, donne à elle seule au Président un excellent atout dans les négociations avec le Congrès[4], d'autant que ce dernier parvient assez rarement à surmonter le veto présidentiel (V. *supra*). Mais encore faut-il, bien entendu, que le Président ait la volonté d'exercer son *leadership*. Il peut néanmoins difficilement y échapper, tant les raisons qui l'expliquent, en se cumulant, le rendent pour ainsi dire nécessaire.

1. V. Stéphane RIALS, « Régime congressionnel ou régime présidentiel ? Les leçons de l'histoire américaine », *Pouvoirs*, n° 29, 1984, p. 35 et s.
2. Thomas Woodrow WILSON, *Congressional government*, New York, Houghton Mifflin, 1885.
3. Jean-Pierre LASSALE, *Les institutions des États-Unis*, coll. Documents d'études, *op. cit.*, p. 28.
4. Au cours de son premier mandat (2001 à 2005), le Président George Walker Bush n'a pas eu à recourir une seule fois au veto.

b) Les raisons du* leadership *présidentiel

La première de ces raisons est que le Président « jouit d'une légitimité [démocratique] encore plus grande que celle du Congrès, parce que c'est lui le seul dirigeant choisi par tous les électeurs »[1]. Étant l'élu de toute la nation, il est « devenu le centre des espoirs et des attentes de tous »[2].

La deuxième raison réside dans le succès des thèses fédéralistes, celles des partisans de la primauté du niveau fédéral sur les entités fédérées. L'élection de George Washington, dès l'origine, a donné le ton ; l'évolution du système dans le sens d'un renforcement du niveau fédéral a amplifié le phénomène, avec la bénédiction de la Cour suprême dont la jurisprudence n'a cessé de conforter l'institution présidentielle, soit à l'occasion de crises nationales, soit relativement à la conduite de la politique extérieure[3]. « Le Président incarne l'unité nationale, il est le symbole de l'intérêt national contre le mal des intérêts locaux, caractéristiques du Congrès », écrit même Jean-Pierre Lassale[4].

La troisième raison est à chercher dans la situation de dépendance politique à laquelle est structurellement condamné le Congrès : « le Congrès réagit aux initiatives présidentielles plus qu'il ne les inspire », de sorte que « le Président est devenu le véritable centre d'impulsion de la politique fédérale »[5]. Ainsi, le discours du Président sur « l'état de l'Union » (Article II, section 3 de la Constitution), prononcé chaque année lors de l'ouverture de la session du Congrès, s'est-il mué en « un véritable pouvoir d'initiative législative et de direction politique qui justifie le titre donné au Président de (...) *Chief legislator* »[6], d'autant que depuis 1921, on l'a signalé, c'est l'exécutif qui a l'initiative en matière budgétaire. Ainsi encore, peut-il s'appuyer sur l'opinion et la mobiliser pour forcer la main du Congrès, grâce à cet instrument de pouvoir inédit que sont les médias et plus particulièrement la télévision : Franklin D. Roosevelt, fut le premier à recourir à la radio, notamment pour expliquer sa politique du *New Deal*, John F. Kennedy (1961-1963) eut recours quant à lui à la télévision, dans l'utilisation de laquelle Ronald Reagan (1981-1989) excella.

Enfin, si le Président des États-Unis a acquis la stature politique qui est désormais la sienne, c'est aussi en raison des conflits internationaux auxquels les États-Unis ont été mêlés, du statut de super-puissance puis d'hyper-puissance qui est devenu le leur, enfin des pouvoirs spéciaux qui ont été conférés au Président des États-Unis en tant que chef

---

1. Bernard E. BROWN, *L'État et le politique aux États-Unis*, coll. Thémis, PUF, 1994, p. 388.
2. Marie-France TOINET, *La Présidence américaine*, coll. Clefs, Montchrestien, 2e éd., 1996, p. 51.
3. Si, depuis 1789, le Congrès a déclaré la guerre cinq fois, les Présidents ont quant à eux déployé à près de deux cents reprises les forces armées américaines à l'étranger sans déclaration de guerre, (V. Frédérick GAGNON, « Le Président et le Congrès », *op. cit.*, p. 91).
4. Jean-Pierre LASSALE, *Les institutions des États-Unis*, coll. Documents d'études, *op. cit.*, p. 28.
5. Jean-Pierre LASSALE, *La démocratie américaine. Anatomie d'un marché politique*, *op. cit.*, p. 274.
6. Philippe LAUVAUX, *Les grandes démocraties contemporaines*, *op. cit.*, p. 329.

des armées[1]. Sans oublier, bien évidemment, le fait que le Président des États-Unis est, par nécessité, le seul maître du feu nucléaire et qu'il tient donc entre ses mains le destin de tout le peuple américain.

Dans ces conditions, on peut aisément comprendre que le politologue américain Arthur Schlesinger ait pu parler de « présidence impériale »[2]. Comme on peut deviner que ce régime si particulier reste singulier. S'il a pu séduire des constituants étrangers, il n'a jamais été « dupliqué » tel quel, quand bien même on en retrouve quelques traits dans certains régimes hybrides contemporains.

§3. Les régimes hybrides contemporains

La distance qui sépare les modèles idéalisés des pratiques observées ou, pour le dire autrement, l'agencement institutionnel du fonctionnement réel, rend très contestable la typologie traditionnelle qui distingue pour les opposer, régime parlementaire et régime présidentiel. Elle est même d'autant plus contestable que sont apparues et se sont répandues des formes de gouvernement qui empruntent leurs caractéristiques à l'un et l'autre des deux modèles répertoriés, de sorte qu'elles réalisent une sorte d'*hybridation* des deux. On peut donc être tenté d'en conclure qu'il y a autant de régimes-types que de formes de gouvernement pratiquées.

Qui plus est, les modèles idéalisés de référence se recomposent sans cesse au gré des applications qui en sont faites, et des mutations qui les affectent au gré des circonstances qui changent. Dans nombre de cas, ces régimes ne sont donc rien d'autres que des formes hybrides continûment et empiriquement reconstituées. On peut toutefois remarquer d'une part que deux tendances se dessinent, selon que s'instaure un déséquilibre qui profite soit, au sein de l'exécutif, à l'institution présidentielle, soit aux assemblées parlementaires. D'autre part, on peut distinguer très schématiquement – suivant le schéma de leur seul agencement institutionnel – les régimes à prépondérance présidentielle présumée (A), des régimes à prépondérance parlementaire supposée (B).

A. Les régimes à prépondérance présidentielle présumée

Cette appellation peut être trompeuse tant elle est schématique. Il s'agit en effet de ranger dans cette catégorie fort hétérogène des formes de gouvernement qui empruntent au régime présidentiel une seule caractéristique : l'élection du chef de l'État au suffrage universel direct. Pour le reste, ces régimes qui ne sont à prépondérance présidentielle que par défaut, en raison de la faiblesse relative de l'organe législatif, sont très différents les

1. La « loi sur les pouvoirs de guerre » (*War Powers Act*) de 1973, pourtant censée restreindre les prérogatives présidentielles en matière d'utilisation de la force militaire à l'étranger, n'a jamais été respectée en pratique par les Présidents successifs, qui d'ailleurs la jugent inconstitutionnelle, (V. Frédérick GAGNON, « Le Président et le Congrès », *op. cit.*, p. 93-94).
2. Arthur SCHLESINGER Jr, *The imperial presidency*, Boston, Popular Library, 1973.

uns des autres, pour des raisons au demeurant extrêmement diverses : qu'il s'agisse de l'agencement des pouvoirs, des attributions de chacun d'eux, de l'équilibre institutionnel – ou de son absence plus exactement –, ou encore de l'influence de la conjoncture politique sur la logique de leur fonctionnement.

Les efforts de la doctrine pour en dresser une typologie ne sont pas très probants. Sous une même appellation, on constate que sont regroupés des régimes fort différents : ce qui les différencient semble en effet parfois l'emporter sur ce qu'ils peuvent avoir de commun, d'autant que dans certains cas la prépondérance de l'institution présidentielle est remise en question. C'est ce que l'on peut vérifier pour chacune des deux sortes de ces régimes « inventoriées » par la doctrine : les régimes semi-présidentiels et les régimes présidentialistes.

1. Les régimes semi-présidentiels

Cette appellation que l'on doit à Maurice Duverger, désigne une catégorie de régimes dans lesquels face à un chef de l'État, élu au suffrage universel, et qui dispose de pouvoirs propres importants, existent un Premier ministre et des ministres à qui appartient l'essentiel du pouvoir exécutif et gouvernemental, et qui demeurent politiquement responsable devant le Parlement[1]. Et Maurice Duverger de préciser que dans ce type de régime, « le président et le parlement ressemblent aux deux éléments de l'arc d'ogive qui se soutiennent l'un l'autre à partir de poussées inverses. La clef de voûte, c'est la majorité parlementaire. Bien qu'élu au suffrage universel et doté de prérogatives notables, le président ne peut réellement la suppléer si elle est absente. Il doit la respecter quand elle existe. Il ne peut pas se dresser contre elle, sinon de façon provisoire, pour essayer de la disloquer sous sa forme présente et la recomposer autrement. Au maximum, il peut tenter de la créer ou de la bouleverser par une dissolution. Ensuite, il doit l'accepter telle que les électeurs l'ont confirmée ou changée. Ou à recommencer patiemment à la construire et à la maintenir, si elle est aussi floue et fragile qu'auparavant »[2].

Il apparaît ainsi que dans ce type de régime « il dépend de la majorité parlementaire d'accroître ou de réduire les pouvoirs, à géométrie variable, du président, en raison même de sa cohérence et de son ampleur »[3]. Ce qui souligne le caractère contingent et relatif de la prépondérance présidentielle puisqu'elle est fonction de l'existence et de l'ampleur d'une majorité parlementaire politiquement en phase avec les orientations politiques du chef de l'État.

Mais à ce caractère contingent et relatif de la prépondérance présidentielle, qui est fonction de la conjoncture parlementaire, s'ajoute la grande hétérogénéité des régimes susceptibles d'être rangés sous cette bannière. Car pour Maurice Duverger, correspondent à cette

1. V. Maurice DUVERGER, *Le Système politique français*, coll. Thémis, PUF, 1985.
2. Maurice DUVERGER, *L'échec au roi*, Albin Michel, 1978, p. 90.
3. Jean-Louis QUERMONNE et Dominique CHAGNOLLAUD, *Le gouvernement de la France sous la Ve République*, Fayard, 1996, p. 758.

définition, outre le régime actuel de la Ve République française, les régimes en vigueur en Autriche, en Finlande, en Irlande, en Islande, au Portugal et naguère, en Allemagne, la république de Weimar (1919). À l'analyse, il apparaît en effet, que les prérogatives et le rôle du président dans ces différents régimes ne sont pas analogues. Dans certains cas, même soutenu et relayé par une majorité parlementaire qui lui est acquise, il n'exerce qu'une simple *magistrature d'influence* (Autriche, Irlande, Islande), alors que dans d'autres il peut devenir le pivot du système (Finlande). Quant à la Ve République, l'expérience accumulée au cours de trois cohabitations (1986-1988, 1993-1995, 1997-2002), a montré que le rôle du chef de l'État pouvait connaître des « écarts d'amplitude » considérables. La même conclusion semble du reste s'imposer, à quelques nuances près, lorsqu'on envisage l'autre sorte de régimes à prépondérance présidentielle, c'est-à-dire les régimes qualifiés de présidentialistes.

2. Les régimes présidentialistes

Cette catégorie n'est pas moins hétérogène que la précédente et si le qualificatif *présidentialiste* suggère plus et mieux que précédemment l'idée d'une forme de gouvernement caractérisée par la prépondérance présidentielle, ce n'est vrai, pour certains des régimes auxquels est attribué ce « label », qu'à certains moments, c'est-à-dire en fonction des circonstances.

On reconnaît un régime présidentialiste dans une forme de gouvernement telle que se manifeste une primauté de l'institution présidentielle du fait de l'absence de contrepoids constitutionnels propres à l'empêcher[1]. Autrement dit, il s'agit d'un régime dans lequel n'existe pas dès l'origine ou à l'usage, de correspondance entre les pouvoirs du Président et sa fonction, un régime dans lequel il y a un déséquilibre des pouvoirs au profit du chef de l'État, dans un cadre institutionnel qui organise néanmoins, en théorie, une double « séparation » organique et fonctionnelle.

Tel est *structurellement* le cas de la plupart des régimes d'Amérique du Sud, qui ont voulu imiter, en l'important, la Constitution des États-Unis. Ces régimes, considérés comme « une déviation du régime présidentiel »[2], même si pour certains, une correction semble se dessiner – par exemple le Brésil depuis 1989 – présentent ainsi une « séparation des pouvoirs apparente derrière laquelle se cache l'hégémonie présidentielle »[3]. Celle-ci est favorisée par l'attribution au Président de pouvoirs de crises exceptionnels lui permettant, grâce à l'appui de l'armée, d'instaurer l'état de siège ou l'état d'urgence, qui s'analysent, l'un et l'autre, comme une mise en congé – provisoire ? – de la légalité

1. V. Jean-luc CHABOT, *Introduction à la politique*, *op. cit.*, p. 199.
2. Dominique CHAGNOLLAUD, *Droit constitutionnel, contemporain*, t. 1, *op. cit.*, p. 122, n° 198.
3. *Ibidem*.

constitutionnelle ordinaire. À quoi s'ajoute souvent un système partisan qui, sans récuser le pluralisme, repose pour l'essentiel sur un parti ultra-dominant – pendant longtemps le *Parti Révolutionnaire Institutionnel* au Mexique, par exemple.

Mais un régime peut aussi devenir *conjoncturellement* présidentialiste alors que son agencement institutionnel conduirait plutôt à le regarder comme un régime parlementaire, et ce, en raison d'une coïncidence des majorités présidentielle – le chef de l'État étant élu au suffrage universel direct – et parlementaire. Surtout, si à la différence de ce que l'on constate habituellement dans un régime parlementaire, les attributions du chef de l'État ne se résument pas à une fonction seulement protocolaire ou de simple représentation.

C'est ainsi que certains auteurs analysent le régime français de la Ve République. Mais il ne peut alors s'agir que d'un régime présidentialiste à éclipses ou intermittent, car tout est alors fonction de la cohérence ou de l'absence de cohérence des majorités présidentielle et parlementaire. C'est d'ailleurs pourquoi, afin de distinguer le régime de la Ve République des présidentialismes sud américains, on peut être tenté d'identifier la Ve République à un « régime présidentialiste dualiste »[1] : sans cesser d'être un régime de « nature » ou de forme parlementaire, elle peut aussi, lorsque les conditions s'y prêtent – la coïncidence des majorités –, avoir l'allure d'un régime présidentialiste. Pour le dire autrement, le régime de la Ve République a des prédispositions institutionnelles à fonctionner comme un régime présidentialiste[2]. En revanche, il ne ressemble en rien, si tant est que des formes de gouvernement méritent cette appellation, à un régime à prépondérance parlementaire, réelle ou supposée.

B. Les régimes à prépondérance parlementaire supposée

Ce qui est censé donner une unité à cette catégorie somme toute résiduelle, c'est la domination de l'organe législatif. Pour cette raison, ces régimes sont le plus souvent qualifiés de *régimes d'assemblée* ou, parfois, de *régimes conventionnels*, en souvenir du régime qu'a connu la France de 1792 à 1795. Mais cette unité n'est que de façade. Cette appellation générique masque une sorte de dualité puisque, à la vérité, ces régimes dits d'assemblée sont de deux sortes. Certains semblent devoir être qualifiés de régimes d'assemblée « par nature ». Pourtant ils ne sont pas exactement ce qu'ils paraissent être. Quant aux autres, ils ne sont rien plus que des régimes parlementaires dénaturés, dénaturés en raison précisément de la prépondérance acquise par le Parlement.

---

1. Dominique CHAGNOLLAUD, *Droit constitutionnel contemporain*, t. 1, *op. cit.*, p. 123, n° 198. Le même auteur, dans l'ouvrage co-écrit avec Jean-Louis QUERMONNE (*Le gouvernement de la France sous la Ve République*, *op. cit.*, p. 772 à 785), envisage cependant la Ve République comme un « régime *présidentiel* dualiste » !
2. On peut aussi essayer de saisir la nature originale et inédite de la Ve République selon d'autres critères et en dehors des formes de gouvernement stéréotypées déduites de la théorie de la séparation des pouvoirs. En ce sens, v. Michel CLAPIÉ, « Propos décalés sur la Ve République. Une apologie nimbée de nostalgie », *in Mélanges Jean-Philippe Colson*, PUG, Grenoble, 2004, p. 100-110.

1. Les régimes d'assemblée « par nature »

Ces régimes d'assemblée « par nature » correspondent à des formes de gouvernement dans lesquelles le pouvoir législatif et le pouvoir exécutif sont attribués à deux organes distincts mais dans le cadre d'un agencement institutionnel fortement déséquilibré. Dans ce type de régime, en effet, la séparation des organes ne coïncide pas avec la séparation des fonctions. L'exécutif qui n'est que l'émanation de l'assemblée parlementaire investie de la fonction législative, en est aussi le prolongement : il n'est que le « commis » de l'assemblée, chargée d'assurer sous le contrôle étroit de celle-ci, l'application des lois dont celle-ci a seule l'initiative, et qu'elle vote. Le régime d'assemblée « par nature » se caractérise ainsi par la primauté de l'organe législatif et la subordination totale à celui-ci de l'organe exécutif. En théorie, c'est bien ainsi qu'il est défini.

Cette définition se fonde sur le régime instauré et théorisé en France par Robespierre et Saint-Just entre 1792 et 1795. Ce régime, c'est celui dont se réclamait à partir du 21 septembre 1792 et après l'élection de la Convention nationale – d'où son appellation de régime conventionnel – les révolutionnaires français. Il sera consacré par la Constitution du 24 juin 1793 : la Constitution de l'An I de la République. Cette Constitution, enfermée dans une *arche de cèdre* dès sa promulgation, et qui ne fut jamais appliquée, créait un *Conseil exécutif* de 24 membres nommés par le *Corps législatif*, et censé ne pouvoir « agir qu'en exécution des lois et des décrets du Corps législatif » (article 65), ce dernier exerçant sur lui un contrôle permanent (article 71) et pouvant le révoquer à tout moment. Cependant, de 1792 à 1795, la pratique contredit la théorie. Dans les faits, durant cette période, la réalité du pouvoir appartient à un organe exécutif provisoire, le *Comité de salut public*, lui-même dominé par Maximilien Robespierre, qui établit à son profit un régime de dictature personnelle qui est passé à la postérité sous l'appellation de « régime de la terreur ». Ce n'est pas là le moindre des paradoxes puisque l'archétype du régime d'assemblée n'a jamais fonctionné autrement que sous la forme d'une dictature du pouvoir exécutif pourtant théoriquement réputé être dans la main du pouvoir législatif.

De nos jours, c'est la forme de gouvernement de la Confédération helvétique qui est habituellement proposée comme exemple pour illustrer le régime dit d'assemblée. Il est en effet incontestable que le régime suisse est atypique. Mais il n'est pas pour autant un « authentique » régime d'assemblée si l'on veut dire par là, conforme à la définition théorique que l'on en a donnée, c'est-à-dire un régime à prépondérance parlementaire.

En Suisse, en effet, le *Conseil fédéral*, organe exécutif composé de 7 membres, élus à la majorité absolue, procède de *l'Assemblée fédérale* elle-même composée de deux chambres : le Conseil national élu au suffrage universel direct et le Conseil des États dans lequel siègent les délégués des cantons. Chaque année, cette assemblée élit l'un des 7 conseillers fédéraux président de la Confédération helvétique. Son mandat n'est pas immédiatement renouvelable de sorte qu'en l'espace de douze mois il n'a pas le temps d'asseoir son autorité sur le Conseil fédéral, ni de s'imposer à la manière d'un chef de gouvernement. Ce Conseil fédéral, émanation de l'assemblée, doit se conformer aux directives qu'elle lui adresse. Il ne peut ni démissionner collectivement, ni la dissoudre. Cet agencement institutionnel donne ainsi à croire que le système est tout entier dominé par l'Assemblée.

Mais ce n'est là qu'une apparence. Le Conseil n'est pas responsable devant l'assemblée qui ne peut le renverser, ni davantage révoquer les conseillers. Au surplus, le Conseil est à l'origine des lois votées par l'Assemblée ; c'est lui qui a l'initiative législative. Il n'en est pas moins dépourvu de moyens d'action ou de pression sur l'Assemblée qui, on l'a vu, en désigne les membres. On mesure par là l'originalité du régime suisse qui ne consacre pas, à proprement parler, la domination de l'Assemblée parlementaire, dans laquelle on prétend reconnaître la caractéristique déterminante du régime d'assemblée. Bien au contraire, la pratique montre que l'assemblée se cantonne à un rôle de contrôle et non d'impulsion, encore moins de direction. C'est le Conseil, dont les membres exercent leur fonction pendant une durée moyenne de huit à dix ans, qui assume la plénitude du gouvernement. Ce qui permet d'éviter les conflits ou blocages institutionnels, c'est que dans le gouvernement de la Suisse sont associés en permanence, tant au Conseil qu'à l'Assemblée, les quatre principaux partis politiques du pays. Tant et si bien que le régime helvétique se révèle, en dernière analyse, comme « un régime de séparation institutionnelle des pouvoirs assoupli par l'esprit de compromis et par l'étroite collaboration existant entre des partis de gestion responsables et raisonnables »[1].

C'est dire en définitive que les régimes d'assemblée réputés tels « par nature » sont rarement ce qu'ils paraissent être. Il en va différemment des autres formes de gouvernement présentées comme des régimes d'assemblée, et qui ne sont en réalité que des régimes parlementaires dénaturés.

2. Les régimes parlementaires dénaturés

On a vu que la modélisation théorique du régime parlementaire à partir de la forme de gouvernement pratiquée en Grande-Bretagne au cours du XVIIIe siècle, n'avait plus grand rapport ni avec le régime contemporain du Royaume-Uni, ni avec les régimes aujourd'hui qualifiés de parlementaires, qui ne sont que des déclinaisons de l'idéal type modélisé. Ce qui leur reste néanmoins de commun, c'est leur agencement institutionnel : un exécutif bicéphale, composé d'un chef de l'État sans véritables pouvoirs et d'un cabinet ministériel, ce dernier étant politiquement responsable devant le parlement – devant au moins l'une des chambres si le parlement est bicaméral –, et enfin, le droit de dissolution reconnu à l'un des organes de l'exécutif, encore que ce dernier critère ne soit pas déterminant (V. *supra*). Dans tous les cas, il se définit en outre et bien plus par son mode de fonctionnement, la

1. Pierre PACTET, *Droit constitutionnel et institutions politiques*, *op. cit.*, p. 153.

réalité du pouvoir appartenant au cabinet qui gouverne avec le concours et le soutien d'une majorité parlementaire, ou, à défaut, en ayant recours aux procédures spécifiques du parlementarisme rationalisé.

Son mode de fonctionnement repose ainsi sur un équilibre dynamique, en vertu duquel l'organe législatif, loin d'exercer un pouvoir prépondérant, s'en tient au contraire à un strict rôle de contrôle de l'action du gouvernement dont il n'est d'ailleurs le plus souvent que la chambre d'enregistrement des initiatives législatives dudit gouvernement.

Dans certains cas cependant, du fait de l'absence endémique de majorité au Parlement ou de l'inefficacité chronique des procédures de rationalisation, l'équilibre est rompu au bénéfice de l'organe législatif[1]. Les représentants élus qui siègent au parlement deviennent alors « tout puissants pour détruire (renverser les gouvernements) et impuissants pour conduire une politique cohérente du fait de la division des partis »[2], et dans tous les cas incapables de s'unir pour constituer des majorités stables. De tels régimes, structurellement parlementaires, mais dans lesquels le cabinet ministériel devient le jouet de l'assemblée parlementaire et est dans l'incapacité d'assurer la direction effective des affaires publiques ; ils fonctionnent de ce fait selon une logique étrangère à celle du régime parlementaire. Or, cette logique, c'est celle d'un régime dominé par l'assemblée parlementaire, et c'est donc tout naturellement que ces régimes théoriquement fondés sur la séparation des pouvoirs mais « déséquilibrés » sont qualifiés de « régimes d'assemblée ». Mais alors, l'appellation est notablement péjorative puisqu'elle rend compte de ce que l'on considère comme une « dénaturation du régime parlementaire »[3], c'est-à-dire un régime dans lequel « les représentants de la nation souveraine, comme l'écrit Dominique Turpin, se sont mués en représentants souverains de la nation »[4]. Dans ces conditions, on peut comprendre que, plus que tout autre, cette forme de gouvernement conduise à s'interroger sur les voies et moyens de la participation *effective* des gouvernés au pouvoir, grâce à quoi un régime peut être qualifié de démocratique. Ce qui pose en définitive et plus largement la question des modes de participation au pouvoir des gouvernés dans une démocratie libérale, d'autant que de nos jours et partout, toutes les applications concrètes de la démocratie libérale supposent le relais de représentants élus.

1. C'est le cas tendanciellement en Italie, en Israël ou dans l'Union indienne.
2. Dominique TURPIN, *Droit constitutionnel*, *op. cit.*, p. 241.
3. Dominique CHAGNOLLAUD, *Droit constitutionnel contemporain*, t. 1, 4ᵉ éd., *op. cit.*, p. 121, n° 196.
4. Dominique TURPIN, *Droit constitutionnel*, *op. cit.*, p. 241.

Section 2 – **Les modes de participation au pouvoir**

L'observation des formes de gouvernement contemporaines que l'on qualifie de démocratiques au motif qu'elles organisent la participation au pouvoir des gouvernés, montre que presque toujours, cette participation n'est que *médiate*. C'est là un pis-aller dont on s'accommode faute de mieux, bien que l'on sache que dans son principe comme dans ses modalités, ce système n'est pas totalement satisfaisant. Il ne l'était pas hier, car il a toujours eu des contempteurs ; il ne l'est pas davantage aujourd'hui, car il a toujours ses détracteurs, et peut être moins encore qu'hier, comme nous le verrons.

Toujours est-il qu'en droit positif et comparé, la participation des gouvernés au pouvoir se fait *principalement* par le truchement de représentants même si, *occasionnellement*, elle est mise en œuvre sans intermédiaires, c'est-à-dire *directement*. Autrement dit, pour l'essentiel, la participation des gouvernés se réalise à travers la médiation de représentants (§ 1), lesquels sont alors toujours élus. D'où la nécessité de préciser les conditions et les règles propres à l'élection des représentants (§ 2).

§1. La médiation de représentants

Les régimes que tout le monde s'accorde aujourd'hui à qualifier de démocratiques, se présentent d'abord comme des régimes représentatifs (V. *supra*). Mais ce sont des régimes dans lesquels *la représentation* et *l'élection* vont toujours de pair[1]. Dominique Turpin écrit ainsi : « Qui oserait encore affirmer, (...), que le caractère représentatif d'un organe politique tient à sa fonction de "vouloir pour la nation" et en aucune façon à son élection ? »[2]. Être représentant et avoir la faculté de désigner les représentants, ne correspondent plus à l'exercice d'une fonction comme dans la théorie de la souveraineté nationale de Sieyès, mais sont conçus comme des droits reconnus sans distinction à tous les citoyens : tous ont *un droit égal* à participer à la désignation des représentants par l'élection, et à être élus[3].

---

1. Dans l'Antiquité, le *tirage au sort* avait la faveur des Grecs. C'est là, il est vrai, une méthode tout aussi conforme aux exigences de la démocratie pour la désignation des gouvernants. Elle respecte en effet l'égalité entre les citoyens puisque tous sont *également* susceptibles d'être désignés pour exercer les fonctions ayant trait au gouvernement de la Cité. En pratique cependant, on ne procédait au tirage au sort qu'entre les citoyens volontaires pour accéder aux fonctions de gouvernants. Qui plus est, chez les Grecs anciens, le tirage au sort reposait peut-être – la question est controversée – sur une croyance incorporée, selon laquelle, à travers le sort, c'étaient les dieux qui se manifestaient. Autrement dit, finalement c'étaient eux qui choisissaient et donc qui « élisaient ». Aussi bien, et non sans ironie, Vladimir Volkoff note que ce système « avait le mérite de donner au moins une chance à la compétence et à la vertu », (V. VOLKOFF, *Pourquoi je suis* moyennement *démocrate*, *op. cit.*, p. 85).
2. Dominique TURPIN, *Droit constitutionnel*, *op. cit.*, p. 2.
3. V. Stéphane RIALS, « Constitutionnalisme, souveraineté et représentation (La représentation : continuité ou nécessité ?) », *in La continuité constitutionnelle en France de 1789 à 1989*, PUAM / Economica, 1990, p. 49 et s.

Il n'empêche. Comme le remarquait Tocqueville (V. *De la démocratie en Amérique*), « dans ce système, les citoyens sortent un moment de la dépendance pour indiquer leur maitre et y rentrent » ! Ce qui n'est pas totalement faux.

Toujours est-il que la participation au pouvoir des gouvernés se fait dans le cadre de ce que l'on appelle désormais *la démocratie représentative*. Une démocratie représentative dont il faut préciser d'abord les conditions de la mise en place (A), avant d'envisager les possibilités de son dépassement afin de permettre aux gouvernés de statuer eux-même directement (B), pour terminer par le constat, qu'avec le temps, cette démocratie représentative suscite bien des désillusions (C). Ce que d'aucuns appellent la crise de la démocratie représentative.

A. La mise en place de la démocratie représentative

La démocratie représentative est née de la démocratisation progressive du régime représentatif[1]. Elle conserve ainsi les caractères essentiels du régime représentatif, dont il faut préciser la définition conformément aux conséquences que Sieyès tirait de sa théorie de la souveraineté nationale (V. *supra*), mais elle les *colore*, pour ainsi dire, de procédures inspirées de la logique démocratique, de telle manière que l'on peut effectivement parler de démocratisation du régime représentatif.

1. La définition du régime représentatif

Le régime représentatif est fondé sur la notion de représentation, qui évoque – sans lui être assimilable – la *théorie du mandat* que connaît le droit privé[2]. Les décisions du représentant (le mandataire) sont réputées être l'expression de la volonté du représenté (le mandant). À travers le représentant, c'est la nation qui est censée s'exprimer, puisqu'il a pour mission de « vouloir pour la nation ». Cette fiction juridique, grâce à laquelle la nation qui n'est qu'une abstraction, veut, parle et agit par l'entremise de ses représentants, qui, eux, sont des individus concrets, emporte plusieurs conséquences. Ce sont ces conséquences qui caractérisent à proprement parler le régime représentatif, et permettent ce faisant de le définir.

La première conséquence, c'est que *les représentants tiennent leur pouvoir de la Constitution et non de l'élection*, puisque, on l'a vu, la qualité de représentant peut être reconnue au titulaire de certaines fonctions, comme le roi dans la Constitution française de 1791. « Ce qui fait le représentant (...), écrivait Carré de Malberg, c'est la nature du pouvoir pour l'exercice duquel il a été élu »[3] ; non le fait qu'il a été élu. On notera incidemment, qu'au motif que la Constitution de la Ve République ne précise pas en son article 3 que les représentants de la nation doivent être nécessairement élus, certains auteurs contemporains, pour justifier

1. V. Bernard MANIN, *Principes du gouvernement représentatif*, Calmann-Lévy, 1995.
2. Le mandat est *l'acte par lequel une personne donne à une autre le pouvoir de faire quelque chose pour elle – le mandant – et en son nom*, (v. l'article 1984 du Code civil).
3. Raymond CARRÉ de Malberg, *La loi, expression de la volonté générale*, *op. cit.*, p. 19.

l'emprise du Conseil constitutionnel, évoquent la théorie de la représentation. Dominique Turpin devait ainsi rappeler que « pour les pères fondateurs du régime représentatif français, les constituants de 1789-1791, la représentativité ne tient nullement à l'élection, qui ne consiste qu'à remplir une fonction au nom de la Nation souveraine, [...], une fonction qui peut tout aussi bien être attribuée par la Constitution à un autre organe que le Parlement : ainsi du *roi*, jadis, ou, pourquoi pas, aujourd'hui, du *juge* »[1].

La deuxième conséquence, c'est que *les représentants*, même élus et quelles que soient les modalités de l'élection (V. *infra*, les modes de scrutin), *représentent collectivement la Nation entière*, puisqu'elle est indivisible. Le mandat représentatif est donné par la Nation, unité collective, à l'organe représentatif dans son ensemble. Chaque élu est ainsi l'élu de la Nation entière, et non pas celui de ses électeurs. Le député élu dans une circonscription électorale, qui n'est qu'une parcelle du territoire national, n'est pas le représentant de cette – de « sa » – circonscription, mais celui de la Nation. Il est élu *dans* une circonscription donnée mais il n'est pas l'élu *de* cette circonscription. C'est ce qu'indiquait sans ambiguïté l'article 7 du titre III de la Constitution du 3 septembre 1791 : « Les représentants nommés dans les départements ne seront pas représentants d'un département particulier, mais de la Nation entière ». Et c'est ce qui explique qu'après 1871, les députés élus dans les départements d'Alsace-Moselle, conservent leur mandat jusqu'à leur terme, en dépit de l'annexion des dits départements au nouveau *Reich* allemand.

Enfin, troisième conséquence, et non des moindres, *les représentants représentent librement la Nation*. La liberté du mandat représentatif n'est d'ailleurs, elle-même, qu'une conséquence de son caractère collectif. Selon la formule de l'avocat grenoblois Barnave, membre de la Constituante, en 1789, les représentants ont « le pouvoir de vouloir pour la Nation », et leur liberté est égale à celle de la Nation, pour laquelle ils veulent. Ce qui veut dire que le représentant élu n'a à recevoir ni ordre, ni instruction de ses électeurs. Juridiquement, ceci implique la prohibition du *mandat impératif*, qui est d'ailleurs inscrite dans la plupart des Constitutions françaises[2], sauf, logiquement, celle du 24 juin 1793, qui n'est pas représentative. Un mandat impératif oblige en effet le mandataire d'agir conformément aux ordres du mandant. Il se définit même par opposition au mandat représentatif. Condorcet le rejetait en ces termes : « *Mandataire du peuple, je ferai ce que je croirai le plus conforme à ses intérêts. Il m'a envoyé* [à l'Assemblée constituante] *pour exposer mes idées, non les siennes ; l'indépendance absolue de mes opinions est le premier de mes devoirs envers lui* ». Par boutade ou provocation, il y a quelques années, le sénateur Charles Pasqua devait en déduire la conclusion que *les promesses électorales n'engagent que ceux qui les croient*. Mais non précisément ceux qui les font.

Toujours est-il que cette interdiction du mandat impératif entraîne dans la foulée la nullité de « la démission en blanc ». Il s'agit là de la démission non datée mais signée, qu'un candidat à la députation remet à son comité électoral avant son (éventuelle) élection, et

1. Dominique TURPIN, « Le juge est-il représentatif ? Réponse : oui », *Commentaire*, n° 58, 1992, p. 385.
2. Article 27 de la Constitution du 4 octobre 1958 : « Tout mandat impératif est nul ».

que celui-ci se réserve de produire plus tard, au cas où l'élu « ne tiendrait pas les promesses » du candidat. Si cette « démission en blanc », refait surface, il n'en est tenu aucun compte : elle est considérée comme nulle et non avenue.

Dans le cadre de la démocratie représentative, aucune des conséquences qui s'attachent au régime représentatif, que l'on vient de recenser, ne sont remises en cause. Au mieux, si l'on peut dire, parvient-on à relativiser la *trahison* de l'idéal démocratique qui est imputable au régime représentatif, en substituant à ce dernier un régime qui s'analyse comme une *transaction* assumée entre l'idéal démocratique et la logique représentative. Bref, il s'agit moins de remettre en cause le principe même de la représentation que de démocratiser le régime qui est établi sur son fondement. Pour sa part, Dominique Rousseau considère ainsi que « toutes les institutions, tous les instruments ou mécanismes présentés comme des vecteurs d'une participation directe des citoyens à la prise des décisions politiques sont aussi des institutions, des instruments, des mécanismes qui renforcent et perfectionnent la délégation de pouvoirs ». Ainsi du suffrage universel qui « légitime la représentation autant ou plus qu'il donne au peuple la maîtrise des décisions »[1].

2. La démocratisation du régime représentatif

La démocratisation du régime représentatif qui aboutit à la démocratie représentative se traduit, sur le terrain des concepts, par le dépassement dialectique des deux théories, déjà rencontrées, de la souveraineté nationale (Sieyès) et de la souveraineté populaire (Rousseau). Elle aboutit à l'identification du peuple à la nation : le peuple devient la nation *hic et nunc* (ici et maintenant). Concrètement, ce dépassement dialectique implique que *la désignation des représentants est le fait de l'ensemble des « représentés »* ; que *tous les représentants sont élus et que les électeurs sont l'universalité des citoyens*, ou encore, que *tous les représentants sont élus et que tous les citoyens sont électeurs*. Elle entraîne donc le passage de *l'électorat-fonction* à *l'électorat-droit* l (V. *supra*).

La conséquence en est que représenter la Nation n'est plus une fonction réservée à ceux qui en ont la capacité mais un droit attaché à chaque citoyen *es* qualité. Ce qui permet de rétablir l'égalité démocratique de tous les citoyens sans distinguer, comme Sieyès entre citoyens actifs et citoyens passifs (V. *supra*).

L'instauration de la démocratie représentative passe donc par la reconnaissance du suffrage universel qui en est la condition préalable. Elle s'ébauche au cours du XIXe siècle. En France, elle débute par la reconnaissance du suffrage universel masculin en 1848, qui sera étendue aux femmes en 1944, avant que la Constitution du 27 octobre 1946 ne la consacre formellement, en son article 3, par une formule audacieuse qui exprime, on ne peut mieux, le dépassement dialectique évoqué plus haut. Cette formule, reprise à l'article 3

1. Dominique ROUSSEAU, « De la démocratie continue », *op. cit.*, p. 6.

de la Constitution de la Ve République, et que l'on doit au député Paul Coste-Floret[1], est la suivante : « *La souveraineté nationale appartient au peuple* »[2]. Elle abolit la distinction opérée entre le peuple et la nation, puisque la souveraineté qui appartient au peuple (*l'universalité des citoyens* ou, plus concrètement, *le corps électoral*), n'est autre que celle de la nation (entité abstraite qui ne peut s'exprimer qu'à travers des représentants).

D'ailleurs, par anticipation, le général de Gaulle ne disait-il pas la même chose dans la conférence de presse tenue à Londres le 27 mai 1942 ? « *La démocratie se confond exactement, pour moi, avec la souveraineté nationale. La démocratie, c'est le gouvernement du peuple par le peuple, et la souveraineté nationale, c'est le peuple exerçant sa souveraineté sans entrave* », et tant que faire se peut, sans intermédiaires, est-on tenté d'ajouter.

On ne s'étonnera donc pas vraiment que les constituants de 1958, eurent l'audace d'aller plus loin encore. Reprenant à son compte le dépassement dialectique déjà effectué, la Ve République devait par surcroît rendre possible le dépassement de la démocratie représentative, afin cette fois-ci que l'expression de la souveraineté nationale qui appartient au peuple, ne soit pas réservée aux seuls représentants, mais étendue aux citoyens eux-mêmes, afin qu'ils décident *directement*.

B. Le dépassement de la démocratie représentative

Le dépassement de la démocratie strictement représentative, grâce à des modes de participation directe des gouvernés, donne naissance à des régimes politiques qui combinent les principes du régime représentatif et ceux de la démocratie directe, laquelle demeure difficilement concevable et *pratiquement* irréalisable[3]. Certains auteurs opèrent de subtiles distinctions pour opposer *démocratie semi-directe* et *démocratie semi-représentative*. Dans la démocratie semi-directe, les représentants élus ne détiennent qu'un mandat précaire et révocable de sorte que ce mandat, reçu des électeurs, s'apparente à un mandat impératif.

---

1. Paul Coste-Floret était professeur à la faculté de droit de Montpellier. Maire de Lamalou-les-Bains, il était membre du M.R.P., parti centriste « démocrate chrétien ».
2. Dans une intervention à l'Assemblée nationale constituante (3 septembre 1946, *JORF débats*, p. 3678), Paul Bastid contestait ce choix. Il déclarait : « L'opposition entre la souveraineté de la nation et la souveraineté du peuple signifie l'opposition entre ce qui est permanent et ce qui est éphémère… La nation évoque la continuité historique, la solidarité des générations… L'expression "souveraineté du peuple" éveille, au contraire, l'idée d'un corps électoral se manifestant à une heure donnée… Pour tout le monde, en un mot, la nation représente plus que le peuple ». Mais disant cela, il parlait moins de la nation, construction abstraite de Sieyès (1789), que de celle d'Ernest Renan (1882), réalité historique et « charnelle » ou communauté historique si l'on préfère (V. *supra*, la population de l'État), qui préexiste et survit au peuple *actuel*, lequel l'incarne à un moment donné de son histoire.
3. Il ne faut pas s'illusionner sur les progrès récents des techniques de communication. « Il faut donc conclure à l'impossibilité physique de la démocratie directe, en l'absence d'un don d'ubiquité, écrivait Jean-Luc Chabot avant la « révolution » de l'*Internet*. C'est toujours vrai depuis. « À partir du centre, il est possible d'adresser un message à des millions d'hommes, à partir de millions d'hommes ou de milliers de centres de décisions, il n'est pas possible d'assumer le pouvoir politique, sinon en limitant et en déléguant », comme il est fait précisément dans le cadre des procédures qui permettent de dépasser la démocratie représentative, (J.-L. CHABOT, *Introduction à la politique*, *op. cit.*, p. 77).

Dans le régime semi-représentatif, la volonté des représentants entre en concurrence avec celle du peuple appelé à s'exprimer directement selon des modalités variables, par la voie du référendum.

1. La démocratie semi-directe et l'idée de mandat impératif

La démocratie semi-directe est un mode de dépassement de la démocratie représentative en ce sens que le mandat détenu par les représentants élus n'est pas un « pur » mandat représentatif. Il s'apparente à un mandat impératif – comme en trouve en droit privé – dès lors qu'il s'agit toujours d'organiser la soumission permanente des représentants à la volonté des représentés. Au demeurant, l'expression mandat impératif par sa redondance étymologique indique bien l'intention : « mandat » et « impératif » procèdent de deux verbes latins qui signifient « donner mission » et « commander » (*mandare* et *imperare*). Il s'ensuit que dans ce type de démocratie dite semi-directe, les « représentés », d'une manière ou d'une autre, doivent conserver la possibilité de dicter des instructions aux représentants en cours de mandat, avec pour ces représentants, le risque d'être révoqués avant le terme de leur mandat. Autrement dit, il s'agit de faire en sorte que l'élu soit en permanence à la merci de l'électeur.

Il va sans dire que les représentants qui sont fréquemment à l'origine des Constitutions écrites, parce que c'est entre eux que se discutent ce qu'elle prescrira, sont plutôt enclins à écarter le mandat impératif afin de jouir d'une totale liberté juridique face à ceux qui les ont élus. C'est ce qui explique que les exemples de mécanismes qui rendent effectifs le mandat impératif comme la révocation des élus, sont plutôt rares. Et quand bien même une Constitution prévoit de tels mécanismes, leur importance dans le jeu des institutions reste somme toute plutôt marginale.

Il n'est pas indifférent de remarquer néanmoins que c'est le principe du mandat impératif qui avait cours dans *l'ancien droit* français : le fonctionnement des derniers *États généraux* réunis en 1789 reposait toujours sur le système du mandat impératif. Ainsi, les députés du *tiers État* étaient-ils liés par les « cahiers de doléances » que leur avaient remis leurs électeurs. Et ils étaient d'autant plus tenus de se conformer aux instructions qu'ils avaient reçues que leurs électeurs supportaient les frais exposés pour leur déplacement et leur séjour à Versailles et qu'ils pouvaient à tout moment les rappeler et les révoquer. Or, paradoxalement, ce sont ces députés élus sur la base d'un mandat impératif, qui vont substituer à ce mandat le principe du mandat représentatif. Il fut adopté dès la première Constitution française écrite, celle du 3 septembre 1791 et s'est perpétué, on l'a dit, jusqu'à la Constitution du 4 octobre 1958. Seule la Constitution de l'An I, celle du 24 juin 1793 – promulguée mais jamais appliquée –, devait faire exception.

Dans un proche passé, la Constitution de l'URSS du 7 octobre 1977, plus exactement dans sa version révisée du 1er décembre 1988, avait introduit une forme de mandat impératif. Son article 107 indiquait entre autres choses que « le député qui n'a pas justifié la confiance des électeurs ou de l'organisation sociale [qui a proposé sa candidature] peut-être rappelé à tout moment par décision de la majorité des électeurs ou de l'organisation sociale qui l'a élu, selon la procédure prévue par la loi ». Son effectivité n'en était pas moins très réduite : le député élu était « nécessairement » membre du Parti communiste, et son élection était le plus souvent acquise avec 99 % des suffrages exprimés de sorte, qu'en pratique, la révocation d'un député ne pouvait être le fait que d'une décision du parti désireux de destituer une personnalité qui n'avait plus ses faveurs.

Actuellement, la pratique effective du mandat impératif par les électeurs eux-mêmes n'a véritablement cours, hormis la Suisse, qu'aux États-Unis et seulement dans le cadre de certains États fédérés où existe la procédure du *recall*, littéralement du « rappel ». Le principe en est le suivant : il s'agit de reconnaître aux électeurs la possibilité de révoquer un élu par le vote d'une pétition ayant recueilli au préalable un certain pourcentage de signatures de citoyens (entre 20 % pour l'*Idaho* et 30 % pour le *North Dakota*)[1]. Le mandat de l'élu est alors remis en jeu par une nouvelle élection – anticipée – à laquelle ledit élu peut d'ailleurs se représenter.

Selon le même principe, certains cantons suisses qui en raison de l'augmentation de leur population ont dû renoncer à la « forme pure » de la démocratie directe, ont instauré une modalité particulière du *recall* qui n'est pas *individuelle* mais *collective*, dont on trouve du reste des applications plus anciennes dans certains États allemands, sous le nom d'*Abberufungsrecht*.

Pour être complet sans aucunement chercher à être exhaustif, il convient de mentionner en outre deux procédures somme toute assez marginales étant donné qu'elles sont présentes dans peu de Constitutions : *l'initiative populaire* et le *veto populaire*.

Par la première – *l'initiative populaire* –, le peuple ou plus exactement *des* citoyens – cela prendra la forme d'une pétition nationale signée par un nombre minimum de citoyens, précisé par la Constitution – obligent les représentants à légiférer dans un domaine déterminé. Les modalités sont ici variables. La pétition peut ne fixer que *l'objet* du texte législatif souhaité, le parlement étant alors libre de rédiger lui-même ledit texte, ou, au contraire, il peut être invité à discuter d'un projet pré-rédigé annexé à la pétition. Dans ce dernier cas, certaines Constitutions vont jusqu'à prévoir que dans l'hypothèse d'un rejet du projet par le parlement, un référendum devra être organisé. Le peuple pourra ainsi désavouer les représentants et donc adopter lui-même, *directement*, ledit projet.

1. Huit États appliquent le *recall* à tous les détenteurs de fonctions électives, cinq l'ont adopté en excluant les fonctions judiciaires, 17 ne l'utilisent qu'au niveau local, (V. Yves MENY et Yves SUREL, Politique comparée, *op. cit.*, p. 221).

Par la deuxième – *le veto populaire* –, le peuple dispose du moyen de s'opposer à l'entrée en vigueur d'une loi votée par les représentants. La Constitution prévoit alors que les lois votées par le parlement, c'est-à-dire les représentants, ne pourront être appliquées que passé un certain délai (par exemple, en Suisse, 90 jours). Ce laps de temps donne ainsi aux citoyens le temps d'examiner la loi et à certains d'entre eux – le nombre étant fixé par la Constitution – de signer une pétition dont l'objet est d'organiser un référendum afin de soumettre la loi votée par le parlement mais non encore applicable, au verdict de l'ensemble des citoyens. Ce qui rapproche cette procédure de démocratie semi-directe de la démocratie dite semi-représentative dont la caractéristique est la possibilité offerte de recourir au référendum.

2. La démocratie semi-représentative et le recours au référendum

La *démocratie semi-représentative*, de loin la plus répandue, sert quant à elle à qualifier des régimes représentatifs démocratisés dans lesquels a été introduite la technique plus familière du *référendum*[1]. Il s'agit de régimes dans lesquels le pouvoir est exercé indirectement, et à titre principal, par des représentants élus, mais aussi directement, à titre exceptionnel, par le peuple lui-même. L'exemple type en est la Ve République française, comme en témoigne la rédaction de son article 3 : « La souveraineté nationale appartient au peuple qui l'exerce par ses *représentants* [il s'agit donc, à l'évidence, d'une démocratie représentative] et par la voie du *référendum* [ce qui lui donne, en outre, une dimension de démocratie directe] »[2].

On retiendra la définition du référendum[3] que proposait naguère Julien Laferrière : « le *procédé* par lequel le corps des citoyens est appelé à exprimer par une votation populaire son *avis* ou sa *volonté* à l'égard d'une *mesure* »[4]. Cette définition appelle quelques éclaircissements s'agissant des modalités du référendum, de la portée qu'on peut choisir de lui donner, enfin de l'objet qui peut être le sien.

a) Les modalités du référendum

Un type particulier de référendum est à signaler d'emblée : le référendum *automatique* ou *obligatoire*. La Constitution peut en effet le prescrire soit pour sa propre révision – c'est le cas de la Suisse[5] –, soit pour autoriser la ratification d'un traité international, comme le prévoit

---

1. V. Francis HAMON, *Le référendum. Etude comparative*, coll. Systèmes, LGDJ, 1995
2. V. l'essai de Frédéric Rouvillois publié au lendemain du référendum français du 29 mai 2005, relatif au *traité établissant une Constitution pour l'Europe*, (F. ROUVILLOIS, *L'avenir du référendum*, F.-X. de Guibert, 2006, 168 p.).
3. Quand on parle de référendum, on entend signifier qu'il s'agit de statuer *ad referendum*, c'est-à-dire, « sous réserve d'en référer » (à leur gouvernement pour les diplomates, au peuple pour les représentants). V. Dominique TURPIN, *Droit constitutionnel*, *op. cit.*, p. 334.
4. Julien LAFERRIERE, *Manuel de droit constitutionnel*, 1947, *op. cit.*, p. 431.
5. Entre l'établissement de la Constitution de 1874 et la révision de 1999, on dénombre 334 référendums constitutionnels fédéraux !

la Constitution de la République d'Irlande. C'est aussi le cas, on l'a vu, dans le cadre de la procédure du *veto populaire* à condition toutefois que le nombre requis de pétitionnaires soit atteint (V. *supra*).

Pour le reste, les modalités sont diverses. Cette diversité se rencontre principalement au stade de l'initiative[1]. Cette initiative, pour reprendre la formule de Francis Hamon, peut venir « d'en haut » ou « d'en bas »[2]. On distingue ainsi les référendums à l'initiative des gouvernants (Parlement, Gouvernement ou chef de l'État, séparément ou concurremment) et les référendums à l'initiative des gouvernés, parfois improprement qualifiés de *référendums d'initiative populaire*[3]. En effet, lorsque l'initiative « vient d'en bas », elle n'est jamais le fait du peuple en son entier, c'est à dire de l'ensemble du corps électoral, mais seulement d'une partie de celui-ci qui se manifeste par une pétition recueillant un nombre minimum de signatures, conformément à ce qu'aura prévu la loi ou la constitution. C'est la formule privilégiée par la Suisse, où, aux termes de la Constitution et de la loi sur les droits politiques du 8 octobre 1999, 100 000 citoyens peuvent prendre l'initiative de proposer un référendum tendant à réviser la Constitution. Le seuil est abaissé à 50 000 s'il s'agit d'un référendum tendant à adopter une simple loi ou visant à approuver certains traités. On constate cependant, que si entre 1874 et 2003, 130 initiatives ont été soumises à la votation, 12 seulement ont été acceptées (moins de 10 %), au point que l'on vient à se demander si le peuple n'est pas « naturellement conservateur » comme l'écrit Bernard Chantebout[4]. Qui plus est, l'expérience montre que ces *référendums d'initiative populaire* sont faiblement mobilisateurs – la participation reste faible –, ce qui entame l'autorité politique des textes finalement adoptés.

À cela s'ajoute le risque de voir se développer des initiatives « intempestives » à forte charge démagogique sur des questions qui peuvent enflammer les esprits ou déchaîner les passions alors que la démocratie exige d'en appeler à la raison. La conséquence peut en être de discréditer l'institution référendaire elle-même et de renforcer les adversaires du référendum en tant que technique de démocratie directe. Des adversaires du référendum qui sont aussi le plus souvent des partisans d'une démocratie strictement représentative dans laquelle le peuple ne s'exprime jamais directement sur les questions qui concernent la manière dont il entend être gouverné.

---

1. Sur « le moment du référendum », v. Dominique TURPIN, *Droit constitutionnel*, *op. cit.*, p. 338-340.
2. Francis HAMON, *Le référendum. Etude comparative*, *op. cit.*, p. 22.
3. En France, contrairement à ce que certains commentateurs allant vite en besogne ont pu affirmer, la révision constitutionnelle du 23 juillet 2008 n'a pas instituée un véritable *droit d'initiative populaire* mais simplement un *droit d'initiative parlementaire minoritaire* – un cinquième des membres du Parlement – soutenue par un dixième des électeurs inscrits sur les listes électorales (article 11 alinéa 3), tout en renvoyant à une loi organique, ses modalités d'application (v. la loi organique du 13 décembre 2013). Ce qui veut bien dire, même au prix d'une inversion de l'ordre logique de la procédure, qu'une telle *initiative* d'un dixième des électeurs inscrits n'a aucune chance d'aboutir si elle n'est pas relayée par un cinquième au moins des membres du Parlement appelé à prendre l'initiative du dépôt d'un projet de loi référendaire, (V. égal. Frédéric ROUVILLOIS, *L'avenir du référendum*, *op. cit.*, p. 141-144).
4. Bernard CHANTEBOUT, *Droit constitutionnel et science politique*, *op. cit.*, p. 215.

On sait aussi que les référendums d'origine populaire, qui sont en réalité des référendums d'origine minoritaire (les pétitionnaires), obéissent à une logique qui, volontairement ou non, favorise l'influence des groupes de pressions organisés, moins porter à servir l'intérêt général qu'à défendre un intérêt catégoriel. C'est pour éviter ce risque de détournement de l'institution référendaire, que le général de Gaulle concevait le référendum uniquement comme un moyen donné au chef de l'État d'en appeler directement au pays « par-dessus les fiefs, les calculs et les partis-pris »[1], « par-dessus les calculs, les embarras et les compromis »[2], « par-dessus tous les intermédiaires »[3]. Et toujours, sur des questions présentant un enjeu capital.

On le voit donc, la détermination des modalités du référendum, notamment celles qui tiennent au titulaire du droit d'initiative, n'est pas sans conséquence sur l'appréciation que l'on peut donner de cette technique de démocratie directe. Plus encore peut-être que le choix que l'on fait quant à la portée du référendum.

b) La portée du référendum

Dans la définition du référendum retenue, celle de Julien Laferrière, il est dit que le référendum permet au « corps des citoyens » d'exprimer, « son avis ou sa volonté ». Le choix des termes, *avis* ou *volonté*, n'est pas fortuit. Non seulement, ils ne sont pas synonymes, mais encore, ils rendent compte de deux types de référendums que l'ont peut distinguer par rapport à la portée juridique qui s'attache à la réponse donnée par le « corps des citoyens » appelé à se prononcer. En effet, le référendum peut être seulement *consultatif* ou bien alors *normatif*.

Le référendum est dit *normatif* – ou *décisionnel* – lorsque la réponse donnée à la question posée est par elle-même une décision qui modifie l'état du droit antérieur – ou, à l'inverse, le confirme pour l'avenir – et affecte ce faisant l'ordonnancement juridique. On parle à ce propos d'*acte décisoire*. La réponse est donc la manifestation de la *volonté* du « corps des citoyens ». Ceci est facile à comprendre si l'on prend l'exemple d'un référendum dont l'objet (v. *infra*) est un projet de loi. Si la réponse est positive, le projet de loi devient *ipso facto* une loi, une *norme* qui a force juridique, sans qu'il soit besoin de faire intervenir un autre protagoniste. C'est à cette catégorie de référendums qu'appartiennent ceux que prévoient en France les articles 11 et 89 de la Constitution actuelle du 4 octobre 1958. Aussi, peut-on s'étonner des propos tenus par le Président de la République Française au soir du référendum du 29 mai 2005, au sujet de la ratification du *traité établissant une Constitution pour l'Europe*. Une fois les résultats connus, le Président Chirac a dit son intention de tenir compte du « message des Français ». La formule est pour le moins curieuse car ce n'est pas un « message » que les Français lui ont adressé : c'est l'interdiction de ratifier un traité qu'ils

1. Charles de GAULLE, Allocution radiodiffusée et télévisée du 11 mars 1969.
2. Charles de GAULLE, *Mémoires d'espoir*, t. 1 (*Le renouveau*), Plon, 1970, p. 90.
3. Charles de GAULLE, Allocution radiodiffusée et télévisée du 6 janvier 1961.

lui ont signifié, après qui leur en eut demandé *l'autorisation* (article 11 de la Constitution). En effet, par définition, à l'occasion d'un *référendum normatif*[1], le peuple n'adresse point de « message » : il exprime solennellement et directement la *volonté nationale* !

En revanche, le référendum est dit *consultatif*[2], lorsque la réponse donnée à la question posée ne produit par elle même aucun effet de droit. Cette réponse s'analyse alors comme un *acte non décisoire*. Par la réponse qu'il donne « le corps des citoyens » n'exprime qu'un avis destiné à éclairer l'organe seul habilité à prendre la décision, sans que d'ailleurs celui-ci soit tenu, en théorie, de suivre cet avis. *En théorie* seulement, car comme le notent Constance Grewe et Héléne Ruiz-Fabri, en étudiant sous l'angle comparatif l'institution référendaire, « toutes les expériences concordent (...) pour dire qu'il est *pratiquement* impossible d'ignorer l'expression organisée du *peuple* »[3], ou, pareillement, de la *population* concernée, si le référendum se déroule dans le cadre infra-étatique d'une collectivité territoriale, comme c'est notamment le cas en France depuis 1992[4], où a été introduit une forme de référendum local.

Il arrive aussi, qu'au moment de l'annonce de l'organisation d'un référendum consultatif, les autorités habilitées à en prendre l'initiative, indiquent qu'elles tiendront compte de la réponse donnée bien que juridiquement celle-ci ne les oblige pas. Ce fut le cas, aux Pays-Bas, à l'occasion du référendum du 1er juin 2005 sur le *traité établissant une Constitution pour l'Europe*. Le gouvernement néerlandais avait alors pris l'engagement de se ranger à *l'avis* des votants, sous réserve que la participation atteigne le seuil des 30 % des inscrits. Ce qu'il a fait effectivement en renonçant à ratifier ledit traité dès lors que cette participation a finalement été de 62,8 %, (61,6 % de « non »).

Cette affaire de la ratification du *traité établissant une Constitution pour l'Europe*, évoquée dans les cas français et néerlandais, alors que pour le premier il s'agissait d'un référendum normatif et pour le second d'un référendum consultatif, présente en outre l'intérêt de donner une idée de ce qui peut faire l'objet d'un référendum, indépendamment de la portée qui est reconnue à la réponse donnée.

c) L'objet du référendum

Si, lors d'un référendum, il s'agit toujours pour « le corps des électeurs » de se prononcer sur une « mesure », comme le disait Julien Laferrière, son objet peut en revanche varier. La question posée peut porter sur une matière *constitutionnelle* ou seulement *législative*. Ainsi, on a souvent recours au référendum dans le cadre de l'approbation d'une nouvelle Constitution ou pour l'amender. C'est ce que prévoit notamment dans cette dernière

1. Il s'agit bien d'un référendum *normatif*, puisque, ici, l'objet du référendum était d'approuver ou non la *loi autorisant* le Président de la République à ratifier le traité qu'il avait signé à Rome le 29 mai 2004 (V. les articles 11 et 53 de la Constitution du 4 octobre 1958).
2. V. Jean-Marie DENQUIN, « référendum consultatif », Pouvoirs, n° 77, 1996, p. 82.
3. Constance GREWE et Hélène RUIZ-FABRI, *Droits constitutionnels européens*, coll. Droit fondamental, PUF, 1995, p. 256.
4. Loi n° 92-125 du 6 février 1992, dite « A.T.R. » (Administration territoriale de la République).

hypothèse, sans en faire une obligation, l'article 89 de la Constitution de la Ve république. Mais il peut aussi avoir un objet seulement législatif. C'est le cas lorsqu'il est utilisé de préférence au Parlement, pour le vote d'une loi ordinaire, comme le rend possible en France l'article 11 de ladite Constitution[1].

Ce n'est pas là cependant la seule distinction que l'on peut faire. La loi ordinaire adoptée par référendum peut avoir pour objet d'autoriser l'organe qui en a le pouvoir – en France, le chef de l'État –, à ratifier un traité international. Ce qui correspond à l'exemple déjà évoqué au sujet du *traité établissant une Constitution pour l'Europe*. Le référendum peut dans d'autres cas habiliter le gouvernement à légiférer par ordonnance en lieu et place du parlement, pour un temps déterminé et sur un domaine limité. Ce fut, entre autre, l'objet du référendum français du 8 avril 1962, relativement aux mesures à prendre afin de mettre en œuvre l'approbation des « Accords d'Evian » ouvrant la voie à l'indépendance de l'Algérie.

L'objet du référendum peut être aussi de « légiférer négativement ». C'est l'hypothèse du référendum dit *abrogatif*, comme le prévoit l'article 75 de la Constitution italienne du 27 décembre 1947. À la requête de 500 000 électeurs pétitionnaires – ou de cinq conseils régionaux –, « il y a référendum pour décider l'abrogation totale ou partielle, d'une loi ou d'un acte ayant force de loi »[2]. Ce type de *référendum abrogatif*, s'il aboutit à une réponse positive du corps électoral a pour conséquence d'obliger le Parlement à adopter un texte nouveau, soit en se prononçant sur le projet alternatif soumis au référendum si l'initiative populaire est « formulée », soit en élaborant lui-même un texte de remplacement, s'il s'agit d'une « initiative non formulée ».

Il peut enfin arriver que la procédure référendaire soit utilisée à une autre fin, sinon, comme certains le disent, *détournée de son objet*, quand le référendum prend des allures plébiscitaires.

Le *plébiscite*, en effet, a, par hypothèse, un autre objet que le référendum. Inauguré en France par les Bonaparte, il a été agité longtemps comme un épouvantail destiné à discréditer la procédure référendaire, au point d'ailleurs que les deux termes étaient employés indifféremment. Référendum et plébiscite n'en sont pas moins proches. Surtout quand dans les conditions de leur mise en œuvre, on s'échine à cultiver l'ambiguïté. L'article 14 de la Constitution du 14 janvier 1852, promulguée après le coup d'État de Louis-Napoléon Bonaparte, en est la preuve : « L'empereur est responsable devant le peuple français auquel il a toujours le droit de faire appel ». Les deux procédures, référendaires et plébiscitaires, doivent néanmoins être distinguées, en tout cas formellement. En effet, à l'occasion d'un plébiscite, ce qui fait l'objet de la question posée, n'est plus un *projet de loi* – ordinaire ou constitutionnelle –, une mesure pout reprendre le terme de Julien Laferrière, mais une *personne*. Il s'agit alors pour un chef d'État régulièrement investi dans ses fonctions ou

1. V. Michel CLAPIÉ, « L'extension du champ d'application du référendum législatif : plus de peuple, moins de juge ? », *La revue administrative*, n° 289, 1996, p. 89-94.
2. Une telle procédure existe aussi dans 24 des 50 États fédérés des États-Unis d'Amérique.

qui aspire à le rester après qu'il a accédé au pouvoir en dehors des voies de droit (un coup d'État), de poser au peuple une *question de confiance* sur sa personne. Ce qui donne à penser qu'à l'occasion d'un plébiscite, il y a *abdication* par le peuple de sa souveraineté au profit du chef plébiscité, alors qu'à l'inverse, un référendum, dès lors qu'il a pour objet l'approbation d'un projet de loi, permet au peuple *l'exercice* direct de la souveraineté dont, par hypothèse, dans une démocratie, il reste le seul et unique titulaire[1].

Il n'en reste pas moins que si le plébiscite pâtit d'une « mauvaise réputation », c'est surtout eu égard aux conditions dans lesquelles furent organisés ceux des deux Bonaparte. Le résultat était couru d'avance, si l'on peut dire, en raison des pressions exercées, et des fraudes pratiquées, à telle enseigne que l'idée s'est répandue que lors d'un plébiscite, la réponse est toujours positive, et ne peut être que positive[2]. Mais il en va différemment lorsque le référendum d'initiative présidentielle est conçu comme une procédure permettant au chef de l'État d'engager sa responsabilité politique devant le suffrage universel. C'est la *pratique* qu'en eut le général de Gaulle au point de démissionner le lendemain du référendum négatif du 27 avril 1969, conformément du reste à *l'esprit* de la Ve République, puisque pour ses promoteurs le référendum était pensé comme « engageant de façon certaine et impérative la responsabilité du chef de l'État »[3]. Tout indique, du reste, que c'est là le meilleur moyen d'éviter une abstention massive du corps électoral : « pour que les citoyens se déplacent et fassent l'effort d'aller voter, il faut qu'il y ait un enjeu : *un risque*, pour ceux qui posent la question comme pour ceux qui y répondent, un risque clairement défini et aisément compréhensible », écrit Frédéric Rouvillois[4].

Toujours est-il que la pratique référendaire, voire plébiscitaire, si elle permet effectivement de dépasser la démocratie représentative dans le cadre d'une démocratie qualifiée de semi-représentative, ne gomme pas pour autant son caractère foncièrement représentatif : à titre principal, quoique non exclusif, le pouvoir demeure exercé par des représentants élus. Or, depuis quelques années, force est de constater que là où elle s'est imposée, la démocratie représentative, fût-elle « améliorée » par les procédures de démocratie directe, n'a pas manqué de susciter bien des désillusions.

C. Les désillusions de la démocratie représentative

L'habitude prise de nommer *démocratie* ce qui n'est qu'un régime représentatif démocratisé, comme la tendance à croire – surtout depuis la disparition avec l'effondrement de l'U.R.S.S. en 1991, des « démocraties populaires » d'Europe centrale et orientale – que l'organisation d'élections libres et pluralistes au suffrage universel suffit à fonder un régime démocratique,

1. V. René CAPITANT, « Nécessité et légitimité du référendum » (22 décembre 1960), *in Écrits politiques*, Flammarion, 1971, p. 65-66.
2. Sur la question, v. Frédéric ROUVILLOIS, *Droit constitutionnel. Fondements et pratiques*, *op. cit.*, p. 221-224.
3. Frédéric ROUVILLOIS, *L'avenir du référendum*, *op. cit.*, p. 154.
4. *Idem*, p. 153.

est à l'origine d'une confusion qui devient source de désillusions. Tant est si bien que dans les régimes occidentaux contemporains qui se veulent démocratiques, « la démocratie n'est plus que la rhétorique de légitimation d'une oligarchie[1] d'autant plus redoutable qu'elle gouverne et se reproduit au motif du choix populaire »[2]. Le malaise qui en résulte, quoique diffus, est profond. Il naît d'un *sentiment de dépossession* qui s'empare des citoyens, parce qu'ils constatent qu'ils n'ont plus prise sur l'orientation politique et la conduite des affaires publiques et que, finalement, voter ne sert à rien. Le désaveu des gouvernants sortants et les alternances politiques restant sans conséquence, ils en arrivent à se convaincre de l'inutilité ou de la vanité du vote. D'où le développement de l'abstention.

1. Un sentiment de dépossession

Ce qui est nouveau en ce début de XXIe siècle, ce n'est pas tant cette dépossession, que la prise de conscience de cette dépossession, car en réalité, cette dépossession est dans la nature même de la démocratie représentative. La critique qu'en faisait jadis Joseph de Maistre, pour être excessive à certains égards, n'en demeure pas moins fondée. En tout cas, elle n'est pas dénuée de pertinence. En effet, « l'accès des gouvernés à la fonction de gouvernant par le recours au système électif généralisé qui caractérise [dès la fin du XVIIIe siècle] les révolutions américaine et française et qui enfante ce que l'on appelle la “démocratie représentative”, ne signifie pas que tous les gouvernés seront gouvernants »[3]. Or, comme on l'a vu, l'idéal démocratique tient au contraire dans la tendance à l'identification des gouvernés aux gouvernants.

En observateur critique du régime du Directoire instauré par la Constitution du 22 août 1795, qui prévoyait deux chambres parlementaires totalisant 750 représentants renouvelés annuellement par tiers et cinq Directeurs formant l'exécutif collégial, Joseph de Maistre, dans ses *Considérations sur la France*, remarquait ceci, non sans ironie : « Chaque année, aux termes de la constitution, deux cent cinquante personnes sortant du corps législatif seront remplacées par deux cent cinquante autres. Il s'ensuit que si les quinze millions de mâles que suppose cette population étaient immortels, habiles à la représentation et nommés par ordre, invariablement, chaque Français viendrait exercer à son tour la

1. Selon la typologie des régimes politiques établie par Aristote, *l'oligarchie–oligoï* : petit nombre – est « la forme corrompue » du gouvernement d'un « petit nombre » de gens puissants et influents : hier les notables ou les « notoires », comme disait le général de Gaulle, aujourd'hui, quelque minorité agissante – « l'hyper-classe » – qui, dans un contexte donné, dispose d'une puissance sans commune mesure avec son importance numérique puisque le nombre de ses membres reste très limité. Elle est une version dévoyée de « la forme pure » qu'est l'aristocratie. Le gouvernement des meilleurs se métamorphose alors en *gouvernement d'une minorité de puissants*.
2. Alain RAISON, « Démocratie représentative : l'avenir d'une illusion », revue *Les Épées*, n° 12, juin 2004, p. 21.
3. Jean-Luc CHABOT, « Théologie et politique chez Joseph de Maistre : les insuffisances théologiques de la pensée maistrienne », *Revue d'études maistriennes*, n° 14, *Joseph de Maistre acteur et penseur politiques*, Honoré Champion, Paris, Slatkine, Genève, 2004, p. 307-335, not., p. 332.

souveraineté nationale tous les soixante mille ans». Il ajoutait même en note : «Je ne tiens point compte des cinq places de Directeurs. À cet égard la chance est si petite, qu'elle peut-être considérée comme zéro»[1].

Jean-Luc Chabot a ainsi beau jeu d'écrire que « le système électif que l'on confond habituellement avec la démocratie ne débouche pas sur le "le gouvernement du peuple" comme le voudrait le sens même du mot ; il écarte l'hérédité pour la remplacer par une nouvelle aristocratie, celle de ceux qui ont les qualités implicites pour pouvoir se faire élire derrière la garantie formelle d'un égal accès théorique à l'éligibilité »[2]. Cette « nouvelle aristocratie » qui, dans son principe, nie « l'idéal auquel un gouvernement démocratique devrait aspirer, à savoir celui de l'égalité »[3], est en même temps une dénaturation du gouvernement aristocratique lui-même, c'est-à-dire, étymologiquement, *le gouvernement des meilleurs*, lequel n'est pas exclusif du principe électif.

Dans la République de Venise, qui, dès le Moyen-Âge, a inventé les procédures modernes du vote, ce mode de désignation avait pour objet de choisir le meilleur afin qu'il accède à la fonction de *Doge*. Pareillement, pour la désignation des rois de France, à commencer par Hugues Capet en 987, le vote était censé permettre l'élévation à la dignité royale du meilleur. Et c'est aujourd'hui encore, en droit canonique, le principe qui guide le choix du souverain pontife par le collège des cardinaux réuni en conclave pour *élire* le pape[4].

Or, en combinant, d'une part, le principe démocratique qui postule l'égalité entre les différents membres de la société politique ainsi que l'identité entre gouvernants et gouvernés, et, d'autre part, le principe du vote pour le choix des gouvernants, la démocratie représentative mélange les deux logiques, démocratique et aristocratique. Dans la logique aristocratique, en effet, le vote permet de faire émerger *les meilleurs*, sans qu'il soit besoin de les qualifier de représentants ; dans la logique démocratique, au contraire, le vote a pour finalité de désigner *quelqu'un de semblable* à ceux qu'il représente, *quelqu'un qui sera l'égal* des gouvernés et *non leur supérieur*[5], car le fait d'être gouverné par un ou des supérieurs – fussent-ils qualifiés de représentants – correspond justement à la définition de l'aristocratie. Le problème, si l'on peut dire, c'est qu'« un peuple où est établie une suffisante distinction entre représentants et représentés est une *société*, un peuple ou un régime où règne l'égalité est une *masse* », écrit Michel Guénaire[6]. Or, la

---

1. Joseph de MAISTRE, *Considérations sur la France*, (1797), Editions Complexe, 1988, p. 61.
2. Jean-Luc CHABOT, « Théologie et politique chez Joseph de Maistre... », *op. cit.*, p. 332.
3. Norberto BOBBIO, *Libéralisme et démocratie*, *op. cit.*, p. 45.
4. André Frossard proposait une analyse bien plus fine de ce qui caractérise la constitution de l'Église : « à la fois monarchique (le pape gouverne), aristocratique (il est nommé par les cardinaux) et démocratique (n'importe qui peut l'être) », (A. FROSSARD, *Portrait de Jean-Paul II*, éd. Robert Laffont, 1988, p. 57).
5. C'est là le paradoxe de la démocratie entrevu par Montesquieu : « N'avoir pour supérieurs que ses égaux ».
6. Michel GUÉNAIRE, *Le prince moderne*, *op. cit.*, p. 152.

massification est bien souvent l'avatar de la *démocratisation*, avec cette conséquence que le besoin électoraliste de *séduire* les masses finit par l'emporter sur l'ambition légitime de *convaincre* les citoyens[1].

Toujours est-il qu'en définitive, la démocratie représentative aboutit à une « hybridation ambiguë »[2], elle se présente comme une aristocratie élective qui se réclame de la légitimité démocratique. Dès lors qu'il s'agit en effet de sélectionner les citoyens censés être les plus compétents pour exercer les charges publiques, on substitue au principe de *l'identité* entre gouvernants et gouvernés, celui de *la différenciation* qui relève du principe aristocratique. Bien plus, d'une *égale possibilité* de participer au pouvoir, ce qui est le propre de la démocratie, on passe à l'*égale capacité* à seulement consentir au gouvernement des seuls représentants[3].

Qui plus est, l'expérience aidant, on constate que les plus habiles à se faire élire ne sont pas nécessairement les meilleurs ni les plus compétents[4], mais bien davantage les puissants du moment – la bourgeoisie traditionnelle hier[5], les gens « d'en haut » dirait-on de nos jours –, de sorte qu'en dernière analyse, sous couvert de procédures démocratiques, se met en place un système oligarchique : littéralement le gouvernement des puissants et des « notoires » comme les nommait le général de Gaulle. Dans ces conditions, « on laisse les puissants décider pour soi-même et pour les autres ». Et c'est ainsi qu'apparaît parmi les gouvernés, un sentiment de dépossession et d'inutilité du vote, parce que la *croyance* au caractère démocratique dudit vote finit par s'estomper.

---

1. On retrouve – soit dit en passant – ce phénomène de *massification* au sein de l'Université depuis que plus de 90 % des candidats au baccalauréat – représentant près de 75 % d'une classe d'âge – le réussissent ; plus de 90 % en en tenant compte de ceux qui l'obtiennent lors d'une seconde ou troisième tentative. Cette *massification* est ainsi la conséquence d'une démocratisation sur fond d'égalitarisme niveleur dès lors que de tous les établissements d'enseignement supérieur susceptibles d'accueillir un bachelier, seule l'Université se voit refuser la faculté de pratiquer une sélection à l'entrée : sur concours (pour l'entrée dans les Grandes écoles) ou sur dossier (pour l'accès aux classes préparatoire, aux I.U.T., et même aux Sections de technicien supérieur en vue de l'obtention d'un B.T.S.). C'est même aujourd'hui l'une des plaies de l'Université française. La sanction du savoir et du savoir-faire que permet l'examen est désormais perçue comme une sanction tout court et du coup les examens font figure de brimades. Ce qui pousse certains « à réclamer moins la suppression des examens que celle des échecs. On veut que tout le monde soit reçu », notait ainsi Georges Pompidou au lendemain des *évènements de mai 1968*. Il ajoutait : « La formule est séduisante pour les candidats, *notamment les médiocres*, mais elle est illusoire, car elle enlève toute valeur à la réussite » et tout sens au mérite. Ce que l'on oublie, c'est que « l'examen n'est pas une fin en soi. Il constitue un titre à obtenir une situation » (Georges POMPIDOU, *Le nœud gordien*, *op. cit.*, p. 91-92).
2. Alain RAISON, *op. cit.*, p. 22.
3. *Ibidem*.
4. Michel Guénaire affirme ainsi que « le critère de la notoriété a remplacé celui de la compétence », (*Le prince moderne*, *op. cit.*, p. 141). La *notoriété* devenue la *célébrité*, explique aujourd'hui l'intrusion des « gens du spectacle » (chanteur à succès, comédien à la mode, sportif de haut niveau surtout s'il est *professionnel* et de préférence *bien rémunéré*, saltimbanque médiatisé, vedette de la télévision, journaliste en vue, ancienne « Miss » sur le retour...) sur la scène et dans l'arène politiques.
5. Au moment où l'aristocratie d'Ancien régime décline, une nouvelle aristocratie se met en place ». Une aristocratie en remplace une autre, au nom de la démocratie », écrit Jean-Luc Chabot. « ce n'est pas encore l'aristocratie de l'argent, ou de l'industrie, mais bien plutôt celle d'un savoir jusqu'alors écarté du pouvoir : celui des clercs juristes ou hommes d'Église issus du tiers ou de la basse noblesse, mais instruits et maîtrisant le verbe oral et écrit », (J.-L. CHABOT, *Introduction à la politique*, *op. cit.*, p. 108).

Ce sentiment que l'on rencontre dans les démocraties représentatives, est particulièrement prégnant dans la France contemporaine, où depuis plus de vingt ans, le jeu des alternances politiques répétées fonctionne en vase clos : les représentants changent au gré des élections successives mais la politique conduite par les majorités qui se succèdent, demeure la même. Rivaux pour conquérir le pouvoir, les partis et leurs candidats, sont alliés pour conduire une politique identique sur le fond : celle qui depuis 1983[1] est invariablement rejetée à chaque élection[2]. Commentant le résultat de l'élection présidentielle de 2012, le journaliste Pierre Lévy en rendait compte ainsi : « Au soir du 6 mai, Nicolas Sarkozy a été battu, comme le furent depuis deux ans la plupart des pouvoirs sortants au sein de l'Union européenne, et ce, quelle que soit leur couleur politique (Hongrie, Royaume-Uni, Pays-Bas, Irlande, Finlande, Portugal, Danemark, Espagne, Slovénie, Slovaquie, et Grèce). Le mécanisme est connu : les électeurs se voient proposer, pour défouler leur colère, de renvoyer l'équipe en place ; et *les politiques menées continuent dans la même direction, puisqu'elles sont définies en commun par les uns et les autres en un lieu soustrait à la souveraineté des peuples – en l'occurrence à Bruxelles. Cela s'appelle "l'alternance", et même, pour les humoristes postmodernes, "la démocratie"* »[3]. C'est pour cette raison qu'il s'ensuit un divorce entre gouvernés et gouvernants. Ces derniers apparaissent alors aux yeux des premiers, comme les représentants interchangeables d'une même *caste* qui s'auto-reproduit, se partage « les places », et qui reste sourde à leurs aspirations ; qui devient même *autiste*, disent certains. Se sentant dépossédés du pouvoir par les « professionnels de la politique », alors qu'en démocratie celui-ci est supposé leur appartenir, les gouvernés, consciemment ou non, finissent par ne plus croire aux vertus démocratiques des procédures – le vote au premier chef – censées leur permettre de déterminer la manière dont ils entendent être gouvernés[4]. La conséquence en est une participation déclinante lors des élections et corrélativement le développement du phénomène de l'abstention. À quoi s'ajoutent le fait de plus en plus patent que les citoyens perdent tout espoir dans la politique, qu'ils n'hésitent plus à renvoyer les élus des partis traditionnels

1. À la fin de l'hiver 1983, le Premier Ministre de François Mitterrand, Pierre Mauroy, amorce un virage politique qui sonne le glas de la politique conduite jusque-là : il annonce ce qu'il appelle alors « une politique de rigueur ».
2. La victoire du *non* lors du référendum du 29 mai 2005, alors que tous les partis qui, depuis un quart de siècle, se succèdaient au gouvernement du Pays appelaient à voter *oui*, est à cet égard significatif. Ce qui a été sanctionnée par les citoyens, c'est la *politique européenne* conduite depuis lors, par-delà les alternances politiques, (V. Michel CLAPIE, « Le traité établissant une constitution pour l'Europe, le peuple et les *europiomanes*. Libres réflexions sur le référendum français du 29 mai 2005 », *Revue Politeia*, n° 7, juin 2005, p. 51-63).
3. Pierre LEVY, « Le temps est révolu »..., *Le nouveau Bastille République Nations*, 4 juin 2012, p. 1.
4. Combien fut significative à cet égard, en février 2008, l'autorisation donnée par les parlementaires français au Président de la République de ratifier le traité – dit « traité simplifié » – qu'il avait signé à Lisbonne le 13 décembre 2007, alors que les citoyens, appelés à se prononcer par référendum, avaient refusé vingt et un mois plus tôt – le 29 mai 2005 – la ratification d'un traité *formellement différent* mais *substantiellement identique* (le traité établissant une Constitution pour l'Europe, signé à Rome le 29 octobre 2004). Le député Nicolas Dupont-Aignan, à l'époque, n'hésita pas à parler à ce propos de « coup d'État simplifié », (v. N. DUPONT-AIGNAN, *Le coup d'État simplifié*, éd. du Rocher, 2008). À tout le moins, peut-on parler de fraude à la Constitution, (v. Michel CLAPIE, « La ratification du traité de Lisbonne : une "fraude à la Constitution" », *Politéia*, n° 13, printemps 2008, p. 133-142).

implantés depuis des lustres, qu'ils « dégagent » ainsi les sortants et qu'ils votent de plus en plus par défaut, non pour un candidat mais pour « faire barrage » à un rival estampillé à tort ou à raison de fasciste.

2. Le développement de l'abstention

L'abstention électorale est devenue une caractéristique commune des démocraties représentatives contemporaines. Selon le scrutin considéré, le taux de participation oscille désormais entre 40 % et 70 % du corps électoral. Aux États-Unis, il est figé autour de 50 % depuis longtemps. En France, on note un recul tendanciel de la mobilisation électorale, même si le taux de participation – exprimé en pourcentage – tend à se stabiliser au mieux aux environs de 60 % de l'électorat. Et si lors des élections nationales, et non locales, il avoisine les 70 %, il n'en marque pas moins un recul sensible puisqu'il dépassait régulièrement – et souvent allègrement – les 80 %, il y a un quart de siècle.

L'élection présidentielle des 22 avril et 6 mai 2007 fit toutefois exception avec un taux de participation de près de 85 %. Mais elle ne devait pas inverser la tendance : les deux tours des élections législatives des 10 et 17 juin suivants renouèrent avec un taux de participation à peine supérieur à 60 %. Et de même cinq ans après : l'élection présidentielle des 22 avril et 6 mai 2012 connut un taux de participation de 82 %, tandis que la participation aux élections législatives consécutives, en juin de la même année, fut d'un peu moins de 60 %. Plus significatif encore, à l'élection présidentielle des 23 avril et 7 mai 2017, le taux de participation au second tour ne fut que de 71 %, et en juin, lors des élections législatives, il ne fut, au second tour que de 44 %, pour à peine 40 % de suffrages exprimés. Cela s'explique sans doute parce que l'élection du chef de l'État est – justement – perçue comme décisive car c'est lui qui suscite et cristallise toutes les « espérances ».

On sait du reste que la proportion des citoyens en âge et en droit de voter, et qui ne sont pourtant pas inscrits sur les listes électorales, est invariablement de l'ordre de 8 % du corps électoral potentiel. Ce qui revient à dire que la motivation pour voter ne se rencontre au mieux aujourd'hui que dans une « grosse moitié » du corps électoral théorique.

À ce constat s'en ajoute un autre qui montre que rien n'indique que la tendance soit prête à s'inverser, ni que les citoyens – les gouvernés –, dans le cadre de la démocratie représentative, soient disposés à se réapproprier un pouvoir qui leur échappe et dont ils se sentent dépossédés. En effet, quand on analyse les résultats électoraux et la répartition des votes lors des différents scrutins, on remarque un éparpillement croissant des suffrages[1], notamment vers des partis qui se situent aux deux extrémités de l'échiquier politique

1. Lors de l'élection présidentielle de 2017, au soir du premier tour, quatre candidats réunissaient chacun plus ou moins 20 % des suffrages. Celui qui fut finalement largement élu – Emmanuel Macron –, ne réunissait sur son nom, à l'issue de ce premier tour, que 24,3 % des suffrages exprimés, soit à peine plus de 17 % des inscrits !

(20 % et jusqu'à plus de 40 % au premier tour de l'élection présidentielle de 2017[1]) ou en faveur de candidats « dissidents » (plus de 5 %). À cela s'ajoute un nombre non négligeable de votes blancs et nuls, de l'ordre de 4 à 5 %, ce qui signifie que ces électeurs-là refusent de choisir, ou, pour parler le langage des économistes libéraux, ne trouvent pas d'offre politique correspondant à leur demande.

En définitive, et jusqu'aux élections présidentielles et législatives du printemps 2017, ce sera donc entre le quart et le tiers des votants – et plus encore au printemps 2017 – qui se détourneront des partis dits de gouvernements, et de leurs candidats[2], c'est-à-dire de ceux qui atteignent une « masse critique » autour de laquelle peut se former une majorité de gouvernement. Bref, comme l'écrivait-il y a quelques années le Professeur Christophe Boutin, « cela veut dire que les partis de gouvernement se répartissent actuellement 35 % du corps électoral [abstentionnistes et non inscrits compris], ce qui met la majorité, au mieux, à 20 % de celui-ci, un électeur sur cinq... »[3]. Le bouleversement de l'échiquier politique du printemps 2017 modifia la donne mais sans aucunement renverser le mouvement qui voit s'accentuer l'abstention. Bien au contraire. En obtenant autour de 49 % des suffrages au soir du second tour de l'élection législative, la formation politique soutenant le Président de la république élu le mois précédent, totalisait à peine 20 % des suffrages par rapport aux électeurs inscrits sur les listes électorales. Quant aux deux formations – ou alliances – ayant réuni le plus grand nombre de suffrages (*La République en Marche* allié au *Mouvement démocrate* dit *Modem* et *Les républicains* alliés aux centristes de l'U.D.I.), soit environ 75 % des suffrages exprimés, elles ne totalisaient que 30 % des suffrages par rapport aux inscrits !

Pourtant ceux qui sont prompts à gloser sur ce qu'ils nomment « la crise de la démocratie représentative », sont aussi le plus souvent ceux qui s'en accommodent le mieux lorsqu'ils analysent les résultats électoraux. Les journalistes au premier rang ! Dans les conclusions qu'ils tirent des différents scrutins, cet abstentionnisme endémique ne suscite de leur part que de vagues regrets : ils le déplorent puis passent à autre chose. Leurs commentaires ne sont pas à la hauteur de ce qu'implique un tel phénomène au regard de la légitimité démocratique de gouvernants si peu « représentatifs » ; comme si l'abstention ne menaçait pas cette légitimité démocratique. Françoise Subileau et Marie-France Toinet l'ont bien vu et l'on écrit dans la dernière décennie du xxe siècle : « sous le taux d'abstention, se joue la légitimité du système des acteurs politiques »[4]. Pour le comprendre, il faut revenir à ce qu'est la légitimité du pouvoir en démocratie.

1. Marine Le Pen (*Front National*) obtenant plus de 21 % des suffrages et Jean-Luc Mélenchon (*La France Insoumise*) Plus de 19 %.
2. Au premier tour de l'élection présidentielle de 2017, le candidat soutenu par chacun des deux partis jusque-là dominant (*Partis socialiste* et *Les républicains*) sera éliminé : Benoît Hamon (Parti socialiste), avec seulement 6,4 % des suffrages exprimés et François Fillon (Les Républicains), avec 20,1 %.
3. Christophe BOUTIN, « Osons ! Osons le vote », revue *Les Épées*, n° 12, juin 2004, p. 30.
4. Françoise SUBILEAU et Marie-France TOINET, *Les chemins de l'abstention*, éd. La Découverte, 1993, p. 131.

En démocratie, en effet, l'autorité exercée est légitime « non en raison de ce qu'elle fait, mais parce qu'elle procède de ceux que la loi définit comme composant le peuple : les citoyens »[1]. S'il en est ainsi c'est aussi que « fondamentalement, la démocratie se ramène au principe d'égalité : or, celui-ci implique une égale participation à la vie politique, et concrètement, à la désignation des gouvernants. On la résume parfois par l'équation "un homme, une voix" ; mais encore faut-il que cette voix s'exprime »[2]. Or, l'adage populaire selon lequel « qui ne dit mot, consent », ne saurait s'appliquer ici. D'abord, parce que l'abstention n'est pas synonyme d'acquiescement mais s'analyse plus sûrement comme « une manifestation de défiance, ou au mieux d'indifférence »[3]. Bien plus, « à un certain degré, écrit Michel Guénaire, l'abstention électorale change (...) de nature ; elle ne signifie plus une simple indifférence mais est une opposition ; elle n'est plus une abstention politique, mais est une abstention morale »[4]. Une chose est sûre en tout cas, c'est que la légitimité démocratique ne se réduit pas au simple *consentement tacite*. Si le constat du consentement au pouvoir établi peut-être considéré comme une présomption de légitimité de ce pouvoir[5], il ne suffit pas cependant à qualifier cette légitimité de démocratique, ni à fonder l'autorité des gouvernants. C'est bien d'ailleurs ce qu'affirme l'article 3 de la *Déclaration des droits de l'homme et du citoyen* de 1789, qui précise que toute autorité doit émaner « expressément » de la Nation. La participation des gouvernés doit donc être *expresse* et *effective*, faute de quoi le caractère démocratique du pouvoir exercé reste une chimère.

C'est dire que la question de la participation à l'élection des représentants est, au plein sens du terme, *essentielle*. Elle a du reste partie liée avec celle de l'élection proprement dite de ces représentants, car cette dernière, s'agissant du choix de ses modalités concrètes, n'est jamais neutre[6]. Et ne peut l'être quoi qu'on dise.

§2. L'élection des représentants

De nos jours, l'élection des représentants procède d'un *choix volontaire*. Mais il est vrai qu'étymologiquement, l'élection en tant que telle recouvre toutes les formes de désignation des gouvernements fondées sur un choix. *Eligere*, en latin, signifie : choisir, le choix pouvant être *volontaire ou non*[7]. Cette élection des représentants se fait à l'occasion de scrutins dont

---

1. E. MARSALA, « Les absents ont toujours raisons », revue *Les Épées*, n° 12, p. 29.
2. *Ibidem*.
3. *Ibidem*.
4. Michel GUENAIRE, *Le génie français*, Grasset, 2006, p. 139.
5. V. Michel CLAPIÉ, « Légalité et légitimité. Les limites de la raison et les leçons de l'expérience », revue *Libres*, n° 4, 2006, éd. F.-X. de Guibert.
6. V. sur la question, Michel CLAPIÉ, « La réforme des modes de scrutin régional et européen », *in* Thierry DEBARD et François ROBBE (sous la dir.), *Le caractère équitable de la représentation politique*, *op. cit.*, p. 100-117.
7. « Le choix volontaire peut provenir soit de l'exercice du suffrage par une population d'électeurs représentant les gouvernés (l'élection au sens précis juridico-politique, contemporain), soit d'une désignation d'un nombre restreint de gouvernants par d'autres (cooptation). Le choix non volontaire s'exerce par le tirage au sort », (Jean-Luc CHABOT, *Introduction à la politique*, *op. cit.*, p. 107-108).

les modes diffèrent. Ces modes de scrutin, parfois appelés systèmes électoraux, sont les règles qui permettent de calculer comment les suffrages favorables aux candidats sont pris en compte pour leur élection. Ces règles sont en quelque sorte *juridique par leur source et leurs effets*, mais *mathématiques par leur objet*[1].

Pour comprendre les développements qui vont suivre, il importe de maîtriser la terminologie, ce qui exige de préciser à titre liminaire certaines expressions : *électeurs inscrits, votants, suffrages exprimés, abstention, majorité relative, absolue ou qualifiée.*

Les électeurs inscrits sont ceux qui figurent sur une liste électorale et ont ainsi le droit de voter ; ils forment ce que l'on appelle parfois le peuple juridique. *Les votants* sont parmi les électeurs inscrits ceux qui ont effectivement déposé une enveloppe dans l'urne ou qui l'ont faite déposée par un autre électeur dans le cas où ils votent par procuration. *Les suffrages exprimés* correspondent aux bulletins de vote qui expriment un choix juridiquement valable en faveur d'un candidat ou d'une liste ; c'est le nombre des votants diminué du nombre des bulletins nuls ou blancs[2]. *L'abstention* est le fait pour un électeur inscrit de ne pas voter : le taux d'abstention correspond à la différence constatée entre le nombre des inscrits et le nombre des votants ; il s'exprime en pourcentage. Un candidat – ou une liste – est réputée avoir atteint *la majorité relative* – ou *majorité simple* – lorsqu'il – ou elle – obtient davantage de suffrages que n'importe quel autre candidat – ou que n'importe quelle autre liste. *La majorité absolue* est celle qui correspond à un nombre de suffrages supérieur à la moitié du nombre pris en considération pour le calcul : ce nombre peut être celui des inscrits ou celui des suffrages exprimés. *La majorité qualifiée* est celle qui doit être atteinte par un candidat – ou une liste de candidats – pour être proclamé élu : elle est prédéterminée par la loi électorale en fonction du nombre des inscrits ou du nombre des suffrages exprimés et se situe à un niveau supérieur à la majorité absolue : par exemple les trois cinquièmes ou les deux tiers.

Les modes de scrutin utilisables sont, dans l'absolu, innombrables et d'une diversité inouïe[3]. Ce n'est pas ici le lieu de les présenter tous, ni *a fortiori*, d'en expliquer par le menu les mécanismes et les subtilités. L'exercice serait fastidieux et finalement d'un intérêt très relatif car tout le monde s'accorde pour dire qu'ils sont réductibles à deux modèles-types, dont dérivent tous les autres par le jeu de combinaisons multiples dans lesquelles on reconnaît une variété infinie de *scrutins mixtes*. Ce sont donc ces deux modèles-types qu'il va s'agir d'analyser à grands traits.

---

1. V. Jean-Louis BOURSIN, *Les paradoxes du vote*, Odile Jacob, 2004. Jean-Louis Boursin est *mathématicien* ; il enseigne à l'I.E.P. de Paris.
2. Un *bulletin nul* est un bulletin de vote affecté d'une irrégularité, laquelle s'apprécie au regard des dispositions du code électoral ; un *bulletin blanc* est un bulletin de vote qui ne contient aucune indication.
3. V. Pierre MARTIN, *Les systèmes électoraux*, coll. Clefs, Montchrestien, 1996.

Précisons toutefois, qu'on pourrait être tenté de superposer à cette dualité, une autre classification binaire, en distinguant le *scrutin uninominal* du *scrutin de liste*, étant entendu qu'un scrutin est dit uninominal lorsque dans la circonscription territoriale et démographique servant de cadre électoral, un seul siège de représentant est à pourvoir, et, qu'à l'inverse, il est dit de liste lorsque des candidatures multiples doivent être présentées sous forme d'une liste comportant autant de candidats que de sièges à pourvoir. Mais opérer de la sorte est d'un intérêt moindre si l'on veut insister sur les conséquences politiques et institutionnelles qui découlent inéluctablement du mode de scrutin retenu.

Il est donc plus pertinent de distinguer les deux modèles-types que sont, classiquement, le scrutin majoritaire et le scrutin proportionnel encore appelé représentation proportionnelle.

A. Le scrutin majoritaire

Le scrutin majoritaire consiste à attribuer le ou les sièges à pourvoir au candidat ou à la liste de candidats qui a obtenu le plus grand nombre de suffrages. Ce qui signifie que le scrutin majoritaire peut être de liste ou uninominal. On constate toutefois que scrutin majoritaire et scrutin uninominal vont souvent de pair.

Ce mode de scrutin appelle des explications quant à ses modalités techniques de mise en œuvre et une appréciation des effets politiques qu'il produit.

1. Les modalités techniques

Le scrutin majoritaire peut être soit à un tour soit à deux ou plusieurs tours. Qu'il soit à deux – le plus souvent – ou plusieurs tours, ce qui va importer, c'est le résultat obtenu au dernier tour.

Dans le scrutin majoritaire à un tour, le candidat élu est celui qui obtient le plus grand nombre de voix, quel que soit ce nombre, c'est-à-dire même s'il ne réunit sur son nom qu'une majorité relative des suffrages exprimés. Dans tous les cas on peut observer deux phénomènes qui paraissent corrélés. Le scrutin majoritaire à un tour favorise le bipartisme – deux partis dominants par leur audience – et il conduit à une sur-représentation de la formation politique qui réunie sur le nom de ses candidats une majorité de suffrages.

Dans les États qui ont instauré le scrutin majoritaire à un tour, notamment les pays anglo-saxons et tout particulièrement le Royaume-Uni et les États-Unis, on constate en effet que deux partis politiques se partagent à eux seuls l'essentiel des suffrages exprimés lors de chaque élection, c'est-à-dire entre les trois quarts et les neuf dixièmes de l'électorat.

Cette constatation *empirique* incite à conclure que le scrutin majoritaire à un tour, même s'il ne produit pas à lui seul le bipartisme, a pour conséquence, à tout le moins, de le favoriser et de le conserver une fois qu'il s'est installé. Les électeurs sont en effet poussés à « voter utile » et à ne pas disperser leurs voix sur les candidats appartenant à une multitude de partis. Ils sont ainsi amenés à voter pour le candidat qui leur « déplaît le moins » afin de faire battre celui qui leur « déplaît le plus ». Le sort des élections se jouant à l'issue d'un seul vote, ils ne peuvent se permettre de donner libre cours à leur préférence politique dans un premier temps avant de réajuster leur vote à l'occasion d'un deuxième vote puisque, par hypothèse, ils en sont privés : leur choix est donc conditionné par le caractère abrupt du mode de scrutin et par la nécessité de faire un *choix utile*, en faveur d'un candidat investi ou soutenu par une formation politique – un parti – qui a une audience nationale avérée. Cela se comprend d'autant mieux que l'autre conséquence du scrutin majoritaire à un tour est d'induire une sur-représentation du parti qui sort victorieux de la consultation électorale.

Le scrutin majoritaire à un tour amplifie considérablement le succès du parti qui remporte l'élection en termes de suffrages obtenus. Le parti vainqueur bénéficie en quelque sorte d'une « prime » en termes de sièges conquis. C'est là un constat facile à faire en se référant à l'expérience. Cette « prime » est inscrite dans la logique du système et elle se déduit « mécaniquement » de sa mise en œuvre. Pour rendre compte de cela, on évoque parfois ce que l'on appelle « la loi du cube » : Le rapport des sièges obtenus par les deux principaux partis est égal au rapport du nombre de suffrages au cube obtenu par « le parti vainqueur », sur le nombre des suffrages au cube obtenus par « le partis vaincu ».

Le scrutin majoritaire à deux tours obéit à une logique un peu différente même si pour l'essentiel il produit des conséquences analogues. Comme le scrutin majoritaire à un tour, il amplifie le succès électoral en termes de sièges de représentants conquis, pour autant toutefois que les acteurs du jeu politique s'adaptent à sa logique en concluant des accords électoraux en vue du second tour de sorte que ne restent alors en, lice que deux candidats. Pour être élu au premier tour un candidat doit obtenir la majorité absolue et, à défaut, il y a alors « ballottage », la majorité relative au second. Il est vrai toutefois, que bien souvent d'autres conditions sont posées qui tiennent à des seuils de participation qui doivent être atteints. Par exemple, l'élection sera acquise au premier tour si la majorité absolue des suffrages exprimés obtenue par le candidat correspond à un pourcentage minimum d'électeurs inscrits, conformément à ce qu'a pu prévoir la loi électorale. C'est le cas en France, où le nombre de voix permettant d'atteindre la majorité absolue des suffrages exprimés qui permet théoriquement l'élection dès le premier tour, ne doit pas être inférieur au quart des électeurs inscrits. Faute de quoi un deuxième tour sera nécessaire[1].

On constate que dans tous les cas le scrutin majoritaire à deux tours induit un multipartisme – plus de deux partis influents grâce à leur audience – que corrige souvent une tendance à la bipolarisation, par l'effet d'un jeu d'alliances conduisant au désistement des candidats

1. Avec un taux de participation de 40 %, si le candidat arrivé en tête au premier tour obtient 58 % des suffrages exprimés, c'est-à-dire très largement la majorité absolue, il n'atteint pas pour autant le seuil requis de 25 % des inscrits : ces 58 % des suffrages exprimés, rapportés au nombre total d'électeurs inscrits sur les listes électorales, ne représentent en effet que 23,2 % des électeurs inscrits.

les moins bien placés à l'issue du premier tour. Telle était la structuration partisane de la vie politique française entre 1972 (signature du Programme commun de la gauche) et 1988 (réélection de François Mitterrand à la Présidence de la République Française).

Le premier tour permet à chaque électeur de voter selon sa préférence sans avoir le souci d'éliminer de la compétition le ou les candidats dont il ne souhaite en aucun cas l'élection car il sait qu'il sera toujours temps de le faire à l'occasion du second. On traduit cela en disant : « au premier tour l'électeur choisit et qu'au second il élimine ». De fait, le premier tour entraîne une dispersion des voix entre les différents candidats. Mais il incite les partis politiques présentant des candidats à conclure des alliances soit avant le premier tour soit entre les deux tours. Ces accords conduiront les candidats les moins bien placés au soir du premier tour à s'effacer en se désistant pour le candidat politiquement le plus proche, issu du parti avec lequel un accord de désistement a été conclu. Ce peut être aussi la loi électorale qui limite l'accès au second tour aux seuls candidats les mieux placés à l'issue du premier, comme le prévoit par exemple l'article 6 de la Constitution du 4 octobre 1958 relatif aux modalités d'élection du Président de la République Française. Toujours est-il que soit la loi électorale, soit la réciprocité des accords de désistement conclus – ou une combinaison des deux – a pour effet de favoriser le regroupement des forces politiques autour de deux pôles, chacun associant deux ou trois partis, rarement plus, et c'est ainsi que l'on dit du scrutin majoritaire à deux tours qu'il favorise la bipolarisation de la vie politique.

2. Les effets politiques

C'est en termes d'avantages et d'inconvénients qu'il faut apprécier les effets politiques de ce mode de scrutin. Son principal avantage, de nature à lui seul à le faire préférer à tout autre mode de scrutin, est sa vertu à dégager une majorité au sein de l'assemblée des représentants élus, de sorte qu'il favorise la conduite d'une politique cohérente dans la durée. C'est le mode de scrutin qui fait rimer efficacité et stabilité. Il permet également de dégager une volonté politique et son efficace mise en œuvre. Enfin, il rend possible les arbitrages populaires et les choix clairs. Or, « gouverner, c'est choisir » disait Pierre Mendès France[1]. Grâce à quoi ce mode de scrutin est en parfaite adéquation avec la définition de la démocratie donnée par le Président Abraham Lincoln, déjà évoquée : « *Gouvernement* du peuple, par le peuple et pour le peuple », et reprise à l'article 2 de la Constitution française de la Ve République. La démocratie, c'est d'abord le gouvernement, l'action de gouverner rendue possible par l'existence d'une majorité et donc d'une *volonté* que l'on parvient à dégager ; la démocratie ce n'est pas la représentation des courants d'opinion qui traversent la population.

1. V. Pierre Mendès France, *Gouverner, c'est choisir*, Julliard, 1953.

C'est là cependant le revers de la médaille si l'on peut dire : le scrutin majoritaire ne permet pas en effet une représentation « fidèle » de ces courants d'opinion. Il fausse en quelque sorte la représentation. La sur-représentation du courant majoritaire qu'il induit conduit inévitablement à une sous-représentation des courants minoritaires et souvent à une non représentation des courants ultra-minoritaires[1]. À ce reproche, s'en ajoute un autre. Lorsqu'il s'agit d'un scrutin uninominal qui nécessite un découpage territorial en circonscriptions, ce qui est l'option retenue le plus souvent, sa mise en œuvre peut donner lieu à une manipulation. Afin de favoriser l'élection de candidats issus de formations politiques qui soutiennent le pouvoir en place, les auteurs du découpage – les gouvernants en place – peuvent alors céder à la tentation de pratiquer ce que l'on appelle « le charcutage électoral ». Cette pratique consiste à tracer les contours desdites circonscriptions, seulement en fonction des intentions de vote que l'on prête à sa population ou des propensions qui sont réputées être les siennes eu égard à sa composition (bourgeoisie, prolétariat, classes moyennes…), et dont il est possible d'avoir quelque idée grâce à la sociologie électorale.

La Grande-Bretagne en a connu une version édulcorée – peut-être faudrait-il dire *plus sournoise* – jusqu'en 1884, c'est-à-dire même après l'importante réforme électorale de 1832. Jusqu'en cette fin du XIXe siècle, du fait de l'exode rural et de la surpopulation urbaine, existaient en effet des inégalités considérables entre circonscriptions électorales. Par exemple, Manchester avec 450 000 habitants n'avait pas de représentant alors que des bourgs de 20 000 habitants en avaient un… Il arrivait ainsi que les candidats « conservateurs » favorables au pouvoir en place étaient élus en grand nombre dans des circonscriptions dépeuplées – « bourgs de poche » ou « bourgs pourris » –, dans lesquelles les électeurs leur étaient majoritairement acquis – ils pouvaient même au besoin acheter les voix d'un petit nombre d'électeur pour assurer leur élection –, tandis que des circonscriptions immenses, en termes démographiques, mais néanmoins peu nombreuses, n'avaient aucun élu ou étaient volontairement « sacrifiées » aux opposants. Étant démographiquement plus grandes mais quantitativement beaucoup moins nombreuses, le résultat des élections étaient connu d'avance : les représentants favorables au pouvoir en place étaient ainsi élus en grand nombre mais ne représentaient qu'une minorité des électeurs… Le but poursuivi était bien évidemment de priver l'électorat ouvrier des grandes métropoles industrielles naissantes, dont la bourgeoisie d'affaire craignait qu'il remît en cause une situation acquise favorable à ses intérêts, d'une représentation politique conforme à son poids démographique.

---

1. Pas nécessairement ultra-minoritaires d'ailleurs. L'absence d'accords électoraux de désistement mutuel au second tour entre partis présentant des candidats, peut conduire l'un d'entre eux à n'avoir aucun élu – ou une poignée – alors que 10 à 20 % des électeurs se sont portés sur ses candidats au premier tour. Le cas du *Front national* en France depuis 1988 en est un bon exemple, alors que *Les verts* puis Europe Écologise-Les Verts (*EELV*) obtinrent pendant longtemps – jusqu'en 2012 – des élus avec un nombre inférieur de voix en raison d'un accord électoral de désistement conclu avec le *Parti socialiste*.

Mais c'est aux États-Unis que se développa vraiment cette pratique du découpage très « subjectif », en raison du refus réitéré par la Cour suprême, au XIXe siècle, de sanctionner certains abus dans la délimitation des circonscriptions électorales. Dès lors que l'équilibre démographique était globalement respecté, la Cour s'abstenait de s'interroger sur les raisons des « formes biscornues » que celles-ci pouvaient avoir. Pour rendre compte de cette pratique, on inventa même le mot « *Gerrymandering* ». L'expression fit son apparition, en 1812, à l'occasion d'un « savant » découpage opéré par la législature de l'État du *Massachussets*. Un caricaturiste ajouta alors des ailes, des griffes et une bouche au dessin de la circonscription en s'écriant : « *That will do for a salamander* ». À quoi un directeur de journal répliqua : « *Better say a Gerrymander* », en se référant au nom du Gouverneur de l'État de l'époque, Elbridge *Gerry*[1].

Certes, de tels excès sont aujourd'hui l'exception mais des disparités demeurent en dépit des efforts consentis pour en limiter la portée. C'est ainsi, qu'en France par exemple, le Conseil constitutionnel considère que le principe de l'égalité du suffrage exige que l'Assemblée nationale « doit être élue sur des bases essentiellement démographiques », ce qui « implique que la délimitation des circonscriptions électorales pour la désignation des députés fasse l'objet d'une révision périodique en fonction de l'évolution démographique »[2]. Vœu resté pieux, longtemps ! Après le découpage des circonscriptions électorales effectué en 1986, les équilibres démographiques ont été modifiés dans tous les sens sans que l'on se préoccupe vraiment de la nécessaire actualisation de ce découpage avant 2010, alors qu'à l'époque et depuis déjà quelques années, une vingtaine de départements français étaient soit trop, soit trop peu représentés au regard des critères « constitutionnels » établis par la Conseil constitutionnel[3].

La persistance de « ce genre d'anomalies » ne peut donc qu'inciter à confronter le mode de scrutin majoritaire à celui qui s'en distingue le plus radicalement : le scrutin proportionnel.

B. Le scrutin proportionnel

Le propre du scrutin proportionnel – ou à la proportionnelle – est d'assurer, *en théorie*, à chaque formation politique présentant des candidats un nombre d'élus proportionnel au nombre de suffrages obtenus. On en doit l'idée à John Stuart Mill[4]. À la différence du scrutin majoritaire, le scrutin proportionnel est toujours un scrutin de liste pour d'évidentes raisons de logique et de bon sens. Un seul siège ne peut être fractionné, c'est-à-dire partagé entre des fractions de candidats.

1. Yves MÉNY et Yves SUREL, *Politique comparée. Les démocraties*, coll. Domat politique, Montchrestien, 7e éd., 2004, p. 194-195, note n° 24.
2. CC déc. n° 86-208 DC des 1er et 2 juillet 1986, Rec.
3. V. E. MARSALA, « Paradoxe de l'élection. Ou comment une procédure anti-démocratique est devenue synonyme de démocratie », revue *Les Épées*, n° 22, mars 2007, p. 14.
4. V. Georges BURDEAU, *Droit constitutionnel et institutions politiques*, LGDJ, 19e éd., 1980, p. 152. Sur l'origine et le développement de la représentation proportionnelle, v. Pierre MARTIN, *op. cit.*, p. 63-65.

Mais si le scrutin proportionnel ne peut être autre qu'un scrutin de liste, sa mise en œuvre n'est pas uniforme. Elle peut se faire soit dans le cadre d'une circonscription nationale unique regroupant l'ensemble des sièges à pourvoir – on parle alors de *proportionnelle intégrale* –, soit dans un cadre éclaté de plusieurs circonscriptions – *proportionnelle approchée* – comme on la pratiqua en France en 1945 et encore lors des élections législatives de 1986[1], en appliquant la proportionnelle au niveau départemental : il y avait alors autant de listes que de départements. On comprend cependant que le choix entre la *proportionnelle intégrale* et la *proportionnelle approchée* n'est pas neutre : répartir les sièges à la proportionnelle sur la base d'une liste de plusieurs centaines de candidats (circonscription unique nationale) ne produit pas le même résultat qu'à l'échelle réduite de plusieurs dizaines de listes départementales ne comptant chacune que de 2 à 20 candidats. Dans ce dernier cas, le rapport de proportionnalité entre le nombre de voix recueillies et le nombre de sièges conquis devient très approximatif et il ne peut en aller autrement. De sorte que, toujours dans ce dernier cas, le résultat final obtenu au plan national, du point de vue de la répartition des sièges, est parfois très éloigné de ce à quoi l'on aurait pu s'attendre d'un strict point de vue arithmétique. C'est d'autant plus vrai que le choix des modalités techniques de mise en œuvre du scrutin proportionnel, qu'il s'agisse de la *proportionnelle intégrale* ou de la *proportionnelle approchée*, ne sont pas neutres.

Ces modalités techniques de mise en œuvre du scrutin proportionnel appellent quelques explications préalables. Ce n'est qu'ensuite que l'on pourra apprécier comme précédemment pour le scrutin majoritaire, les effets politiques attachés à ce mode de scrutin.

1. Les modalités techniques

La mise en œuvre de la représentation proportionnelle est plus complexe que celle du scrutin majoritaire. Quelle que soit la modalité retenue, le calcul des sièges à attribuer se fait toujours en deux temps. Il s'agit de déterminer d'abord ce que l'on appelle le *quotient électoral* avant de se préoccuper de la *répartition des restes*.

Le quotient électoral est obtenu en divisant le nombre de suffrages exprimés par le nombre de sièges à pourvoir, étant entendu que le nombre ainsi obtenu n'a aucune signification en soi. La division n'est qu'une étape de l'opération globale consistant à attribuer les sièges à proportion des voix obtenues. Or, comme la division par laquelle on obtient le quotient électoral ne tombe jamais juste, sauf hypothèse d'école, il importe ensuite de répartir les restes.

La répartition de ces restes peut se faire selon deux méthodes de calcul : la méthode dite du plus fort reste et la méthode de la plus forte moyenne.

1. V. Arnaud TEYSSIER, *Histoire politique de la Ve République*, coll. Tempus, Perrin, 2011, p. 446-447.

Selon *la méthode du plus fort reste*, le siège à pourvoir sera attribué à la liste ayant le plus grand reste de suffrages après la première distribution par application du quotient électoral.

Prenons un exemple simple et d'autant plus significatif si l'on applique la proportionnelle dans le cadre d'une circonscription où le nombre de sièges à pourvoir est faible (par exemple, en France, le département). Supposons ainsi une circonscription dans laquelle *quatre* sièges sont à pourvoir, et où *trois* partis (A, B et C) ayant franchi le seuil (5 % des suffrages exprimés en France) à partir duquel la loi électorale en vigueur ouvre le droit à participer à la répartition des sièges, se partagent 100 000 voix, de la manière suivante : A 55 000, B 34 000, C 11 000. Après calcul du quotient électoral (100 000 / 4 = 25 000), on obtient la répartition suivante : A, 55 000 / 25 000 = 2, reste 5 000 ; B, 34 000 / 25 000 = 1, reste 9 000 ; C, 11 000 / 25 000 = 0, reste 11 000. Trois des quatre sièges sont donc immédiatement pourvus. Par application de la méthode du plus fort reste, le siège non attribué reviendra alors à la liste C, de sorte que le résultat final sera : A, 2 sièges, B, 1 siège, C, 1 siège.

Selon *la méthode de la plus forte moyenne*, l'attribution du siège restant est plus complexe. Elle nécessite une opération supplémentaire pour déterminer la liste qui bénéficiera du siège non encore pourvu.

Prenons le même exemple. Dans un premier temps, on procède d'une manière identique, en utilisant le quotient électoral qui n'a pas changé (25 000). Cette opération effectuée, on ajoute alors un siège fictif à chaque liste et, l'ayant fait, on divise respectivement le nombre de suffrages obtenus par chacune d'elles par le nombre de sièges déjà attribués par application du quotient électoral, majoré du siège fictif ajouté. Ce qui donne ceci : A, 55 000 / 2+1 = 18 333 ; B, 34 000 / 1+1 = 17 000 ; C, 11 000 / 0+1 = 11 000. Par application de la méthode de la plus forte moyenne, c'est-à-dire en opérant comme indiqué ci-dessus, le siège non attribué ira à la liste A qui bénéficie de « la plus forte moyenne » (18 333), de sorte que le résultat final sera : A, 3 sièges ; B, 1 siège, C, 0 siège.

On en conclura que selon la méthode de répartition des restes retenue, le résultat pourra être très différent. En règle générale, comme l'illustre l'exemple choisi, *la méthode du plus fort reste* avantage les « petits » partis, tout en dispersant les sièges, tandis que *la méthode de la plus forte moyenne* bénéficie aux « grands » partis, tout en concentrant les sièges, ce qui atténue d'autant la logique proportionnelle et tend dans une mesure limitée, à rapprocher le résultat de celui qui aurait été obtenu dans le cadre d'un scrutin majoritaire. Sans toutefois lui être semblable.

On devine déjà que les effets politiques de ce mode de scrutin sont différents du scrutin majoritaire, mais qu'ils peuvent être nuancés en fonction de la méthode de répartition des restes pour laquelle on aura opté.

2. Les effets politiques

C'est toujours en termes d'avantages et d'inconvénients qu'il faut apprécier le scrutin à la représentation proportionnelle. Ce mode de scrutin est souvent présenté comme plus *équitable*. Il l'est sans doute selon une logique purement arithmétique – encore qu'il faille nuancer le propos selon que l'on opte pour la *proportionnelle intégrale* ou pour la *proportionnelle approchée* – mais il ne l'est pas forcément selon la logique démocratique. Il est certes celui qui permet la représentation des différentes forces politiques qui ont pris part à l'élection avec une certaine *justice* ou plutôt avec une certaine *justesse* arithmétique : la qualité de la représentation est meilleure en termes de *représentativité* ; il donne une photographie exacte des différents courants d'opinion qui traversent la population. Il permet même, ce faisant, la représentation des nouveaux courants qui émergent, pour le meilleur ou pour le pire (écologistes dans les années quatre-vingts mais également « extrémistes » de tous bords). Autrement dit, la représentation proportionnelle permet l'expression des différentes opinions politiques et leur – plus ou moins fidèle – fidèle représentation à l'issue des élections. Tout ce que l'on peut dire d'autre semble devoir être inscrit dans la colonne des inconvénients. Et ces inconvénients sont légion.

D'abord, le scrutin proportionnel renforce de manière excessive le rôle et l'influence des partis politiques dès lors qu'avec ce mode de scrutin, c'est le parti plus que l'électeur qui choisit le candidat susceptible d'avoir une chance d'être élu. C'est surtout vrai lorsque se pratique le système de la liste bloquée, ce qui est le cas le plus souvent : les électeurs n'ont d'autre possibilité que de voter pour une liste sans pouvoir ni *modifier l'ordre* de présentation – déterminé par les états-majors des partis – ni *panacher*, en substituant certains candidats figurant sur une liste concurrente à ceux qui n'ont pas leur faveur sur la liste pour laquelle il vote. Ce qui revient à dire que pour avoir une chance sérieuse d'être élu, un candidat potentiel doit manœuvrer habilement au sein de son propre parti, afin de figurer en tête de liste puisque seuls les premiers seront élus, proportionnellement aux suffrages obtenus. De la sorte, ce mode de scrutin a pour effet d'éloigner l'élu de l'électeur : l'élu est étroitement subordonné au parti puisque son élection et son éventuelle réélection dépendent des faveurs que lui réserve le parti. S'il perd les faveurs de son parti, il peut être tenté de jouer son propre jeu en constituant sa propre liste et éventuellement un nouveau parti politique. C'est dire que le scrutin proportionnel encourage les scissions et la multiplication des formations politiques, comme la dispersion des candidatures. Ce qui complique d'autant la constitution de majorités politiques stables et cohérentes dans les assemblées délibératives, à commencer bien sûr par les chambres parlementaires, dans lesquelles siègent ces représentants élus.

Ce phénomène induit à son tour la dispersion de l'électorat, préjudiciable encore une fois à la constitution de majorités cohérentes et stables au sein des assemblées de représentants élus sur un grand nombre de listes. Les majorités difficilement constituées ne sont plus alors que des coalitions hétéroclites toujours à la merci de petites *formations charnières* qui peuvent monnayer « au prix fort » leur soutien, de sorte que ce n'est plus la majorité « qui fait la loi », mais une infime minorité, au gré des alliances de circonstances qu'elle conclut ou qu'elle dénonce[1]. Ce qui, on le voit, conduit à reconsidérer le sentiment selon lequel la représentation électorale est conforme à la « justice électorale » : il y a loin entre les vertus théoriques du système et ses résultats dans la pratique.

Enfin, dernier effet pervers de la représentation proportionnelle, la disparition du caractère dissuasif de la dissolution (V. *supra*) de l'assemblée élue. Dans le cadre du scrutin majoritaire uninominal, la menace d'une dissolution joue en effet un rôle dissuasif, chaque élu redoutant naturellement d'affronter à nouveau l'électorat, avant le terme légal de son mandat. À commencer par les chefs de partis politiques, dont la défaite électorale compromettrait leur position au sein de leur formation. Avec la représentation proportionnelle, même en cas de revers électoral de leur formation politique, les chefs de partis sont quasiment certains d'être réélus dès lors qu'ils sont assurés de figurer en tête de liste. En d'autres termes, la représentation proportionnelle entretient une rente de situation au profit des « *apparatchiks* » des partis politiques : ils deviennent pour ainsi dire quasiment inamovibles. Étant à l'abri d'une déconvenue électorale, ils n'ont de compte à rendre que devant les militants de leur parti – si l'organisation interne de celui auquel ils appartiennent n'y fait pas obstacle[2] –, et non plus devant l'universalité des citoyens. Ce qui les rend de fait politiquement irresponsables.

Bref, on est donc tenté de faire écho à ce qu'écrivait Jean-Luc Chabot quand il remarquait que « si la représentation domine, elle tourne au reflet bien vite stérile et narcissique des faux miroirs : l'électorat croit se prendre en photographie, et ce sont les appareils des partis qui en assurent le tirage ». Car « la proportionnelle n'est pas ordonnée à l'accomplissement des responsabilités et des logiques du pouvoir, mais à l'autosatisfaction des gouvernés qui se convertit rapidement en désenchantement et même en dépolitisation »[3].

Mais en matière de modes de scrutin, la prudence doit toujours être de mise. Et il faut se garder des opinions tranchées et définitives. Ainsi, par exemple, à la lumière de la pratique actuelle de la Ve République, il n'est pas illégitime de se demander si les *tares* de la représentation proportionnelle sont aussi rédhibitoires qu'on le prétend. En effet, comme le pense Frédéric Rouvillois, dans un cadre constitutionnel qui associe parlementarisme ultra-rationalisé et élection du chef de l'État au suffrage universel direct, de qui procède le gouvernement, tous deux échappant de ce fait « aux effets désastreux du scrutin proportionnel », il y a peut-être quelque abus à tenir « l'inefficacité radicale de la représentation proportionnelle pour un article de foi »[4].

---

1. V. Pierre MARTIN, *Les systèmes électoraux*, *op. cit.*, p. 140-141.
2. V. Stéphane CAPORAL, « Robert Michels : actualité de l'oligarchie dans les partis politiques », *in* Christophe BOUTIN et Frédéric ROUVILLOIS (sous la dir.), *Partis politiques et démocratie*, *op. cit.*, p. 177-203.
3. Jean-Luc CHABOT, « L'injustice de la représentation proportionnelle. Désigner des gouvernants ou représenter des gouvernés ? », *Le Monde* du 23 avril 1985.
4. Frédéric ROUVILLOIS, « Efficacité de la représentation proportionnelle », revue *Les Épées*, n° 22, mars 2007, p. 22-24.

Ce qui est sûr en tout cas, c'est qu'il n'y a pas en soi de bon ou de mauvais mode de scrutin. Chacun a ses avantages et ses inconvénients. Qui mieux que François Mitterrand l'a dit ? « Le mode de scrutin que je choisis, devait-il déclarer dans un discours de... 1950, doit résulter d'une option politique (...). En effet, il y a un certain nombre de points qui nécessitent cette option. D'abord, quel est l'intérêt de la Nation ? Ensuite, quel est l'intérêt de la majorité à laquelle j'appartiens ? Enfin, quel est l'intérêt du parti auquel j'adhère ? Et c'est quand j'aurai répondu à ces trois questions que je déterminerai mon choix »[1]. Cet aveu a le mérite de la franchise mais son auteur ne va pas jusqu'à préciser comment il entend concilier les réponses qu'appellent ces trois questions car, bien souvent, les intérêts à servir sont contradictoires. L'intérêt national peut-il être sacrifié à l'intérêt partisan ? Poser la question, c'est déjà y répondre. Et pourtant... Sans compter que s'y ajoute encore, s'il est lui-même candidat, l'intérêt politique personnel de celui qui est appelé à choisir.

Objectivement, on peut toutefois penser que le choix à faire sera conditionné par ce que l'on veut obtenir ou par ce que l'on veut éviter, et peut-être aussi par la nature de l'assemblée de représentants qu'il faut élire. Le scrutin proportionnel semble préférable s'il s'agit d'élire une assemblée consultative, elle-même dépourvue de pouvoirs de décision, mais dont le rôle est d'éclairer les autorités investies d'un pouvoir de décision ; le scrutin majoritaire convenant mieux s'il s'agit au contraire d'élire une assemblée délibérante investie d'un pouvoir normatif parce que la décision sera plus facile à prendre si l'on peut dégager une majorité.

Un moyen terme peut aussi être cherché dans la formule d'un scrutin mixte censé additionner les avantages du scrutin majoritaire et de la représentation proportionnelle sans en cumuler les inconvénients. Mais la sagesse populaire, dans son expression familière, enseigne qu'« on ne peut avoir le beurre et l'argent du beurre », autrement dit, qu'en choisissant des formules mixtes, on joue parfois aux « apprentis sorciers » : les espoirs qu'elles font naître sont souvent déçus et le système mis en place se caractérise finalement par le caractère imprévisible des effets produits. Ce sont les inconvénients qui s'additionnent et non les avantages qui se cumulent. Sans doute, est-ce là le risque inhérent à une solution de compromis, mais, dans la vie des hommes, il faut, bien souvent, et parfois plus que de raison, se résigner à des solutions de compromis...

En dernière analyse, les controverses sans fin que suscitent invariablement les modes de scrutin ne sont-elles pas, si l'on peut dire, que la partie émergée de l'*iceberg* ? La partie immergée restant la question fondamentale des formes constitutionnelles supposées donner vie à l'idéal démocratique, qui lui aussi, et plus encore, est l'objet de discussions à l'infini[2].

---

1. François MITTERRAND, *Discours prononcé lors du IVe Congrès national de l'USDR*. Cité par D. CHAGNOLLAUD, « Les présidents de la Ve République et le mode d'élection des députés à l'Assemblée nationale », revue *Pouvoirs*, 1985, n° 32, p. 95.
2. V. par ex. Giovanni SARTORI, *Théorie de la démocratie*, (Bologne, 1958), coll. Analyse politique, Armand Colin, Paris, 1965.

Bref, quelle que soit la solution retenue, n'importe qui et à même de comprendre que la réalisation de l'idéal démocratique n'est pas chose aisée en pratique, quel que soit le pays considéré et quelle que soit l'époque envisagée. Il n'existe pas, dans l'absolu, un bon mode de scrutin ; il n'y en a pas un qui serait bon et un autre plus mauvais ; chacun comporte des avantages et des inconvénients. C'est ainsi et on ne saurait s'en désoler. La pire des choses serait de croire qu'il y en a un de plus démocratique que l'autre car une telle appréciation est dépourvue de sens. Les deux, majoritaire ou proportionnel – voire une formule mixte combinant les deux –, avec leurs qualités et leurs défauts, s'analysent comme des techniques très imparfaites de mise en œuvre concrète de la démocratie représentative. C'est bien du reste la confirmation que, « en toute rigueur, l'idée de démocratie implique un mode de gouvernement qui se révèle en pratique irréalisable : la démocratie directe », et que « seule fonctionne *en fait* la démocratie représentative »[1]. Mais avec les *aléas* qui s'attachent à la détermination et au choix du mode de scrutin, quel qu'il soit, grâce auquel les gouvernés désignent des représentants – de la Nation – par le biais de l'élection.

Le choix d'un mode de scrutin peut du reste ne pas être définitif et le jugement que l'on porte sur lui peut varier en fonction des circonstances politiques changeantes ou des périls courus, fussent-ils seulement hypothétiques, voire fantasmés. Plusieurs facteurs entrent alors en ligne de compte : en premier lieu le système partisan et, le cas échéant, son évolution au fil du temps.

Quoi qu'il en soit, en toute hypothèse, ce qui importe par-dessus tout, c'est de retenir un mode de scrutin qui, à défaut de procurer le confort dans l'action de gouverner, n'empêche pas ou n'entrave pas l'action des gouvernants. Car ceux qui sont investis du devoir de gouverner un État, sont toujours – cela ne vaut pas seulement pour une démocratie représentative – dans l'obligation morale de gouverner, c'est-à-dire d'agir et de ne pas omettre d'agir. L'action prime tout et l'abus de contrôle que favorise l'idéalisation de l'État de droit – parfois jusqu'au fétichisme –, n'est pas toujours désirable : un contrôle hypertrophié qui paralyse l'action, qui en vient à empêcher les gouvernants d'agir, n'est pas un moindre mal qu'un excès de pouvoir. C'est là finalement l'enseignement indémodable que donnait le cardinal-duc de Richelieu en conclusion de son *Testament politique* : « omettre ce à quoi on est obligé, et commettre ce qu'on ne doit pas faire est une même chose »[2]. Ce que veut dire par là Richelieu, c'est que si « un individu peut se contenter moralement de ne pas nuire à autrui, un gouvernant ne saurait s'en satisfaire. En n'agissant pas, il pèche par omission, il se damne même »[3]. Gouverner, c'est choisir, certes, mais c'est ensuite agir.

---

1. Jean-Marie DENQUIN, *Introduction à la science politique*, coll. Les fondamentaux, Hachette supérieur, 1993, p. 49.
2. Richelieu, *Le testament politique*, coll. Les Mémorables, Perrin, 2011, (présentation d'Arnaud Teyssier), ou, aux éditions Champion, 2012, avec un appareil critique de Françoise Hildesheimer.
3. Arnaud TEYSSIER, *Richelieu. L'aigle et la colombe*, éd. Perrin, 2014, p. 91.

Index des noms

Index des matières

Eléments de bibliographie générale

Manuels et traités contemporains

- Ph. Ardant et B. Matthieu, *Institutions politiques et Droit constitutionnel*, coll. Manuel, LGDJ, 29e éd., 2017
- D. Baranger, *Le droit constitutionnel*, coll. Q.S.J., PUF, 2017
- Ph. Blachèr, *Droit constitutionnel*, coll. HU Droit, Hachette supérieur, 2e éd., 2007
- D. Chagnollaud, *Droit constitutionnel contemporain*, (tome 1) coll. Compact, Armand Colin, 9e éd., 2017
- B. Chantebout, *Droit constitutionnel et science politique*, Sirey, 33e éd., 2017
- M.-A. Cohendet, *Droit constitutionnel*, LGDJ, 3e éd., 2017
- V. Constantinesco et J.-P. Massias, *Droit constitutionnel*, coll. Thémis, PUF, 7e éd., 2016
- R. Debbasch, *Droit constitutionnel*, coll. Objectif droit, Litec, 11e éd., 2017
- L. Favoreu et *alii*, *Droit constitutionnel*, Dalloz, 20e éd., 2018
- J. Gicquel et J.-E. Gicquel, *Droit constitutionnel et institutions politiques*, coll. Domat, LGDJ, 31e éd., 2017
- O. Gohin, Droit constitutionnel, Lexis-Nexis, 3e éd., 2016
- C. Grewe et H. Ruiz-Fabri, *Droits constitutionnels européens*, coll. Droit fondamental, PUF, 1995
- F. Hamon et M. Troper, *Droit constitutionnel*, LGDJ, 39e éd., 2017
- Anne-Marie Le Pourhiet, *Droit constitutionnel*, coll. Corpus droit public, Economica, 8e éd., 2017
- M. Verpeaux, *Droit constitutionnel français*, coll. Droit fondamental, PUF, 2015
- P. Pactet et F. Mélin-Soucramanien, *Droit constitutionnel*, Sirey, 36e éd., 2018
- B. Pauvert, *Droit constitutionnel. Théorie générale / Ve République (fiches de synthèse)*, coll. Panorama du droit, éd. Studyrama, 2017
- H. Portelli, *Droit constitutionnel*, Dalloz, 12e éd., 2017
- D. Rousseau et A. Viala, *Droit constitutionnel*, coll. Pages d'amphi, Montchrestien, 2004
- F. Rouvillois, *Droit constitutionnel. Fondements et pratiques*, coll. Champs-Université, Flammarion, 6e éd., 2017
- H. Simonian-Gineste, *Le droit constitutionnel en schémas*, Ellipses, 6e éd., 2016
- D. Turpin, *Droit constitutionnel*, coll. Quadrige, PUF, 2007
- J.-C. Zarka, *Introduction au droit constitutionnel*, coll. Mise au point, Ellipses, 2014
- J.-C. Zarka, *Les systèmes électoraux*, coll. Mise au point, Ellipses, 1996

Manuels d'histoire constitutionnelle et politique

- S. Caporal, *Histoire des institutions publiques de 1789 à nos jours*, coll. HU Droit, hachette supérieur, 2005
- J.-J. Chevallier, *Histoire des institutions et des régimes politiques de la France de 1789 à nos jours*, Dalloz., 9e éd., 2001
- Ch. Debbasch et J.-M. Pontier, *Les constitutions de la France*, Dalloz, 3e éd., 1996
- Cl. Emeri et Ch. Bidegaray, *La Constitution en France depuis 1789*, Armand Colin, 1997
- M. Morabito, *Histoire constitutionnelle et politique de la France (1789-1958)*, coll. Précis Domat, LGDJ, 14e éd., 2016
- S. Velley, *Histoire constitutionnelle française de 1789 à nos jours*, coll. Mise au point, Ellipses., 2009

Dictionnaires et sources

- Th. Debard, *Dictionnaire de droit constitutionnel*, Ellipses, 2017
- O. Duhamel et Y. Mény, *Dictionnaire constitutionnel*, PUF 1992
- N. Kada, *Lexique de droit constitutionnel*, Ellipses, 2004
- S. Rials, *Textes constitutionnels français*, coll. Q.S.J., PUF, 2017
- S. Rials et D. Baranger, *Textes constitutionnels étrangers*, coll. Q.S.J., PUF, 9e éd., 2 000
- M. de Villiers et A. Le Divellec, *Dictionnaire du droit constitutionnel*, Sirey, 11e éd. 2017

Table des matières

Aubin
IMPRIMEUR

Achevé d'imprimer en juillet 2018
N° d'impression 1805.0236
Dépôt légal, juillet 2018
Imprimé en France